大数据与"智能+"产教融合丛书

工业大数据分析算法实战

田春华　著

机械工业出版社

本书以工业大数据的特点和需求为牵引，阐述了工业大数据分析的算法与实现机制，使具有工科背景的读者建立起数据思维，灵活利用数据分析算法进行实际问题的建模，并实现分析项目高效迭代与落地。具体主题覆盖了工业大数据分析工程思维和软件栈，工业数据的数据探索，预处理方法和常用机器学习算法，故障诊断、质量优化、流程优化的分析算法，专家规则驱动方法，以及工业数据分析工程等内容。

本书适合工业大数据分析从业者、工业企业研发技术人员、工业互联网企业数据分析师阅读，可作为面向上述人员的培训教材，也可作为相关专业的学生和教师的参考书。

图书在版编目（CIP）数据

工业大数据分析算法实战/田春华著. —北京：机械工业出版社，2022.6
（大数据与"智能+"产教融合丛书）
ISBN 978-7-111-70961-9

Ⅰ.①工⋯ Ⅱ.①田⋯ Ⅲ.①制造工业-数据管理-研究 Ⅳ.①F407.4

中国版本图书馆 CIP 数据核字（2022）第 097376 号

机械工业出版社（北京市百万庄大街 22 号　邮政编码 100037）
策划编辑：吕　潇　　　　　　责任编辑：吕　潇
责任校对：陈　越　王　延　　封面设计：马精明
责任印制：李　昂
北京联兴盛业印刷股份有限公司印刷
2022 年 9 月第 1 版第 1 次印刷
184mm×240mm・30 印张・685 千字
标准书号：ISBN 978-7-111-70961-9
定价：158.00 元

电话服务　　　　　　　　　　网络服务
客服电话：010-88361066　　　机　工　官　网：www.cmpbook.com
　　　　　010-88379833　　　机　工　官　博：weibo.com/cmp1952
　　　　　010-68326294　　　金　书　网：www.golden-book.com
封底无防伪标均为盗版　　　　机工教育服务网：www.cmpedu.com

大数据与"智能+"产教融合丛书

编辑委员会

(按拼音排序)

总顾问：郭华东　谭建荣

主　任：韩亦舜

副主任：孙　雪　徐　亭　赵　强

委　员：薄智泉　卜　辉　陈晶磊　陈　军　陈新刚　杜晓梦
　　　　　高文宇　郭　炜　黄代恒　黄枝铜　李春光　李雨航
　　　　　刘川意　刘　猛　单　单　盛国军　田春华　王薇薇
　　　　　文　杰　吴垌沅　吴　建　杨　扬　曾　光　张鸿翔
　　　　　张文升　张粤磊　周明星

丛书序一

数字技术、数字产品和数字经济,是信息时代发展的前沿领域,不断迭代着数字时代的定义。数据是核心战略性资源,自然科学、工程技术和社科人文拥抱数据的力度,对于学科新的发展具有重要的意义。同时,数字经济是数据的经济,既是各项高新技术发展的动力,又为传统产业转型提供了新的数据生产要素与数据生产力。

本系列图书从产教融合的角度出发,在整体架构上,涵盖了数据思维方式的拓展、大数据技术的认知、大数据技术的高级应用、数据化应用场景、大数据行业应用、数据运维、数据创新体系七个方面。编写宗旨是搭建大数据的知识体系、传授大数据的专业技能,描述产业和教育相互促进过程中所面临的问题,并在一定程度上提供相应阶段的解决方案。本系列图书的内容规划、技术选型和教培转化由新型科研机构大数据基础设施研究中心牵头,而场景设计、案例提供和生产实践由一线企业专家与团队贡献,二者紧密合作,提供了一个可借鉴的尝试。

大数据领域的人才培养的一个重要方面,就是以产业实践为导向,以传播和教育为出口,最终服务于大数据产业与数字经济,为未来的行业人才树立技术观、行业观、产业观,对产业发展也将有所助益。

本系列图书适用于大数据技能型人才的培养,适合高校、职业学校、社会培训机构从事大数据研究和教学作为教材或参考书,对于从事大数据管理和应用的工作人员、企业信息化技术人员,也可作为重要参考。让我们一起努力,共同推进大数据技术的教学、普及和应用。

中国工程院院士　谭建荣
浙江大学教授

丛书序二

大数据的出现,给我们带来了巨大的想象空间:对科学研究界来说,大数据已成为继实验、理论和计算模式之后的数据密集型科学范式的典型代表,带来了科研方法论的变革,正在成为科学发现的新引擎;对产业界来说,在当今互联网、云计算、人工智能、大数据、区块链这些蓬勃发展的科技舞台中,主角是数据,数据作为新的生产资料,正在驱动整个产业数字化转型。正因如此,大数据已成为知识经济时代的战略高地,数据主权也已成为继边防、海防、空防之后,另一个大国博弈的空间。

如何实现这些想象空间,需要构建众多大数据领域的基础设施支撑,小到科学大数据方面的国家重大基础设施,大到跨越国界的"数字丝路""数字地球"。今天,我们看到大数据基础设施研究中心已经把人才也纳入基础设施的范围,本系列图书的组织出版,所提供的视角是有意义的。新兴的产业需要相应的人才培养体系与之相配合,人才培养体系的建立往往存在滞后性。因此尽可能缩窄产业人才需求和培养过程间的"缓冲带",将教育链、人才链、产业链、创新链衔接好,就是"产教融合"理念提出的出发点和落脚点。可以说大数据基础设施研究中心为我国的大数据人工智能事业发展模式的实践,迈出了较为坚实的一步,这个模式意味着数字经济宏观的可行路径。

本系列图书以数据为基础,内容上涵盖了数据认知与思维、数据行业应用、数据技术生态等各个层面及其细分方向,是数十个代表了行业前沿和实践的产业团队的知识沉淀,特别是在作者遴选时,注重选择兼具产业界和学术界背景的行业专家牵头,力求让这套书成为中国大数据知识的一次汇总,这对于中国数据思维的传播、数据人才的培养来说,是一个全新的范本。

我也期待未来有更多的产业界专家及团队,加入本套丛书体系中来,并和这套丛书共同更新迭代,共同传播数据思维与知识,夯实我国的数据人才基础设施。

中国科学院院士
中国科学院遥感与数字地球研究所所长　　郭华东

前言

在过去的五年中,笔者有幸深入制造业数字化转型一线,在与工业龙头企业深入交流和合作的过程中,目睹了国内产业数据基础的快速发展,也看到了数据思维模式的转变和对数据技术的理性认知。回想早年,为了验证数据分析技术,只能跨越地域、克服语言和文化的差异,到境外实施项目,不禁感慨万千。在过去的二十年中,数据平台技术、数据分析算法、计算资源技术和产业需求相互促进而蓬勃发展,数据思维成为继逻辑思维、实证思维和构造思维之后的第四大思维范式。七十多年以来,大家一直在探索如何让计算机不用显式编程就能获得一定能力的人工智能技术之路,经历了符号演算、逻辑推理、自动机模型、进化计算、模糊数学、专家系统与知识工程、神经网络(特别是自动梯度计算与反演算法)、机器学习、深度学习等不同模式和阶段。得益于计算机硬件、产业数据的发展,机器学习和深度学习在行业应用已经取得了重大成功。但人工智能探索之路远未结束,科学家还在继续研究基于认知和进化等特点的强人工智能技术。另外,对于复杂系统的刻画与建模方法,也期待一些形式化方法的突破。古人有云,物含妙理总堪寻。

在过去五年的工程实践中,不时有工业界朋友提出,期望有本书能从算法应用的角度具象讲解工业数据分析课题。但我一直犹豫,一来市面上已经存在很多机器学习算法经典专著,也有很多优秀的算法工具图书,没有必要做重复工作;二来我与团队当时认为行业数据分析项目不落地的主要原因是分析课题定义不规范和数据不完备,而不是算法过程。因此,我们优先编写了《工业大数据分析实践》一书,尝试规范不同类型工业分析课题的定义过程。然而在该书出版后的几个月内,很多业界朋友再次表达类似的诉求,让我也逐渐意识到这种需求主要来自于工科背景人看问题的角度与统计思维不同,结构方程的惯性让大家下意识抵触非参数模型、隐性结构模型等计算模型。

本书尝试用工科人熟悉的思维模式去解释常见的机器学习算法。很多算法知识展开都可以单独成书,本书无意做重复工作,因此,本书中刻意避免了详尽的理论推导过程,仅讨论必要的理论思路和常见的认知障碍;在存在既有工具或图书的地方,直接给出参考文献,帮助读者快速建立起系统的认知框架;简化算法包使用过程的介绍,侧重算法背后的工作机制和超参数的影响分析,以及算法应用到工业场景中的套路。由此,本书的风格更像数据分析算法的辅助教材,侧重培养行业数据分析实操中的直觉研判力。

本书共 10 章,可划分为四个部分。第一部分(即第 1 章)是数据分析概览,目的是建立起数据分析算法的概念框架,并给出学习路线;第2~5章是第二部分,侧重在通用数据分析算法,包括数据预处理、机器学习、时序挖掘算法和最优化等其他算法;第三部分包括第6~8章,讨论了工业分析的算法思路,覆盖了生产质量分析(PQM)、生产效率优化(PEM)等典型分析课题的算法组合套路;第四部分侧重在分析工程方法,第9章讨论了工业专家知识沉淀方法,第10章讨论了数据分析的软件工程。

基于PHM(Prognostics and Health Management,故障预测与健康管理)系统的工业设备/系统故障诊断是工业大数据分析中的一个重要领域,存在着丰富有效的研究成果与行业应用。笔者与团队对近20年间的主要学术期刊与会议论文进行了调研,分为工业设备故障诊断、工业系统故障诊断、健康评估三大主题,每个主题下按照机器学习算法进行了分类总结,覆盖了行业问题、技术挑战、方法路线和应用效果等内容,形成了近100页的文献综述文档。原本计划将其单独成章,考虑到内容的特点、读者检索论文的便捷性及本书篇幅限制等因素,笔者决定将这些内容以电子文档资源的形式分享出来,读者可关注本书封底的"E视界"公众号,发送"9787111709619"获取该文档。

在本书的编写过程中,实习生李洋、高颂提供了很大的帮助,整理了3.3节、3.11~3.14节和第5章的初稿内容,并完成了工业设备/系统故障诊断电子文档部分插图的翻译工作,6.3节的内容来源于李洋实习期间的合作研究。9.7节部分内容来自马国,图6-18来自曾聿赟,这里一并表示感谢。感谢清华大学数据治理研究中心孙雪老师和机械工业出版社吕潇老师在选题立意上的研讨与建议,你们的热情给了我写下去的信心。特别感谢机械工业出版社的编辑和各位审阅老师在底稿的编审过程中大量富有成效的工作,致敬在本书出版过程中的全体工作人员。

本书权当对于工业大数据分析算法的一些初步探讨。鉴于精力和篇幅限制,仅仅覆盖有限的典型算法,内容存在欠缺。再加上笔者才疏学浅,不少提法和表达尚欠推敲,书中难免有疏漏、错误之处,还望广大读者不吝赐教,日后有机会加以勘正。

田春华
2021年12月于北京

目 录

丛书序一
丛书序二
前言

第1章 工业大数据分析概览 ·············· 1
1.1 工业大数据分析的范畴与特点 ············ 1
1.1.1 数据分析的范畴 ············ 1
1.1.2 典型分析主题 ············ 2
1.1.3 工业数据分析的特点 ············ 4
1.1.4 数据分析的典型手段 ············ 5
1.2 数据挖掘的过程方法 ············ 8
1.2.1 CRISP-DM 简介 ············ 9
1.2.2 分析课题的执行路径 ············ 10
1.3 数据分析工具软件 ············ 12
1.3.1 脚本语言软件 ············ 12
1.3.2 图形化桌面软件 ············ 13
1.3.3 云端分析软件 ············ 14
1.4 工业大数据分析师的算法修养 ············ 15
1.4.1 分析算法理解的维度与路径 ············ 15
1.4.2 必读图书 ············ 16
1.4.3 分析算法背后的朴素思想 ············ 18
1.4.4 工程化思维 ············ 20
参考文献 ············ 21

第2章 数据预处理 ············ 23
2.1 数据操作基础 ············ 23
2.1.1 数据框的基本操作 ············ 23
2.1.2 数据可视化 ············ 24

2.2 数据分析的数据操作技巧 ··· 24
2.2.1 cumsum 等 primitive 函数的利用：避免循环 ··· 25
2.2.2 带时间戳的数据框合并 ··· 26
2.2.3 时序数据可视化：多个子图共用一个 x 轴 ··· 29
2.2.4 时序数据可视化：NA 用来间隔显示时序 ··· 31
2.2.5 参数区间的对比显示（在概率密度图上） ··· 31
2.2.6 获取 R 文件的所在路径 ··· 32
2.2.7 分段线性回归如何通过 lm( ) 实现 ··· 33
2.3 探索型数据分析（EDA） ··· 33
2.3.1 引言 ··· 33
2.3.2 R 语言 EDA 包 ··· 34
2.3.3 其他工具包 ··· 36
2.3.4 小结 ··· 37
2.4 数据质量问题 ··· 37
2.4.1 数据的业务化 ··· 38
2.4.2 业务的数据化 ··· 41
2.4.3 机理演绎法 ··· 45
2.4.4 细致求实的基本素养 ··· 48
2.4.5 小结 ··· 50
2.5 特征提取 ··· 51
2.5.1 基于数据类型的特征提取 ··· 51
2.5.2 基于关联关系的特征自动生成 ··· 54
2.5.3 基于语法树的变量间组合特征生成 ··· 55
2.6 特征选择 ··· 56
2.6.1 特征选择的框架 ··· 56
2.6.2 搜索策略 ··· 57
2.6.3 子集评价 ··· 59
2.6.4 小结 ··· 65
参考文献 ··· 65

第 3 章 机器学习算法 ··· **67**
3.1 统计分析 ··· 67
3.1.1 概率分布 ··· 69
3.1.2 参数估计 ··· 69
3.1.3 假设检验 ··· 72
3.2 统计分布拟合 ··· 73

- 3.2.1 引言 ··· 73
- 3.2.2 基于核函数的非参数方法 ·· 73
- 3.2.3 单概率分布的参数化拟合 ·· 76
- 3.2.4 混合概率分布估计 ·· 79
- 3.2.5 小结 ··· 81
- 3.3 线性回归模型 ·· 82
  - 3.3.1 引言 ··· 82
  - 3.3.2 基础线性回归模型——OLS 模型 ··································· 82
  - 3.3.3 OLS 模型检验 ·· 85
  - 3.3.4 鲁棒线性回归 ·· 91
  - 3.3.5 结构复杂度惩罚（正则化） ·· 94
  - 3.3.6 扩展 ··· 94
- 3.4 多元自适应回归样条（MARS） ··· 96
  - 3.4.1 引言 ··· 96
  - 3.4.2 前向计算过程 ·· 98
  - 3.4.3 后剪枝过程 ·· 99
  - 3.4.4 变量重要性评价 ··· 99
  - 3.4.5 MARS 与其他算法的关系 ·· 100
- 3.5 神经网络 ·· 101
  - 3.5.1 ANN 逼近能力的直观理解 ·· 101
  - 3.5.2 极限学习机 ··· 106
- 3.6 决策树 ·· 111
  - 3.6.1 决策树的概念 ··· 111
  - 3.6.2 决策树构建过程 ··· 112
  - 3.6.3 常用决策树算法 ··· 113
- 3.7 支持向量机（SVM） ··· 117
  - 3.7.1 引言 ·· 117
  - 3.7.2 epsilon-SVR 算法 ··· 118
  - 3.7.3 nu-SVR 算法 ·· 122
  - 3.7.4 不同 SVM 算法包的差异 ·· 123
  - 3.7.5 扩展 ·· 124
- 3.8 隐马尔可夫模型 ·· 124
  - 3.8.1 引言 ·· 124
  - 3.8.2 工作原理 ·· 125
  - 3.8.3 示例 ·· 126
  - 3.8.4 讨论 ·· 128

3.9 概率图模型与贝叶斯方法 ··· 129
　3.9.1 引言 ··· 129
　3.9.2 朴素贝叶斯 ··· 130
　3.9.3 贝叶斯网络 ··· 131
　3.9.4 一般图模型 ··· 134
　3.9.5 讨论与扩展阅读 ··· 140
3.10 集成学习 ··· 141
　3.10.1 引言 ··· 141
　3.10.2 Bagging 方法 ··· 142
　3.10.3 Boosting 方法 ·· 143
　3.10.4 Stacking 方法 ·· 149
3.11 模型评价 ··· 157
　3.11.1 引言 ··· 157
　3.11.2 评价指标 ··· 157
　3.11.3 评价方法 ··· 163
　3.11.4 特征重要度 ··· 165
3.12 聚类 ··· 167
　3.12.1 引言 ··· 167
　3.12.2 基于距离的聚类：K-means、PAM ·· 167
　3.12.3 基于层次的聚类：Hclust ·· 169
　3.12.4 基于密度的聚类：DBSCAN ··· 171
　3.12.5 基于分布的聚类：GMM ··· 173
　3.12.6 聚类结果的评价 ··· 173
3.13 关联规则 ··· 176
　3.13.1 引言 ··· 176
　3.13.2 关联规则概念与度量指标 ··· 176
　3.13.3 关联规则实现过程 ··· 176
　3.13.4 关联规则算法 ··· 177
　3.13.5 关联规则可视化 ··· 180
　3.13.6 关联规则评价 ··· 182
3.14 深度学习 ··· 183
　3.14.1 引言 ··· 183
　3.14.2 深度学习算法分类 ··· 183
　3.14.3 深度学习框架 ··· 189
　3.14.4 常见疑惑 ··· 194
　3.14.5 深度学习算法的加速 ··· 196

- 3.15 机器学习算法的其他视角 ··· 196
  - 3.15.1 计算负载模式 ··· 196
  - 3.15.2 并行化计算 ··· 199
  - 3.15.3 新计算范式 ··· 200
- 参考文献 ··· 205

第4章 时序数据挖掘算法 ··· 210
- 4.1 时序算法简介 ··· 210
- 4.2 信号处理算法 ··· 212
  - 4.2.1 傅里叶变换的直观理解 ··· 212
  - 4.2.2 时频分析 ··· 216
  - 4.2.3 时序变换 ··· 223
  - 4.2.4 压缩感知 ··· 230
- 4.3 时序分解 ··· 234
  - 4.3.1 STL ··· 234
  - 4.3.2 奇异谱分析 ··· 238
  - 4.3.3 EMD 及扩展方法 ·· 245
- 4.4 时序分割 ··· 250
  - 4.4.1 Changepoint ··· 250
  - 4.4.2 TreeSplit ··· 253
  - 4.4.3 Autoplait ··· 254
  - 4.4.4 应用示例 ··· 255
- 4.5 时序再表征 ··· 260
- 4.6 序列模式挖掘 ··· 264
  - 4.6.1 数值型频繁模式 ··· 264
  - 4.6.2 符号型频繁模式 ··· 266
- 4.7 时序异常检测 ··· 269
  - 4.7.1 基于度量的方法 ··· 270
  - 4.7.2 基于模型重构的方法 ··· 271
  - 4.7.3 基于频繁模式挖掘的方法 ······································· 271
- 4.8 时序聚类 ··· 276
  - 4.8.1 DTW 距离 ·· 277
  - 4.8.2 SAX 距离 ·· 277
- 4.9 时序分类 ··· 280
  - 4.9.1 经典分析算法 ··· 281
  - 4.9.2 深度学习的方法 ··· 282

- 4.10 时序预测 ... 287
  - 4.10.1 基于时序分解的预测算法 ... 288
  - 4.10.2 基于回归建模的预测算法 ... 289
- 参考文献 ... 289

第5章 其他算法 ... 293
- 5.1 最优化算法 ... 293
  - 5.1.1 模型分类 ... 293
  - 5.1.2 经典组合优化模型 ... 297
  - 5.1.3 典型工具 ... 300
- 5.2 规则推理算法 ... 301
- 5.3 系统辨识算法 ... 303
  - 5.3.1 算法分类 ... 303
  - 5.3.2 典型工具 ... 305
- 5.4 特定数据类型的算法 ... 306
  - 5.4.1 文本数据 ... 306
  - 5.4.2 图像数据 ... 311
  - 5.4.3 时空数据 ... 318
- 参考文献 ... 321

第6章 工业分析中的典型处理方法 ... 322
- 6.1 工业分析中的数据预处理 ... 322
  - 6.1.1 工况划分 ... 322
  - 6.1.2 数据缺失 ... 323
  - 6.1.3 时间数据不连续 ... 324
  - 6.1.4 强噪声 ... 324
  - 6.1.5 大惯性系统 ... 324
  - 6.1.6 趋势项的消除 ... 324
- 6.2 通用时序特征 ... 325
- 6.3 典型征兆特征 ... 330
  - 6.3.1 毛刺检测特征 ... 330
  - 6.3.2 单调趋势模式 ... 331
  - 6.3.3 平稳过程的漂移检测 ... 331
  - 6.3.4 多点位不一致 ... 332
  - 6.3.5 超界 ... 333
  - 6.3.6 变点检测 ... 333
  - 6.3.7 一维曲线平滑与分区 ... 335

- 6.3.8 二维形状分析 ······ 335
- 6.3.9 持续某种状态 ······ 336
- 6.4 工业时序分析问题 ······ 338
  - 6.4.1 工业时序数据的特点 ······ 338
  - 6.4.2 短时序分类问题 ······ 339
  - 6.4.3 长时序分类问题 ······ 341
  - 6.4.4 不同类型问题的转换 ······ 342
- 参考文献 ······ 343

第 7 章 生产质量数据分析算法 ······ 345
- 7.1 概述 ······ 345
- 7.2 基础算法 ······ 347
  - 7.2.1 物料跟踪模型 ······ 347
  - 7.2.2 过程稳定性监控 ······ 348
- 7.3 时空模式分析 ······ 351
- 7.4 连续流程生产 ······ 352
  - 7.4.1 应用示例 ······ 352
  - 7.4.2 工况划分 ······ 354
  - 7.4.3 操作参数优化 ······ 355
  - 7.4.4 其他分析 ······ 356
- 7.5 批次流程生产 ······ 356
  - 7.5.1 应用示例 ······ 356
  - 7.5.2 理想工艺过程拟合 ······ 360
  - 7.5.3 动态控制优化 ······ 361
- 7.6 离散生产 ······ 363
  - 7.6.1 应用示例 ······ 363
  - 7.6.2 最佳工艺路径挖掘 ······ 364
  - 7.6.3 异常排查 ······ 364
  - 7.6.4 操作参数优化 ······ 365
- 7.7 总结 ······ 368
- 参考文献 ······ 368

第 8 章 生产效率优化 ······ **370**
- 8.1 决策优化问题的建模思路 ······ 370
- 8.2 线性规划的建模技巧 ······ 372
  - 8.2.1 绝对值 ······ 372
  - 8.2.2 Min-Max 问题 ······ 373

    8.2.3 分式目标函数 …… 373
    8.2.4 范围约束 …… 374
  8.3 整数规划的建模技巧 …… 374
    8.3.1 决策变量值域不连续 …… 374
    8.3.2 目标函数不连续 …… 375
    8.3.3 或关系约束 …… 376
    8.3.4 条件型约束 …… 376
    8.3.5 逻辑表达式 …… 376
    8.3.6 消除变量相乘 …… 377
    8.3.7 大 M 法 …… 377
  8.4 应用示例：电梯养护服务优化 …… 378
    8.4.1 业务问题描述 …… 378
    8.4.2 问题一：路线优化 …… 379
    8.4.3 问题二：排班计划 …… 380
    8.4.4 思考与小结 …… 384
  8.5 经营预测类问题 …… 386
    8.5.1 预测量的要素分解方法 …… 386
    8.5.2 例外场景的处理 …… 387
    8.5.3 宏观环境变化的处理方法 …… 388
  参考文献 …… 389

第9章 行业知识沉淀方法 …… 390
  9.1 讨论范畴 …… 390
    9.1.1 知识类型 …… 390
    9.1.2 技术方法 …… 391
    9.1.3 业务领域 …… 392
    9.1.4 方法论的作用 …… 392
    9.1.5 现有的知识沉淀方法论 …… 392
  9.2 知识沉淀方法的维度模型 …… 393
  9.3 模型要素维度 …… 393
    9.3.1 共性要素 …… 394
    9.3.2 传感器异常报警 …… 394
    9.3.3 异常预警："特征量-征兆量-研判规则"的范式 …… 397
    9.3.4 健康评估："劣化度-健康度-综合评价"的范式 …… 400
    9.3.5 故障类型研判："特征量-证据/现象-推理逻辑"的范式 …… 401
    9.3.6 故障处置效果监控："症状-异常类型/严重等级-处置措施-状态"的范式 …… 401

9.3.7　故障预测：4 种思路 …… 402
9.3.8　性能优化：无固定范式 …… 403
9.4　设备对象维度 …… 403
9.5　建模方法维度 …… 405
9.5.1　专家规则驱动的方法：AI-FIT-PM 过程模型 …… 406
9.5.2　少量样本驱动的方法 …… 419
9.5.3　数据驱动的方法 …… 423
9.5.4　不同方法间的转化 …… 423
9.6　软件维度 …… 424
9.6.1　领域建模 …… 424
9.6.2　模型研发环境 …… 424
9.6.3　模型部署运行环境 …… 425
9.7　应用示例 1：磨煤机堵磨预警 …… 427
9.8　应用示例 2：磨煤机暗断煤检测 …… 430
9.9　应用示例 3：发电机线棒高温预警 …… 431
9.9.1　案例背景 …… 431
9.9.2　系统动力学模型 …… 434
9.9.3　异常预警规则模型 …… 435
9.9.4　故障排查逻辑 …… 436
9.10　讨论与总结 …… 438
参考文献 …… 439

第 10 章　数据分析软件工程

10.1　数据分析项目失败的原因 …… 440
10.2　传统的数据分析模式 …… 441
10.3　生产环境下的机器学习模型 …… 444
10.3.1　应用范式 …… 444
10.3.2　模型格式 …… 446
10.4　MLOps …… 447
10.4.1　MLOps 的内容 …… 447
10.4.2　MLOps 与其他 Ops 的关系 …… 449
10.4.3　MLOps 的支撑软件 …… 450
10.4.4　工业数据分析 MLOps 的特点 …… 451
10.4.5　MLOps 的适用范围 …… 452
10.5　分析应用组件 …… 452
10.5.1　分析服务引擎 …… 452

10.5.2 Web 应用引擎 ·········· 453
10.6 分析报告工具 ·········· 456
　10.6.1 交互式报告工具 ·········· 457
　10.6.2 基于 Markdown 的报告工具 ·········· 458
　10.6.3 基于 Office API 的报告工具 ·········· 459
10.7 计算任务管理 ·········· 460
　10.7.1 任务管理 ·········· 460
　10.7.2 计算并行化 ·········· 460
10.8 总结 ·········· 461
参考文献 ·········· 461

第1章

工业大数据分析概览

工业领域门类众多，数据分析需求也丰富多彩，数据分析技术与算法也在不断演进，但本质思想和做法是相同的，因此，在讨论具体的分析算法前，先简要讨论一下工业大数据分析的范畴与特点和数据挖掘工程的过程方法，然后介绍一下常见的分析工具软件，最后讨论工业大数据分析师的技能成长的途径、不同分析算法背后的朴素的思想，以及数据分析师应该坚持的工程化思维。

1.1 工业大数据分析的范畴与特点

从行业应用的视角，大数据技术内容包括数据思维、大数据平台、大数据分析技术、大数据应用四个层面。数据思维与逻辑思维、实证思维、构造思维（计算思维）这其他三类思维模式相比，关注的是如何从数据分布、数据拟合的角度去刻画物理世界和解决问题，大数据平台解决的大量、多源、异构、强关联数据的"接存管用"的问题，通常结合基础设施特征、数据特征、计算负荷特征进行经济化和灵活化设计。大数据分析关心如何从大量数据中挖掘出有用的模式，构建具有业务实操性的模型。大数据应用主要针对特定需求，基于大数据平台和分析技术，以合适的形态（例如私有部署、SaaS服务、工业APP），相对完整支撑业务应用场景。在讨论任何一个大数据技术问题时，这四个层面很难完全割裂开。本节侧重讨论工业大数据分析的范畴，与其他三个层面的关系也做简略探讨。

1.1.1 数据分析的范畴

大部分工业企业都会涉及产品生命周期（设计、工艺规划、生产工程、制造、使用和服务、废弃和回收等）、生产过程周期（采购、制造计划、制造过程、质量管理等）、商务活动周期（销售、交付、售后等）等3个生命周期，从大面来说，大数据分析有可能应用到所有的环节。结合实践经验，按7大业务领域总结了大数据应用领域，如图1-1所示。

但作为一个技术，大数据分析还是擅长从大量存在重复性的数据中去挖掘新模式。在

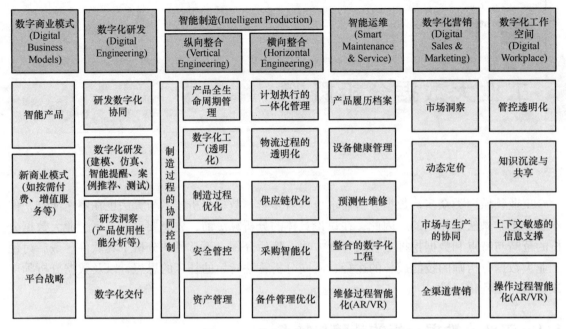

图 1-1　工业大数据的应用环节

创新性强（重复性弱、频度低）的数字商业模式、数字化研发等环节，大数据分析还仅仅起到数据汇集、信息提醒的辅助作用。商务活动和数字化空间的需求，和通用的面向企业的数据分析没有区别。因此，工业大数据分析目前还主要集中在智能运维和智能制造等环节。

1.1.2　典型分析主题

基于上一小节的智能运维和智能制造等应用环节的讨论，我们拟将工业大数据分析的典型场景归纳为如表1-1所示的3类：①智能装备/产品，以智能运维环节的需求为主，适当融入智能运维带来的新业务模式（例如，服务性制造、基于产品的金融衍生服务）和研发创新，详细划分为PHM（Prognostics and Health Management，设备故障诊断与健康管理）、APM（Asset Performance Management，装备效能优化）和产品运作闭环等3类子主题；②智慧工厂/车间，集中在图1-1中智能制造的纵向整合，打通不同生产单元与业务环节，结合不同时空颗粒度，从效率、质量和安全的角度，保证制造过程的可视、可溯、可决；③产业互联，集中在通过图1-1中智能制造的纵向整合，通过数据的融合与深度分析，提高协作效率，支撑新的协作模式。

工业大数据的3大典型分析领域的行业用例如图1-2所示。首先，产业链上不同角色企业关注的分析课题不同，例如，高端装备制造业（例如汽轮机制造企业）强调"服务型制造""智能装备""智能诊断"，而装备使用企业（例如发电厂）则关注整个生产系统（而不是单类设备）的生产效率。再者，对同一类分析课题，由于产品特点和生产模式的不同，不同行业的分析侧重点差异也挺大，例如，在生产质量分析上，化工行业的质量管控粒度比较粗，但需要长久的稳定的质量，而电子行业可以做到单件或单个批次的质量检测，甚至可以做到 Run-to-Run 的工艺参数调整。

表 1-1 工业大数据分析的典型主题

	业务领域	分析主题
智能装备/产品	设备故障诊断与健康管理（Prognostics & Health Management，PHM）	• 剩余寿命 • 健康评估 • 失效预警 • 故障检测 • 异常报警 • 故障诊断 • 运维优化
	装备效能优化（Asset Performance Management，APM）	• 工况聚类 • 性能评估 • 控制优化
	产品运作闭环（Operation Lifecycle Management，OLM）	• 使用行为分析 • 研发洞察 • 定向营销
智慧工厂/车间	生产效率优化（Process Efficiency Management，PEM）	• 需求预测 • 调度优化 • 节能降耗
	生产质量管理（Production Quality Management，PQM）	• 根因分析 • 工艺参数优化 • 操作优化 • 智能排查 • 质量溯源 • 表面质量检测
	生产安全管理（Production Safety Management，PSM）	• 微观生产安全分析 • 宏观安全态势分析
产业互联	协作效率管理（Collaboration Efficiency Management，CEM）	• 市场洞察 • 供需预测 • 协同优化

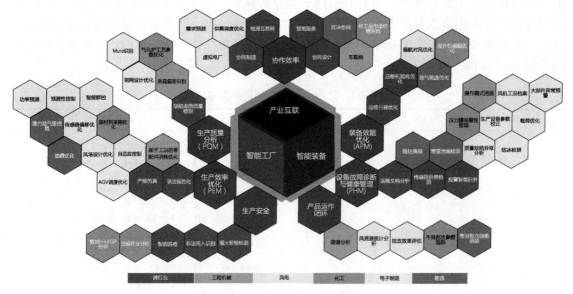

图 1-2 不同行业的典型分析主题

1.1.3 工业数据分析的特点

相对于服务业（如银行、电信等）和互联网的大数据，工业大数据具有很多特点[1,2]，例如，工业大数据具有多样、多模态、高通量和强关联等特性，具有很强的上下文信息（Context），这些特性对工业大数据平台提出了新的技术要求，不仅需要高效的数据存储优化，还需要能够通过元数据、索引、查询推理等进行高效便捷的数据读取，实现多源异构数据的一体化管理。

对于工业分析来说，工业数据的特点主要有维度不完备、样本量不足（且严重有偏）、数据蕴含大量上下文信息等特点，这些特点也造成了"拥有的数据非常多，但可用的数据很少"的窘境。

1) 维度不完备，数据分析需要集成多个维度的信息，任何一个维度的缺失都会造成分析数据集的缺失。很多分析常常需要一个完整的工业过程，过程序列中的局部中断，可能导致当前数据不能完整勾画出真实的物理过程。另外，有些维度间缺乏精确关联，例如在洗衣液罐装生产线中，考虑到成本和生产节拍，不可能按袋追踪，称重的数据和罐装工艺过程数据做不到一一对应，在对应时只能采用概率模型。

2) 样本量不足，且数据样本通常严重有偏（biased）。多数工业系统被设计为具有高可靠性且严格受控的系统，绝大多数时间都在稳定运行，异常工况相对稀缺（对于数据分析来说具有"高价值"）。很多数据在历史上没有被标记，对历史数据的大规模重新标记通常也不可行（工作量大，对标记人员的要求高）。还有一些工业场景要求捕获故障/异常瞬间的高频细微状况，这样才能还原和分析故障发生的原因。最后，设备、传感器、工艺和环境也是在不断变化的,历史数据的有效性也会随着时间而流逝。这些都造成了工业数据分析时的样本量不足。

3) 数据蕴含大量上下文信息。工业是一个强机理、高知识密度的技术领域,很多监测数据仅是精心设计下系统运行的部分表征。很多数据间的关系都可以用机理去解释(不需要挖掘),领域知识也提供了很多有用的特征变量(如齿轮箱振动的倒谱),这些隐形信息都大大缩小了数据分析的参数搜索空间。但不幸的是,并不是所有的专家经验或领域知识都是正确的,数据分析仍然需要保持"谨慎的相信",但不是迷信。

1.1.4 数据分析的典型手段

上述工业数据分析的特点也决定了技术手段的不同,工业数据分析常常需要融合多类模型,而不仅仅是统计学习算法。

刻画物理世界有 3 大类模型,如图 1-3 所示。认知模型提供了一些概念和理念层面的指导,是物理世界在概念和结构的抽象;理论模型中,唯象模型是从输入—输出关系上去逼近物理过程[3],主要包括统计模型(包括统计描述与统计学习,本节将统计模型、分析模型、数据挖掘、机器学习等提法等同,不做严格区分)和模拟仿真,机理模型是基于公理体系和简化假设等逻辑体系下的模型;经验模型是在实践中,对过程和决策的经验性总结,包括专家规则和经验公式。当然,不同类别模型也是相互转化的,例如,通常认为开普勒三定律是唯象模型(在广泛被证明前也可以认为是经验公式),但一旦形成相对完善的公理体系,万有引力定律就成了机理模型。

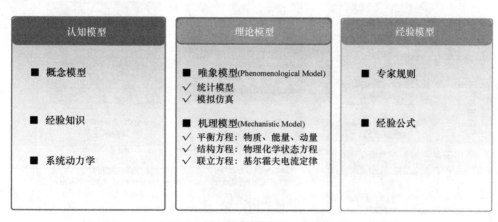

图 1-3 刻画物理世界的 3 大类模型

在行业应用中采用的模型大多是形式化(或部分形式化)模型,所以下面重点讨论理论模型和经验模型,并且不刻意区分专家规则与经验公式(以专家规则为代表讨论)。不同类别模型的特点和适用场景见表 1-2,简单来说,机理模型推演能力强,但不够精准(很多理想化假设),统计模型自适应能力强,但不充分(概率意义上的外推),仿真模型对极端情形检验能力强(对系统和策略设计很有用),但通常不解决日常运行情形,专家规则实用,但不完备（有很多反例，逻辑自洽性差）。因此，在解决问题时，需要根据实际问题的情形选择模型的类型，或者采用多种类型的融合。下面重点讨论统计模型及与其他模型的融合。

表 1-2 各类模型的特点与适用场景

	优点	前提（或限制）	适用场景
机理模型	分析推演能力强	基于大量的简化或强假设 模型参数的可测量性	理论基础、实验条件良好
统计模型	归纳能力强，具备自适用能力	对数据的要求高 预测结果具有一定的不确定性	大量类似的场景 概念逻辑清楚，但缺乏具象的关系
仿真模型	计算推演能力强，可以计算不同场景下的行为（包括极端情形）	物理过程模型和输入不会与现实运行互动（一旦给定，就不再改变）	假设推演分析（What-if 分析）
专家规则	可解释性强	规则的模糊与不完备	逻辑简单明了，需要实时计算

1. 统计模型的应用范式

一般来说，大数据模型的作用与机理复杂度密切相关。本节从产品相似度和机理复杂度两个维度出发，将分析算法应用总结为 6 个范式，如图 1-4 所示，在不同的组合情形下，统计模型可以发挥的作用不同。

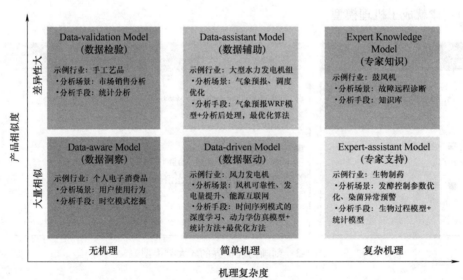

图 1-4 统计模型在不同情形的作用

1）从工业产品的相似度来看，可分为大量相似产品（如风力发电机）和少量定制化产品（如就地建设的化工反应塔）。对于大量相似产品，在数据分析时可以充分利用产品间的交叉信息；而对于少量定制化产品，应深度挖掘其时间维度的信息。

2）从产品机理的复杂度来看，可分为无须了解内部机理的产品（如电子消费品，通常不需要深入元器件内部分析）、简单明确机理产品（如风力发电机）、复杂机理产品（如鼓风机、化工厂）。当工业大数据分析被应用到复杂机理产品时，应更加注重机理模型和专家经验的融合。

2. 统计模型与机理模型的融合

在不同场景下，机理模型对物理过程描述的精度不同，因而对其他模型（包括分析模型）的需求也不同，不同工业场景下数据与模型的特性如图1-5所示。微观机理模型通常无法直接用到中观决策，如腐蚀电化学模型无法直接用到地下管道的季度预防性维修计划。很多机理模型在环境（如充分光滑、没有阻力）、模型（如集总参数、刚体、模型参数可以相对精准获得）、动力学形态（如不存在湍流）、初始状态（可测且测量成本可接受）等方面都有一定的前提假设或合理简化，在实际过程中就需要用数据来检验其合理性，或与分析模型融合，进一步提高模型的适用性。

图1-5 不同工业场景下机理模型的可信度

分析模型与机理模型融合的范式有4种，如图1-6所示。

1）分析模型为机理模型做模型校准（Model Calibration），提供参数的点估计或分布估计，如Kalman滤波。

2）分析模型为机理模型做后处理（Post-processing）。例如，利用统计方法对WRF（Weather Research and Forecasting Model）等天气预报模型的结果进行修正；或者利用统计方法综合多个机理模型，提高预测的稳定性。

3）机理模型的部分结果作为分析模型的特征（feature）。例如，在风机结冰预测中，计算出风机的理论功率、理论转速等并将其作为统计分析模型的重要特征。

4）分析模型与机理模型做融合（ensemble）。例如，在空气质量预测中，WRF-CHEM、CMAQ（Community Multiscale Air Quality）等机理模型可及时捕获空气质量的全局动态演化过程，而统计模型可对空气质量的局部稳态周期模式有较高精度的刻画。二者的融合可以发

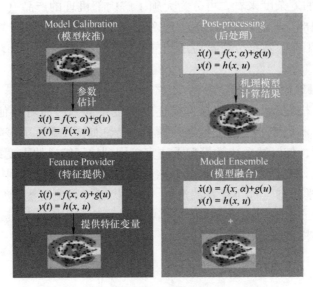

图1-6 分析模型与机理模型融合的4种范式

挥两类模型各自的优势。

3. 统计模型与专家规则的融合

在设备异常预警等很多工业数据分析中,大量历史数据没有标记,领域专家通常可以提供少量的异常样本。这时候除了无监督学习(包括异常样本的相似度匹配)方式外,就是采用专家规则与统计模型融合的方式。

专家规则通常不够完备,专家规则中很多参数和阈值通常不够精准,大数据平台可以为专家规则提供一个迭代式验证平台,数据分析师将当前版本的专家规则形式化,用大量历史数据运行,领域专家对关键结果(例如预测为故障状态)进行研究,完善专家规则逻辑,通过这样多次迭代运行,通常可以获得一个相对可靠的专家规则。另外,也可以采用主动学习(Active Learning)[6]策略,统计学习模型可以挑一些易混淆的样本,让领域专家去标记。这些将在第10章讨论,这里不再赘述。

1.2 数据挖掘的过程方法

数据挖掘是一个复杂过程,需要一个明确方法有序有效地组织这个过程。早期有SPSS提出的5A(Assess,Access,Analysis,Act,Automae)模型,SAS提出的SEMMA(Sample,Explore,Modify,Model,Assess)模型,1998年NCR(Teradata从NCR脱离出来)、Clementine(1998年被SPSS收购)、OHRA和Daimler-Benz联合项目组提出了CRISP-DM(Cross-Industry Standard Process for Data Mining),分为业务理解(Business Understanding)、数据理解(Data Understanding)、数据准备(Data Preparation)、模型建立(Modeling)、模型评估

（Evaluation）、模型部署（Deployment）6 个阶段，它已经成为目前的事实标准[4]。2016 年微软提出的 TDSP（Team Data Science Process）将数据挖掘分为业务理解、数据获取与理解、建模、部署、用户接受 5 个阶段。这些方法框架与 CRISP-DM 基本思想一致，下面重点介绍 CRISP-DM 方法。

1.2.1 CRISP-DM 简介

CRISP-DM 是一种被广泛采用的数据挖掘分析方法框架，它认为数据挖掘是如图 1-7 所示的业务理解、数据理解、数据准备、模型建立、模型评估、模型部署 6 个阶段的迭代过程。和一般的 IT 项目不同，分析项目的不同阶段之间存在很强的迭代关系。

1）业务理解：这一初始阶段集中在从业务角度理解项目的目标和要求，然后把理解转化为数据挖掘问题的定义和一个初步执行计划。狭义的业务理解指的是理解业务部门或业务分析师提出的业务问题，广义的业务理解还包括数据分析师主动发掘和定义问题。广义的业务理解对数据分析师的要求非常高，不仅要有整体技术研判力（可行性、技术难度、关键技术点），还要有业务洞察力，可以定义出可执行有价值的好问题。

2）数据理解：始于原始数据的收集，然后熟悉数据，标明数据质量问题，对数据进行初步探索和理解，发掘值得关注的数据子集以形成对隐藏信息的假设。

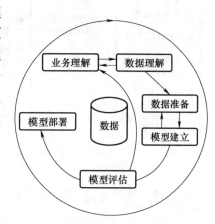

图 1-7 CRISP-DM 方法

3）数据准备：包括从原始数据集到最终数据集的所有活动。数据准备任务可能迭代多次，而且不存在一成不变的顺序。这些任务包括数据的整合、选择、清洗、特征加工。

4）模型建立：主要是分析算法选择、超参数调优和模型融合。在做的过程中，通常会发现新的数据质量问题，因此，常常需要返回到数据准备阶段。

5）模型评估：进入这个阶段时，已经建立了一个或多个相对可靠的模型。在模型最后发布前，需要更彻底地评估模型和检查建立模型的各步骤，从而确保它真正达到了业务目标和落地应用条件。此阶段的关键目的是检查是否忽略了一些重要的业务场景。关于数据挖掘模型是否可用的决定应该在此阶段确定下来。

6）模型部署：模型的建立并不是项目的结尾，通常需要以业务应用的形式发布和部署模型。即使建模仅是为了增加对数据的了解，所获得的洞察通常也需要以一种客户能够理解的方式呈现出来。

CRISP-DM 对每个阶段的活动做了细化[5]，使其成为一个具有指导性的方法论，如图 1-8 所示。即便如此，对于特定领域的数据分析来说，我们也需要在 CRISP-DM 方法论的基础上，加入领域特征，细化活动内容，实例化交付物，明确侧重点，使其成为在特定领域内具有可操作性的方法论。

业务理解	数据理解	数据准备	模型建立	模型评估	模型部署
确定业务目标 • 背景 • 业务目标 • 成功准则 评估形势 • 资源投入 • 需求、假设和约束 • 风险和应急对策 • 术语 • 成本和收益 确定数据挖掘目标 • 数据挖掘目标 • 成功准则 制定项目计划 • 项目计划 • 工具和技术的初步评估	搜集原始数据 • 数据搜集报告 描述数据 • 数据描述报告 探索数据 • 数据探索报告 校验数据质量 • 数据质量报告	选择数据 • 数据保留或删除的理由 清洗数据 • 数据清洗报告 生成数据 • 特征加工 • 记录生成 融合数据 • 数据合并 格式化数据 • 数据格式变换 数据集 • 数据集描述	选择模型 • 建模技术 • 建模假设 产生检验设计 • 检验设计 建立模型 • 初始参数设定 • 模型 • 模型描述 评估模型 • 模型评估 • 调整模型参数	评估结果 • 用商业成功准则评估数据挖掘结果 • 模型确认 回顾挖掘过程 • 过程总结 确定下一步工作内容 • 下一步行动清单	计划发布 • 发布计划 计划监测和维护 • 监测和维护措施 生成最终报告 • 最终报告 • 最终演示 回顾项目 • 经验总结文档

图1-8 CRISP-DM 每个阶段的执行内容

在最后,也简要提一下 CRISP-DM 的缔造者之一 Tom Khabaza 总结的数据挖掘9大定律:①Business Goals Law:每个数据挖掘解决方案的根源都是有业务目标的;②Business Knowledge Law:数据挖掘过程的每一步都需要以业务或领域信息为中心;③Data Preparation Law:数据准备与处理是数据挖掘的基础,其工作量通常占数据分析过程50%以上;④No Free Lunch Law(没有免费午餐):做到极致后,提高一个指标必然会牺牲另外一个指标,或者说,任何模型都是有适用前提的;⑤Watkins' Law:在数据的世界里,总是有模式可循的,找不到规律不是因为规律不存在,而是因为还没有发现它;⑥Insight Law:数据挖掘可以有效发现单纯人工很难发现的信息与规律,辅助领域专家从业务角度的解读和决策;⑦Prediction Law:基于数据驱动方法的统计泛化能力,预测结果增加了样本的局部信息;⑧Value Law:数据挖掘模型再精准,没有业务应用也是没有价值的;⑨Law of Change:不存在一成不变的模式,一定要不断关注训练出的模型的有效性。上面这9条其实归根到底就是业务逻辑决定数据挖掘。纯粹为了追求高深的数据挖掘算法技术,而忽略了业务目的、业务应用的做法是本末倒置。

1.2.2 分析课题的执行路径

课题成熟度的差异和分析师经验知识体系的差异,使得不同项目在 CRISP-DM 的"业务理解"环节中差异很大,在执行中具体体现为3类典型场景。

1)业务规划类:只有一个大概的业务愿景或目标,如用大数据提高产品质量、用大数据构建精加工工业互联网（对第三方开放自己的精加工能力）。此时需要业务分析师与客户一起从业务角度分解业务愿景，并将其归结为若干个数据分析问题。

2) 业务问题理解类：有明确的业务需求（如备件需求预测）。这时我们需要将组织结构、业务流程、典型的业务场景（如促销、囤货、地区公司合并等）等业务上下文信息进行细化与理解。

3) 数据分析问题定义类：有些问题不涉及业务上下文，如监控图像识别。这时只需要将业务期望（如检出率、误报率、处理速度等要求）确认清楚即可。

在工作量上，"业务理解"和"数据准备"往往会占用75%以上的时间。很多分析问题的定义需要在迭代中不断理清；Data Schema（数据模式）层面的数据预处理（包括数据类型及值域检查、数据集的合并等）通常比较简单，但业务语义上的数据质量问题只能在数据探索和建模过程中不断被发现。

在经典的CRISP-DM方法中，假设分析课题是给定的，"业务理解"只是对该课题的业务背景和含义进行理解。但很多数据分析项目并不是这样，它们需要分析人员根据业务需求不断细化和定义，这在工业大数据领域更为普遍。工业数据分析常常出现知识严重二分的情形。数据分析师对工业过程缺乏深入了解，而业界人员对数据分析的了解相对缺乏，需要一种好的方法把两个领域结合起来，以定义一个有价值且可落地的数据分析课题。

典型工业问题的定义的方法在《工业大数据分析实践》[2]一书中有详细的论述，另外，还对CRISP-DM方法的6个步骤在工业领域的应用做了细化，如图1-9所示，可以看出系统运行机理和业务场景在工业数据分析中的重要程度。为避免内容的重复，这里不再赘述。

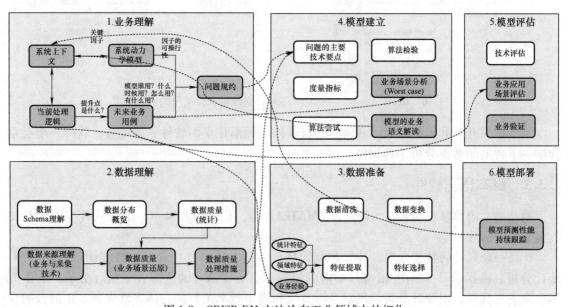

图1-9　CRISP-DM方法论在工业领域中的细化

1.3 数据分析工具软件

严格来讲，任何做数据处理的软件都可以被称为数据分析工具软件，例如，Excel 可以做很多统计工作，Tableau 等 BI 软件支持不同维度的数据探索。本节讨论的数据分析工具软件指的是可以进行统计分析或机器学习的软件。

不同工具软件侧重点不同，适合的场景也不同。数据分析工具选择，需要综合考虑各种应用场景，比如，使用者的技能要求、算法包（包括处理算法、可视化和报告输出等）的丰富程度、运行环境（例如是否能在单机上运行）、开发调试的便捷性（包括软件本身和社区内容）、处理性能（例如可以处理的数据集大小）等。基于这样的差异，不同类型组织使用的数据分析工具也不同。Rexer Analytics 在 2017 年对在企业、咨询、学术、政府与公共机构等 4 个领域做了调查[7]，结果如图 1-10 所示，在所有领域，开源软件 R 和 Python 的使用频度都很高，在企业和咨询行业，SQL 和 Tableau 等工具也是常用的软件。在学术界，MATLAB 作为工程分析软件，使用频度也非常高。Forrester Research 在 2017 年调研[8]指出 IBM SPSS、SAS、KNIME、RapidMiner 是行业分析产品的领军者。

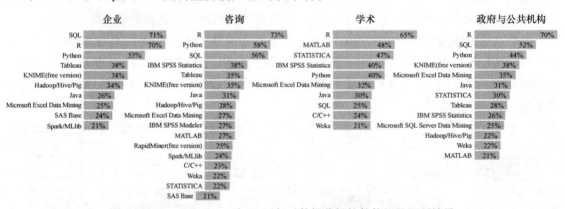

图 1-10 Rexer Analytics 在 2017 年对数据分析软件使用的调研结果

下面按照开发和运行方式，从脚本语言软件、图形化桌面软件、云端分析软件三个类别介绍一下常见的数据分析工具软件。

1.3.1 脚本语言软件

典型脚本语言软件包括 R、Python、MATLAB 等，依靠编程脚本、交互式开发和大量工具包支撑分析建模。

R 是一套完整的数据处理、计算和制图软件系统。R 语言有着完整数据读取、预处理、统计分析、机器学习、制图/报告等功能的编程语言，R 语言的优势在于统计分析，有 1 万多个官方工具包，对统计分析、机器学习算法和周边效率工具的支持非常完善。R 语言的核心数据类型是数据框（Data Frame），同时也支持矩阵或向量运算，数据框类似于关系数查询组件中的 recordSet，是由有相同属性列构成的记录集，不同列的类型可以不同。数据框的概念也逐步被 Python（2008 年发布第 1 版 pandas 包）、MATLAB 等软件采纳。为提高计算能力，R 语言也提供了 C、C++、Fortran 等语言的开发接口。RStudio 作为 R 语言最常用的 IDE（集成开发环境），提供了很多便捷性的交互式开发调试功能，也支持 Python、C/C++、HTML、Markdown 等语言的开发。

MATLAB 是著名的科学计算软件包，对矩阵运算、数值分析、图形显示和工程分析算法（如控制系统设计、信号处理）支持非常完备，动力学仿真包 Simulink 不仅仅支持连续动力学系统的仿真，也支持离散事件系统的仿真，除了数值仿真，也支持半物理仿真（通过 PLC、通信协议接口）。在机器学习方面，MATLAB 从 2018 年开始提供了 Statistics and Machine Learning Toolbox。

Python 是一种跨平台的高级编程语言，可以应用在多个领域，尤其是深度学习领域。Python 拥有 numPy、sciPy、matplotlib 等科学计算包，也有 scikit-learn、pandas 等机器学习算法包。Python 常用的 IDE 包括 Spyder、pyCharm，也可以使用 Vscode、Eclipse 通用环境的 Python 插件。在交互式分析上，Jupyter notebook 或 Jupyter lab 可以将分析过程与文档工作同步进行。

由于 Python 底层是使用 C 语言写的，很多标准库和第三方库也是用 C 语言写的，因此相比 R 语言和 MATLAB 来说，Python 的速度要更快，可移植性更强。但在统计算法和机器学习算法方面，R 语言更丰富一些。需要注意，不要不加前提地对比运行速度，MATLAB、R、Python 语言背后的矩阵运算都是基于 BLAS、LAPACK 等线性运算包（基于 Fortran 或 C 语言实现的，不同实现版本略有不同），如果采用内置的矩阵运算，MATLAB、R、Python 语言之间的差别应该是很小的。因此，编程时应该尽量遵循一个软件的前提假设与推荐习惯，例如，在 MATLAB 中尽量采用矩阵或向量运算，避免用标量循环。在 R 中，尽量用内置的数据框操作函数，避免用循环。

1.3.2 图形化桌面软件

图形化桌面软件主要指的是拖拽式建模分析环境，典型软件见表 1-3。不包括 SPSS Statistics、SAS、STATA、Minitab、Statistica 等基于菜单或脚本语言的工具软件。

表 1-3 图形化桌面软件特点对比

软件名称	特点
SPSS Modeler SAS Enterprise Miner（EM）	商用产品，性能稳定，产品文档全面
Rapid Miner	用 Java 开发，基于 Weka 来构建，也就是说它可以调用 Weka 中的各种分析组件
KNIME	基于 Eclipse 开发环境，用 Java 开发。采用的是类似数据流（data flow）的方式来建立分析挖掘流程（和 SAS EM 或 SPSS Modeler 等商用数据挖掘软件的操作方式类似）。挖掘流程由一系列功能节点（node）组成，每个节点有输入/输出端口（port）

(续)

软件名称	特点
Orange	底层核心采用 C++ 编写，同时允许用户使用 Python 脚本语言来进行扩展开发。Orange 的控件对节点没有 KNIME 分得细，也就是说要完成同样的分析挖掘任务，Orange 里使用的控件数量比 KNIME 中的节点数少一些。但控制能力要比 KNIME 弱

SPSS Modeler 的核心思想是希望能够以简便的方式帮助用户进行数据挖掘。将数据加载、转换、统计、建模、应用等功能以节点连接的形式呈现，一个数据分析模型就是不同节点链接而成的数据流，典型的操作界面如图 1-11 所示。

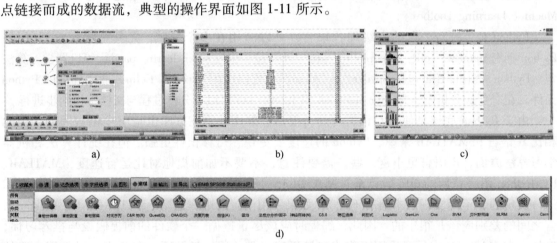

图 1-11 SPSS Modeler 主要界面

a) 建模画布　b) 数据查看　c) 结果查看　d) 建模节点

Rapid Miner、KMINE、Orange 等软件的操作界面与 SPSS Modeler 类似，如图 1-12 所示。

图 1-12 其他软件的图形化界面

a) Rapid Miner　b) KMINE　c) Orange

1.3.3 云端分析软件

云平台上也提供了很多分析软件，典型软件见表 1-4。

表 1-4　云端分析软件特点与对比

产品名称	功能	主要差异点
AWS Machine Learning	机器学习基本算法	完善的 Rest API 定义与文档
Azure ML Studio	机器学习基本算法	ML Studio 的建模环境不错，很多云端建模环境（如阿里 PAI）与之类似
IBM Analytics Server	SPSS Modeler Server 的大数据版本（基于 BigInsight）	SPSS Modeler 的用户社区

1.4　工业大数据分析师的算法修养

工业大数据分析师直接面临工业一线问题，除了坚实的数据分析算法/工具、软件开发基础、大数据平台基础、工程基础（如理论力学、材料力学、热力学、电磁理论、控制理论、信号处理等）等技术层面的知识外，还需要有一定业务/工业系统分析能力和工业领域知识。对于从事第三方服务的工业数据分析师，还需要良好的学习能力、宽阔的行业知识结构和丰富的实践经验。鉴于本书的主题，这里仅仅讨论数据分析算法层面。

1.4.1　分析算法理解的维度与路径

一个算法有很多不同维度，典型维度有 4 个，见表 1-5，只有把这些维度都熟悉了，才算熟练掌握了一个算法。

表 1-5　分析算法理解的 4 个维度

维度	内容	途径
思想	动机、提法、概念 核心思路（包括技巧） 适用范围、可能扩展点	原创论文或经典图书阅读 算法研讨班 改进尝试与思考
推导	正向公式推导 形象理解与解释 反向辨析与问答	公式推导、习题 类似《图解机器学习》的图书或文档 社区讨论（Stackoverflow、Quora、统计之都等）
实现	数值算法 代码实现 示例的运行过程	经典算法包的源代码阅读 动手开发实现 例子的单步执行
应用	算法使用方法 输出结果的直觉研判 参数调优 与其他算法综合应用	算法包的说明文档或工具书 演示例子 实际应用 案例集或研究进展综述

不同目的对上面4个维度的侧重点不同。一个算法研究者，要更关注既有算法提出的动机、问题的形式化方法和可能改进点，有了这种思想层面的理解，才可能发展一些新的有用的算法；而教育工作者，除了大概思路外，关注的更多是理论推导；作为一个工程分析应用人员，除了关注应用外，要更关心常见算法的整体概念框架（这样有选择的自由）、算法的适用范围、不同算法组合套路、不同算法包的对比等，在对外交流时，也会关注算法的形象化解释（让其他领域的人快速理解）。

对算法的理解在单个维度可能会遇到瓶颈，这时候不同算法、不同维度的交叉类比可能非常有帮助，用其他类似或相关算法去理解新算法，用算法的对比驱动更深层次的理解，通过阅读源代码（很多优秀算法包）去理解算法的数学公式，通过简单算例对比去理解算法的工作机制。对于工业分析师来说，可以先快速入门，扩大视野，形成直觉研判，然后再分而治之去深入每个算法的理论推导，采用螺旋上升的方式，通过如图1-13所示的交叉印证与检验，以及适度的追求技巧，让数据分析工作充满乐趣，驱动更多更高效率的学习。

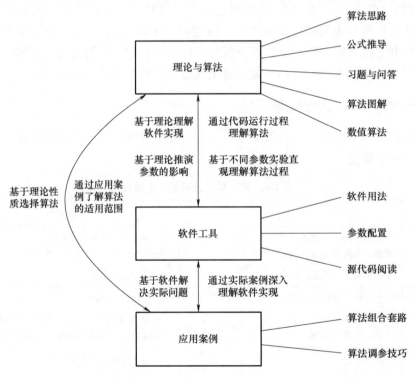

图1-13 不同层面问题的交叉理解

1.4.2 必读图书

本节只列举通用类的图书，特定领域（如时序数据挖掘）的图书或论文将在具体章节给出。按照算法、工具、应用案例三类，给出一些推荐书目，见表1-6。

表 1-6　数据分析图书推荐

	子类别	图书推荐
算法	理论	统计学习经典：EoSL[9]，PRML[10]，MLAP[11]，《模式分类（原书第2版）》[12] 深度学习：*Deep Learning*[13] 统计：*All of Statistics*：*A Concise Course in Statical Inference*[14]，*All of Nonparametric Statistics*[15]，计算统计（第2版）[16]，MASS[17] 其他：*Machine Learning*：*A Bayesian and Optimization Perspective*[18]，*Probabilistic Graphical Models*：*Principles and Techniques*[19]
	普适教育	ISL（中译本《统计学习导论》）[20]，*Machine Learning Refined*，*Introduction to Machine Learning*（中译本《数据挖掘　概念与技术》）[21]、《机器学习及其应用》[22]、《统计学习方法》[23]
	图解/手册	《图解机器学习》[24]，《图解深度学习》[25]，《百面机器学习》[26]，*Engineering Statistics Handbook*[27]，*Data Mining and Knowledge Discovery Handbook*[28]
工具	R	《R语言实战》[29]，《R语言核心技术手册》[30]，《R语言经典实例》[31]，《R数据可视化手册》[32]，《高级R语言编程指南（原书第2版）》[33]，《应用预测建模》[34]，Springer的User R系列丛书，*Journal of Statistical Software*杂志
	Python	《Python数据科学手册》[35]
应用案例		*Data Mining with R*：*Learning with Case Studies*[36]，*IBM SPSS Modeler Cookbook*[37]

对大部分工程应用，有算法原理的基本了解就够了，但算法研究者，应知其所以然。EoSL（*Element of Statistical Learning*）、PRML（*Pattern Recognition & Machine Learning*）、MLAP（*Machine Learning*：*A Probabilistic Perspective*）、*Pattern Classification*（中译本《模式分类》）是公认的四本经典图书。EoSL是斯坦福大学统计系三位统计大家的著作，各种算法的讲解从基本思想娓娓道来，辅以浅显易懂的图形展示，公式简洁明了，为了逻辑的连续性，很多定理证明简单略过，给人以信手拈来的感觉，值得数据分析师反复研读。EoSL读起来很顺畅，但要完全读懂对读者的数学素养要求还挺高。为了进一步降低要求，ISL（*An Introduction to Statistical Learning with Applications in R*）继承了EoSL的风格，但侧重算法应用，更加适合入门。PRML和MLAP是从贝叶斯角度论述机器学习的经典之作，相对于EoSL侧重算法思想演化的讨论，PRML更侧重公式推导，读起来更辛苦。MLAP在概念的图示化方面做得很好，有更直观的理解。《模式分类》中的图比较多，入门要求不高，这本书的第1版于1973年出版，第2版于2000年出版，单看这两个时间，大家就知道什么叫经典。深度学习方面当然是Goodfellow、Bengio和Courville三人合写的*Deep Learning*那本书，把不同深度学习网络背后的基本思想介绍得非常透彻。在统计算法方面，Larry Wassermand的两本书*All of Statistics*：*A Concise Course in Statistical Inference*、*All of Nonparametric Statistics*简洁明了，重要概念和算法背后的思考及应用前提都介绍得非常清楚。MASS这本书与R语

言的 MASS 包对应，是理解各种统计算法的好书。Givens 和 Hoeting 的《计算统计（第 2 版）》直观解释了很多统计算法的计算过程。

在算法快速入门上，除了 ISL，还有 *Machine Learning Refined*、*Introduction to Machine Learning* 等图书，国内有韩家炜的中译本《数据挖掘概念与技术》、周志华的《机器学习》和李航的《统计学习方法》（第 2 版），都很系统全面地介绍了常用的算法。另外，Morgan & Claypool Publisher 的 *Synthesis Lectures on Artificial Intelligence & Machine Learning* 丛书中的发展前沿综述对全面了解新领域有很大帮助。

还有一类算法书值得读者翻阅，一种就是日本学者的《图解机器学习》《图解深度学习》等书，能以最简单的方式介绍各种算法，需要的功力比一本算法教材要深得多。国内出版的《百面机器学习》以面试问答的形式，让大家从反向的角度将算法知识再梳理一遍。另外，NIST 的 *Engineering Statistics Handbook*、*Data Mining and Knowledge Discovery Handbook* 这两本手册分别将统计、数据挖掘算法框架系统性总结了一遍，能够帮助读者建立起概念的框架。

在工具软件领域，O'Reilly、CRC、Manning 等知名出版社出版了很多经典的 Cookbook、In Action 之类的经典图书，也有对应的中译本，是掌握分析工具的好书。Springer 的 User R 系列丛书对不同主题的 R 语言应用有详细的介绍。《应用预测建模》对于 R 语言 caret 包，系统介绍了回归、分类建模中的各个算法。对于 Python，scikit-learn 官网上的大量例子是了解各种算法的好起点。最后，*Journal of Statistical Software* 杂志是讨论各种统计分析软件包的好地方，很多优秀 R 语言包都是在这个杂志上介绍的。

很多工具书都带有一些小的例子，但 *Data Mining with R：Learning with Case Studies* 有更加系统的例子，端到端地展示了建模过程。

本节仅简单列举了部分比较好的图书，还有很多精彩图书将在具体章节中给出。另外，更多优秀的图书和论文也在不断涌现。但无论如何发展，很多基本思想是不变的（将在下节讨论），而这样的思想通常出现在算法发明人和技术大家的专著和论文中，特别是外文经典书籍、期刊论文（例如 *Annals of Statistics* 期刊有很多经典统计学习算法原作者的论文和权威专家点评），希望大家尽可能多读读这些经典，获得的将不仅仅是知识和技能，而是这些算法背后的思考、深入浅出的解释以及算法适用范围的讨论。

1.4.3　分析算法背后的朴素思想

数据分析算法可以从优化角度去看，也可以从概率的角度去看。从优化的角度，数据分析算法的目的是在一定的模型结构约束（例如线性模型、神经网络结构模型）下，最大化某个性能指标或极小化某个惩罚函数[38]；从概率的角度，因变量的均值和方差仍然用确定性函数关系（参数化）表示，概率分布描述了这些关系刻画的不确定性和参数的先验分布，目标是极大化似然度、后验概率分布，获得参数的点/区间估计，或者概率估计（也称为贝叶斯估计）。

一个问题的定义有很多方式：①指令式（Imperative），通过算法逻辑详细定义求解过程,很多启发式规则问题都属于这一类;②声明式(Declarative),将问题建模与求解引擎独立开来,用户只需要建模,求解过程交给算法引擎,整数规划和机器学习算法都属于这一类;③激励式(Incentive),用奖励或惩罚的方式获得期望的行为结果(隐性结构),而不是强行约束的方式。例如,深度学习中GAN(Generative Adversarial Network,生成对抗网络)、DBM(Deep Belief Network,深度信念网络)都是利用损失函数的方式,让学习出来(或降维后)的向量和原始向量接近(偏差部分要么认为是噪声,要么是模型拟合误差),或者保持某种性质(例如距离不变性,样本间在原始高维空间的距离与在变换后低维空间的距离不变,或保持有序性)。

惩罚函数包括拟合的损失函数(拟合误差、似然度),以及模型结构的复杂度(插值、稀疏)。不同的损失函数代表着对不同误差的容忍程度。例如,在回归问题中,相对常用的均方误差,绝对值误差意味着对大的偏差容忍度高一些,另外,坡道(Ramp)损失函数对误差较大的区域进行截断,使得较大的误差不会大程度地影响整个误差函数,这样出来的模型鲁棒性更强些。

模型结构可以是因变量与预测量(自变量)间的全局关系,也可以通过直接定义相邻预测变量间的相似度(核函数)形成,可以说是隐性的局部结构。距离上可以采用欧氏距离,也可以采用其他距离,不同距离的选择隐含着某种特性。例如,两个时序向量采用余弦相似度距离主要关心相位同步性,幅度不重要;采用DTW(Dynamic Time Wrapping,动态时间规整)距离则允许局部拉伸压缩,相位不重要,幅度仍然重要。模型结构的选择取决于业务问题中的不变性(Invariant)。例如,图像分类结果通常应该是关于位移、旋转、放大/缩小不变的。也就说,一只猫的图片,无论猫做什么位移、旋转、放大/缩小,研判结果都应该是一样的,CNN(Convolutional Neural Network,卷积神经网络)模型结构中的池化(不论在什么位置)、多层次卷积(对应放大或缩小,也对应不同层面特征的提取和旋转)可能很好地满足这些不变性的要求。

模型的求解算法分为以下几类:①解析表达式(包括矩阵计算),如线性回归模型;②存在明确梯度甚至Hessian矩阵,可以通过梯度算法收敛;③变量空间上的分而治之,例如决策树模型等;④多个变量间的迭代求解,先固定一部分变量,利用性质定理或局部优化算法,求解剩余变量(局部优化解),然后再固定这些剩余变量,求解原来的部分变量,例如EM聚类、K-means算法等;⑤转化为典型范式的模型,特别是在整数规划上,存在很多模型范式,该范式下存在很多高效的算法。有时候可以通过增加参数,将非线性整数优化模型转化为整数规划模型,借用通用高效的引擎求解。

任何模型一定是简化的,不要为了细枝末节的因素,让模型过度复杂。要考虑模型的可解性,利用其性质定理缩小搜索范围,或者采用梯度信息指示搜索方向,或者采用分而治之(divide-conquer)策略,将一个复杂全局问题分解为简单的子空间求解问题。《图解机器学习》的读者可能都会感觉到:最小二乘法和线性模型可以解释神经网络、支持向量机等很多复杂模型。

很多工科背景人更相信确定性关系,对概率性关系常常持有怀疑态度。这个思维定式需要转变。首先，概率是一种关系描述方式，很多关系天然是随机的，例如，一个单词的音频中，音素的持续时间和停顿时长都是随机的，不同人不同，同一个人两次说话都不可能完全相同，但总体上有一定规律，这样的规律用概率模型去描述比确定性模型或规则描述更合适。其实，概率可以近似看作一种研判的"置信度"，很多问题的研判本身也不是非黑即白的，存在模糊地带。其次，很多过程本质是确定的，但结果对模型参数、初始状态的敏感度太高（学术上说的混沌系统），对模型参数、初始状态的精确估算不可能或不经济，这时候将模型简化为一个概率模型也许更实际。例如，抛硬币看落地是正面、反面，在不存在空气扰动、地面是平整且摩擦系数均匀的假设下，这个过程可以建模为一个常微分方程[39]，结果由硬币的质量分布、抛出时的初始状态完全确定，但结果对参数和初始状态的敏感度太高，还不如通过多次观察，建立一个概率分布模型更直接。

1.4.4 工程化思维

工业大数据分析项目是工程项目，需要在严谨与实用之间均衡。需要注意几个工程性原则。

1. 实用主义与全局视野

尽可能抓住主要矛盾和核心要素，不要过分纠结细节，形成相对精准的直觉判断力，对工作的侧重点有一个合理的安排。在建模时，在保证基本面的情况下，尽量用简单的模型，特别是可解释性强、可操作性强的模型。为了细微的性能提升，采用高复杂度的模型不是一个好习惯。尽量利用领域专家的先验信息，而不是从零开始挖掘。

在数据分析中，注意迭代速度，通过迭代，将领域专家、业务负责人紧密融入项目中。特别是第一次数据探索的时候，对于数据质量问题，做到清楚基本面，不要在细节上花太多时间（例如，缺失数据用非常严谨的态度去修正）。第一次探索要的是快速掌握基本面，找出具体问题请教领域专家，在模型可能精度和适用范围的研判基础上，与业务负责人开始探讨，这样数据分析师也可能更深入地了解领域，同时让各方都有个正确的期望。在迭代中，不断提高数据处理和模型的严谨程度。

2. 系统化思维与主动思考

分析课题不是封闭的考题，数据分析师要有主动思考的习惯，不要盲信他人圈定的范围，使用数据集的维度可以扩充，甚至要解决的问题也是可以重新定义的。

对业务问题最好有个层次化的分解（可以在推进过程中不断优化），放在业务上下文去思考，这样容易建立起项目团队的共同的理解，数据分析师不要变成被动响应需求的"报表师"。另外，要注意文档的逻辑性，总结文档是一段工作的归纳，不是数据探索过程的流水账。

3. 大胆尝试，小心求证

保持必要的好奇心，把所有的想法和假设都记录下来并进行检验，这样才可能在现有领域专家工作成果的基础上更进一步。对于分析结果，坚持因果逻辑检验，避免辛普森悖论、幸存者偏差、赌徒谬论等统计陷阱[40]。

同时，对于数据分析模型和结果保持严谨态度，尽可能去实际生产环境中验证，发现潜在的风险，清晰阐述模型的适用范畴。对于应用效果，要客观审视提升的原因，避免夸大数据分析的作用。

参 考 文 献

［1］王建民. 工业大数据软件面临的挑战及应用发展［J］. 信息通信技术与政策，2020（10）：1-5.

［2］田春华，李闯，刘家扬，等. 工业大数据分析实践［M］. 北京：电子工业出版社，2021.

［3］伊泽曼，明奇霍夫. 动态系统辨识：导论与应用［M］. 杨帆，译. 北京：机械工业出版社，2016.

［4］PIATETSKY G, KDnuggets. CRISP-DM, Still the Top Methodology for Analytics, Data Mining, or Aata Science Projects［EB/OL］.（2014-10-28）［2021-10-3］. https://www.kdnuggets.com/2014/10/crisp-dm-top-methodology-analytics-data-mining-data-science-projects.html.

［5］CHAPMAN P, CLINTON J, KERBER R, et. al. CRISP-DM 1.0：Step-by-Step Data Mining Guide. 1999［EB/OL］.（2012-03-14）［2021-9-30］. https://www.the-modeling-agency.com/crisp-dm.pdf.

［6］SETTLES B. Active Learning［M］. Morgan & Claypool, 2012.

［7］REXER K. A Decade of Surveying Analytic Professionals：2017 Survey Highlights. 2017［EB/OL］（2020-02-20）［2021-10-15］. https://www.rexeranalytics.com/data-science-survey.

［8］GUALTIERI M. The Forrester Wave：Predictive Analytics And Machine Learning Solutions. Q1 2017［EB/OL］.（2017-03-07）［2021-09-20］. https://www.forrester.com/report/The+Forrester+Wave+Predictive+Analytics+And+Machine+Learning+Solutions+Q1+2017/RES129452.

［9］FRIEDMAN J, HASTIE T, TIBSHIRANI R. The elements of statistical learning［M］. Springer, 2001.

［10］BISHOP C M. Pattern recognition and machine learning［M］. Springer, 2006.

［11］MURPHY K P. Machine learning：a probabilistic perspective［M］. MIT press, 2012.

［12］DUDA R O, HART P E, STOCK D G. 模式分类（原书第2版）［M］. 李宏东，姚天明，等译. 北京：机械工业出版社，2003.

［13］GOODFELLOW I, BENGIO Y, COURVILLE A. Deep learning［M］. MIT press, 2016.

［14］WASSERMAN L. All of statistics：a concise course in statistical inference［M］. Springer, 2013.

［15］WASSERMAN L. All of nonparametric statistics［M］. Springer, 2006.

［16］吉文斯，赫特. 计算统计（第2版）［M］. 周丙常，孙浩，译. 西安：西安交通大学出版社，2017.

［17］VENABLES W N, RIPLEY B D. Modern applied statistics with S-PLUS［M］. Springer Science & Business Media, 2013.

［18］THEODORIDIS S. Machine learning：a Bayesian and optimization perspective［M］. Academic press, 2015.

［19］KOLLER D, FRIEDMAN N. Probabilistic graphical models：principles and techniques［M］. MIT press, 2009.

［20］詹姆斯. 统计学习导论［M］. 王星，译. 北京：机械工业出版社，2015.

［21］HAN J, KAMBER M, PEI J. 数据挖掘概念与技术［M］. 范明，孟小峰，译. 北京：机械工业出版社，2012.

［22］周志华，王珏. 机器学习及其应用［M］. 北京：清华大学出版社，2009.

［23］李航. 统计学习方法［M］. 北京：清华大学出版社，2012.

［24］杉山将. 图解机器学习［M］. 许永伟，译. 北京：人民邮电出版社，2015.

[25] 山下隆义. 图解深度学习 [M]. 张弥, 译. 北京: 机械工业出版社, 2018.

[26] 诸葛越, 等. 百面机器学习 [M]. 北京: 人民邮电出版社, 2018.

[27] NIST. NIST/SEMATECH e-Handbook of Statistical Methods [EB/OL]. (2013-10-30) [2021-10-1]. http://www.itl.nist.gov/div898/handbook/.

[28] MAIMON O, ROKACH L. Data Mining and Knowledge Discovery Handbook [M]. 2nd ed. Springer, 2010.

[29] KABACOFF R. R语言实战 [M]. 高涛, 肖楠, 陈钢, 译. 北京: 人民邮电出版社, 2013.

[30] ADLER J. R语言核心技术手册 [M]. 刘思喆, 李舰, 陈钢, 等译. 北京: 电子工业出版社, 2014.

[31] TEETOR P. R语言经典实例 [M]. 李洪成, 朱文佳, 沈毅诚, 译. 北京: 机械工业出版社, 2013.

[32] CHANG W. R数据可视化手册 [M]. 肖楠, 邓一硕, 魏太云, 译. 北京: 人民邮电出版社, 2014.

[33] 威克汉姆. 高级R语言编程指南 (原书第2版) [M]. 潘文捷, 许金炜, 李洪成, 译. 北京: 机械工业出版社, 2020.

[34] 库恩, 约翰逊, 等. 应用预测建模 [M]. 林荟, 邱怡轩, 马恩驰, 等译. 北京: 机械工业出版社, 2016.

[35] 万托布拉斯. Python数据科学手册 [M]. 陶俊杰, 陈小莉, 译. 北京: 人民邮电出版社, 2018.

[36] TORGO L. Data mining with R: learning with case studies [M]. Chapman and Hall/CRC, 2011.

[37] MCCORMICK K, ABBOTT D, BROWN M S, et al. IBM SPSS modeler cookbook [M]. Packt Publishing, 2013.

[38] ZIELESNY A. From Curve Fitting to Machine Learning [M]. Springer, 2011.

[39] STRZAŁKO J, GRABSKI J, STEFAŃSKI A, et al. Dynamics of coin tossing is predictable [J]. Physics reports, 2008, 469 (2): 59-92.

[40] GECKOBOARD. Data fallacies [EB/OL]. https://www.geckoboard.com/best-practice/statistical-fallacies/.

第 2 章

数据预处理

工业分析通常需要融合多个领域的原始数据,在进入机器学习算法之前,需要对数据进行预处理,包括数据清洗、数据合并、特征变量的提取与选择等。这通常是一个反复迭代的过程,借助探索型数据分析(Exploratory Data Analysis,EDA)工具,通过数据的业务化、业务的数据化的迭代加深对数据的理解。本章简要介绍数据预处理中各个算法工具,帮助读者建立起整体的概念框架。

2.1 数据操作基础

数据框(Data Frame)是机器学习中用得最多的一种数据结构,数据框由多行多列组成,每列是同一种数据类型,但不同列的数据类型可以不同(与矩阵类型的区别),类似 JDBC 编程中数据集对象 RecordSet。机器学习很多算法和数据预处理函数都是围绕 Data Frame 展开,R 语言和 Python Pandas 有深入的支持,就如同 MATLAB 等科学计算软件以向量/矩阵为中心。在 R 语言中,既支持向量、矩阵、字符串、列表(List)等常见数据类型,也提供了因子(Factor)数据类型,解决名义变量(例如性别)和有序变量(例如报警等级)在机器学习中的特别处理要求,例如,因子量不能像连续变量那样参与四则运算,在存储效率上 Factor 比原始的变量类型(特别是字符串)更高。

2.1.1 数据框的基本操作

数据框的基本操作包括:数据框创建、维度信息查看、排序、子集选择/查询、数据集修改、数据集统计/整合等单数据框操作,以及两个数据框的合并,见表 2-1。详细的函数列表可以参阅 R 语言的 dplyr 包[1]和 Python Pandas[2]的备忘清单(Cheat Sheet)。

这些操作函数是数据分析的基础,需要熟练灵活掌握。关于 R 语言和 Python Pandas,已经有很多优秀的图书,例如《R 语言实战》[3]《R 语言核心技术手册》[4]《R 数据科学》[5]和《Python 数据科学手册》[6],对于一些高级用法,可以参阅《高级 R 语言编程指南》[7]和《R 的极客理想:工具篇》[8]。

表 2-1　数据框的基本操作

数据框类别	描述
数据框创建	从向量创建、从文件创建
维度信息查看	行列数目、列名、列的数据类型、列的数值分布
排序	一个或多个准则下的排序
子集选择/查询	列的选择、行的条件选择（序号向量、逻辑变量向量）、抽样
数据集修改	增加/删除行、列，去重，数值修改、列名修改
数据集统计/整合	aggregate、apply、reshape（因子变量的融合与变形）
合并	行、列合并（按照键值内、左键、右键、全部、反合并），merge

除了 base、stats 等基础包外，R 还提供了 dplyr、tidyr、tidyverse、magrittr 等包方便数据框的处理。具体函数本节不做重复性的介绍。但有些常用函数需要特别注意，例如，is.na 研判 NA 数值、complete.cases 用来判断每行记录数据是否完整、pmax 常用来在矩阵求每行的多列的最大值、cumsum 是向量的累积求和（可以用来算累积时长）。另外，各种 apply 函数简洁表达一些循环计算。reshape2 包的 melt、各种 cast 函数在一些数据框的处理中经常采用（例如 ggplot2 包画图时不同类别用不同颜色，通常在数据框中做加工）。

2.1.2　数据可视化

画图是数据分析的一个重要部分。R 的基础画图本身就比较丰富，语法结构与经典科学计算软件类似，是一种命令式（Imperative）方式，不同的函数对应不同的图形形式，图形的坐标数据向量作为参数传给函数。ggplot 画图体系是一种语法声明式（Declarative）的形式，以数据框为数据源，将不同图形元素或表现与数据框的列关联，实现不同的可视化。Python 里面的 matplotlib、seaborn 包也是命令式的，plotnine 是最近发展的一个类似 ggplot 的包。

《R 语言实战》[3] 对 R 的基础图形做了详细的介绍，ggplot 的介绍可参阅《R 数据可视化手册　第 2 版》[9]。无论是基础图形系统还是 ggplot2，都可以完成很多复杂或漂亮的图形，中间需要的是技巧、想象力和基础审美观。ggplot 的很多配色在《R 语言数据可视化之美：专业图表绘制指南》[10] 中有很好的介绍，在线资源[11] 有更多的例子。基础图形中有图形边距、坐标轴/坐标刻度显示形式等丰富的属性，巧妙组合可以实现很多可视化效果，唯一的限制只是我们的想象力。

2.2　数据分析的数据操作技巧

本节以 R 语言为例（Python 等其他语言类似），介绍机器学习中数据框及相关操作的一些技巧，期望帮助读者建立起机器学习中数据处理的一些好的习惯，继而触发探究的兴趣，即在数据分析中,尽量使用数据框操作是一个好习惯(就如同 MATLAB 中尽量采用向量或矩阵运算)。

任何工具软件都需要"巧妙"利用。比如在使用 SPSS Modeler 软件的时候,经常有用户抱怨其不够灵活,因为 SPSS Modeler 软件严格执行以数据框操作为中心,作为一个拖拽式建模软件,从操作界面中就限制了循环等标量计算的习惯,这样的限定比 R、Python 语言等脚本式语言还要强很多。但如果认真思考,就会发现这些抱怨的场景用数据框操作都是可以实现的,更多抱怨来源于思维的"惯性"和"惰性"。很多用户甚至以 Java/C 语言的思路去使用 R、MATLAB 等科学计算/数据分析工具软件,没有利用好工具软件设计背后的初衷和数据结构。也有人辩解循环等标量操作比数据框操作在效率上高,这种说法在特定情形下有道理,关键是要搞清楚"效率高"指的是"计算机的计算效率"还是"人的开发效率",很多高级语言本来就是牺牲一些计算效率换取开发效率。

为深入了解 R 语言使用技巧,大家可以研究流行的 package 的源代码(特别是大神写的代码)、查看 R 语言的基础设计与代码(也粗浅了解 LAPACK、BLAS 等基础算法代码)、阅读一些高级教程(比如,Hadley 的 *Advanced R*、张丹的《R 的极客理想》等)。除了这些学习手段外,更重要的是保持"极致"的心思去琢磨一些"好玩"的软件特征。

2.2.1　cumsum 等 primitive 函数的利用:避免循环

问题描述:很多时序分析项目中,通常需要加工各种累积等特征量(比如,静稳天气累积时间、开机时长、高负荷运行时长)。以如下数据为例:

```
df<-data.frame(t=1:50,spd=c(1,3,4,3,5,6,4,8,9,9,7,7,6,4,8,6,7,3,
6,6,8,6,10,5,2,3,3,4,10,8,9,7,6,6,8,8,10,4,5,6,4,2,1,8,4,3,4,2,1,3))
```

假设 spd≥6 为高负荷运作,一旦 spd<6,从 0 开始累积,计算每个时刻的累积高负荷运作时间(不允许用循环)。

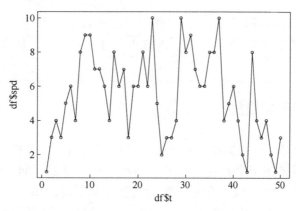

提示：

```
df $ tmp1<-cumsum(df $ spd>=6)
df $ tmp2<-cummax(df $ tmp1 * (df $ spd<6))
df $ cumTime1<-df $ tmp1-df $ tmp2
```

t	spd	tmp1	tmp2	cumTime1
1	1	0	0	0
2	3	0	0	0
3	4	0	0	0
4	3	0	0	0
5	5	0	0	0
6	6	1	0	1
7	4	1	1	0
8	8	2	1	1
9	9	3	1	2
10	9	4	1	3
11	7	5	1	4
12	7	6	1	5
13	6	7	1	6
14	4	7	7	0
15	8	8	7	1
16	6	9	7	2
17	7	10	7	3
18	3	10	10	0

cumsum/cummax 都是 primitive 函数，执行效率很高。

```
> cumsum
function(x)  .Primitive("cumsum")
> cummax
function(x)  .Primitive("cummax")
```

扩展： 如果考虑传感器采集噪声，允许中间 2 个连续点处于 [4，6)，但不进入累积时间；但①一旦低于 4 或②超过 2 个连续点处于 [4，6)，从 0 开始。请思考如何实现。

2.2.2 带时间戳的数据框合并

问题描述： 目标是统计机器在不同开机周期的开机温度的分析。原始数据包括 2 个数据集，数据集#1 是开工周期数据，有开工周期编号、开始时间、结束时间 3 个字段。数据集#2 是设备状态监测数据，有时间戳和温度 2 个字段，每 5min 一个点，但可能存在缺失。我们需要将这 2 个数据合并出一个数据框，记录不同开机周期内，不同时间点的温度。

为演示明晰起见，数据集#1 中只包含了 3 个开机周期，如下所示：

Period ID	StartDate Time	EndDate Time
1	2020/1/1 9：52	2020/1/1 10：34
2	2020/1/1 11：03	2020/1/1 12：46
3	2020/1/1 14：08	2020/1/1 15：09

数据集#2 中只包含了 64 行数据，前 20 行如下表所示，可以看出：①监测数据的时间点与开关机时刻不一定重合；②状态监测数据在 10：58—11：28 间存在数据缺失，这样第 2 个开机周期前 25min 存在数据缺失。

TimeStamp	Temperature
2020/1/1 9：48	35
2020/1/1 9：53	32
<省略 10 行>	
2020/1/1 10：48	33
2020/1/1 10：53	34
2020/1/1 10：58	26
2020/1/1 11：28	34
2020/1/1 11：33	34
2020/1/1 11：38	29
2020/1/1 11：43	31
2020/1/1 11：48	32

典型做法：从表面上看，如果不用循环，上面 2 个数据集的合并不好做，其实多动一点"歪心思"，没有解决不了的问题。下面给出一个解法做启发（应该还有很多其他

解法，留给大家自己思考），代码如下：

```
#-----Step 1 :Make wsDF flat--------
wsDF2<-melt(wsDF,id="PeriodID")
names(wsDF2)[3]<-"ws_DateTime"
wsDF2$ws_DateTime<-ymd_hm(wsDF2$ws_DateTime)
wsDF2$wpFlg<-1
wsDF2$wpFlg[wsDF2$variable=="EndDateTime"]<-2

cmDF$TimeStamp<-ymd_hm(cmDF$TimeStamp)    #just data type transformation

#-----Step 2 :DataFrame Merge--------
tmpDF<-merge(cmDF,wsDF2,by.x="TimeStamp",by.y="ws_DateTime",all=TRUE)
tmpDF<-tmpDF[order(tmpDF$TimeStamp),]

#-----Step 3 :isWorking Field Generation--
#just for illustration purpose. Pay attention
tmpDF$tmpField1<-cumsum(!is.na(tmpDF$wpFlg)& tmpDF$wpFlg==1)
tmpDF$tmpField2<-cumsum(!is.na(tmpDF$wpFlg)& tmpDF$wpFlg==2)
tmpDF$isWorking<-(tmpDF$tmpField1!=tmpDF$tmpField2)
tmpDF$PeriodID<-pmax(tmpDF$tmpField1,tmpDF$tmpField2)

#final result dataframe
finalResult<-tmpDF[(!is.na(tmpDF$Temperature))& tmpDF$isWorking,1:3]
```

可以看看 tmpDF 的前 36 行，重点观察 tmpField1、tmpField2 的数值

TimeStamp	Temperature	PeriodID	variable	wpFlg	tmpField1	tmpField2	isWorking
2020-01-01 09：48：00	35	0	NA	NA	0	0	FALSE
2020-01-01 09：52：00	NA	1	StartDateTime	1	1	0	TRUE
2020-01-01 09：53：00	32	1	NA	NA	1	0	TRUE

（续）

TimeStamp	Temperature	PeriodID	variable	wpFlg	tmpField1	tmpField2	isWorking
2020-01-01 09：58：00	35	1	NA	NA	1	0	TRUE
<省略5行>							
2020-01-01 10：28：00	29	1	NA	NA	1	0	TRUE
2020-01-01 10：33：00	33	1	NA	NA	1	0	TRUE
2020-01-01 10：34：00	NA	1	EndDateTime	2	1	1	FALSE
2020-01-01 10：38：00	29	1	NA	NA	1	1	FALSE
2020-01-01 10：43：00	27	1	NA	NA	1	1	FALSE
2020-01-01 10：48：00	33	1	NA	NA	1	1	FALSE
2020-01-01 10：53：00	34	1	NA	NA	1	1	FALSE
2020-01-01 10：58：00	26	1	NA	NA	1	1	FALSE
2020-01-01 11：03：00	NA	2	StartDateTime	1	2	1	TRUE
2020-01-01 11：28：00	34	2	NA	NA	2	1	TRUE
2020-01-01 11：33：00	34	2	NA	NA	2	1	TRUE
<省略12行>							
2020-01-01 12：38：00	26	2	NA	NA	2	1	TRUE
2020-01-01 12：43：00	33	2	NA	NA	2	1	TRUE
2020-01-01 12：46：00	NA	2	EndDateTime	2	2	2	FALSE
2020-01-01 12：48：00	33	2	NA	NA	2	2	FALSE

2.2.3 时序数据可视化：多个子图共用一个 x 轴

问题描述：下图所示是 stl 函数画图输出，有几个特点：①4 个子图共用一个 x 轴；②y 轴的刻度左右切换（为了防止拥挤）；③每个子图的最右边给出了数据的分布范围

（一倍方差的范围）。这幅图是用最原始的 plot 实现的，不复杂但涉及一些有用参数的设置。请问这些是如何实现的？

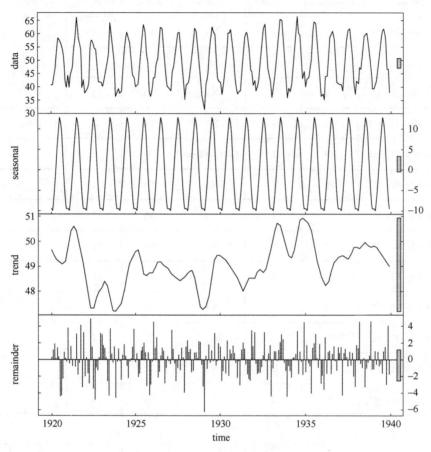

提示：
- 子图的无缝拼接可以参考 mar、oma 等 par 参数设置（就是设置四个边沿）；
- 前面 3 个子图的坐标刻度、label 不显示可以通过 xlab="", axes=FALSE 实现；
- y 轴刻度显示位置在 axis 中设置（能用向量运算的不要用循环）：

```
right<-i %% 2==0
axis(2,labels=!right)
axis(4,labels=right)
```

- 分量的分布范围可以通过 rect 函数去画图。

建议读者下载 R 基础包源代码，阅读研究 S3 函数 plot.stl() 代码。

2.2.4 时序数据可视化：NA 用来间隔显示时序

问题描述：有时候需要分两段显示，如果不想 2 次画图，用一次 plot 如何做到？plot 在划线的时候默认会把前后 2 点用线连接起来，例如：

```
t=c(1:100,300:1000)
y=sin(t)
plot(t,y,type="l")
```

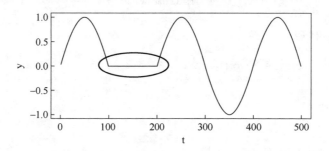

提示：读者可以对比一下下面的代码结果。

```
t=c(1:100,NA,200:500)
y=sin(t)
plot(t,y,type="l")
```

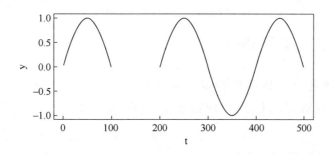

2.2.5 参数区间的对比显示（在概率密度图上）

问题描述：在工艺参数优化课题中，通常需要对比当前的参数波动范围和建议的管控区间，如下图所示。

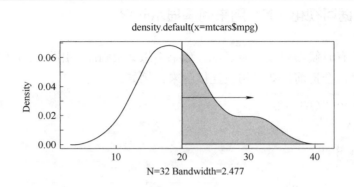

提示：直接看代码。

```
d<-density(mtcars $ mpg)
plot(d)

k<-20
subIndex<-which(d $ x>=k)
xx<-c(d $ x[subIndex],k)
yy<-c(d $ y[subIndex],0)
polygon(xx,yy,col="gray")
abline(v=k,col="red",lty=2,lwd=2)
arrows(k,yy[1]/2,mean(xx),yy[1]/2,lwd=5,col="red")
```

2.2.6 获取 R 文件的所在路径

问题描述：在很多分析项目的多人协同中，除了共享环境、约定目录等项目管理方式外，如何做到自适应？一种需求就是在代码中，自动获得 R 文件所在的目录。

提示：见如下代码。

```
a<-dirname(parent.frame(2) $ ofile)
b<-parent.frame(2)
print(a)
```

需要说明的是，只有 source 运行该 R 文件才能获取 R 文件的所在目录。在 RStudio 等 IDE 中按行运行（run）的时候无法获取。

2.2.7 分段线性回归如何通过 lm( ) 实现

> R 语言的 Formula 结构是一个很好的设计，不仅直观，而且有很多技巧可以简洁实现很多想不到的工作。例如，我们在 $x=15$ 前后采用不同的斜率，如何实现分段线性回归。请见如下示例代码。

```
piecewise2<-lm(y ~ x*(x<15)+x*(x>15))
summary(piecewise2)
```

2.3 探索型数据分析（EDA）

2.3.1 引言

探索型数据分析（Exploratory Data Analysis，EDA）的目的是对数据的分布、数据质量、数据关系有个直观的了解。通用的 EDA 工具主要是从 Data Schema 层面的角度去审视数据，而数据分析师还通常从业务的角度去看数据。本节讨论通用的 R 语言中 EDA 工具。

在 CRISP-DM 方法框架中[12]，EDA 主要涉及数据理解（Data Understanding）、数据准备（Data Preparation）这 2 个阶段，具体包括的任务见表 2-2。数据理解也常常称为信息型（Informative）探索，数据准备称为操作型（Operative）探索。信息型探索不会改变数据，只是通过描述性统计、图形化等手段了解数据量、数据质量、数据分布和多变量间的关系。操作型探索则根据信息型探索的结果和课题目标，对数据进行过滤、填补、修正、转换、加工等操作。

表 2-2 EDA 的内容

CRISP-DM 阶段	任务	类型	示例
数据理解 (Data Understanding)	数据描述 (Data Description)	维数（Dimensions） 变量（Variables） 元数据（Meta-Data）	变量数量（Variables Number） 变量类型（Variable Type） 内存大小（Size in RAM）
	数据有效性 (Data Validity)	无效值（Invalid Values） 缺失值（Missing Values） 非典型值（Atypical Values）	拼写错误（Typos） N/A 个数（NA Count） 离群点（Outliers）
	数据探索 (Data Exploration)	单变量（Univariate） 双变量（Bivariate） 多变量（Multivaraite）	直方图（Histogram） 散点图（Scatter Plot） 平行坐标图（Parallel Coord. Plot）

（续）

CRISP-DM 阶段	任务	类型	示例
数据准备 (Data Preparation)	数据清洗 (Data Cleaning)	填充 (Imputation) 离群点处理 (Outlier Treatment) 降维 (Dimension Reduction)	均值填充 (Impute Mean) 中位数填充 (Impute Median) 主成分分析 (PCA)
	衍生属性 (Derived Attributes)	类别变量 (Categorical) 连续变量 (Continuous)	合并稀有因子 (Merge Rare Factors) 分箱 (Binning) Box-Cox 变换 (Box-Cox Transform)

2.3.2 R 语言 EDA 包

R 语言中的 12 个常见的 EDA 包见表 2-3[13]，其中简写 D. 代表 DataExplorer 包；dM. 代表 dataMaid；fM. 代表 funModeling；v. 代表 visdat；a. 代表 arsenal；x. 代表 xray；aE. 代表 autoEDA；d. 代表 dlookr；SE. 代表 SmartEDA；s. 代表 summarytools；e. 代表 exploreR；R. 代表 RtutoR。

表 2-3 R 语言里 EDA 包的功能对比

Task type	task	D.	dM.	fM.	v.	a.	x.	aE.	d.	SE.	s.	e.	R.
数据集 (Dataset)	变量类型 (Variable Types)	×	×	×	×			×	×	×			
	数据集大小 (Dataset Size)	×	×	×				×	×				
	其他信息 (Other Info)	×		×									
	数据集比较 (Compare Datasets)				×	×							
有效性 (Validity)	缺失值 (Missing Values)		×	×	×			×	×	×			
	冗余列 (Redundant Columns)		×					×	×	×			
	离群值 (Outliers)		×	×				×	×				
	非典型值 (Atypical Values)		×	×			×						
	水平变量编码 (Level Encoding)		×										
单变量 (Univar.)	描述性统计 (Descriptive Stat.)		×	×			×	×	×	×	×		×
	直方图 (Histograms)	×	×	×				×	×	×	×		×
	箱线图 (Box Plots)	×											
	柱状图 (Bar Plots)	×	×	×				×	×	×	×		×
	Q-Q 图 (QQ Plots)	×						×	×				

第 2 章　数据预处理

（续）

Task type	task	D.	dM.	fM.	v.	a.	x.	aE.	d.	SE.	s.	e.	R.
双变量 （Bivar.）	描述性统计（Descriptive Stat.）						×		×	×	×		
	相关矩阵（Correlation Matrix）	×			×				×				
	相关系数（1-vs-each Corr.）			×				×				×	
	时间相关性（Time-Dependent）					×	×						
	条形图（按目标量分类）（Bar Plots by Target）			×				×	×	×			×
	直方图（按目标分类）（Histograms by Target）			×					×	×			
	散点图（Scatter Plots）	×								×		×	×
	列联表（Contigency Tables）						×			×	×		
	其他（Other）			×						×			
多变量 （Multivar.）	（PCA）	×											
	统计模型（Stat. Models）						×						
	平行坐标图（Parallel Coord. Plot）									×			
特征工程 （Feat. eng.）	填充（Imputation）	×							×				
	放缩（Scaling）			×					×			×	
	偏态减少（Skewness Reduction）								×				
	异常值处理（Outlier Treatment）			×					×				
	分箱（Binning）	×		×									
	裕度等级（Merging Levels）	×		×									
报告 （Reporting）	PDF/HTML 报告（PDF/HTML Reports）	×	×					×	×	×			×
	保存输出（Saving Outputs）			×		×	×				×	×	

从表 2-3 中可以看出，不同包各有特色。在 EDA 报告生成上，dlookr、dataMaid、DataExplorer、SmartEDA 做得比较好。例如，dlookr 包 eda_report（）生成 EDA 分析报告，如图 2-1 所示。

DataExplorer 包的 plot_str（）可以对多个 dataframe 结构进行交互式树状结构可视化。dlookr 包提供了数据诊断、探索与转换。find_skewness（）函数自动识别有偏（skewed）变量，并提供转换建议。dataMaid 包提供了 check（）、summarize（）函数，DataExplorer、funModeling、dlookr 和 SmartEDA 对变量间的联合分布和关系提供了很好的支撑。martEDA 包采用平行坐标图（parallel coordinate plot）表示多变量间的关系。exploreR 包在评估双变量关系的时候提供了线性回归。

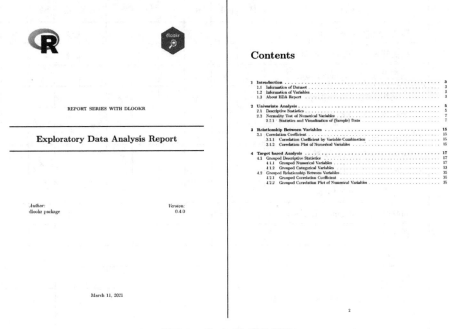

图 2-1 dlookr 生成的报告

2.3.3 其他工具包

除了上面体系化的 EDA 软件包，还有很多其他软件包提供了有用的数据探索函数，见表 2-4。

表 2-4 其他工具包

包	描述	主要函数
base	R 的基础包	summary()
descr	描述性统计函数包	descr()，crosstab()
GGally	基于 ggplot 的可视化	ggpairs()
Hmisc	支持更多的指标，并且支持输出到 Latex	describe()
skimr	对基础包 summary 的扩展，支持更多统计指标，采用表格呈现形式	skim()
summarytools	对 Rmarkdown 的无缝支持	descr()：单变量描述 dfSummary()：DataFrame 描述

图 2-2 所示为 summarytools 包中 dfSummary() 的输出结果。

编号	变量	Stats/值	Freqs(有效百分比)	图	缺失
1	gender [factor]	1.F 2.M 3.(Missing)	489(48.9%) 489(48.9%) 22(2.2%)		0 (0.0%)
2	age [numeric]	Mean(sd):49.6(18.3) min<med<max: 18<50<80 IQR(CV):32(0.4)	63 distinct values		25 (2.5%)
3	age.gr [factor]	1.18-34 2.35-50 3.51-70 4.71+	258(26.5%) 241(24.7%) 317(32.5%) 159(16.3%)		25 (2.5%)

图 2-2 dfSummary() 的输出示例

2.3.4 小结

关于 R 语言的 EDA 的系统介绍可以阅读 Person 公司出版的相关图书[14]，除了数据探索，还有很多数据质量和预测性模型的内容。Python 里面有 toad 包（主要针对风险评分），包括了 EDA 的部分功能。

2.4 数据质量问题

> "If you torture data sufficiently, it will confess to almost anything."
>
> ——Fred Menger

数据质量是数据分析和应用的基础，数据质量问题一直是数据系统和分析的重要课题之一。对于数据分析师来说，数据"质量"问题不限于数据模式（Data Schema）层面的数据质量问题。传统意义上，"质量问题"是指实际结果和设计期望不一致的问题；而数据分析的"数据质量"关心的是妨碍当前数据建模分析活动的与数据相关的所有问题。前者姑且称之为数据模式层面的质量问题，后者称为应用场景（Application Context）下的数据质量问题。本节重点讨论的是应用场景下的数据质量问题。

数据模式的设计是为了满足特定应用（例如 MES）需求的，只要符合设计初衷，数据就不存在数据模式层面的质量问题；而数据分析的目的是解决一个特定问题，并且通常要跨多个数据集，对数据集的要求与一个应用的需求可能不同，因而，数据分析项目中的"数据质量"问题除了数据模式层面，还要关心应用场景下的数据质量问题。数据模式层面的质量问题通常可以用数据模型（如关系数据表的三范式）、数据约束［如 OCL（Object Constraint Language）］等形式化模型去描述，独立于具体应用。而应用场景相关的数据质量问题，与研究问题的范畴和业务上下文有关，通常不容易发现，有一定规律但不存在通用的方法。各种数据系统、工具和企业级的数据治理大多集中在前者，而留给行业数据分析师的往往是后者。没有经验的数据分析师往往很难发现这些问题，造成基于有问题的数据训练出的机器学习模型不可信。

对于数据模式层面的质量问题，业界有很多成熟的探索。在数据质量评价上，业界有很多类似的评价维度体系，例如，国际数据管理协会[15]提出了 Accuracy、Completeness、Consistency、Integrity、Reasonability、Timeliness、Uniqueness/Deduplication、Validity、Accessibility 等 9 个指标，Fan 和 Geets[16] 主要考虑 Consistency、Deduplication、Accuracy、Completeness、Currency等指标，Strong-Wang 框架[17]从数据内在（Intrinsic）、上下文（Contextual）、表征性（Representational）、可访问性（Accessibility）4 大方面提出了 14 个数据质量度量指标。在数据质量跟踪与治理方法上，Alex[18]按照颗粒度，将数据质量问题分为标量（Scalar，即一条记录的一个具体字段的数值）、字段（Field）、记录（Record）、单数据集（Data Set）、跨数据集（Cross-data set）等 5 个层面。

但对于应用场景下的数据质量问题，目前还没有系统化的讨论。下面以一些典型的行业分析领域的实际例子，来阐述这些"隐秘"的数据质量问题是通常出现在何处及如何被发现的，最后给出数据分析中，数据质量问题的发现方法。

2.4.1　数据的业务化

> "数据异常"也许是被忽略的一些"正常场景"。

【业务背景】

风电机组大部分采用同步变桨，在正常情形下，三个桨距角应该非常接近。因此，在变桨驱动系统异常研判中，常常会将三个桨距角的不一致性（如角度差或短期时序相关度）作为一个重要特征。

【数据现象 1】

如图 2-3 所示，某个风电机组在 2013 年 8 月 9 日 21：45—21：47 的表现。三个桨距角的初始值都在 87.5°左右，然后三个桨距角逐步变为 0°。

【业务解读】

这个过程实际上是调试过程中，变桨控制系统逐个重启造成的。在 2013 年 8 月 9 日 21：45：40 左右，第一个变桨控制电路进行了人工重启，然后依次对第二个、第三个进行了重启。

【对数据分析师的启发】

上面的场景，对于风电领域的业务人员非常简单，简单到"忘记在业务访谈中提到"。另外对于偶发场景，不少领域专家也是不确定的（毕竟主控程序不是他写的），只能看到数据"事后"解读。所以，很难完全指望业务专家把所有场景提前告知。

这就要求数据分析师对于关键数据、关键结果要做必要的数据探索（画图或者看统计分布），数据中包含的内容超过我们的"预设"和"专家经验"。上面的异常也是数据分析

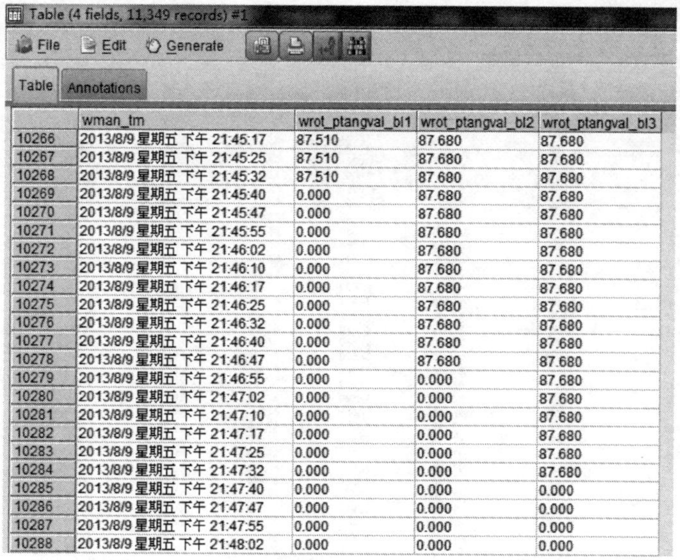

	wman_tm	wrot_ptangval_bl1	wrot_ptangval_bl2	wrot_ptangval_bl3
10266	2013/8/9 星期五 下午 21:45:17	87.510	87.680	87.680
10267	2013/8/9 星期五 下午 21:45:25	87.510	87.680	87.680
10268	2013/8/9 星期五 下午 21:45:32	87.510	87.680	87.680
10269	2013/8/9 星期五 下午 21:45:40	0.000	87.680	87.680
10270	2013/8/9 星期五 下午 21:45:47	0.000	87.680	87.680
10271	2013/8/9 星期五 下午 21:45:55	0.000	87.680	87.680
10272	2013/8/9 星期五 下午 21:46:02	0.000	87.680	87.680
10273	2013/8/9 星期五 下午 21:46:10	0.000	87.680	87.680
10274	2013/8/9 星期五 下午 21:46:17	0.000	87.680	87.680
10275	2013/8/9 星期五 下午 21:46:25	0.000	87.680	87.680
10276	2013/8/9 星期五 下午 21:46:32	0.000	87.680	87.680
10277	2013/8/9 星期五 下午 21:46:40	0.000	87.680	87.680
10278	2013/8/9 星期五 下午 21:46:47	0.000	87.680	87.680
10279	2013/8/9 星期五 下午 21:46:55	0.000	0.000	87.680
10280	2013/8/9 星期五 下午 21:47:02	0.000	0.000	87.680
10281	2013/8/9 星期五 下午 21:47:10	0.000	0.000	87.680
10282	2013/8/9 星期五 下午 21:47:17	0.000	0.000	87.680
10283	2013/8/9 星期五 下午 21:47:25	0.000	0.000	87.680
10284	2013/8/9 星期五 下午 21:47:32	0.000	0.000	87.680
10285	2013/8/9 星期五 下午 21:47:40	0.000	0.000	0.000
10286	2013/8/9 星期五 下午 21:47:47	0.000	0.000	0.000
10287	2013/8/9 星期五 下午 21:47:55	0.000	0.000	0.000
10288	2013/8/9 星期五 下午 21:48:02	0.000	0.000	0.000

图 2-3　控制电路重启造成三个桨距角的大差异

师在加工完特征变量后，看特征变量分布的时候发现的。

【数据现象 2】

有了上面的现象，可以理解系统重启或初始化过程很多变量为 0 或空。但风电机组的累计工作时间在启动后应该不会出现跳变。

但图 2-4 中，可以看到风电机组在 2013 年 8 月 9 日 21：37：54—21：38：40 的重启过程中，各个变量均为 0。启动过程结束后，桨距角的数值恢复为之前的 87. 5°左右。但累计工作时间（wtur_tmexflt_acttmval）竟然从之前的 289. 4 跳变为 314876。更有趣的是在 21：40：56 又恢复到 289. 4。

【业务解读】

对于上面的跳变问题，业务上也无法解释其原因。另外，对近万台风机 5 年左右的历史数据做扫描，也没有发现类似案例，因此，把它当作一个偶发事件看。

【对数据分析师的启发】

物理世界上肯定发生了一些事件（如电磁干扰、I/O 异常等），这些事件也反映在数据中。但一旦时间久远，业务专家也很难解释。对于当下发生的数据质量问题，应该及时纠正。对于数据分析师，再次说明了数据探索的重要性，不要过度相信数据。

类似的问题在工程车联网的分析中也遇到过，“月累计工作时长”按说不应该超过 744h（每个月最多 31 天），但数据中存在不少超过 744h 的记录，大家的猜测是：车辆联终端在维修更换时，原来的数据没有清零。这个猜想在一些有中间结果的记录中初步得到证实：有些车辆的工作时长在月中突然被清零。这样的发现，也解释了在一些地区分析中，累计工作时长与备件需求相关性很弱。

	field1	wman_tm	wnac_wspd_instmag_f	wgen_spd_instmag_i	wrot_ptangval_bl1	wrot_ptangval_bl2	wrot_ptangval_bl3	wrot_vane1_speed	wrot_vane2_speed	wrot_vane3_speed	wtur_tmexflt_actmval
194895	194...	2013-08-09 21:37:15	8.610	0.000	87.510	87.680	87.680	0.000	0.000	0.000	289.400
194896	194...	2013-08-09 21:37:22	8.300	0.000	87.510	87.680	87.680	0.000	0.000	0.000	289.400
194897	194...	2013-08-09 21:37:30	7.430	0.000	87.510	87.680	87.680	0.000	0.000	0.000	289.400
194898	194...	2013-08-09 21:37:37	6.360	0.000	87.510	87.680	87.680	0.000	0.000	0.000	289.400
194899	194...	2013-08-09 21:37:54	0.000	0.000	0.000	0.000	0.000	0.000	0.000	0.000	0.000
194900	194...	2013-08-09 21:38:02	0.000	0.000	0.000	0.000	0.000	0.000	0.000	0.000	0.000
194901	194...	2013-08-09 21:38:09	0.000	0.000	0.000	0.000	0.000	0.000	0.000	0.000	0.000
194902	194...	2013-08-09 21:38:17	0.000	0.000	0.000	0.000	0.000	0.000	0.000	0.000	0.000
194903	194...	2013-08-09 21:38:24	0.000	0.000	0.000	0.000	0.000	0.000	0.000	0.000	0.000
194904	194...	2013-08-09 21:38:32	0.000	0.000	0.000	0.000	0.000	0.000	0.000	0.000	0.000
194905	194...	2013-08-09 21:38:40	7.500	0.000	87.510	87.680	87.680	0.000	0.000	0.000	314876.800
194906	194...	2013-08-09 21:38:47	8.330	0.000	87.510	87.680	87.680	0.000	0.000	0.000	314876.800
194907	194...	2013-08-09 21:38:55	8.500	0.000	87.510	87.680	87.680	0.000	0.000	0.000	314876.800
194908	194...	2013-08-09 21:39:02	8.070	0.000	87.510	87.680	87.680	0.000	0.000	0.000	314876.800
194909	194...	2013-08-09 21:39:10	8.030	0.000	87.510	87.680	87.680	0.000	0.000	0.000	314876.800
194910	194...	2013-08-09 21:39:17	7.830	0.000	87.510	87.680	87.680	0.000	0.000	0.000	314876.800
194911	194...	2013-08-09 21:39:25	8.400	0.000	87.510	87.680	87.680	0.000	0.000	0.000	314876.800
194912	194...	2013-08-09 21:39:32	8.380	0.000	87.510	87.680	87.680	0.000	0.000	0.000	314876.800
194913	194...	2013-08-09 21:39:40	8.280	0.000	87.510	87.680	87.680	0.000	0.000	0.000	314876.800
194914	194...	2013-08-09 21:39:47	8.740	0.000	87.510	87.680	87.680	0.000	0.000	0.000	314876.800
194915	194...	2013-08-09 21:39:55	8.330	-0.040	87.510	87.680	87.680	0.000	0.000	0.000	314876.800
194916	194...	2013-08-09 21:40:00	8.190	0.000	87.510	87.680	87.680	0.000	0.000	0.000	314876.800
194917	194...	2013-08-09 21:40:07	8.140	0.000	87.510	87.680	87.680	0.000	0.000	0.000	314876.800
194918	194...	2013-08-09 21:40:12	8.120	0.000	87.510	87.680	87.680	0.000	0.000	0.000	314876.800
194919	194...	2013-08-09 21:40:19	8.230	0.000	87.510	87.680	87.680	0.000	0.000	0.000	314876.800
194920	194...	2013-08-09 21:40:27	8.890	0.000	87.510	87.680	87.680	0.000	0.000	0.000	314876.800
194921	194...	2013-08-09 21:40:32	8.560	0.000	87.510	87.680	87.680	0.000	0.000	0.000	314876.800
194922	194...	2013-08-09 21:40:39	9.520	0.000	87.510	87.680	87.680	0.000	0.000	0.000	314876.800
194923	194...	2013-08-09 21:40:47	8.660	0.000	87.510	87.680	87.680	0.000	0.000	0.000	314876.800
194924	194...	2013-08-09 21:40:56	5.870	0.000	87.510	87.680	87.680	0.000	0.000	0.000	289.400
194925	194...	2013-08-09 21:41:03	6.270	0.000	87.510	87.680	87.680	0.000	0.000	0.000	289.400
194926	194...	2013-08-09 21:41:14	6.370	0.000	87.510	87.680	87.680	0.000	0.000	0.000	289.410
194927	194...	2013-08-09 21:41:21	7.960	0.000	87.510	87.680	87.680	0.000	0.000	0.000	289.410
194928	194...	2013-08-09 21:41:29	7.710	0.000	87.510	87.680	87.680	0.000	0.000	0.000	289.400
194929	194...	2013-08-09 21:41:37	7.600	0.000	87.510	87.680	87.680	0.000	0.000	0.000	289.400

图 2-4　重启后风电机组累计工作时间发生跳变

【数据现象 3】

在早期业务访谈中，大家一直认为低风速下风电机组应该处于停机状态（桨距角在 90°左右），但图 2-5 所示的实际数据表明，某机组在 2013 年 6 月 16 日 21：09：47 到 6 月 17 日 00：44：55 的低风速期间，桨距角保持在 50°。

	wman_tm	wnac_wspd_instmag_f	wrot_ptangval_bl1	wrot_ptangval_bl2	wrot_ptangval_bl3
10275	2013/6/16 星期日 下午 21:09:47	0.950	49.740	49.760	49.700
10276	2013/6/16 星期日 下午 21:09:54	1.090	49.740	49.760	49.700
10277	2013/6/16 星期日 下午 21:09:58	1.120	49.740	49.760	49.700
10278	2013/6/16 星期日 下午 21:10:02	1.100			
10279	2013/6/16 星期日 下午 21:10:10	0.960			
10280	2013/6/16 星期日 下午 21:10:17	0.700			
10281	2013/6/16 星期日 下午 21:10:25	0.920			
10282	2013/6/16 星期日 下午 21:10:32	0.950			
10283	2013/6/16 星期日 下午 21:10:40	0.760			
10284	2013/6/16 星期日 下午 21:10:47	0.790			
10285	2013/6/16 星期日 下午 21:10:55	0.720			
10286	2013/6/16 星期日 下午 21:11:02	0.680			
10287	2013/6/16 星期日 下午 21:11:10	0.940			
10288	2013/6/16 星期日 下午 21:11:17	0.920			
10289	2013/6/16 星期日 下午 21:11:25	1.140			

	wman_tm	wnac_wspd_instmag_f	wrot_ptangval_bl1	wrot_ptangval_bl2	wrot_ptangval_bl3
352	2013/6/17 星期一 上午 0:43:32	2.870	49.740	49.760	49.700
353	2013/6/17 星期一 上午 0:43:40	3.130	49.740	49.760	49.700
354	2013/6/17 星期一 上午 0:43:48	2.670	49.740	49.760	49.700
355	2013/6/17 星期一 上午 0:43:55	2.920	49.740	49.760	49.700
356	2013/6/17 星期一 上午 0:44:03	3.000	49.740	49.760	49.700
357	2013/6/17 星期一 上午 0:44:10	2.100	49.740	49.760	49.700
358	2013/6/17 星期一 上午 0:44:18	3.130	49.740	49.760	49.700
359	2013/6/17 星期一 上午 0:44:25	2.950	49.740	49.760	49.700
360	2013/6/17 星期一 上午 0:44:33	2.770	49.740	49.760	49.700
361	2013/6/17 星期一 上午 0:44:40	3.140	49.740	49.760	49.700
362	2013/6/17 星期一 上午 0:44:48	2.500	49.740	49.760	49.700
363	2013/6/17 星期一 上午 0:44:55	3.220	49.740	49.760	49.700
364	2013/6/17 星期一 上午 0:45:03	3.080	41.230	41.190	41.240
365	2013/6/17 星期一 上午 0:45:10	2.960	30.880	30.410	30.430
366	2013/6/17 星期一 上午 0:45:18	3.350	21.430	21.300	21.400
367	2013/6/17 星期一 上午 0:45:26	3.180	10.720	11.200	11.120
368	2013/6/17 星期一 上午 0:45:33	3.420	7.570	7.640	7.390
369	2013/6/17 星期一 上午 0:45:41	3.340	6.810	6.820	6.920
370	2013/6/17 星期一 上午 0:45:48	3.350	5.850	5.640	5.690
371	2013/6/17 星期一 上午 0:45:56	3.320	4.640	4.740	4.730
372	2013/6/17 星期一 上午 0:46:03	3.440	3.700	3.730	3.730
373	2013/6/17 星期一 上午 0:46:10	3.240	3.110	2.860	2.900
374	2013/6/17 星期一 上午 0:46:18	3.260	2.120	1.790	2.050
375	2013/6/17 星期一 上午 0:46:25	3.290	0.650	0.270	0.360

图 2-5　低风速下桨距角长时间保持在 50°

【业务解读】

这对于业务人员来说是默认的常识，风电机组处于待机状态（保持之前的姿态），发生频度也不高，故在早期业务访谈中没有提及。

【对数据分析师的启发】

若数据探索不够细致，这样的风险将传递给后续的建模环节。

数据分析师也曾遇到过不太常见的解缆过程数据，这些领域内默认的常识不可能指望业务专家不加遗漏地传递给数据分析师。这需要数据分析师在数据探索中“较真”一些，把相对于当前认知的“数据异常”都暴露出来，主动寻求业务专家的帮助。

2.4.2　业务的数据化

“业务专家的解读也不一定完全正确”。

【业务背景】

风电机组的齿形带断裂后，通常会引起机舱加速度超限，变桨系统会快速收桨（即以最大允许的变桨速率，将桨距角快速变到 90°左右）。

【数据现象】

大部分齿形带断裂后的表现的确符合上面的业务背景描述。但在一次故障事件中，如图 2-6所示，10：25：04 时刻（从故障录波数据中确认）叶片 3 的齿形带断裂（此时桨距角在 4.5°左右），按照上面的逻辑，变桨速率应该是正的，而实际的 wrot_vane1_speed1～3 是 −6°/s，这与专家经验是相违背的。

Table (10 fields, 13,248 records)

File　Edit　Generate

Table　Annotations

	wman_tm	wnac_wspd_instmag_f	wgen_spd_instmag_i	wrot_ptangval_bl1	wrot_ptangval_bl2	wrot_ptangval_bl3	wrot_vane1_speed	wrot_vane2_speed	wrot_vane3_speed
5739	2013/11/23 星期六 上午 10:23:...	13.200	17.390	10.080	10.020	10.280	-0.040	-0.060	-0.220
5740	2013/11/23 星期六 上午 10:23:...	13.230	17.190	8.320	8.320	8.290	-0.890	-0.980	-1.020
5741	2013/11/23 星期六 上午 10:23:...	13.000	17.390	7.860	7.890	8.030	1.090	1.240	1.210
5742	2013/11/23 星期六 上午 10:24:...	13.350	17.260	7.390	7.440	7.410	0.570	0.510	0.500
5743	2013/11/23 星期六 上午 10:24:...	11.090	16.910	3.150	3.430	3.600	-1.680	-1.520	-1.520
5744	2013/11/23 星期六 上午 10:24:...	12.180	17.470	5.310	5.000	5.290	1.220	1.050	1.120
5745	2013/11/23 星期六 上午 10:24:...	13.570	17.430	10.340	10.070	10.170	-1.050	-0.660	-0.820
5746	2013/11/23 星期六 上午 10:24:...	14.470	17.580	10.230	10.190	10.370	0.330	0.200	0.380
5747	2013/11/23 星期六 上午 10:24:...	13.400	17.260	10.470	10.460	10.530	0.000	0.000	0.070
5748	2013/11/23 星期六 上午 10:24:...	13.010	17.150	8.730	8.830	8.900	-0.530	-0.500	-0.540
5749	2013/11/23 星期六 上午 10:24:...	12.860	17.120	7.270	7.150	7.030	-0.350	-0.350	-0.430
5750	2013/11/23 星期六 上午 10:24:...	11.890	17.260	5.690	5.980	5.610	1.060	1.010	1.040
5751	2013/11/23 星期六 上午 10:25:...	11.700	15.980	4.590	4.460	4.390	-6.100	-5.640	-6.330
5752	2013/11/23 星期六 上午 10:25:...	10.200	8.220	50.530	50.250	49.490	7.780	7.960	7.790
5753	2013/11/23 星期六 上午 10:25:...	12.250	3.090	88.850	88.300	96.360	0.000	0.000	7.780
5754	2013/11/23 星期六 上午 10:25:...	10.060	0.040	88.830	88.310	139.730	0.000	0.000	7.700
5755	2013/11/23 星期六 上午 10:25:...	10.310	0.040	88.830	88.310	193.580	0.000	0.000	7.700
5756	2013/11/23 星期六 上午 10:25:...	10.210	0.060	88.830	88.310	239.750	0.000	0.000	7.700
5757	2013/11/23 星期六 上午 10:25:...	8.720	0.040	88.830	88.310	293.610	0.000	0.000	7.700
5758	2013/11/23 星期六 上午 10:25:...	9.190	0.040	88.830	88.310	-315.570	0.000	0.000	7.680
5759	2013/11/23 星期六 上午 10:25:...	9.870	0.040	88.830	88.310	-261.700	0.000	0.000	7.700
5760	2013/11/23 星期六 上午 10:26:...	10.510	0.040	88.830	88.310	-215.510	0.000	0.000	7.700
5761	2013/11/23 星期六 上午 10:26:...	12.590	0.040	88.830	88.310	-161.630	0.000	0.000	7.700

图 2-6　齿形带断裂故障

【业务解读】

高频故障录波数据（采样周期 20ms）可以更清晰地还原整个过程：

1）风速稳定，没有限电，风电机组工作在额定转速 17.3r/min；

2）10：25：04 时刻齿形带断裂，叶片 3 失控、不迎风，叶轮吸收风能减小；

3）转速下降很快（至 15.98r/min）；

4）控制逻辑（控制逻辑无法得知齿形带断裂的物理事件）要求往 0°运行以期望转速维

持在额定转速 17.3r/min，但实际变桨速率受控制器的下限 -7°/s 限制，此限制导致转速掉得离额定转速很远但桨距角还没达到 0°；

5）机舱加速度增大；

6）10：25：10 时刻加速度故障，触发停机保护程序，以近 8°/s 的速率快速收桨。

基于这样的观察，不难总结出齿形带断裂的影响路径图，如图 2-7 所示，齿形带断裂后，一方面会引起振动，然后传播到机舱加速度传感器上，若振动过大，PLC 保护逻辑会向 90°收桨；另外叶片自由旋转也造成发电功率低于理论预期值，在一切正常情形（严格讲是 PLC 感知的正常，而不是物理世界的正常）下，控制逻辑会向 0°变桨。这 2 条路径的发展都需要时间，到底 PLC 采取何种动作取决于 2 条路径的发展速度。

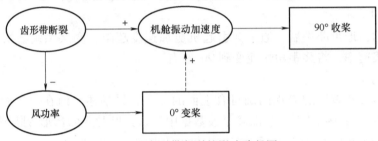

图 2-7　齿形带断裂的影响路径图

进一步，在额定风速下，风电机组通常处于恒功率控制。如果仔细研究故障录波数据，如图 2-8 所示，就可以发现：齿形带断裂后，转速（generator_speed_momentary）下降和转矩（gh_local_control_torque_demand）上升是立刻的，功率的变化有些滞后（因为有惯性，功率在很短时间内还可以保持稳定）。

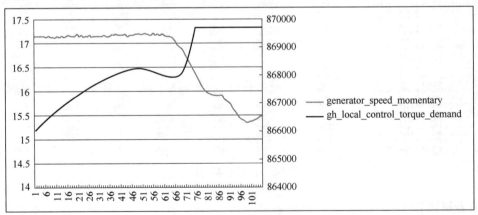

图 2-8　故障录波数据

【对数据分析师的启发】

虽然机器学习是数据驱动，但基本的机理或逻辑还是需要掌握的，如，FMEA（Failure Mode & Effect Analysis，失效模式和影响分析）、系统动力学图、流程工业的 P&ID（Piping and Instrumentation Diagram，管道仪表流程图）等。否则，很容易被数据的"假"象误导。

另外，工业设备通常是自动控制或人工操控的，很多动态变化是这些控制行为的结果（而不是设备故障引起的）。这就要求数据分析师对其相关的控制逻辑有一定了解（例如，除了当前感兴趣的功率控制外，还有防过速、防共振以及 PLC 对风速变化的响应等逻辑），只有将隐性先验知识与大数据分析结合，征兆的研判才可靠，机器学习模型才可能比较强壮。很多模型太敏感，很多时候是因为忽略了太多的背景知识。

如果做得够认真，也会发现有些风电机组的变桨角度指令会出现负的变桨度数（而不是以往默认的 0°），实际的控制策略里的最小桨距角和叶片特性有关，可能是 $-1°$。

最后，传感器数据不等于物理量，传感数据只是物理世界的间接和部分量测，受测量原理、传感器部署方式、传感器物理条件等限制。数字孪生概念的提法很好，但严格意义上不存在两个一模一样的系统，"等价系统"需要明确其适用范围或应用前提。

【专家经验 1】

从上面分析来看，齿形带断裂后，短期内风电机组会通过增大转矩保持功率稳定。因此，专家总结经验根据变流转矩与参考转矩的误差去研判。

例如，以某风电机组为例，如图 2-9 所示，0 时刻前变流转矩与参考转矩的稳态误差最大在 $50000N \cdot m$，约 $-0.8s$ 发电机转速减小，转矩误差开始变大，此时刻风速无明显突变，说明叶片风载异常，判断在 $-0.8s$ 时齿形带已经断裂。

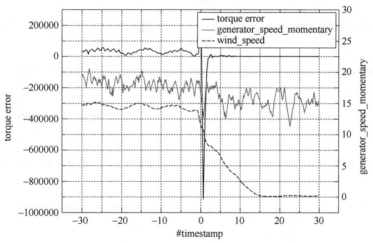

图 2-9 通过转矩误差判断齿形带断裂故障

【数据分析结果】

这个经验在几个实际故障事件中也的确成立。当应用到更多的数据上时，却发现虚假预警率过高。尽管此后做了很多改进，加入了风况等条件，虚假预警率虽然降低了不少，但仍存在。

【对数据分析师的启发】

专家经验：从机理定性分析上一般都讲得通，也有一些实际案例的支撑，很容易让数据分析师视为"神明"。但经验都有隐含的前提假设，也可能存在一定的认知偏差。基于大量数据的验证和优化仍必不可少。

【专家经验2】

根据 x、y 方向的机舱加速度的有效值（RMS 值）变化，以及多个机组的横向对比，来研判是否存在叶片开裂等问题。

【数据分析发现】

以一个实际风电场数据为例，如图 2-10 所示，可以看出①不同机组间的差别很大，如果直接采用机组横向比较，故障案例（21#机组 2017 年 4 月发生了叶片开裂）反而被淹没掉了；②振动有效值存在不明原因的连续异常（一段时间的 RMS 均值明显降低或升高），具体原因业务上也没有办法解读。

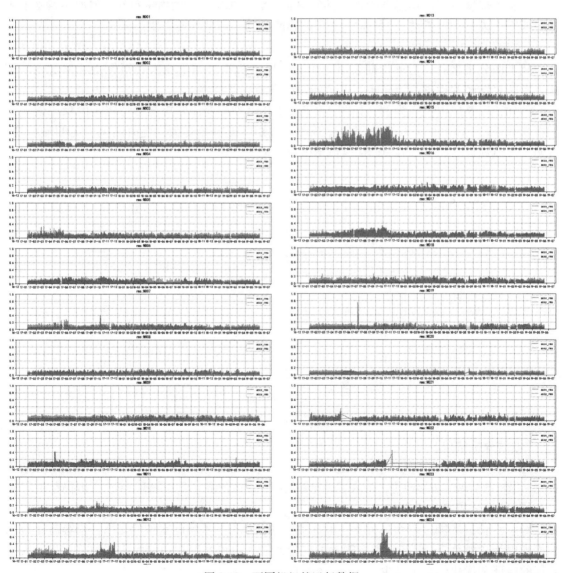

图 2-10　不同机组的运行数据

因此,在应用业务规则中,需要做如下2个改进:①根据历史振动有效值,做相似机组聚类,使得横向比较更有价值;②加入窗口内指标的变化率做研判。

2.4.3 机理演绎法

> 数据是物理世界的"部分映像";数据分析也需要演绎法。

案例1:磨煤机堵磨检测

【专家经验】

磨煤机堵磨研判,几小时内,电流持续上升,伴随入口风量下降。

【数据分析发现】

1)入口风量影响因素太多,测量稳定性差,不应作为主要研判依据:多台磨煤机共用一个管道,它们的入口风量存在强耦合。

2)电流量是在动态变化中的:机组负荷是系统的锚定量,机组负荷决定了给煤量,从而决定了电流的变化。给煤增加引起电流动态超调,这导致电流发生急速升降,打破电流持续上升或下降的趋势。在研判中,如图2-11所示,应该去除给煤阶跃变化对电流引起的短时扰动,再看电流上升情况。

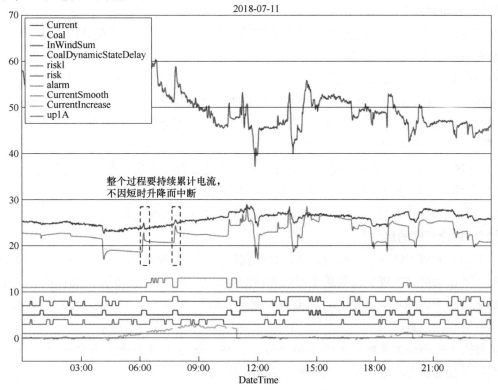

图2-11 磨煤机数据分析图

3) 窗口长度：专家认为在 1~2h；但根据该多个案例统计，应该选择 8h。

4) 模型报警的运行周期：专家开始认为应实时报警（1min 以内）；实际堵磨都有个发展过程，即便图 2-11 中的堵磨也没有达到停机检修的级别，快速堵磨故障也要有 20min 以上的形成过程；另一方面，快速研判窗口越短，抗干扰能力就越差，容易发生误判，最后与专家达成共识选择 5min 的调用周期进行堵磨预警。

【对数据分析师的启发】

对系统基本面的把控很重要，包括系统的动力学图、各个变量的测量方法（可测性、精度、稳定性等）和控制过程。只有这样，才能对行业专家的经验和数据可信度有一个可靠的研判。单台磨煤机的系统动力学如图 2-12 所示（其中可观测的变量用方框标出），很多重要状态变量并不可以直接观测，这就要求我们对分析模型的使用范围（例如，磨煤机的磨损程度、煤质的变化等）保持谨慎的态度。

案例 2：备件销售预测

【业务背景】

根据各个省公司的历史备件销售量，预测未来 3 个旬的备件需求量。根据业务经验，备件销量有显著的地区特征（不同省份的销量和波动模式不同）和季节性。

【数据分析发现】

在实际分析中，发现除了时空模式和春节特殊处理（每年春节所在具体旬都不同）外，还应该有更多因素考虑。

1) 促销活动，如图 2-13 所示，某省公司 2011 年 12 月 28~30 日 3 天的销售量占当月的 68%，是过去 2~3 个月销量的和。这样的活动在其他年份没有重现过。不幸的是，促销活动信息在现实中无法获取。对于这样的"突变点"，算法上应该当作离群点处理；

2) 地区公司合并，某些省份有多个分公司发生业务合并，这个无法提前获得；

3) 备件的型号更新，有型号的替换关系可以利用；

4) 宏观市场走势信息，这个可以尝试用工程车的开工情况数据去反映。

【对数据分析师的启发】

和案例 1 类似，针对一个问题，在构建数据模型前，把驱动因素、相关因素根据业务理解梳理一下，就可以发现当前数据集可以支撑的应用范围，以及需要验证的假设。"数据驱动"的机器学习问题不应该是"盲目被现有数据驱动"，而是从当前业务出发，利用"现实中所有可被利用的数据"。

备件需求的驱动关系可以用图 2-14 表示，其中，带框的变量表示有数据支撑的，不带框的表示系统的状态变量，实线表示驱动关系，虚线表示相关性关系。

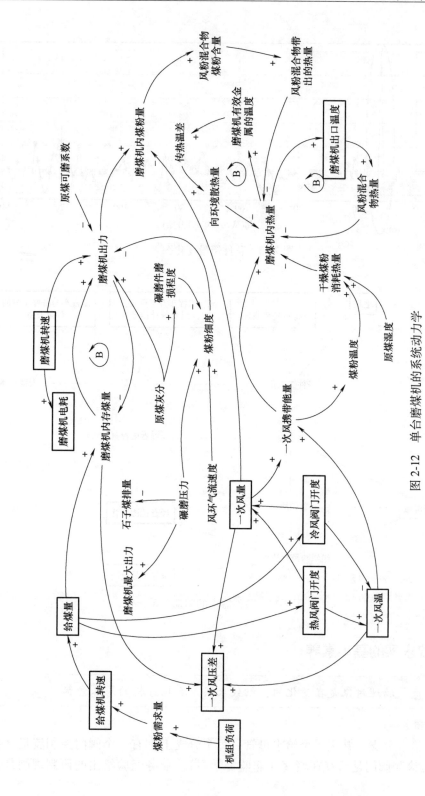

图 2-12 单台磨煤机的系统动力学

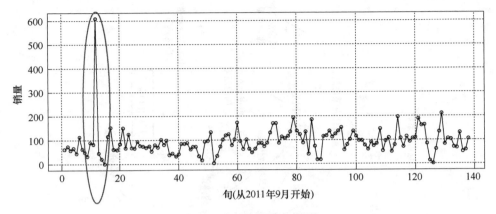

图 2-13　备件销量变化图

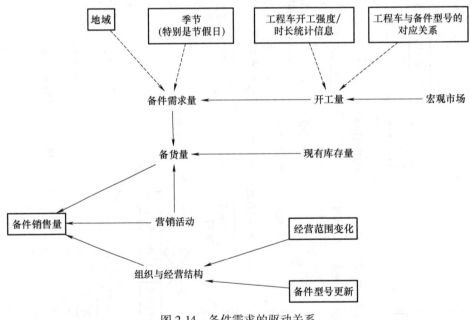

图 2-14　备件需求的驱动关系

2.4.4　细致求实的基本素养

> 物理对象是在变化的；细致求实是数据分析的基本素养。

【业务背景】

3 个并行给水分支，共用一个给水母管，每个分支上都有一个阀门控制流量。数据分析本身的目标是检测阀门是否存在堵塞（非监督学习）。业务经验给出的研判规则是，在同样的开度下,给水流量长期低于预期值,则阀门存在堵塞。

【数据分析发现】

上述的检测逻辑和磨煤机堵磨类似,但更多的是管道分支结构和流体分配。其中一个基础逻辑比较容易理解,因为3个分支距离母管入口的远近不同,在同样的开度下,它们的流量不同(这和理论的理想情形有所不同,但很容易理解)。

但在跨维修周期后,这样的关系需要重新调整。如图 2-15 所示,阴影从深到浅分别代表 1 号、2 号、3 号分支;上面的子图是维修后的情形,下面的子图是维修前的情形。从统计数据可以看出,在 10 月底维修后,1 号主阀开度升高,3 号主阀开度降低,2 号主阀开度稍微降低,3 个回路流量分布没有大的变化。

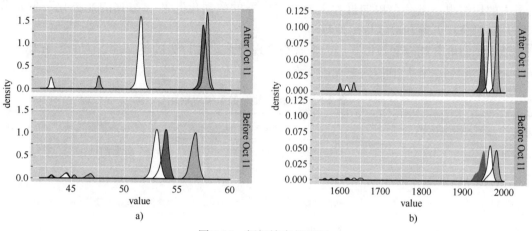

图 2-15 阀门堵塞的研判
a) 阀门开度 b) 流量

业务上究其原因,就是维修前后物理对象发生了变化,原来的规律不再适用。这就要求我们针对每个维修周期单独拟合一个模型(特征变量一样,但具体参数不同)。不过,这对堵塞检测不是问题,因为堵塞通常发生在中后期,维修后有足够的时间去重新拟合一个模型。

【对数据分析师的启发】

在数据分析的时候,常有意无意假设物理系统的基本规律不变。但这种假设是否成立(即使业务专家确认),需要仔细审视。不要为了追求漂亮的结果和模型,有意无意忽略这些前提假设成立的风险。

在很多其他课题中也有类似问题,物理对象在人为干预(例如,养护、维修等)后基本面发生了变化。例如,在煤化工分析中,尝试用 CH_4 含量去估算炉内温度时,就发现 CH_4 在一个开车周期内有一个逐渐升高(氧气喷嘴在不断磨损)的过程。在液晶面板蒸镀分析中,也常常发现保养前后的两个周期的表现差别很大。很多风电机组的机舱加速度在一些例行运维后(例如塔基螺栓做了重新紧固)常常会出现显著下降的情况。但很不幸的是往往很多干预动作并没有在数据中被明确标记。

严格意义上,我们永远无法证明物理系统的基本规律不变,也无法保证分析数据集覆盖了所有关键要素信息,只能保证在我们认知的范围内,在尽可能多的数据上有较高置信度。

2.4.5 小结

在数据分析项目中,关心的数据问题远远超过了 Data Schema 层面的数据质量问题。有时候数据中包含的场景和信息远远超过了当前分析课题关心的范畴,这时候需要从现有数据中筛选出合适的数据;更多时候,数据分析问题的因素并没有完整地反映在数据中,或者数据反映的仅仅是部分生命周期的状态。这就要求数据分析师能够从业务上下文的角度去梳理问题的关键要素,以及它们之间的关系,审视数据在多大程度上反映问题的发展过程。业务上下文的理解也不是一个单向过程,通过"业务的数据化"和"数据的业务化"的迭代,不断加深对分析课题和数据集的理解。

深入理解业务问题和数据集后,常常会发现很多"你以为的不是你以为的"有趣问题。一些常见"意料之外"有趣问题见表 2-5。

表 2-5 "意料之外"的有趣问题

物理系统或过程	业务逻辑	数据层面
控制逻辑	目标对象发生变化	测量不准或测量精度变化
设备动作:PLC 重启	关键要素的缺失	Data schema 的变化
设备运维	动态过程	数据的偶尔跳变
人工操作	外部影响	
设备间的相互影响	时长规律	
环境的影响		
未意识到的因素		

最后,数据分析师的"细心"不仅仅体现在数据内容上,也包括外部要处理的内容上。例如,图 2-16 中,为了批量处理数据的日期,程序代码中对文件名进行了字符串提取,按照约定,括号中最后一部分是生产日期,但其中一个数据文件名少写了一个点(写成了20303.26,实际应该是 2020.3.26),就可能会让批量处理程序出错。

图 2-16 日期错误

避免这样的错误除了细心,还与代码风格有关。如果用下面的代码,就会让错误"隐藏起来",currentBatch 会获得一个默认值 22。

```
currentBatch<-ifelse(dateStr=="2020.3.26-2020.3.31",30,ifelse(dateStr=="
2020.5.1-2020.5.7",35,22))
```

如果写成下面这样,错误就没有地方躲藏。

```
currentBatch<-ifelse(dateStr=="2020.3.26-2020.3.31",30,ifelse(dateStr=="
2020.5.1-2020.5.7",35,ifelse(dateStr==" 2020.1.23-2020.1.28",22,NA)))
```

在批量的数据预处理中,宁愿把代码写得繁琐一点,检查逻辑丰富一些,避免一些"想不到的"瑕疵影响数据的正确性。

2.5 特征提取

人们常说:"数据和特征决定了机器学习的上限,而模型和算法只是逼近这个上限而已。"好的特征工程融合了专业领域知识、直觉和基本数学能力。在经典数据分析中,特征提取通常需要人工处理,特征提取通常花费 60% 的时间,特征库或自动特征工程等手段将大大提升数据分析效率。深度学习在一定程度上避免人工加工特征,很适合天然具有层次结构的数据(如图像、时间序列),例如,卷积神经网络(CNN)通过多个层次的卷积操作,抽取不同时空粒度上的特征,在使用循环神经网络(RNN)算法提取序列模式特征时,通过状态和门限函数等机制保证变化的局部性。在深度学习中通过参数共享(Parameter Sharing,假设局部性结构是全局共享的)等稀疏性机制防止过拟合。但深度学习结构较少关注变量间的非线性交互,另外,网络结构蕴含的结构特征可解释性不好。因此,在很多数据分析中,特征工程仍然是一项重要的工作。

特征工程包括特征提取、特征选择两项工作。特征提取指的是手工或自动将原始变量转换为一组有业务/统计意义的特征变量;特征选择是从特征变量集合中挑选一组与分析问题相关的特征子集,达到降维的效果。本节重点讨论自动特征提取算法,包括针对特定数据类型(时序、序列、文本、图像等)的自动特征提取、根据实体(数据框)间的关联关系[如基数(cardinality)]的自动特征提取,以及多个变量间的组合运算。

2.5.1 基于数据类型的特征提取

1. 连续变量

连续变量通常需要做预处理,广义上也可以视为特征提取,主要包括以下 4 种。

1)归一化特征:很多学习算法假设数据符合正态分布,另外不同变量间数值相差太大在误差计算或数值计算的时候容易误导,归一化是通常的做法,包括中心化/标准化、区间化(如 Min-Max)、数据变换消除偏度(如 Box-Cox 变换)。R 的 caret 包提供了 preProcess、

BoxCoxTrans 等函数。

2）离散化/分箱：将数值型属性转换成类别变量，降低信息量，减少噪声对算法的干扰。可以根据数值分布的分位数划分区间，也可以根据领域知识划分区间。对于多个变量，可以采用聚类的方法进行离散化。

3）降维特征：采用 PCA、ICA 等方法提取主成分或独立成分，新的组分可以视为特征变量，降低预测量间的多重共线性，也可以采用 RBM、AutoEncoder 等算法进行降维。

4）非线性特征：对定量变量多项式化，或者进行其他的转换，都能达到非线性的效果。或者通过引入核函数，隐性地引入非线性关系。

2. 类别变量

不少机器学习算法只接受连续变量，这时候需要把类别变量转化为定量变量，有两种常见方式。

1）独热（One-hot）编码方式：类似于转换成哑变量，假设有 N 种定性值，则将这一个定量变量扩展为 N 维 0/1 特征，当原始特征值为第 i 种定性值时，第 i 个扩展特征赋值为 1，其他扩展特征赋值为 0。独热编码的方式相比直接指定的方式，不用增加调参的工作，对于线性模型来说，使用独热编码后的特征可达到非线性的效果。

从直觉的角度，可能会觉得独热方式太繁琐（因为编码大量地增加了数据集的维度），不如根据唯一值直接用整数编号方便。例如颜色属性 {红，绿，蓝} 分别用 {1，2，3} 表示。但直接编号存在一些潜在问题，整数变量默认有序、距离、线性关系等性质，而原始的类别变量不一定具有该性质。例如，根据整数距离性质，|1-3| > |1-2|，在前面的编号下就意味着红色和绿色比和蓝色更"相似"，这可能会误导算法模型。更糟糕的情况是线性运算，红色和蓝色均值是 2，也就是绿色的意思，通常是不合理的。

2）嵌入（Embedding）表示方式：将一个或多个类别变量（组合通常非常大）用一个低维的连续向量来表示，同时变换后的记录间的关系（例如相似度）与原始记录保持高度一致，也就是说，保持原来的拓扑结构。Embedding 一词来源于拓扑，表示实际数据是低维 Manifold（流形）嵌入与原始变量构成的高维空间中，在实际应用中，这个概念被放宽了，很多高维连续变量映射为低维流形的特征向量也被称为 Embedding。嵌入式表示有时候也称为分布式表示，独热表示中，每行向量中只有一个维度为 1，其余全部为 0，而嵌入式向量通常所有维度均非零。例如，在颜色表示时，假若存在很多种不同的中间颜色，独热表示就不再适用（需要的维度太高），这时候可以用一个 3 维的嵌入式向量表示，向量间的距离表示颜色间的不相似度。颜色的例子仅仅是为了更好理解嵌入式表示的概念（其实 RGB 值就是一个很好的表示，不用嵌入式也可以很好表征），单词的嵌入式表示就没有那么直观了，单词的嵌入式主要是根据词与词间的共现或上下文关系来获得各个词对应的特征向量，特征向量间的距离表示了词的不相似度。

对于类别变量，也有不少特征提取策略。

1）交叉特征：两个或更多的类别属性组合成一个，组合的特征有时比单个特征更显著。假如类别变量 A 有两个可能值 {A1，A2}，类别变量 B 存在 {B1，B2} 等可能值，A 与 B 之间的交叉特征包括 {(A1，B1)，(A1，B2)，(A2，B1)，(A2，B2)}。

2）频繁模式：把频繁模式作为特征，根据频繁分析结果，对频繁模式项是否出现、频繁模式项编码等特征量进行加工。

3. 时间戳变量

时间戳属性包含年、月、日、小时、分钟、秒等信息，但是在很多的应用中，大量的信息是不需要的，仅需要保留小时、日、月等需要的颗粒度，这依赖于领域知识，例如在城市车流量预测中，星期几、时间段是典型的周期性。

对于连续变量、类别变量、时间戳等基础变量，Zheng[21]有很多讨论，感兴趣可以进一步阅读了解。

4. 复杂类型

Dong、Liu 主编的图书 *Feature engineering for machine learning and data analytics*[22] 中按照数据类型、通用算法、领域应用三个维度对特征工程技术进行了论述。在数据类型中，文本、图像、时序、流数据、序列数据（Sequential Data）、图/网络等 6 类数据常见特征见表 2-6。Duboue[23]对图数据、带时间戳数据、文本数据、图像数据、视频、GIS 等数据的特征提取也有很好的介绍和案例分析。

表 2-6 6 类数据常见特征

类型	典型特征变量
文本	词袋（Bag Of Words，BOW）及 TD-IDF 权重方法
	语法结构特征
	隐性语法表征：LSA（Latent Semantic Analysis）、pLSA（Probabilistic LSA）、LDA（Latent Dirichlet Allocation）
	显性语法表征
	嵌入式（Embedding）表征：单词矩阵因子分解（Matrix Factorization）、单词神经网络嵌入、文档的表征
	基于上下文的文本表征：mLDA（multi-contextual LDA）、RNN 等
图像	经典方法：颜色特征、纹理特征、形状特征
	隐性特征：PCA、MDS、Isomap、Laplacian Eigenmaps
	深度学习模型的特征：CNN 等
时序	全局特征：基本统计量、线性相关性、平稳性、熵、物理非线性时间序列指标、线性/非线性模型拟合和其他（例如，小波分解特征）
	子序列特征：区间特征（Interval）、典型形状（Shapelets）、模式词典（Pattern Dictionary）
流数据	线性方法：PCA、Linear Discriminant Analysis（LDA）、Maximum Margin Criterion（MMC）
	非线性方法：LLE（Local Linear Embedding）、核函数学习、神经网络

(续)

类型	典型特征变量
序列数据	经典特征：k-gram、k-gapped-pair、子串特征
	模式特征：频繁模式、封闭模式（Closed Sequential Pattern）、间隔约束时序模式（Interval Constrained）、部分顺序（Partial Order）、周期序列、区分性模式
图/网络	邻域特征：单节点特征（例如出度、入度）、递归特征（Recursive features）
	全局特征：社区结构（Community Structure）、嵌入

2.5.2 基于关联关系的特征自动生成

领域模型中不同对象间的关系及数据记录（Record）间的关系也可以用来自动生成特征。在参考文献［24］中讨论过，对象间主要关心特征生成的连接关系，即 $1:1$、$1:n$、$n:1$、$1:\{0,\cdots,n\}$ 的关系（但不能存在 $n:m$ 的关系），可以从 UML、ER 等形式化模型中提取。

Featuretools[25]是一个可以自动进行特征工程的 python 库，主要原理是针对多个数据表以及它们之间的关系，通过转换（Transformation）和聚合（Aggregation）操作自动生成新的特征。转换操作的对象是单一数据表的一列或多列（例如对某列取绝对值或者计算两列之差）；聚合操作的对象是具有父子（one-to-many）关系的两个数据表，通过对父表的某列进行归类（groupby）计算子表某列对应的统计值。函数的输入信息包括各个实体表（数据框）的信息、各个实体间的父子关系（及其对应的外键字段）、目标实体（待加工特征的实体）等三类信息。

在工具内置的客户（customers）画像特征例子中，包括 4 个数据实体，一个客户可能有多个会话（sessions），一个会话中可能涉及多个产品交易项（transactions），一个交易项目涉及一个产品（products），在这样的结构下，客户的特征可以是会话的数量、终端设备的种类数、平均会话时间、交易的笔数、不同类产品的购买量等变量，如图 2-17 所示。

除了数据表之间的关系，记录间的关系也可以用来提取特征。记录间的关系主要包括集合（set）关系（记录间是独立的）、序（sequence）关系（需要指定 sequence 字段）、层次关系（如地理区域）等。通过这些关系，可以自动生成跨对象特征（如 3 个

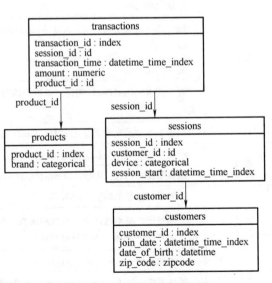

图 2-17　客户订单模型示例

给水回路中平均压力最高的回路的水流量趋势）或数据结构特征（如对于水流量等时序变量，加工不同时间粒度的趋势特征）。这样可以把很多结构性先验知识（并且在其他领域存在了很多年）以半自动化形式融入机器学习，加速机器学习的效率。

2.5.3 基于语法树的变量间组合特征生成

在工业应用中，有不少分析问题需要考虑多个变量间的交互，而这些可能的交互方式由先验知识提供。通过上下文无关语法树（Context-Free Grammars，CFG）描述可能的组合关系，采用遗传算法进行语法树的推导和演化。

R 里面有 gramEvol 包[26]提供了语法树的定义方法，以及根据语法树生成表达式的能力，还提供了每个表达式适应度评价函数的接口，这样以实现了语法演化（Grammatical Evolution，GE）。在遗传算法中，语法树的每条推导路径（即衍生特征变量）对应着一个基因，其适应度评价和一般的特征选择相同，有 3 种方式：①根据评价指标（如相关性、信息增益、Relief Score 等）直接筛选；②根据学习算法的最终性能进行选择；③由学习算法的内嵌式特征选择机制决定，如 SVM 算法本身就会惩罚特征复杂度。

CFG 限定了可能的变量组合形式和深度。例如对于时序变量，CFG 表达式由基础变量、表达式和操作符 3 部分组成，时序特征变量生成框架如图 2-18 所示。基础变量为原始变量或特征库提供的领域特征变量，表达式是层次性的，是基础变量或表达式通过操作符运算的结果。操作符分为 3 类：①针对单个变量的操作符，如 log 等非线性操作；②单变量的序列特征操作符，如滑动平滑；③变量间组合操作符，如风电机组 3 个桨距角的相对误差。

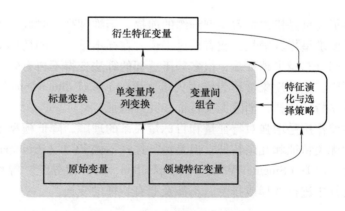

图 2-18　时序特征变量生成框架

以压缩机能耗计算为例，根据领域经验，能耗可能与进出口压力差（绝对值、相对值）、进出口温度差、工作强度（压力与工作时间乘积）等衍生变量密切相关，构建特征语法树如下所示。

```
<feature-var>  ::=<var> | <base-var> | abs(<base-var>) | <pre-op>(<base-
                var>,k)
<base-var>    ::=<var_P><base-op><var_P> |
                <var_T><base-op><var_T> |
                <var_V><base-op><var_P> |
                lag(<var>,k) |
                <pre-op>(<var>,k)
<pre-op>      ::=sma | sd | meandev
<base-op>     ::=+ | - | ÷ | ×
<var>         ::=<var_V> | <var_T> | <var_P>
<var_V>::=Flow | Spd
<var_T>::=Temperature_in | Temperature_out | Temperature_env
<var_P>::=Pressure_in | Pressure_out
<k>::=1 | 2 | 3 | 4 | 5 | 6 | 7
```

基于此语法，可以生成很多特征变量，例如，进口压力的5阶平滑sma（Pressure_in，5）、进出口压力的方差sd（Pressure_out-Pressure_in）、Flow/Pressure_in等特征量，基于历史数据集，可以挑选与能耗相关度高的特征表达式。

2.6 特征选择

合适数量的特征变量是机器学习模型训练的前提。当维度高的时候，为保证样本空间的覆盖度，对样本量要求呈指数增长，或者反过来说，在样本量一定的情形下，随着维度空间的增长，样本在空间分布越来越稀疏，很多基于近邻的算法变得不再有效，训练效率、模型性能也会大幅度下降，这种现象被称为维度灾难（the curse of dimensionality）[27]。降低这种挑战的一种方法就是特征选择，消除无关特征和冗余特征。

特征选择的主要作用是增强对特征量和目标量关系的理解，降低模型学习的成本，主要手段是降维、减少无关特征和冗余特征。但是特征选择不像PCA（Principal Component Analysis，主成分分析）、SVD（Singular Value Decomposition，奇异值分解）等算法生成新组合特征，而是从原有特征中进行选择或排除，不涉及原有特征的变换。

2.6.1 特征选择的框架

特征选择包括4个环节：
1）子集生成：生成候选的特征子集；
2）子集评价：评价特征子集的好坏；
3）停止条件：决定什么时候该停止；

4）验证过程：特征子集是否有效。

其中最关键的环节就是子集生成（具体指子集生成制定的搜索策略）环节和子集评价环节。因为停止条件往往与评价函数相关，当评价函数值达到某个阈值后就可停止搜索。而验证过程是在测试数据集上评价选出来的特征子集的有效性，是一种度量方法，本身并不是特征选择的一部分，需要使用不同的测试集、学习方法验证。最大影响到特征选择效果的就是使用一系列搜索策略，为评价函数提供特征子集的子集生成环节；还有在不同应用环境下，对产生的子集（一个或多个）好坏程度进行评价，来产生最优子集的子集评价过程，如图 2-19 所示。

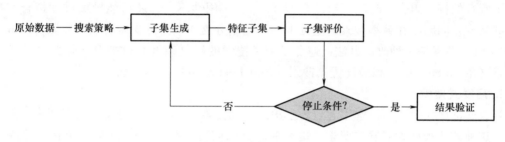

图 2-19　子集生成方法

2.6.2　搜索策略

Dash[28]等人总结的特征选择方法如图 2-20 所示，子集的生成过程本质就是一个搜索的过程，这个搜索过程主要分为 3 类。

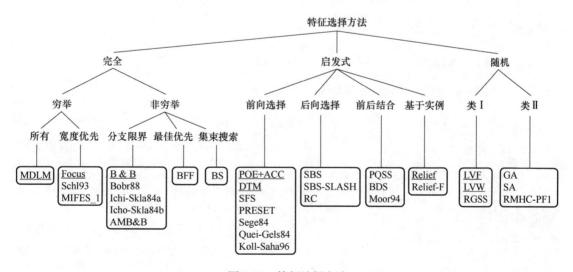

图 2-20　特征选择方法

1）完全搜索：根据评价函数做完全搜索，完全搜索主要有两种：穷举搜索和非穷举搜索。

2）启发式搜索：根据一些启发式规则在每次迭代时，决定剩下的特征是应该被选择还是被拒绝，这种方法很简单并且速度很快。

3）随机搜索：基于设置参数，采用随机选择特征，提高获得全局最优的可能性，复杂度也比完全搜索要低。

1. 完全搜索

完全搜索分为穷举（Exhaustive）搜索与非穷举（Non-Exhaustive）搜索两类。穷举搜索枚举了所有的特征组合，时间复杂度是 $O(2^n)$，实用性不高，还可能导致过度拟合和参数估计的高方差问题。在穷举搜索的基础上加入限制分支，进行分支修剪的分支限界（Branch and Bound）搜索是一种改进办法，避免了穷举搜索的高复杂度和过拟合。除此之外还有集束搜索（Beam Search）和最佳优先搜索（Best First Search）等办法。

2. 启发式搜索

当数据量庞大时，可以选用起点为空集的前向搜索或者起点是全集的后向搜索来降低复杂度，这种方法被称为启发式搜索。也有前后方向同时进行，每次加入 m 个特征删除 n 个特征的双向搜索。

R 的 leaps 包中 regsubsets() 函数提供了这种搜索策略的方法，如下例子，前向和后向搜索可以用 method = "forward" 和 method = "backward"。method = "exhaustive" 全局序列搜索。R 的 MASS 包的函数 stepAIC() 可以根据 AIC 进行双向选择。此外，基础包中 step() 函数也可以用来进行前向、后向和双向选择。更多的包的介绍和使用可以查看《应用预测建模》[29]一书（caret、stats、rms、klaR 等）。

```
attach(Credit)

#建立回归模型
model=lm(Balance ~ Income+Limit+Rating,data=Credit)

#前向搜索

regfit.full = regsubsets (Balance ~ Income + Limit + Rating, data = Credit,
method="forward",nvmax=3)
reg.summary=summary(regfit.full)
summary(regfit.full)
## Subset selection object
## Call:regsubsets.formula(Balance ~ Income + Limit + Rating,data=Credit,
##    method="forward",nvmax=3)
```

```
## 3 Variables  (and intercept)
##    Forced in Forced out
## Income   FALSE    FALSE
## Limit    FALSE    FALSE
## Rating   FALSE    FALSE
## 1 subsets of each size up to 3
## Selection Algorithm:forward
##    Income Limit Rating
## 1  ( 1 ) " "   " "   "*"
## 2  ( 1 ) "*"   " "   "*"
## 3  ( 1 ) "*"   "*"   "*"
```

3. 随机搜索

启发式策略计算量可控，但容易落到局部最优解。前向搜索本质是贪婪的，不会对之前的结果进行评估，后向搜索又会在同一数据上重复地去做统计假设检验，前后序列搜索只能应用于比较小型的数据集。为此，提出了随机搜索策略，早期较"差"的解也有机会继续参与后续组合中，避免过早陷入局部最优。常用的随机搜索方法有模拟退火算法（Simulated Annealing，SA）算法[30]、遗传算法（Genetic Algorithm，GA）[30]、蚁群优化算法（Ant Colony Optimization，ACO）算法、差分进化（Differential Evolution，DE）算法等。

使用模拟退火算法可以使用 GenGA 函数，GenSA（par, fn, lower, upper, control = list(), …）中参数 par 为初始值，fn 为最小化函数，lower 和 upper 确定上下界，control 代表控制算法行为的列表。R 中常用的实现遗传算法的包有 mcga 包、genalg 包、rgenoud 包等。

2.6.3 子集评价

子集评价包括评价准则和评价方法两个方面。评价准则是对特征选择的评估标准，它直接影响到子集的结果。如距离度量使用的 Relief、ReliefF 算法等；一致性度量使用的 Foucus、LVF 算法等。

根据特征选择、模型训练的融合方式，评价方法主要分为如图 2-21 所示的 3 类。

1）过滤（Filter）法：如图 2-21a 所示，先进行特征选择，然后去训练模型，特征选择的过程与面模型训练无关。相当于先对于特征进行过滤操作，然后用特征子集来训练分类器。

2）绕封（Wrapper）法：如图 2-21b 所示，直接把最后要使用的模型性能作为特征选择的评价准则，对于特定的分类器选择最优的特征子集。从最终模型的性能来看，绕封法特征选择比过滤法特征选择更好，但需要多次训练模型，因此计算开销较大。

3）嵌入（Embedding）法：在前两种特征选择方法中，特征选择过程和模型训练过程是有明显分别的两个过程。嵌入式特征选择是将特征选择过程与学习器训练过程融为一体，两者在同一个优化过程中完成，即在学习器训练过程中自动地进行了特征选择，如图 2-21c 所示。

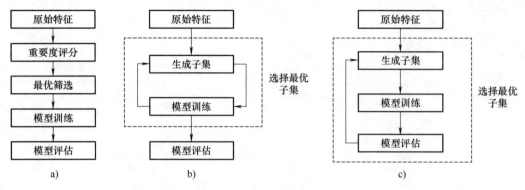

图 2-21　三种子集评价方法

这几种评价方法本身是独立的，在具体应用中可以灵活融合，例如可以先使用过滤法进行特征选择，去掉不相关的特征，降低特征维度，然后利用绕封法进行特征选择，甚至可以在过程中再将特征选择与分类器学习融合为一个过程（即嵌入法）。

1. 过滤法

过滤法在建模之前先对预测变量进行评估，且基于评估值，选出部分变量用于建模，在一定程度上优化了计算时间。因此过滤法较为快速，只需要基础统计知识，但是对特征之间的组合效应难以挖掘。

这里请思考一个问题，为什么过滤法对随机森林无效，却对树模型有效？是因为传统决策树采用贪婪算法遍历所有特征，计算纯度后分枝（俗话说，一旦错过就没有机会），而随机森林却是随机选择特征进行计算和分枝。

（1）移除低方差特征

移除低方差特征的方法会删除方差未达到某个阈值的所有要素。在默认的情况下，将删除所有的零方差特征，也就是在所有样本中具有相同值的特征。

可以应用 mlr 包进行低方差特征移除，首先是通过 makeClassifTask() 创建一个用于分类的 Task，其他回归等目的有相应的创建函数。通过 removeConstantFeatures() 函数丢弃零变量，generateFilterValuesData() 函数可选择相应的 method 进行特征重要性排序（这里运用信息增益衡量），并可绘图（如图 2-22 所示）实现，下面例子中还需要 FSelector 包支撑，需要配置 Java 环境。

```
data("iris")

# 特征矩阵
iris.data<-iris[,-length(iris)]
```

```
# 目标向量
iris.targer<-iris[,length(iris)]

# 创建task
train.task<-makeClassifTask(data=iris,target="Species")

# 查看变量选择可选方法 listFilterMethods()
# 选择计算方差,进行特征选择
var_imp<-generateFilterValuesData(train.task,method="variance",nselect=3)
# 对衡量特征指标进行绘图
plotFilterValues(var_imp,feat.type.cols=TRUE,n.show=3)
```

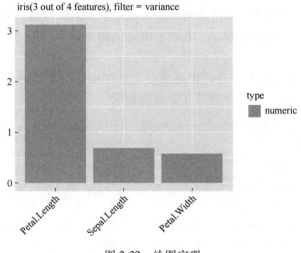

图 2-22　绘图实现

（2）单变量特征选择

单变量过滤方法主要考虑的是如何去除数据中冗余的特征，而忽略了特征之间的相关性。常见的过滤方法如下。

① 卡方检验；

② Pearson 相关系数（Pearson Correlation）；

③ Fisher 得分；

④ 假设检验；

⑤ 互信息；

⑥ 最小冗余最大相关性；

⑦ 相关特征选择；
⑧ 最大信息系数（MIC）；
⑨ 基于模型的特征排序方法。

1）卡方检验：经典的卡方检验是检验定性自变量对定性因变量的相关性，考虑自变量等于i且因变量等于j的样本频数的观察值与期望的差距，这个统计量的含义简而言之就是自变量对因变量的相关性。

$$\chi^2 = \sum \frac{(A-T)^2}{T}$$

式中，A为实际值；T为理论值；计算结果体现了相关性差异程度。

```
# 选择计算卡方值,进行特征选择
var_imp<-generateFilterValuesData(train.task,method="chi.squared")
# 对衡量特征指标进行绘图
plotFilterValues(var_imp,feat.type.cols=TRUE)
```

实际观测值与理论推断值之间的偏离程度就决定卡方值的大小，如果卡方值越大，二者偏差程度越大；反之，二者偏差越小；若两个值完全相等，卡方值就为0，表明理论值完全符合。

2）互信息：经典的互信息也是评价定性自变量对定性因变量的相关性的，可以看成是一个随机变量中包含的关于另一个随机变量的信息量。

```
var_imp<-generateFilterValuesData(train.task,method="information.gain")
var_imp
# 对衡量特征指标进行绘图
plotFilterValues(var_imp,feat.type.cols=TRUE)
```

3）Pearson相关系数：Pearson相关系数是一种最简单的，能帮助理解特征和响应变量之间关系的方法，该方法衡量的是变量之间的线性相关性，结果的取值区间为[-1, 1]，-1表示完全的负相关，+1表示完全的正相关，0表示没有线性相关。Pearson相关系数衡量连续变量的线性相关性，如果只关心两个变量的单调关系（也就是说两个变量一致变化，但不一定恒定），可以采用Spearman相关系数（也称为秩相关系数），对于多列等级变量，可以用Kendall相关系数。R语言基础包中的cor()函数提供了这些函数的支持。

(3) Relief算法

Relief算法最早由Kira提出，最初局限于二分类问题。Relief算法是一种特征权重算法（Feature weighting algorithms），根据各个特征和类别的相关性赋予特征不同的权重，权重小于某个阈值的特征将被移除。算法从训练集D中随机选择一个样本R，然后从和R同类的样本中寻找最近邻样本H，称为Near Hit，从和R不同类的样本中寻找最近邻样本M，称为Near Miss，然后根据以下规则更新每个特征的权重：如果R和Near Hit在某个特征上的距离小于 R 和 Near Miss 上的距离，则说明该特征对区分同类和不同类的最近邻是有益的，则增加该特征的权重；反之，如果 R 和 Near Hit 在某个特征的距离大于 R 和 Near Miss 上的距离，说明该特征对区分同类和不同类的最近邻起负面作用，则降低该特征的权重。以上过程重复 m 次，最后得到各特征的平均权重。特征的权重越大，表示该特征的分类能力越强，反之，表示该特征分类能力越弱。Relief 算法的运行时间随着样本的抽样次数 m 和原始特征个数 N 的增加线性增加，因而运行效率非常高。为了处理多分类问题，1994 年 Kononeill 对其进行了扩展，得到了 ReliefF 算法。

Relief 统计量的计算可以使用 CORElearn 包，attrEval() 函数能计算几个不同版本的 Relief 值（使用 estimator 选项），该函数也能用来计算其他分值，如增益比、基尼系数等。

2. 绕封法

绕封法根据目标函数（通常是预测效果评分），每次选择若干个特征，或者排除若干个特征。它可以直接面向算法优化，不需要过多的评价准则，但是占用了庞大的搜索空间，并且需要定义合适的搜索策略，搜索策略在上文中有介绍。

绕封法使用的评价方法为递归特征消除（Recursive Feature Elimination，RFE）。递归消除特征法使用一个基模型来进行多轮训练，每轮训练后，移除若干权值系数的特征，再基于新的特征集进行下一轮训练。

1）用算法模型反复迭代，利用训练的数据去预测，选择可以返回特征权重的算法（随机森林，逻辑回归）；

2）反复迭代，每一次去除一个特征，去除一个用剩下的特征再次训练；

3）可以用一个模型来进行特征选择，用另一个模型来做最终的预测。

下例是在 Pima Indians Diabetes 数据集上提供 RFE 方法的例子。随机森林算法用于每一轮迭代中评估模型的方法，验证方法使用交叉验证，默认为 10 折交叉。该算法用于探索所有可能的特征子集。从图 2-23 中可以看出，当使用 4 个或者 6 个特征时即可获取与最高性能相差无几的结果。

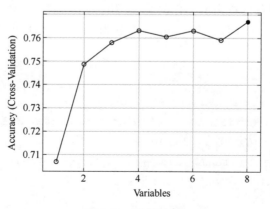

图 2-23　绘图结果

```
#读取数据
data(PimaIndiansDiabetes)
#转换,转为分类问题
#data$species<-as.factor(data$species)
#随机数种子,可随便设置(即选样本时的间隔)
set.seed(7)
# funtions 是做随机森林的回归
control<-rfeControl(functions=rfFuncs,method="cv",verbose=FALSE,returnResamp="final")
#[1:8]即 22 个因子所在列,[,9]即 Y,c(1:8)即递归留下的变量从 1 留到 8
results<-rfe(PimaIndiansDiabetes[,1:8],PimaIndiansDiabetes[,9],sizes=c(1:8),rfeControl=control)
# 输出结果
# print(results)
# 列出筛选出的变量
# predictors(results)
# 画出曲线
plot(results,type=c("g","o"))
```

3. 嵌入法

在前两种特征选择方法中,特征选择过程和模型训练过程是有明显分别的两个过程。而嵌入式特征选择是将特征选择过程与模型训练过程融为一体,两者在同一个优化过程中完成,嵌入式选择的实例是 LASSO 和 Ridge Regression。决策树算法在构建树的同时也可以看作进行了特征选择,在冠以上也可以算作嵌入式方法。

下面给对带 L1 惩罚项的逻辑回归作为基模型的特征选择(LASSO 回归)方法给出一个简单例子:这里用到了 glmnet 包,其中 alpha 参数为 0 是 LASSO 回归,为 1 是 Loss 回归,其他的包还有 liblinear 等。

```
#lasso
gridLambda=10^seq(5,-2,length=100)
train.validation.x=model.matrix(Balance~.,data=Credit)
train.validation.y=Credit$Balance
lasso.mod=cv.glmnet(train.validation.x,train.validation.y,alpha=0,lambda=gridLambda)
lasso.mod
##
```

```
## Call:  cv.glmnet(x=train.validation.x,y=train.validation.y,lambda=
gridLambda, alpha=0)
##
## Measure:Mean-Squared Error
##
##    Lambda Index Measure   SE Nonzero
## min  0.221   81   10223 773.8    12
## 1se 12.915   56   10845 581.4    12
```

2.6.4 小结

在特征选择中，有3种常见的子集选择策略：

1）过滤法：快速，更多以统计知识为基础，但特征之间的组合效应难以挖掘，比较粗糙。

2）绕封法：直接面向算法优化，但是需要庞大的搜索空间，并且需要制定合适的搜索策略。

3）嵌入法：效果和速度都很明显，但是需要深厚的背景知识来进行合适的参数设置。

过滤法更快速，但更粗糙。绕封法和嵌入法更精确，比较适合具体到算法去调整，但计算量比较大，运行时间长。当数据量很大的时候，优先使用方差过滤和互信息法，之后再用其他特征选择方法。使用逻辑回归时，优先使用嵌入法。使用支持向量机时，优先使用绕封法。

参 考 文 献

[1] RSTUDIO. Data Wrangling with dplyr and tidyr Cheat Sheet［EB/OL］.（2015-02-01）［2021-10-20］. https://www.rstudio.com/wp-content/uploads/2015/02/data-wrangling-cheatsheet.pdf.

[2] IRV LUSTIG. Data Wrangling with Pandas Cheat Sheet［EB/OL］.［2021-10-20］. https://pandas.pydata.org/Pandas_Cheat_Sheet.pdf.

[3] KABACOFF R. R语言实战［M］. 高涛, 肖楠, 陈刚, 译. 北京：人民邮电出版社, 2013.

[4] ADLER J. R语言核心技术手册［M］. 刘思喆, 李舰, 陈刚, 等译. 北京：电子工业出版社, 2014.

[5] WICKHAM H. R数据科学［M］. 陈光欣, 译. 北京：人民邮电出版社, 2018.

[6] 万托布拉斯. Python数据科学手册［M］. 陶俊杰, 陈小莉, 译. 北京：人民邮电出版社, 2018.

[7] 威克汉姆. 高级R语言编程指南［M］. 李洪成, 段力辉, 何占军, 译. 北京：机械工业出版社, 2016.

[8] 张丹. R的极客理想：工具篇［M］. 北京：机械工业出版社, 2014.

[9] CHANG W. R数据可视化手册 第2版［M］. 王佳, 林枫, 王祎帆, 等译. 北京：人民邮电出版社, 2021.

[10] 张杰. R语言数据可视化之美：专业图表绘制指南［M］. 北京：电子工业出版社, 2019.

[11] YAN H. The R Graph Gallery［EB/OL］.（2018-09-01）［2021-10-20］. https://www.r-graph-gallery.com/.

[12] WIRTH R, HIPP J. CRISP-DM: Towards a standard process model for data mining [C]//Proceedings of the 4th international conference on the practical applications of knowledge discovery and data mining. Springer-Verlag London, UK, 2000.

[13] STANIAK M, BIECEK P. The landscape of r packages for automated exploratory data analysis [J]. arXiv preprint arXiv, 1904. 02101, 2019.

[14] PEARSON R K. Exploratory data analysis using R [M]. CRC Press, 2018.

[15] DAMA INTERNATIONAL. DAMA-DMBOK [M]. 2nd ed. Technics Publications, 2017.

[16] FAN W, GEERTS F. Foundations of Data Quality Management [M]. Morgan & Claypool Publishers, 2012.

[17] WANG R Y, STRONG D M. Beyond Accuracy: What Data Quality Means to Data Consumers [J]. Journal of Management Information Systems, 1996, 12 (4): 5-33.

[18] GORELIK A. The Enterprise Big Data Lake [M]. OReilly, 2019.

[19] 叶杭冶. 风力发电机组的控制技术 [M] 3 版. 北京: 机械工业出版社, 2015.

[20] 苑召雄. 基于系统动力学的电站磨煤机建模与控制 [D]. 北京: 华北电力大学, 2017.

[21] ZHENG A. 精通特征工程 [M]. 陈光欣, 译. 北京: 人民邮电出版社, 2019.

[22] DONG G, LIU H. Feature engineering for machine learning and data analytics [M]. CRC Press, 2018.

[23] DUBOUE P. The Art of Feature Engineering: Essentials for Machine Learning [M]. Cambridge University Press, 2020.

[24] TIAN C, WANG Y, MO W T, et al. Pre-release sales forecasting: a model-driven context feature extraction approach [J]. IBM Journal of Research and Development, 2014, 58 (5/6).

[25] KANTER J M, VEERAMACHANENI K. Deep feature synthesis: Towards automating data science endeavors [C]//2015 IEEE International Conference on Data Science and Advanced Analytics, DSAA 2015, Paris, France, October 19-21, 2015. IEEE, 2015: 1-10.

[26] DE SILVA A M, LEONG P H. Grammar-based feature generation for time-series prediction [M]. Springer, 2015.

[27] ELDER J, PREGIBON D. A statistical perspective on KDD [M]//FAYYAD U, PIATETSKY-SHAPIRO G, et al. Advances in knowledge discovery and data mining, MIT, Press, 1996: 83-116.

[28] DASH M, LIU H. Feature selection for classification [J]. Intelligent data analysis, 1997, 1 (1-4): 131-156.

[29] 库恩, 约翰逊, 等. 应用预测建模 [M]. 林荟, 邱怡轩, 马恩驰, 等译. 北京: 机械工业出版社, 2016.

[30] 王珏, 周志华, 周傲英. 机器学习及其应用 [M]. 北京: 清华大学出版社, 2006.

第3章

机器学习算法

机器学习算法是一类自动分析数据并获得规律,利用规律对未知数据进行预测的算法。机器学习可以分成有监督、无监督、半监督和强化学习。分类和回归是有监督学习问题,聚类、关联规则是无监督学习问题。机器学习算法的理论基础来自于统计学、最优化等基础算法。因此,本章从统计算法开始,然后讨论常见的机器学习算法,并简要总结近年来热度较高的深度学习算法,最后从计算负荷的角度去审视这些算法的特点。

如第1章所述,对于这些算法,目前有很多优秀的图书对理论推导过程、R/Python语言算法使用方法进行了详细论述,本章侧重于工程师应用视角,从算法的应用场景、应用前提、参数影响、关键要点、核心思想等角度进行探讨,尝试为工业数据分析师建立起必要的概念框架。基于这样的考虑,本章只选择典型的基础算法(如线性回归、SVM算法)、工科背景容易迷惑的算法(如贝叶斯模型),而不会穷尽所有算法;另外,在内容上,更强调直觉理解,例如SVM参数对结果的影响大小和影响的原理,从函数逼近的角度去理解傅里叶变换,从函数分而治之的角度去理解神经网络的逼近能力。

3.1 统计分析

统计分析是一套有关数据收集、处理、分析、解释并得出结论的方法体系,分为描述性统计和推断两部分。

描述性统计是在实际数据分析中最基础、应用最广泛的方法,它使用表格、图形和数值方法汇总和描述数据[1]。数据的概括性度量如图3-1所示,数据图形展示如图3-2所示。

推断统计是利用样本数据推断总体特征的统计方法,具体来说,推断统计以概率论为基础,根据抽样样本,对总体的分布进行参数估计和假设检验,如图3-3所示。因此推断统计主要涉及与概率分布、参数估计和假设检验相关的算法。

令待推断总体的概率分布为 p_θ,θ 是概率分布的参数集合,目标是推断 θ 的某种性质。p_θ 也被称为统计模型,根据 θ 参数空间的数学性质,可以将统计模型分为两类:参数统计模型[2]和非参数统计模型[3]。在参数统计模型中,参数集属于有限维空间,参数空间的维度 d 被称为参数统计模型的自由度;而在非参数统计模型中,参数集属于无穷维空间,即 p_θ 无

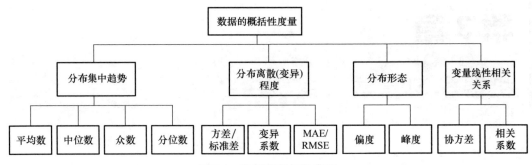

图 3-1　数据的概括性度量

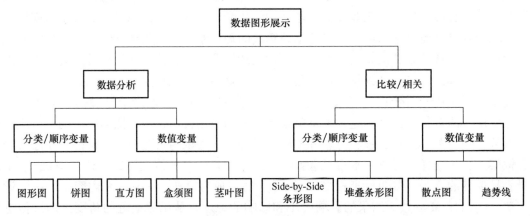

图 3-2　数据图形展示

法被有限数量的分布参数指定。

当实际数据分布比较复杂或者没有先验知识时，很难选择一个合适的参数化的概率模型，这时非参数化估计方法更加灵活。核函数（局部相似）、随机仿真［蒙特卡罗方法（Monte Carlo method）］是常用的非参数化统计思路。核函数是概率密度估计的常用方法。随机仿真包括随机样本生成（按照一定的概率分布函数）和随机采样等方式，思路容易理解，并且

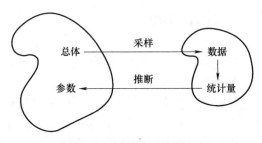

图 3-3　推断统计的概念

不仅仅可以在既有数据集上进行，也可以结合模型进行随机仿真，例如，在 SSA（奇异值分解）预测量的置信区间估计时，就是对当前 SSA 模型的重构误差进行建模，用误差模型生成若干随机序列，与原始的重构序列（趋势项）相加得到新的序列，让 SSA 算法对每个新序列重构并预测，从多个预测值获得置信区间估计。

3.1.1 概率分布

与非参数模型相比,有参数模型描述采样数据分布时容易存在更多偏差,但是有参数概率分布的优势是,可以用很小的参数空间拟合数据分布,提升建模效率。因此,对数据进行统计推断的第 1 步是通过观察统计实验样本的直方图,从概率分布家族中选择一个有参数分布作为假设分布。概率分布拟合的数值计算方法将在下节详细讨论。

常见的概率分布及其关系如图 3-4 所示。其中常见的离散概率分布包括二项分布、泊松分布、几何分布;连续分布包括均匀分布、正态分布、t 分布、X^2 分布、F 分布、指数分布等。在拿到一组数据,并绘制出分布直方图后,如何判断数据符合什么分布呢?概率分布判断流程如图 3-5 所示,建议从 4 个方面进行判断。

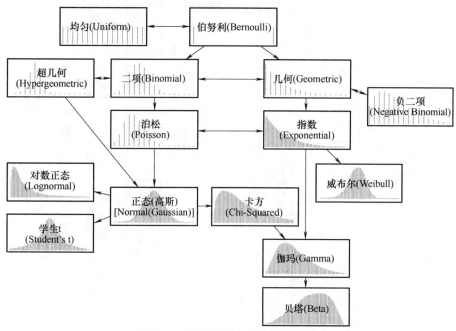

图 3-4 常见的概率分布及其关系

1) 数据离散还是连续;
2) 数据分布是否对称,如果不对称,是正偏斜还是负偏斜;
3) 数据是否有上下界,如风速不可能是负值、设备的时间稼动率不能大于 1;
4) 数据极端值的分布情况,如是正还是负,是否频繁出现。

3.1.2 参数估计

参数估计是在抽样及抽样分布的基础上,根据样本统计量估计总体参数(例如均值、方差等)。参数估计方法包括点估计和区间估计,区间估计是在点估计的基础上,给出总体参数估计的置信区间,从而反映样本统计量与总体参数的接近程度。

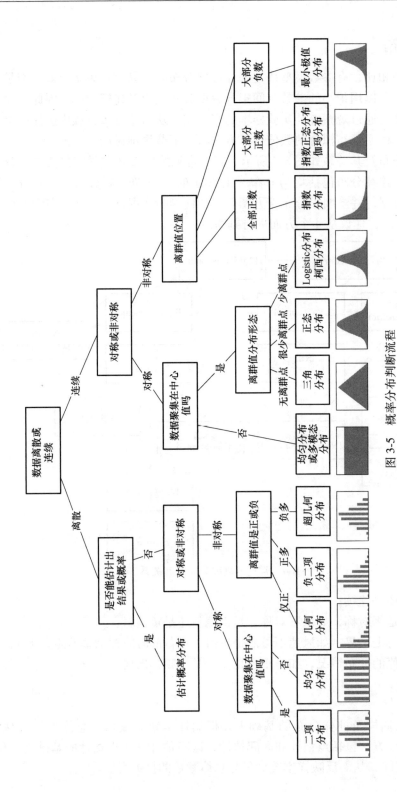

图 3-5 概率分布判断流程

参数估计可以采用参数化模型，不同情形下的总体参数估计需使用不同的分布，单总体和双总体参数估计及其使用的分布如图 3-6 所示。

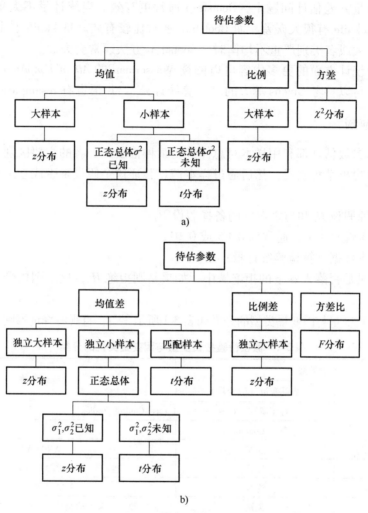

图 3-6　单总体和双总体参数估计及其使用的分布
a）单总体　b）双总体

在非参数方法上，Bootstrap（自助法）、Jackknife（刀切法）等随机采样是参数估计的常用方法，基本思想很简单，将样本视为总体，在"总体"中不放回地抽取一些"样本"来做统计分析。Bootstrap、Jackknife 都算是蒙特卡罗方法。假设原始数据集有 N 个样本，Jackknife 就是每次都抽取 $N-1$ 个样本，也就是每次只剔除一个原样本，类似于"Leave one out"的交叉验证方法。Jackknife 方法是有 Maurice Quenouille 在 1949 年提出的一种再抽样方法，其名字类比瑞士小折刀（很容易携带）。Bootstrap 抽样方法从中有放回的随机抽样来评估总体特征，但一个样本可以被抽到多次。Bootstrap 也分参数 Bootstrap 和非参数 Bootstrap，前者的分布已完全知道。Bootstrap 方法是 Efron 在 1979 年提出的，并论证 Jackknife 法是 Bootstrap 法的一阶近似（泰勒公式展开），在线性统计量估计方差问题上，两个方法等价。但在非线性统计量方差估计问题上，Bootstrap 通常更有效。当统计量不太平滑（例如中位数）的时候，Jacknife 有很大误差，而 Bootstrap 通常比较有效。Jackknife 法计算效率通常更高。当样本量不大或者类别严重不均衡时，Bootstrap 方法通常会失效。

在非参数化统计方面的更多内容可以阅读 Wasserman 的 *All of nonparametric statistics*[3]，数值计算方法也可以参考 Givens 等人的《计算统计》[4]。R 语言有 resample、boot 等算法包。

3.1.3 假设检验

假设检验与参数估计都利用样本对总体进行某种推断，二者的主要区别在于，假设检验先对统计量的值提出某种假设，然后通过样本信息验证这个假设是否成立。假设检验的一般步骤如下：

1）先给出原假设 H_0 和与之对立的备择假设 H_1；
2）设定显著性水平 α，通常取 0.05 或 0.01；
3）根据样本数据计算检验统计量；
4）看统计量是否落入 α 下的拒绝域中，如果是则拒绝 H_0，反之则接受（无充分理由拒绝）H_0。

假设检验按自变量与因变量类型的分类如表 3-1 所示[5][6]，直观解释请参阅参考文献 [7]。

表 3-1 假设检验按自变量与因变量类型的分类

变量类型		统计方法
预测变量（自变量）	结果变量（因变量）	
对照研究（Cross-Sectional/Case-Control Studies）		
二值（Binary）	连续（Continuous）	T-Test[①]
类别（Categorical）	连续	ANOVA[①]
连续	连续	线性回归
多变量（类别或连续）	连续	多变量线性回归
类别	类别	卡方检验（Chi-Square Test）[②]
二值	二值	优势化（Odds Ratio, OR），Mantel-Haenszel OR
多变量（类别或连续）	二值	Logistic 回归
队列研究（Cohort Studies）		
二值	二值	相对危险度（Relative Risk）
类别	时间对事件（Time-to-Event）	Kaplan-Meier 曲线，Log-Rank 检验
多变量（类别或连续）	时间对事件（Time-to-Event）	Cox 风险比例回归模型（Cox-Proportional Hazards Model）
类别	连续-重复（Continuous-Repeated）	重复测量 ANOVA（Repeated-Measures ANOVA）
多变量（类别或连续）	连续-重复（Continuous-Repeated）	重复测量混合模型（Mixed Models for Repeated Measures）

① 若结果变量明显不符合正态分布或样本量不足时，宜采用非参数化检验；
② 表示当组合单元（cell）中的预期样本少于 5 个时，宜采用费舍尔精确检验（Fisher Exact Test）。

按照总体分布是否已知，可以将假设检验分为参数检验和非参数检验，如图 3-7 所示。R 语言的 stats 包提供了 t.test（支持各种 t 检验）、wilcox.test（独立样本的 Mann-Whitney 检验、配对样本的 Wilcoxon 检验）、ks.test、shapiro.test（正态分布检验）、var.test（F 检验）、chisq.test（χ^2 检验）、friedman.test 等函数，Mood's median 检验在 R 语言的 RVAideMemoire、coin 包有提供。

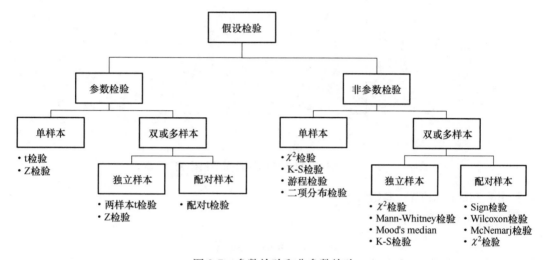

图 3-7　参数检验和非参数检验

3.2　统计分布拟合

3.2.1　引言

在数据分析项目中，变量的统计分布是各种算法选择的基础；在时序数据分析中，不同时间窗口（周期）内统计分布变化通常也是重要的特征量。例如，在风电行业中，风速分布估算是发电量估算的基础。风速的分布存在典型右偏，不符合正态分布，但到底用 Weibull 分布、Rayliegh 分布还是截断的正态分布更好，目前还没有定论（虽然通常采用 Weibull 分布）。数据的统计分布拟合包括 3 类问题。

1）分布的非参数化拟合；
2）单个分布的拟合（参数化）；
3）混合分布的拟合。

3.2.2　基于核函数的非参数方法

R 语言的 stats 基础包里面有个函数——density 函数，见下面代码和图 3-8。

```
d<-density(faithful $ eruptions,bw="sj")
plot(d,type="n")
polygon(d,col="wheat")
```

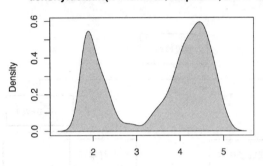

图 3-8　Old Faithful 泉喷发时间的概率密度

1. bw（Band width）**参数**

bw 参数共有 5 种选择，见表 3-2。

表 3-2　bw 的 5 种选择

bw 参数	描述	计算逻辑
nrd0	用正态分布估计（normal reference distribution）Siverman *rule of thumb*（1986）	$\dfrac{0.9\min\{sd(x),IQR(x)/1.34\}}{\sqrt[5]{Length(x)}}$
nrd	Scott（1992）	$\dfrac{1.06\min\{sd(x),IQR(x)/1.34\}}{\sqrt[5]{Length(x)}}$
ucv	无偏交叉检验（unbiased cross-validation）	
bcv	有偏交叉检验（biased cross-validation）	
SJ	Sheather & Jones（1991）	导数的试点估计（Pilot estimation of derivatives）

在 R console，直接输入函数式就可以快速看到非内置函数的源代码，以 bw.nrd0 函数为例：

```
bw.nrd0
## function(x)
## {
##   if(length(x)<2L)
##     stop("need at least 2 data points")
```

```
##    hi<-sd(x)
##    if(!(lo<-min(hi,IQR(x)/1.34)))
##        (lo<-hi)||(lo<-abs(x[1L]))||(lo<-1)
##    0.9 * lo * length(x)^(-0.2)
## }
##<bytecode:0x7fab1441aa68>
##<environment:namespace:stats>
```

上面的第6、7行语句使用了R语言技巧,如果条件语句不成立(中间存在NA),则执行下面的语句(lo<-hi)||(lo<-abs(x[1L]))||(lo<-1),这3个"||"表示从左到右边执行,直到第一个非空非零的表达式成立。例如,如果我们将hi设置为NA,则lo<-abs(x[1L])被首选执行,如果x[1L]不为空,lo就赋值成功

2. 核函数的选择

核函数有

```
##[1]"gaussian"    "epanechnikov" "rectangular" "triangular" "biweight"
##[6]"cosine"    "optcosine"
```

不同核函数的对比见下述代码与图3-9。

```
kernels<-eval(formals(density.default)$kernel)
plot(density(0,bw=1),xlab="",
    main="R's density()kernels with bw=1")
for(i in 2:length(kernels))
    lines(density(0,bw=1,kernel= kernels[i]),col=i)
legend(1.5,.4,legend=kernels,col=seq(kernels),
    lty=1,cex=.5,y.intersp=1)
```

3. 拟合后的概率密度

可以用函数approx做插值,求新的点的概率密度。

```
trainMod<-function(traindata){
    d<-density(traindata)
    function(x){approx(d,xout=x)$y}
}
pFun<-trainMod(precip)
pFun(16)
```

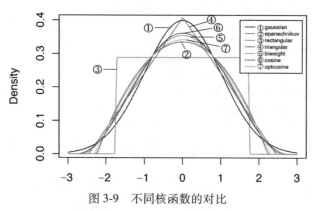

图 3-9 不同核函数的对比

3.2.3 单概率分布的参数化拟合

R 里面有 fitdistrplus 包,针对非剪切(non-censored)数据,其核心函数为

```
fitdist(data,distr,method=c("mle","mme","qme","mge","mse"),
start=NULL,fix.arg=NULL,discrete,keepdata=TRUE,keepdata.nb=100,...)
```

生存分析中常常存在数据剪切,核心函数为

```
fitdistcens(censdata,distr,start=NULL,fix.arg=NULL,
keepdata=TRUE,keepdata.nb=100,...)
```

1. 概率分布类型的选择

可以对实际数据通过自举法估算 skewness、kurtosis 等指标,看它们与哪个已知的分布比较接近。图 3-10 所示的 fitdistrplus 包的 groundbeef 数据集,是关于一份儿童牛肉馅饼重量(单位是 g)的市场调查数据,有 254 个样例。descdist 函数给出的样本宽度是 0.74(右偏),峰度略大于 3,从 Cullen-Frey 图可看出,用 Weibull、Gamma 或 Lognormal 等右偏分布可以较好地拟合该样本分布。

```
descdist(groundbeef $ serving,boot=1000)
```

2. 拟合准则

度量准则有 4 种:最大似然估计(Maximum Likelihood Estimation,MLE)、矩匹配估计(Moment Matching Estimation,MME)、分位数匹配估计(Quantile Matching Estimation,QME)和最大拟合优度估计(Maximum Goodness-of-fit Estimation,MGE),默认采用 MLE 准则。

下面分别用 Weibull、Gamma 或 Lognormal 分布采用 MLE 准则去拟合,并绘制拟合后的

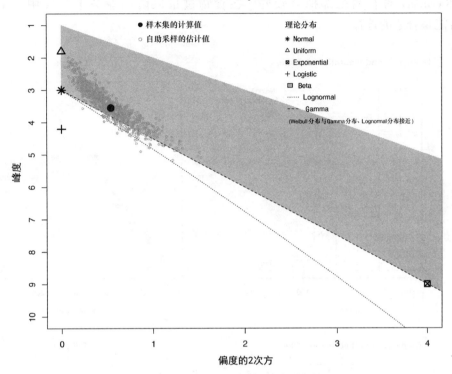

图 3-10　实际数据统计量与常见分布的比对

概率密度图、Q-Q 图、累积分布图和 P-P 图。

```
fw<-fitdist(groundbeef $ serving,"weibull")
fg<-fitdist(groundbeef $ serving,"gamma")
fln<-fitdist(groundbeef $ serving,"lnorm")
par(mfrow=c(2,2))
denscomp(list(fw,fln,fg),legendtext=c("Weibull","lognormal","gamma"))
qqcomp(list(fw,fln,fg),legendtext=c("Weibull","lognormal","gamma"))
cdfcomp(list(fw,fln,fg),legendtext=c("Weibull","lognormal","gamma"))
ppcomp(list(fw,fln,fg),legendtext=c("Weibull","lognormal","gamma"))
```

拟合结果如图 3-11 所示，从概率密度图和累积分布图看，三个分布都可以较好地拟合样本数据，但从P-P图看，三个分布都没有很好地拟合出分布的中心区域，从Q-Q图看，Weibull和Gamma对右侧尾部拟合较好。在食物过量风险的业务上下文中，Weibull和Gamma可能是合适的选择。

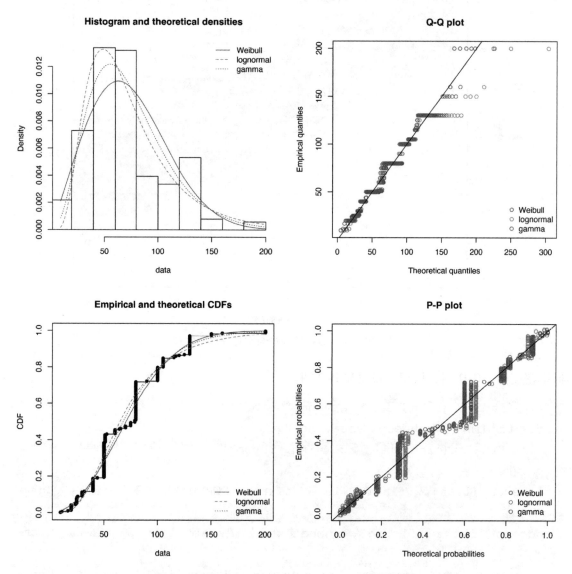

图 3-11　Weibull、Gamma 和 Lognormal 的拟合结果

有 8 种拟合优度评估指标，见表 3-3，其中 $F(x)$ 是拟合模型的累积概率密度函数（Cumulative Distribution Function，CDF），$F_n(x)$ 是实际数据的累积概率密度函数（对变量数值排序后计算得到）。

表 3-3 拟合优度评估指标

拟合优度统计量	计算公式
Kolmogorov-Smirnov（KS）	$\sup \left| F_n(x) - F(x) \right|$
Cramer-von Mises（CvM）	$n \int_{-\infty}^{+\infty} (F_n(x) - F(x))^2 \mathrm{d}x$
Anderson-Darling（AD）	$n \int_{-\infty}^{+\infty} \dfrac{(F_n(x) - F(x))^2}{F(x)(1 - F(x))} \mathrm{d}x$
Right-tail AD（ADR）	$\int_{-\infty}^{+\infty} \dfrac{(F_n(x) - F(x))^2}{1 - F(x)} \mathrm{d}x$
Left-tail AD（ADL）	$\int_{-\infty}^{+\infty} \dfrac{(F_n(x) - F(x))^2}{F(x)} \mathrm{d}x$
Right-tail AD 2nd Order（ADR2R）	$ad2r = \int_{-\infty}^{+\infty} \dfrac{(F_n(x) - F(x))^2}{(1 - F(x))^2} \mathrm{d}x$
Left-tail AD 2nd Order（ADR2L）	$ad2l = \int_{-\infty}^{+\infty} \dfrac{(F_n(x) - F(x))^2}{(F(x))^2} \mathrm{d}x$
AD 2nd order（AD2）	$ad2r + ad2l$

不同拟合优度统计量对应着不同的关注点，例如，AD 平等对待尾部和中心部的拟合度。

3. fitdistr 的代码

MASS 包中的 fitdistr 函数比较典型，采用最大似然拟合方式，用 stats::optim 函数进行参数寻优。如图 3-12 所示，通过阅读，读者可以更清晰地了解背后的计算逻辑，同时加深 R 语言中 quote、formals、match.call、eval、names（list（…））等函数用法的直观了解。

3.2.4 混合概率分布估计

R 语言有 mixtools、fitdistrplus、mclust、flexmix 等包，这里主要介绍 mixtools，对于参数化分布，采用 EM 算法做极大似然估计。对于一个 r 维的样本 x_i，服从 m 个组分的混合分布，假设 x_i 各个维度独立，第 k 维的概率密度函数为 $f_{jk}(\cdot)$，则样本 x_i 的似然度为

$$g_\theta(x_i) = \sum_{j=1}^{m} \lambda_j \prod_{k=1}^{r} f_{jk}(x_{ik})$$

式中，下标 i、j、k 分别代表样本（individual）、组分（component）、变量坐标顺序（coordinate）。

以 Old Faithful 泉的喷发间隔数据（见图 3-8）为例，演示混合概率分布的拟合。图 3-13 所示为拟合结果，左图中实线是 Gaussian 参数化拟合结果，虚线是半参数化拟合结果（bw=4）；右图中实线是半参数化拟合结果（bw=1），虚线是半参数化拟合结果（bw=6）。

```
if(distname == "normal") {
    if(!is.null(start))
        stop(gettextf("supplying pars for the %s distribution is not supported",
              "Normal"), domain = NA)
    sd0 <- sqrt((n-1)/n)*sd(x)
    mx <- mean(x)
    estimate <- c(mx, sd0)
    sds <- c(sd0/sqrt(n), sd0/sqrt(2*n))
    names(estimate) <- names(sds) <- c("mean", "sd")
    vc <- matrix(c(sds[1]^2, 0, 0, sds[2]^2), ncol = 2,
           dimnames = list(names(sds), names(sds)))
    return(structure(list(estimate = estimate, sd = sds, vcov = vc, n = n,
        loglik = sum(dnorm(x, mx, sd0, log=TRUE))),
          class = "fitdistr"))
}
if(distname == "poisson") {■}
if(distname == "exponential") {■}
if(distname == "geometric") {■}
if(distname == "weibull" && is.null(start)) {■}
if(distname == "gamma" && is.null(start)) {
    if(any(x < 0)) stop("gamma values must be >= 0")
    m <- mean(x); v <- var(x)
    start <- list(shape = m^2/v, rate = m/v)
    start <- start[!is.element(names(start), dots)]
    control <- list(parscale = c(1, start$rate))
}
if(distname == "negative binomial" && is.null(start)) {■}
if(is.element(distname, c("cauchy", "logistic")) && is.null(start)) {■}
if(distname == "t" && is.null(start)) {■}
}
if(is.null(start) || !is.list(start))
    stop("'start' must be a named list")
nm <- names(start)
## reorder arguments to densfun
f <- formals(densfun)
args <- names(f)
m <- match(nm, args)
if(any(is.na(m)))
    stop("'start' specifies names which are not arguments to 'densfun'")
formals(densfun) <- c(f[c(1, m)], f[-c(1, m)])
dens <- function(parm, x, ...) densfun(x, parm, ...)
if((l <- length(nm)) > 1L)
    body(dens) <-
        parse(text = paste("densfun(x,",
            paste("parm[", 1L:l, "]", collapse = ", "),

Call[[1L]] <- quote(stats::optim)
Call$densfun <- Call$start <- NULL
Call$x <- x # want local variable as eval in this frame
Call$par <- start
Call$fn <- if("log" %in% args) mylogfn else myfn
Call$hessian <- TRUE
if(length(control)) Call$control <- control
if(is.null(Call$method)) {
    if(any(c("lower", "upper") %in% names(Call))) Call$method <- "L-BFGS-B"
    else if (length(start) > 1L) Call$method <- "BFGS"
    else Call$method <- "Nelder-Mead"
}
res <- eval.parent(Call)
if(res$convergence > 0L) stop("optimization failed")
vc <- solve(res$hessian)
sds <- sqrt(diag(vc))
```

图 3-12　fitdistr 的源代码片段

(请理解这块代码)
(理解 Call 列表的内容)
(请理解 Hessian 矩阵与 Convergence 的关系)

```
library("mixtools")
data(faithful)
attach(faithful)
wait1<-normalmixEM(waiting,lambda=.5,mu=c(55,80),sigma=5)
```

```
## number of iterations = 9

wait2<-spEMsymloc(waiting,mu0=c(55,80))
wait2a<-spEMsymloc(waiting,mu0=c(55,80),bw=1)
wait2b<-spEMsymloc(waiting,mu0=c(55,80),bw=6)

opar<-par(mfrow=c(1,2))
plot(wait1,which=2,main2="Time between Old Faithful eruptions",
xlab2="Minutes")
plot(wait2,lty=2,newplot=FALSE,addlegend=FALSE)

plot(wait2a,lty=1,addlegend=FALSE,xlab="Minutes",
    title="Time between Old Faithful eruptions")
plot(wait2b,lty=2,newplot=FALSE,addlegend=FALSE)
  par(opar)
detach(faithful)
```

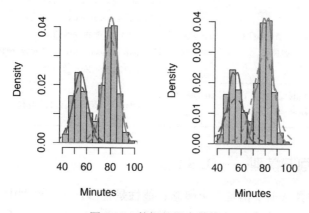

图 3-13 数据的拟合结果

3.2.5 小结

除了本节介绍的统计分布的选择和参数拟合方法，可以进一步思考：如何度量两个概率分布的相似度或距离呢？KL 散度（Kullback-Leibler divergence）、f-divergence、Wasserstein distance 这些指标，读者可以自己查阅理解。

3.3 线性回归模型

3.3.1 引言

线性回归模型（Linear Regression Model，以下简称 LM 模型）是最简单的机器学习算法，但也是很多机器学习算法的基础，很多模型都可以看作线性模型的拓展。因为是线性关系，统计检验理论在 LM 模型上做得也非常充分。深刻理解与掌握 LM 模型对于掌握其他机器学习理论也有很多帮助。R 语言里面有很多算法包提供了与 LM 模型相关的函数，见表 3-4。

表 3-4 与 LM 模型相关的函数

包	描述	主要的函数
stats	R 语言的基础统计包	lm( ) 提供线性回归
MASS	Modern Applied Statistics with S 的缩写	rlm( ) 提供了 M 估计（如 Huber、Hampel、Bisquare 等）与 MM 估计、Robust Linear Regression 方法 lqs( ) 提供了如 LMS、LTS 等算法
quantreg	Quantile Regression 的缩写	rq( ) 支持分位回归
car	Companion to Applied Regression 的缩写	influence( ) 函数，离群点、杠杆值（Hat-Values）、强影响点（Cook Distance）的展示 vif( ) 多重共线性检验 durbinWatsonTest( ) 误差独立性检验 ncvTest( ) 异方差检验
gvlma	Global Validation of Linear Models Assumptions 的缩写	gvlma( ) 提供综合性的检验

3.3.2 基础线性回归模型——OLS 模型

在介绍线性模型算法前要清楚一个概念：**线性是什么？** 线性模型中的线性，并不指因变量与自变量是线性关系，而是指因变量与参数是线性关系。也就说对于自变量来说，完全可以先对其进行非线性变换，再进行线性组合。从这个角度来说，线性模型完全具有描述非线性的能力。例如，$y=\beta_0+\beta_1 x+\beta_2 x^2+\beta_3 x^3$ 也是线性模型，因为这里的线性并不指 y 与 x 呈线性关系，而是指 y 与参数 β_0、β_1、β_2、β_3 是线性关系。由此也可以扩展出广义线性模型，每个组分可以非线性的，但组分间是线性关系，例如：

1) 相加模型，不同组分间是线性关系。

$$Y_t = \text{Trend}_t + \text{Seasonal}_t + \text{Irregular}_t$$

2) 相乘模型，经过 Log 运算，也可以转化为线性关系。

$$Y_t = \text{Trend}_t \times \text{Seasonal}_t \times \text{Irregular}_t$$

1. 普通最小二乘算法

普通最小二乘法（Ordinary Least Squares，OLS）的目标是极小化残差（预测值与真实值的差）的平方和。也就是说，在一维因变量 y 与 p 个自变量 x_1，x_2，$\cdots$，x_p 的线性函数结构约束下（可以支持自变量间多项式、交叉等，只要因变量与参数间是线性关系），寻找一组最佳的参数 β_0，β_1，β_2，$\cdots$，β_p（其中 β_0 称为截距，其他参数称为斜率），在目前数据集的 N 个样本上计算出预测值 $\hat{y}$，即

$$\hat{y}_i = \beta_0 + \beta_1 x_{1i} + \beta_2 x_{2i} + \cdots + \beta_p x_{pi} \quad i = 1, 2, \cdots, N$$

使得残差平方和（Reidual Sum of Square，RSS）最小：

$$\text{RSS} = \sum_{i=1}^{N}(y_i - \hat{y}_i)^2 = \sum_{i=1}^{N}\epsilon_i^2$$

在解析表达上，通常采用矩阵表示，在自变量矩阵中，增加一个恒定为 1 的截距项的首列，构成 $N \times (p+1)$ 的矩阵 $\boldsymbol{X}$，参数向量 $\boldsymbol{\beta}$ 是 $p+1$ 维：

$$\boldsymbol{y} = \boldsymbol{X\beta}$$

如果 $\boldsymbol{X}$ 是满秩，最优解 $\hat{\boldsymbol{\beta}}$ 可以用矩阵形式表示为

$$\hat{\boldsymbol{\beta}} = (\boldsymbol{X}^T\boldsymbol{X})^{-1}\boldsymbol{X}^T\boldsymbol{y}$$

对于线性算法的推导，很多算法图书都有详细的介绍[10-12]。对于 lm() 函数的使用，特别是其参数 formula 的使用方法，可以参阅《R 语言实战》[10]、《应用预测建模》[13]。

2. 参数的置信区间

参数的置信区间（Confidence Interval）指的是在一定的置信度（常用 95%）样本均会落在该区间，在正态分布下，这意味着 1.96 倍标准误差范围。

$$P\left(\mu - 1.96\frac{\sigma}{\sqrt{n}} < M < \mu + 1.96\frac{\sigma}{\sqrt{n}}\right) = 0.95$$

下面借用《R 语言实战》[10] 一书中的例子，confint() 函数的输出结果表明，谋杀率斜率参数的 95% 置信区间为 [2.38，5.90]。另外，因为 Frost 的置信区间包含 0 且在 0 附近，可以得出结论，当其他变量不变时，严寒天数（Frost）与谋杀率无关。

```
states<-as.data.frame(state.x77[,c("Murder","Population","Illiteracy","Income","Frost")])

fit<-lm(Murder ~.,data=states)

confint(fit)
    ##              2.5 %    97.5 %
##(Intercept)-6.55e+00 9.021318
```

```
## Population    4.14e-05 0.000406
## Illiteracy   2.38e+00 5.903874
## Income      -1.31e-03 0.001441
## Frost       -1.97e-02 0.020830
```

3. 参数与模型的显著度

显著性检验（significance test）用于判断实验处理组与对照组的差异是否显著的方法。常把一个要检验的假设记作 H0，称为原假设（或零假设）（null hypothesis），与 H0 对立的假设记作 H1，称为备择假设（alternative hypothesis）。有两类错误的可能，在原假设为真时，决定放弃原假设，称为第一类错误；在原假设不真时，决定不放弃原假设，称为第二类错误。显著性检验中通常只限定犯第一类错误的最大概率 α，不考虑第二类错误概率。概率 α 称为显著性水平。0.05 是常用的显著度水平，意味着有 5% 的可能犯第一类错误。

OLS 模型的参数显著度采用 t 检验，模型整体采用 F 检验。以上面的模型为例：

```
summary(fit)
##
## Call:
## lm(formula=Murder ~ .,data=states)
##
## Residuals:
##   Min    1Q  Median   3Q    Max
## -4.796 -1.649 -0.081  1.482  7.621
##
## Coefficients:
##          Estimate Std. Error t value Pr(>|t|)
##(Intercept) 1.23e+00  3.87e+00   0.32   0.751
## Population 2.24e-04  9.05e-05   2.47   0.017 *
## Illiteracy 4.14e+00  8.74e-01   4.74  2.2e-05 * * *
## Income    6.44e-05  6.84e-04   0.09   0.925
## Frost     5.81e-04  1.01e-02   0.06   0.954
## ---
## Signif. codes: 0'* * *'0.001'* *'0.01'*'0.05'.'0.1''1
##
## Residual standard error:2.53 on 45 degrees of freedom
## Multiple R-squared:  0.567,  Adjusted R-squared:  0.528
## F-statistic:  14.7 on 4 and 45 DF,  p-value:  9.13e-08
```

可以看出，在 $\alpha=0.05$ 的水平下，只有 Population、Illiteracy 两个变量参数是显著的，二者的第一类错误概率分别为 0.017、0.000022，模型整体也是显著的。

除了线性拟合模型，两个变量的相关性也可以直接使用 cor.test() 函数检验（Pearson、Spearman 和 Kendall 相关系数），使用格式为

```
cor.test(x,y,alternative=c("two.sided","less","greater"),
        method=c("pearson","kendall","spearman"))
```

4. 模型的拟合优度

通常采用 R^2 来评价 OLS 模型的拟合优度，看残差平方和与总体变化的比例。考虑到统计自由度，有调整后的 R^2_{Adj}，它比 R^2 要小一些，R^2_{Adj} 考虑了模型的复杂度，在同样的 RSS 下（R^2 相同），参数越多的模型，R^2_{Adj} 越小。

$$TSS = \sum_{i}^{N}(y_i - \bar{y})^2$$

$$R^2 = 1 - \frac{RSS}{TSS}$$

$$R^2_{Adj} = 1 - \frac{RSS/(N-p-1)}{TSS/(N-1)} = 1-(1-R^2) \cdot \frac{N-1}{N-p-1}$$

为了和大部分统计书籍中的公式保持一致，这里的 p 表示待回归参数的个数（包括截距项）。另外，需要注意 R^2 或 R^2_{Adj} 并不能表示模型的优劣，这个后面讨论。

3.3.3 OLS 模型检验

除了 lm() 函数的标准输出的置信度等信息外，还可以对模型和变量做更深入的检验与分析[14]。除了交叉检验（后面将统一讨论）、特征变量选择（见第 2 章）等通用分析外，OLS 模型还有特定的检验，这是本小节讨论的重点。

1. OLS 的 4 个统计假设的检验

OLS 算法基于如下 4 个统计假设，否则统计显著性检验、置信区间等结果可能不精确。R 语言的 gvlma 包的 gvlma() 提供了线性模型的综合检验。

- 正态性：对于给定的自变量值，因变量值呈现正态分布，或者说拟合误差符合正态分布；
- 独立性：y_i 之间相互独立；
- 线性：因变量与自变量为线性相关；
- 同方差：因变量的方差不随自变量的水平不同而变化。

1）正态性检验：Q-Q 图通过把测试样本数据的分位数（quantile）与已知分布相比较，从而来检验数据的分布情况。Q-Q 图是一种散点图，对应于正态分布的 Q-Q 图，就是由标准正态分布的分位数为横坐标，样本值为纵坐标的散点图。要利用 Q-Q 图鉴别样本数据是否近似于正态分布，只需看 Q-Q 图上的点是否近似地在一条直线附近，图形是直线说明是

正态分布。OLS 模型的 Q-Q 图检验一般针对残差数据，R 里面提供了 qqplot( ) 函数。另外，可以对残差序列做统计分布（见 3.2 节），看残差是否符合正态分布。

2) 独立性检验：残差独立性的检验依赖于数据收集方式。例如，时序数据通常存在时间自相关（相隔近的相关性大），常采用 Durbin-Watson 方法进行检验，R 里面有 durbinn-WatsonTest( ) 函数。

3) 线性检验：成分残差图（component plus residual plot）或偏残差图（partial residual plot）展示各个变量与残差的关系，若存在显著的非线性关系，说明模型的自变量不够充分，需要引入一些非线性项。R 里面有 crPlots( ) 函数。

4) 同方差检验：同方差的反面是异方差。二者的检验，除了查看残差图（残差-单个自变量），还有 Breusch-Pagan 检验（R 中的 car 包有 ncvTest 函数，lmtest 包有 bptest 函数）、Goldfeld-Quandt 检验（R 中的 lmtest 包有 gqtest 函数）、Portmanteau Q 检验等方法。

2. 多重共线性的 VIF 检验

多重共线性指的是自变量存在着线性关系，会造成矩阵非满秩或接近病态，对矩阵求逆等数值计算不稳定。造成多重共线性有很多原因，例如，解释变量有共同的时间趋势，一个解释变量滞后于另一个变量，两者遵循一个趋势；数据集太小或者解释变量间近似为线性关系。

判断是否为多重共线性可以用 cor( ) 函数分析回归系数的正负号是否符合预期，观察解释变量是否 R^2 高而 t 值低，或者通过对解释变量的添加和删除来重新评估回归效果。Pearson 相关系数的一个明显缺陷就是只能观测单个变量间的相关性。需要和多重共线性的检验结合使用。

对于多重共线性有一个常用的检验方法是 VIF（Variance Inflation Factor，方差扩大因子）检验，它是容忍度（tolerance）的倒数。一般认为 VIF 值大于 4 时，存在严重的多重共线性。

自变量 x_j 用其他自动变量回归建模，假设其拟合优度为 R_j^2，一个自变量 x_j 的 VIF 定义为

$$\text{VIF}_j = \frac{1}{1-R_j^2}$$

上面拟合模型中各个变量的 VIF 数值都不大，可以认为它们之间不存在多重共线性。

```
vif(fit)
## Population Illiteracy  Income   Frost
##       1.25       2.17    1.35    2.08
```

3. 异常值

异常值包括离群（outlier）点、高杠杆（high leverage）值点、强影响（high influence）点。离群点指的是模型预测的 y 值与真实的 y 值相差非常大的点，所以也称为 y 方向的离群值（y-outlier）；高杠杆值点指的是 x 值比较异常，通常与响应变量值 y 没有关系，所以也常被称为 x 方向的离群值（x-outlier）；强影响点是指对统计推断有影响的点。在介绍完这 3 个

量的概念后，辨析它们之间的关系。

（1）离群点

通常检测离群点的方法有：

1）用 Q-Q 图检测，落在置信区间外的点通常被认为是离群点；

2）标准差检测，通常认为残差数值超过 2 倍或 3 倍标准差是离群点；

3）IQR（Inter Quartile Range，四分位间距）检测，IQR 是 25%分位数和 75%分位数的差，以中值为中心，超出 1.5 倍 IQR 的点通常认为是离群点。

outliers 包提供了几个有用的函数来系统地检测出离群值。其中 outliers() 会返回和平均值相比较后最极端的观测；scores() 函数不仅可以计算规范化得分（诸如 z 得分），它还可以基于得分值，返回那些得分在相应分布百分位数之外的观测值。car 包也提供了一种离群点的统计检验方法。outlierTest() 函数可以求得最大标准化残差绝对值 Bonferroni 调整后的 p 值。

（2）高杠杆值点

高杠杆值点可通过帽子统计量（Hat Statistics）判断。对于一个给定的数据集，帽子统计量的均值为 p/N，其中 p 是模型估计的参数数目（包含截距项），N 是样本量。一般来说，若观测点的帽子值大于帽子均值的 2 倍或 3 倍，即可以认定为高杠杆值点。

在假定 X 中各变量已经中心化的情形下，帽子矩阵的计算公式为

$$H = X(X^T X)^{-1} X^T$$

帽子统计值（Hat Value）就是矩阵 H 的对角线上的元素。在图 3-14 所示的例子中，Alaska 与 California 是显著高杠杆值点，仔细查看具体数值，可以发现：Alaska 收入比其他州高很多，人口和温度要低很多；California 的人口、收入和温度都比其他州高很多。

```
hat.plot<-function(fit){
p<-length(coefficients(fit))
n<-length(fitted(fit))
hat<-hatvalues(fit)
plot(hat,main="Index Plot of Hat Values",ylab="Hat Statistics",cex=0.5,pch=20)
abline(h=c(2,3)*p/n,col="red",lty=2)

highLev<-(hat>3*p/n)
points((1:n)[highLev],hat[highLev])
text((1:n)[highLev],hat[highLev],names(hat)[highLev],cex=0.75,pos=4)
}

hat.plot(fit)
```

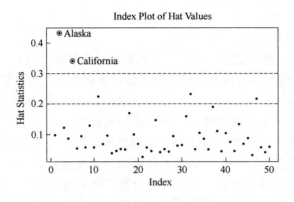

图 3-14 高杠杆值点的例子

（3）强影响点

对模型参数的估计产生的影响过大，非常不成比例，当移除模型的一个观测点时模型会发生巨大的改变，这就属于强影响点。强影响点可以通过库克距离（Cook Distance）、DFFITS、DFBETAS 来鉴别。

库克距离描述了单个样本对整个回归模型的影响程度。库克距离越大，说明影响越大。库克距离也可以用来检测异常点。在理想的情况下，每个样本对模型的影响是相等的。如某个样本的库克距离非常大，这个点就是强影响点，默认阈值设置为 $4/(N-p-1)$。

第 i 个样本的库克距离定义如下：

$$D_i = \frac{\sum_{j=1}^{N}(\hat{Y}_j - \hat{Y}_{j(i)})^2}{(p+1)\hat{\sigma}^2}$$

式中，$\hat{Y}_{j(i)}$ 表示去掉第 i 个样本后训练的 OLS 对第 j 个样本的预测值；$\hat{\sigma}$ 是全体样本训练模型的预测残差的标准差。

从上面的概念看，高杠杆值点同时又是离群点的样本，肯定是强影响点。特别大的离群点很有可能是强影响点，高杠杆但非离群的点，可能影响很小。在单变量情形下，杠杆可以简单理解为 x 距离质心的距离。简单示意如图 3-15 所示。

R 的 car 包中有一个 influencePlot() 函数，可以把离群点、高杠杆值点、强影响点都整合在一个图上。图横坐标为帽子统计值，可以判断哪些点是高杠杆值点；纵坐标为学生化残差，因此纵坐标超过+2 或者-2 的点被认为是离群点；图中越往右上角的点，越有可能是强影响点。

4. 思考

这里简单探讨几个概念，目的是让读者对各种统计指标的适用前提有个客观认知，避免盲从。更多的讨论可查阅参考文献 [15]。

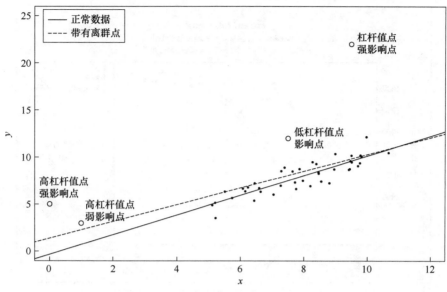

图 3-15 离群点、高杠杆值点、强影响点间的关系示意图

1. R^2 小的 LM 模型一定差吗

不，R^2 小的模型也可能是很好的模型。有些研究领域本身就有大量无法解释的变异，这时 R^2 一定会很低。例如，人类行为学解释模型的 R^2 通常都低于 0.5。如果模型的 R^2 很低，但自变量在统计上是显著的，那么仍然可以得出关于变量之间关系的重要结论。在这里，研究的重点是相关系数是否能够表示因变量的单位变化。换句话说，如果主要目标是理解数据中关系的本质，低 R^2 值可能不是问题，但如果需要相对精确的预测，那么较低的 R^2 可能会造成问题。

2. R^2 大的 LM 模型一定好吗

不，一个 R^2 值高的回归模型可能会产生许多问题。下面举个例子，如图 3-16 和图 3-17 所示。

拟合线图中的数据遵循一个非常低的噪声关系，R^2 是 98.5%。然而，回归线始终过低或过高预测沿曲线的数据，始终在偏离。残差与拟合图有更明显的体现。非随机残差模式表明，尽管 R^2 较高，但拟合效果并不好。

造成这一点的原因是，当线性模型未进行详细解释时，容易出现这种规律性偏差。换句话说，它缺少重要的独立变量、多项式项和交互项。为了产生随机残差，可以尝试向模型中添加项或拟合一个非线性模型。

3. LM 模型统计显著就可信吗

显著性检验结论中的"差异显著"或"差异极显著"不应该误解为相差很大或非常大，也不能认为在实际应用上一定就有重要或很重要的价值。"显著"或"极显著"是指表面差异为试验误差可能性小于 0.05 或 0.01，已达到了可以认为存在真实差异的显著水平。有些

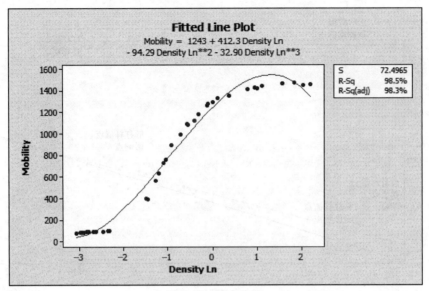

图 3-16　拟合线图

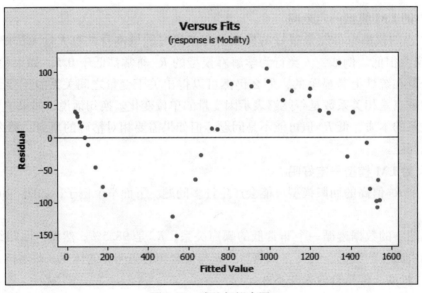

图 3-17　残差与拟合图

试验结果虽然表面差异大，但由于试验误差大，也许还不能得出"差异显著"的结论，而有些试验的结果虽然表面差异小，但由于试验误差小，反而可能推断为"差异显著"。

导致"差异不显著"有两种可能：一是无本质差异；二是有本质差异，但被试验误差所掩盖，表现不出差异的显著性来。如果减小试验误差或增大样本容量，则可能表现出差异显著性。显著性检验只是用来确定无效假设能否被否定（证伪），而不能证明无效假设是正确的。同时还应该结合实际问题背景来考虑。

3.3.4 鲁棒线性回归

OLS 的目标函数是残差平方和最小,但容易受到离群点的影响,包括 y 方向的离群值(y-outlier)和 x 方向的离群值(x-outlier),鲁棒线性回归(Robust LM)是降低这些异常值影响的一种方法。

1. 分位数回归

分位数回归(Quantile Regression)把分位数的概念融入到普通的线性回归。$\tau(0<\tau<1)$ 分位回归意味着在回归曲线直线之下的误差距离和与总误差距离和的比例为 τ,例如,所谓的 0.9 分位数回归,就是希望回归曲线之下的距离和是其上部的距离和的 9 倍。$\tau=0.5$ 就是 L1 误差指标(Least Absolute Error,LAE)。τ 分位回归的目标函数(极小化)如下式所示:

$$\text{Loss} = \tau \sum_{i:y_i \geq \hat{y}_i} |y_i - \hat{y}_i| + (1-\tau) \sum_{i:y_i < \hat{y}_i} |y_i - \hat{y}_i|$$

这里借用 quantreg 包里面的例子,如下述代码和图 3-18、图 3-19 所示,来演示 rq( ) 函数在不同 τ 参数下,线性回归系数的不同。

```r
data(engel)
attach(engel)
plot(income,foodexp,xlab="Household Income",ylab="Food Expenditure",type="n",cex=.5)
points(income,foodexp,cex=.5,col="blue")
taus<-c(.05,.1,.25,.75,.9,.95)
xx<-seq(min(income),max(income),100)
f<-coef(rq((foodexp)~(income),tau=taus))
yy<-cbind(1,xx)%*%f
for(i in 1:length(taus)){
    lines(xx,yy[,i],col="gray")
    index=min(which(yy[,i]>1800-100*i))
    text(xx[index],yy[index,i],TeX(paste0("$ \\tau $",'=',taus[i])),cex=0.75)
}
abline(lm(foodexp ~ income),col="red",lty=2)
abline(rq(foodexp ~ income),col="blue")
legend("bottomright",c("mean (LSE) fit","median (LAE) fit"),col=c("red","blue"),lty=c(2,1))
  plot(summary(rq(foodexp~income,tau=1:49/50,data=engel)))
    detach(engel)
```

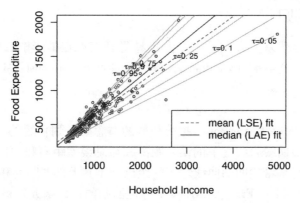

图 3-18　不同参数 tau 下分位数回归的结果对比

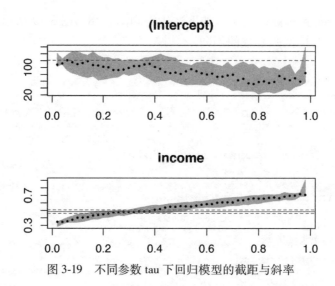

图 3-19　不同参数 tau 下回归模型的截距与斜率

2. M 估计与 MM 估计

降低 y 方向离群点的一种方法就是改变误差的惩罚，适当降低对大偏差点的惩罚。M 估计与 MM 估计是一种常用的方法，R 中的 MASS 包里面有 rlm 函数对两种方法有很好的支撑。

M 估计由 Huber 在 1964 年提出，对残差进行饱和函数运算，限制单个数据点对于误差函数的影响力。其思想类似于 L1 的稀疏性。使用的函数称为 M 估计子。优化目标是极小化 M 估计子函数 $\rho(\cdot)$ 意义下全体样本误差惩罚，即

$$\hat{\beta}_M = \mathrm{argmin}_\beta \sum_{i=1}^N \rho(R_i(\beta;m)/\hat{\sigma})$$

式中，$R_i(\beta; m)$ 表示数据集 m 第 i 个样本的残差；$\hat{\sigma}$ 是一个尺度系数，通常选取绝对中位

差（Median Absolute Deviation，MAD）指标，

$$\hat{\sigma} = \text{MAD} = 1.483 \cdot \text{median}\{|R_i - \text{median}\{R_i\}_{1 \leq i \leq N}|\}_{1 \leq i \leq N}$$

常用的 M 估计子包括 Huber、Hampel、Tukey 等函数，见表 3-5。得分函数（Score Function）ψ 表示每个误差的实际惩罚，是目标函数（Score Function）ρ 的微分，权重函数（Weight Function）w 表示每个样本折合的权重（如果采用误差平方和的目标函数）。

表 3-5 常用的 M 估计子函数

	目标函数 $\rho(u)$	得分函数 $\psi(u)$	权重函数 $w(u) = \dfrac{\psi(u)}{u}$
普通最小二乘法	$\dfrac{1}{2}u^2 \quad -\infty \leq u \leq \infty$	u	1
Huber (1973), $a>0$	$\begin{cases} \dfrac{1}{2}u^2 & \text{当}\|u\|<a \\ a\|u\| - \dfrac{1}{2}a^2 & \text{当}\|u\| \geq a \end{cases}$	$\begin{cases} u & \text{当}\|u\|<a \\ a\,\text{sign}\,u & \text{当}\|u\| \geq a \end{cases}$	$\begin{cases} 1 & \text{当}\|u\|<a \\ \dfrac{a}{\|u\|} & \text{当}\|u\| \geq a \end{cases}$
Hampel, $a,b,c>0$	$\begin{cases} \dfrac{1}{2}u^2 & \text{当}\|u\|<a \\ a\|u\| - \dfrac{1}{2}a^2 & \text{当}\,a \leq \|u\| < b \\ a\dfrac{c\|u\| - \dfrac{1}{2}u^2}{c-b} - \dfrac{7a^2}{6} & \text{当}\,b \leq \|u\| \leq c \\ a(b+c-a) & \text{其他} \end{cases}$	$\begin{cases} u & \text{当}\|u\|<a \\ a\,\text{sign}\,u & \text{当}\,a \leq \|u\| < b \\ a\dfrac{c\,\text{sign}\,u - u}{c-b} & \text{当}\,b \leq \|u\| \leq c \\ 0 & \text{其他} \end{cases}$	$\begin{cases} 1 & \text{当}\|u\|<a \\ \dfrac{a}{\|u\|} & \text{当}\,a \leq \|u\| < b \\ a\dfrac{c/\|u\| - 1}{c-b} & \text{当}\,b \leq \|u\| \leq c \\ 0 & \text{其他} \end{cases}$
Tukey $a>0$	$\begin{cases} \dfrac{a^2}{6}\left(1 - \left(1 - \left(\dfrac{u}{a}\right)^2\right)^3\right) & \text{当}\|u\| \leq a \\ \dfrac{1}{6}a^2 & \text{当}\|u\| > a \end{cases}$	$\begin{cases} u\left(1 - \left(\dfrac{u}{a}\right)^2\right)^2 & \text{当}\|u\| \leq a \\ 0 & \text{当}\|u\| > a \end{cases}$	$\begin{cases} \left(1 - \left(\dfrac{u}{a}\right)^2\right)^2 & \text{当}\|u\| \leq a \\ 0 & \text{当}\|u\| > a \end{cases}$

上面的优化问题，通常采用迭代权重最小二乘法（Iteratively Reweighted Least-Squares，IRLS）求解。可以采用普通最小二乘的结果作为初始解[16]。

从上面的公式可以看出，M 估计可以降低 y 方向的离群点，但不能消除高杠杆值点（x 方向的离群点）的影响，为此，Mallow 提出了 GM 估计子（Generalize M-estimator），根据 x_i 的帽子统计值（Hat Value），在目标函数中对每个样本的偏差引入权重 $w(x_i)$，消除高杠杆值点的影响。另外还有 S 估计子等提法，详情请参阅参考文献 [16]。在这些估计子的基础上，Yohai 于 1987 年提出 MM 估计子，是目前最常用的鲁棒回归技术。它首先采用 S 估计子获得一个强壮的解 β，计算其预测残差和尺度参数 $\hat{\sigma}$，后面采用类似 IRLS 的迭代过程，只不过尺度参数 $\hat{\sigma}$ 保持不变。

3. LMS 与 LTS 算法

最小平方中位数（Least Median of Squares，LMS）由 Rousseeuw 在 1984 年提出，它的优化目标为残差平方的中值（而是所有残差平方的和），这样提高了对离群点的鲁棒性，但由于缺乏梯度信息，在数值计算的收敛性要慢很多，但 LMS 可以为 MM 估计提供一个很好的初始值。

$$\hat{\beta}_{\text{LMS}} = \text{argmin}_{\beta \in R^{k+1}}(\text{median}\{R_1^2(\beta;m),\cdots,R_N^2(\beta;m)\})$$

截断最小二乘估计（Least Trimmed Squares，LTS）回归也是 Rousseeuw 在 1984 年提出的，它将目标函数变为前 $N-q$ 个最小残差平方的和（其中 q 是配置参数），即将 N 个样本预测残差平方按从小到大排序，忽略最高的 q 个数值，这样避免离群点的影响。与 LMS 类似，LTS 在计算效率上有一定损失，通常作为其他估计初始值的计算方法。

$$\hat{\beta}_{\text{LTS}} = \text{argmin}_{\beta \in R^{k+1}} \sum_{i=1}^{N-k} R_{(i,N)}^2(\beta;m)$$

R 中的 MASS 包里面的 lqs() 函数提供了 LTS、LMS 等算法支持。鲁棒性的度量指标包括影响函数（Influence Function，IF）、崩溃点（Breakdown Point，BP）等指标，不同方法在鲁棒性测度和计算效率的对比可以参阅参考文献 [16]，LTS、LMS、S 估计子的 BP 值（简单理解，可以容忍的极端异常样本的比例）比较高，也被称为有抵抗力的回归模型（Resistant Regression）。

3.3.5 结构复杂度惩罚（正则化）

正则化指的是在 RSS 之上添加一个模型结构复杂度（待估计的系数）的惩罚项，LASSO 回归是加入一个 L1 范数，岭（Ridge）回归是加入 L2 范数，弹性网络（Elastic Net）是 L1 范数与 L2 范数的加权。如果数据变异较大，那么在做这些正则化回归前最好进行数据标准化处理，否则结构惩罚侧重于系数（绝对值）较大的项。

岭回归的损失函数为

$$\text{Loss} = \sum_{i=1}^{n}\left(y_i - \beta_0 - \sum_{j=1}^{p}\beta_j x_{ij}\right)^2 + \lambda\sum_{j=1}^{p}\beta_j^2 = \text{RSS} + \lambda\sum_{j=1}^{p}\beta_j^2$$

LASSO 回归的损失函数定义为

$$\text{Loss} = \sum_{i=1}^{n}\left(y_i - \beta_0 - \sum_{j=1}^{p}\beta_j x_{ij}\right)^2 + \lambda\sum_{j=1}^{p}|\beta_j| = \text{RSS} + \lambda\sum_{j=1}^{p}|\beta_j|$$

弹性网络中的结构惩罚是 L1 范数与 L2 范数的加权。R 里面 glmnet 包有 glmnet() 函数可以支持三种算法，glmnet() 函数的参数值 alpha = 0，为 LASSO 回归，alpha = 1，为岭回归，在 0 与 1 之间为弹性网。glmnet 包的 cv.glmnet() 函数利用交叉检验，分别用不同的 lambda 值来观察模型误差。

3.3.6 扩展

前面讲述的模型都是一次性对原始变量 x 进行的计算，可以采用多次对 x 变换的方法，包括主成分回归（Principle Components Regression，PCR）、偏最小二乘回归（Partial Least Square，PLS）。除了全局采用一套参数，也可以采用局部信息的非参数化方法。

1. PLS

当自变量的个数大于观测值的个数，OLS 的矩阵求逆就不成立。在样本量偏少（特别在高维回归时）的时候，OLS 的应用也比较受限。PLS 可以部分解决这些问题。PLS 利用的自变量与预测量的相关性关系构建组分（Component），用这些组分去预测 y。这与 PCR 不同，PCR 主要考虑自变量 x 间关系，寻找方差最大的方向，而 PLS 侧重于与 y 最相关的方向。详细过程见参考文献 [11]。R 中的 pls 包有 plsr( ) 函数。

2. LOESS 回归

LOESS（Locally Weighted Scatterplot Smoothing，局部散点平滑，也称局部加权多项式）回归是一种非参数化拟合方法，主要思想为在数据集合的每一点用低维多项式拟合数据点的一个子集，并估计该点附近自变量数据点所对应的因变量值，该多项式是用加权最小二乘法来拟合；离该点越远，权重越小，该点的回归函数值就是由这个局部多项式来得到，而用于加权最小二乘回归的数据子集是由最近邻方法确定的。

可以看到，损失函数加上权重之后，在最小化损失函数时，就会更多地考虑权重大的点，希望它们更优，这样拟合出来的结果，自然就更加偏向权重大的点了，也就是说，距离拟合点更近距离的散点，对拟合直线的影响更大。

$$J(a,b) = \frac{1}{N}\sum_{i=1}^{N} w_i(y_i - ax_i - b)^2$$

这种回归方法的优点是不需要事先设定一个全局函数来对所有数据拟合一个模型。并且可以对同一数据进行多次不同的拟合，先对某个变量进行拟合，再对另一变量进行拟合，以探索数据中可能存在的某种关系，这是普通的回归拟合无法做到的，具体的例子见下述代码和图 3-20。

以 mtcars 数据集为例，mtcars 是 32 个车型的设计与性能指标数据（11 个指标），想探索车的重量（字段名为 wt）与单位燃油行驶距离（字段名为 mpg）的关系，LOESS 回归可以比线性回归更光滑拟合实际数据关系。

```
attach(mtcars)

par(family='STKaiti')
plot(wt,mpg,main="不同车型的车重量与单位燃油行驶距离的关系图",
     xlab="车重量(单位:千磅)",ylab="每加仑行驶距离(单位:英里)",pch=19)
abline(lm(mpg~wt),col="red",lwd=2,lty=1)
lines(lowess(wt,mpg),col="blue",lwd=2,lty=2)
legend("topright",legend=c("OSL","Loess"),lty=c(1,2),col=c("red","blue"))
```

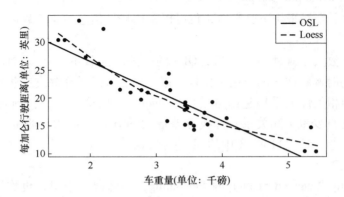

图 3-20 不同车型的车重量与单位燃油行驶距离的关系图

LOESS 算法早期版本是 LOWESS, LOWESS 仅支持单变量（在二维图形上常用），而 LOESS 支持多变量，在局部权重和算法实现上也有一些差别，可以简单认为 LOESS 是 LOWESS 的扩展[17]。R 语言也有两个对应的函数 lowess( ) 和 loess( )。

3. Kernel 方法

Kernel 回归（Kernel Regression）可以看作 k 近邻算法的扩展。k 近邻算法中，一个点的预测值是基于 k 个最相近的样本点的平均。而核函数对此进一步细化，距离近的权重更高一些，并且不限于前 k 个最近样本点，相当于做了平滑。核密度估计是一种常见的非参数化概率密度估计方法。

$$f(x) = \frac{1}{nh} \sum_{i=1}^{n} K\left(\frac{x - X_i}{h}\right)$$

式中，K 为核密度函数；h 为设定的窗宽。

4. 思考

建议读者思考一下 LM 与 GLM、GAM、ANN 等算法的关系[18]，详细的分析可以阅读《图解机器学习》[19]或 EoSL[11]。

3.4 多元自适应回归样条（MARS）

3.4.1 引言

多元自适应回归样条（Multivariate Adaptive Regression Spline，MARS）是一个迭代切分的非参数化拟合过程[20]。在 R 中有 earth 包支撑。下面以一个简单例子展示其应用过程。见下述代码和图 3-21，earth( ) 用来训练模型，其中 degree 参数约束了自变量交互的层次，plotmo( ) 展示了不同组分的图，evimp( ) 给出了自变量的重要度。

```
data(ozone1)
earth.mod<-earth(O3 ~ temp+humidity+ibt,data=ozone1,degree=2)
summary(earth.mod)
## Call:earth(formula=O3~temp+humidity+ibt,data=ozone1,degree=2)
##
##                    coefficients
##(Intercept)         5.993
## h(temp-58)         0.210
## h(107-ibt)        -0.022
## h(ibt-107)         0.081
## h(56-humidity) * h(ibt-107)   -0.003
##
## Selected 5 of 18 terms,and 3 of 3 predictors
## Termination condition:Reached nk 21
## Importance:temp,humidity,ibt
## Number of terms at each degree of interaction:1 3 1
## GCV 17   RSS 5230   GRSq 0.737   RSq 0.752
    plotmo(earth.mod)
    ## plotmo grid:   temp humidity ibt
##                    62     64   168
    print(evimp(earth.mod))
    ##          nsubsets    gcv     rss
## temp             3      100.0   100.0
## humidity         3       38.4    40.0
## ibt              3       38.4    40.0
```

MARS 利用了铰链（Hinge）函数，在数学上可以表达为

$$H(z) = \begin{cases} z & z \geqslant 0 \\ 0 & z < 0 \end{cases}$$

上面的模型拟合出的回归方程为

$$5.99+0.21\times H(\text{temp}-58)-0.02\times H(107-\text{ibt})+0.08\times H(\text{ibt}-107)-$$
$$0.0026\times H(56-\text{humidity})\times H(\text{ibt}-107)$$

MARS 在数学上本质就是一个分段线性模型，可以描述为[20]

$$f(x) = \alpha_1 + \sum_{m=2}^{M} \alpha_m B_m^{(q)}(x)$$

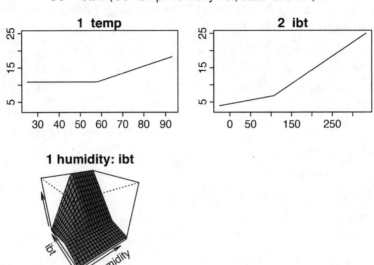

图 3-21 plotMO

$$B_m^{(q)}(x) = \prod_{k=1}^{K_m} [H(s_{km} \cdot (x_{v(k,m)} - t_{k,m}))]^q, \text{其中} s_{km} = \pm 1$$

式中，$B_m^{(q)}(x)$ 表示用 q 次多项式（但在 earth 包的实现中，$q=1$）；K_m 连乘表示多个预测变量的交叉项，在 earth() 中，由参数 degree 控制交叉项的阶数（默认为 1，即不存在预测变量间的交叉项）。

3.4.2 前向计算过程

MARS 算法计算过程逻辑，在参考文献［21］中有简要的描述。从下面的算法逻辑中可以看得更清楚，不断增加组分，直到最大数目 M_{max}。每个待增的组分，会轮询所有的预测变量或其组合，分割点也会轮询所有的变量数值，找到当前最佳的组分。

LOF（Lack of Fit）度量了拟合误差，可以用残差平方和（RSS）、广义交叉检验（GCV）或其他综合指标（拟合误差与模型复杂度的综合），算法如下。

$B_1(\mathbf{x}) \leftarrow 1; M \leftarrow 2$
Loop until $M > M_{max}$: $\text{lof}^* \leftarrow \infty$
  For $m = 1$ to $M-1$ do:
    For $v \notin \{v(k,m) \mid 1 \leq k \leq K_m\}$
      For $t \in \{x_{vj} \mid B_m(\mathbf{x}_j) > 0\}$

$$g \leftarrow \sum_{i=1}^{M-1} a_i B_i(\mathbf{x}) + a_M B_m(\mathbf{x})[+(x_v-t)]_+ + a_{M+1} B_m(\mathbf{x})[-(x_v-t)]_+$$

$\text{lof} \leftarrow \min_{a_1,\cdots,a_{M+1}} \text{LOF}(g)$

if lof<lof*, then lof$^*\leftarrow$lof;$m^*\leftarrow m;v^*\leftarrow v;t^*\leftarrow t$ end if

 end for

 end for

end for

$B_M(\mathbf{x}) \leftarrow B_{m^*}(\mathbf{x})[+(x_{v^*}-t^*)]_+$

$B_{M+1}(\mathbf{x}) \leftarrow B_{m^*}(\mathbf{x})[-(x_{v^*}-t^*)]_+$

$M \leftarrow M+2$

end loop

end algorithm

3.4.3 后剪枝过程

在剪枝（prune）过程中，MARS 没有采用 CART（Classification and Regression Trees）算法从后向前逐步消除的策略，而是看所有组分的组合。例如在第一轮去掉 1 个组分，循环尝试 $M_{\max}-1$ 种去除可能，重新拟合模型参数，获取最佳的组合；第二轮基于第一轮结果，循环尝试 $M_{\max}-2$ 种去除可能。

$J^* = \{1,2,\cdots,M_{\max}\}; K^* \leftarrow J^*$

$\text{lof}^* \leftarrow \min_{\{a_j\,|\,j\in J^*\}} \text{LOF}(\sum_{j\in J^*} a_j B_j(\mathbf{x}))$

For $M=M_{\max}$ to 2 do: $b \leftarrow \infty; L \leftarrow K^*$

 For $m=2$ to M do: $K \leftarrow L-\{m\}$

  $\text{lof} \leftarrow \min_{\{a_k\,|\,k\in K\}} \text{LOF}(\sum_{k\in K} a_k B_k(\mathbf{x}))$

  if lof<b, then $b\leftarrow$lof;$K^*\leftarrow K$ end if

  if lof<lof*, then lof$^*\leftarrow$lof;$J^*\leftarrow K$ end if

 end for

end for

end algorithm

3.4.4 变量重要性评价

变量的重要性根据广义交叉检验（GCV）或残差平方和（RSS）进行排序，并归一化，最重要的为 100 分，没有进入模型的变量重要度为 0 分。

根据 Backwards 的优化路径，从只有 2 个组分（commponent）开始（常数项α_1是第一个组分），计算每增加一个组分带来的 GCV 和 RSS 变化，代表该组分的贡献度，出现在该组分中的变量都采用该贡献度。一个预测变量在所有出现的组分的贡献度的和，作为该预测变量的总贡献度，最后做归一化，一个变量的重要度=（该变量的贡献度/最大贡献度）×100。下面的 R 语言 evimp() 源代码片段可以更直观地解释上述逻辑。

```
deltas[,"gcv"]<--diff(object $ gcv.per.subset[seq_len(nsubsets)])
deltas[,"rss"]<--diff(object $ rss.per.subset[seq_len(nsubsets)])

importances<-matrix(0,nrow=length(pred.names),ncol=7)
colnames(importances)<-c("col","used","nsubsets","gcv","gcv.match","rss","rss.match")

if(nsubsets > 1){
   for(isubset in 2:nsubsets){
   ...
   for(icrit in 1:3){
   icriti<-as.icriti(icrit)
   importances[preds.in.this.subset,icriti]<-importances[preds.in.this.subset,icriti]+deltas[isubset -1,icrit]
   }
   }
}

max<-max(abs(importances[,icriti]))

importances[,icriti]<-100 * importances[,icriti]/max
```

3.4.5 MARS 与其他算法的关系

MARS 和 CART、PPR（Projection Pursuit Regression，投影寻踪）[22]等模型都属于自适应低维扩展（Adaptive Low Dimensional Expansions）算法，也就是说对于高维函数，采用"分而治之"，在每个分区用低维函数去逼近复杂的高维函数。但它们的做法存在差别，其他算法的实现方式见表 3-6 所示[20]。例如，在区间边界点上，CART 算法不连续，而 MARS 是连续的；在区间内，CART 结果是一个常数，而 MARS 是存在变化的，因此 MARS 的逼近能力比 CART 更强些。

表 3-6 其他算法的实现方式

建模路径	公式	描述	优点	缺点
参数化模型	$\hat{f}(x)=g(x\mid\{a_j\})$	选定全局结构函数，参数拟合		结构简洁
非参数化模型	$\hat{f}(x)=g(x\mid\{a_j(x)\})$	分段参数化模型，是平滑与灵活度的折中，例如 Loess 回归	简单，拟合精度高	很难适应高维空间
低维扩展 (Low dimensional expansion)	$\hat{f}(x)=\sum_{j=1}^{J}g_j(z_j)$	z_j是全体预测变量的子集，如 GAM 模型	对高维空间的支持	子集选择计算量大，平滑函数会限制其适用范围
自适应计算：投影寻踪 (Projection Pursuit)	$\hat{f}(x)=\sum_{m=1}^{M}f_m\left(\sum_{i=1}^{n}a_{im}x_i\right)$	多个非线性岭函数实现空间的拟合。除了 PPR 算法，神经网络模型可以看做该方式的层次化扩展	低维表示	变量间的非线性交互比较难表达
自适应计算：迭代分割 (Recursive Partitioning)	若$x\in R_m$，则$\hat{f}(x)=g_m(x\mid\{a_j\})$	对预测变量空间进行切分，每个子空间上采用低维模型，如 CART、MARS 算法	简单，拟合精度高	需要处理边界上的连续问题

3.5 神经网络

神经网络算法是常用的分类和回归算法，有很多不同形式，深度学习在广义上也属于神经网络（见 3.14 节），本节集中在经典的模型。首先以人工神经网络（Artificial Neural Network，ANN）模型为例，形象展示神经网络模型的逼近能力。然后以一个特定模型极限学习机（Extreme Learning Machine，ELM）为例，让大家理解网络模型可以变化或扩展的方面有很多。

3.5.1 ANN 逼近能力的直观理解

ANN 是一个三层结构的网络，包括输入层、隐含层和输出层，可以用来做回归或分类。在增加隐含层节点的前提下，ANN 的算法具有无限的函数逼近能力，在工业中有广泛的应用[23]。ANN 的逼近能力在理论层面可由数学证明，本节仅从分段逼近的角度，直观演示 ANN 的逼近能力。最后，也说明，实际的神经网络模型训练基于梯度下降算法，学习结果并不是按照分段逼近。

1. 当权重参数大时，sigmoid 函数可近似为一个阶跃函数

为简明起见，这里仅仅讨论单变量的情形（多变量的情形类似）。

神经元通常采用 sigmoid 函数，是将输入 $x \in (-\infty, +\infty)$ 映射到 $(0, 1)$，包含了权重系数 w 和偏移系数 b 这两个参数：

$$\text{sigmoid}(x; w, b) = \frac{1}{1 + e^{(-wx+b)}}$$

当 w 比较大的时候，sigmoid 函数接近一个阶跃函数，如图 3-22 所示。

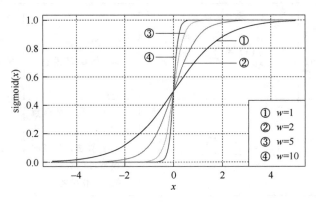

图 3-22　不同权重系数下，sigmoid 函数的形状

2. 多个阶跃函数通过不同的偏移参数和加权，可以构成复杂的分段函数

当 w 比较大时，sigmoid 函数比较接近阶跃函数，b/w 决定了阶跃发生的位置，如图 3-23 所示。

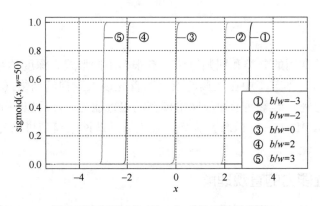

图 3-23　不同 b/w 下，sigmoid 函数的形状

这里标记 $s = b/w$，假设 w 固定为一个很大的数值，sigmoid 函数可以简记为 $g(x; s)$。两个 sigmoid 函数通过不同 s 参数和加权系数 h，即 $h_1 \cdot g(x; s_1) + h_2 \cdot g(x; s_2)$ 可以构成 3 分段函数。如图 3-24a~b 所示。特别是图 3-24b，如果 $h_1 = -h_2$，则可以通过 2 个神经元对构

成一个局部化的方形区域，基于这样的组合，我们可以很容易去构建更加复杂的组合。如果有多个组合，可以组成为更复杂的分段函数，如图 3-24c 所示。

因此，对于一个如图 3-24d 所示实际的函数，可以先分段矩形逼近，然后按照图 3-24b 的神经元对的方式，去构建对应的神经网络模型。这样就可以理解成，如果增加隐含节点，ANN 有无限的逼近能力。

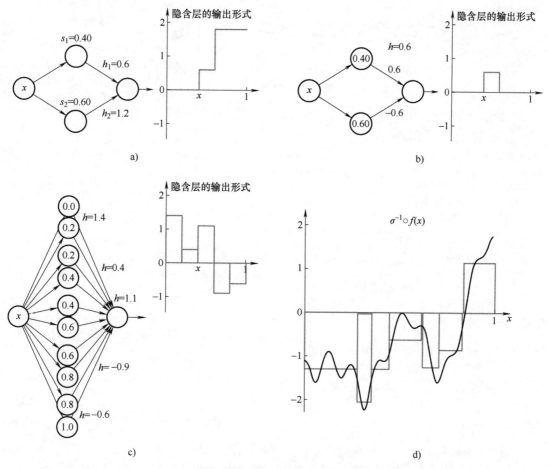

图 3-24 不同组合下的神经网络形态

3. 实际 ANN 模型不是简单的分段逼近，而是损失函数的梯度下降与反向传播

以下面解析表达式在 [0，1] 区间内的曲线为例，看看 ANN 模型的逼近过程，图 3-24d 曲线就是这个表达式（只是均值移除）：

$$f(x) = 0.2 + 0.4x^2 + 0.3x \cdot \sin(15x) + 0.05\cos(50x)$$

按照上面的分段线性法，设置 $w=100$，我们将 [0，1] 平分为 5 段，进行参数的估算，作为 10 个隐含节点的参数，这样神经网络模型有 31 个参数（输入—隐含层的 10 个权重参数,隐含节点的偏移量10个参数,隐含—输出层的10个权重参数,输出层的偏移量1个参数)。并按照R里面nnet包中模型参数规范组织,作为nnet()函数的初始参数:

```
set.seed(123)
ave<-rep(0,5)
aveMean<-mean(df$y)
for(i in 1:5){
  ave[i]<-mean(df$y[(1+(i-1)*200):(i*200)])-aveMean
}

w<-100
initWts<-rep(w,31)
initWts[21]<-aveMean

for(i in 1:5){
  j<-2*i-1
  k1<-2*j-1
  k2<-2*j+1

  initWts[k1]<-(i-1)*0.2*(-w)
  initWts[k2]<-i*0.2*(-w)

  k3<-21+j
  initWts[k3]<-ave[i]
  initWts[k3+1]<-(-1)*ave[i]
}

library(nnet)
fit.nn<-nnet(y~.,data=df,size=10,Wts=initWts,linout=TRUE,decay=5e-4,maxit=300,trace=FALSE)
```

31个估算参数与训练后的神经网络模型参数如下所示,二者明显不同:

```
## [1] "initial guess parameter"
## [1]    0.000    100.000   -20.000    100.000   -20.000    100.000   -40.000
  100.000
```

```
## [9]   -40.000  100.000  -60.000  100.000  -60.000  100.000  -80.000  100.000
## [17]  -80.000  100.000 -100.000  100.000   0.349   -0.126    0.126   -0.166
## [25]    0.166    0.040   -0.040   -0.072   0.072    0.321   -0.321
## [1]"nnet fit parameter"
## [1]   -0.809    2.341   -0.992    2.439   -0.868    9.721   -1.753    3.348   -4.728
## [10]  10.570  -10.473   12.439   -0.461   2.052   -1.239    2.733    0.641   -1.908
## [19]   0.693   -2.150   -0.079   -3.146  -2.880    3.886   -4.067    4.974
   4.159
## [28]  -2.207   -2.918    2.165    2.325
```

拟合结果如图 3-25 所示，其中 Groundtruth 为原始曲线，Initial 是初估参数的拟合曲线，Final 是 nnet() 训练出来的曲线。

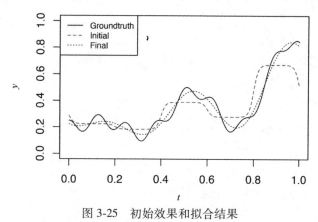

图 3-25　初始效果和拟合结果

为更清楚理解 ANN 通过隐含层逼近的过程，我们选择 3 个隐含层的神经网络模型，如下述代码和图 3-26 所示，可以看到 3 个隐含层的 Sigmoid 函数比较简单，3 个核函数的偏移量不同，可以想像，Kernel 1 与 2 组合，可以把 [0，0.2] 区间控制在一个比较低的水平，同时 [0.3，0.5] 的上升区间能够很好地实现逼近，然后再通过 Kernel 3 做反向修正。通过本例，期望大家可以理解 ANN"神奇"背后的朴素思想，其实就是通过参数优化选择比较好的 Kernel 函数形式，然后通过合适的权重系数去逼近目标曲线（从数学意义上，可以叫泛函）。

```
N<-3
set.seed(123)
fit.nn2<-nnet(y ~ .,data=df,size=N,decay=5e-4,maxit=300,linout=TRUE)
```

```
trainWts<-fit.nn2 $ wts

  opar<-par(mfrow=c(2,1))
 y_a=t * 0+trainWts[2 * N+1]    #accumulated approximation vector
 y_approx<-matrix(data=0,nrow=3,ncol=length(t))
 plot(df,type="l",ylim=c(0,1),main="Hidden layer kernels")
 cols<-c("black","red","darkgreen","blue")
 for(i in 1:N){
     lines(t,sigmoid(t,w=trainWts[i * 2],b=trainWts[2 * i-1]),col=cols
[i+1],lty=i+1)
     y_a<-y_a+trainWts[2 * N+1+i] * sigmoid(t,w=trainWts[i * 2],b=
trainWts[2 * i-1])
     y_approx[i,]<-y_a
 }
 legend("topleft",legend=c("Groundtruth","Kernel 1","Kernel 2",
"Kernle 3"),col=cols,lty=1:4)

 plot(df,type='l',ylim=range(y_approx),main=" Approximation
Prcoess")
 for(i in 1:3){
     lines(df $ t,y_approx[i,],lty=i+1,col=cols[i+1])
 }
 legend("topleft",legend=c("Groundtruth","Intercept+Cell 1","Inter-
cept+Cell 1+Cell 2 ","All"),col=cols,lty=1:4)
  par(opar)
```

为了更好地理解背后的工作机制，读者也可以自行尝试不同的简单函数关系下神经网络各层的参数和函数形式，例如：$y=x$、$y=x^2$、$y=1/x$、$y=\sin(x)$。

ANN 模型训练背后基于梯度下降算法，因此，要求输入变量间不能存在多重共线性，否则容易出现不收敛的情形。另外，梯度下降速度过快，容易引起"早熟"，即模型过早陷到一个局部最优解，无法获取全局最优解。更深入的控制方法可以参阅参考文献 [24]。

3.5.2 极限学习机

极限学习机（Extreme Learning Machine，ELM）模型的网络结构与 ANN 一样，只不过在训练阶段不再是基于梯度的后向传播算法，而是随机初始化输入层的权值和偏差，输出层权重则通过广义逆矩阵理论计算得到。这样，ELM 算法比传统神经网络的准确度略差，但

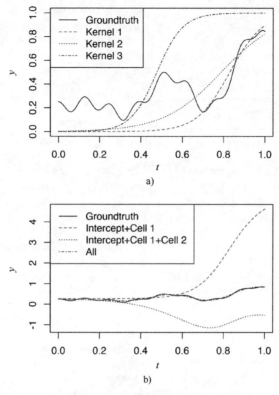

图 3-26 3 个隐含层的神经网络模型

计算量降低很多,可以被用于需要即时计算的场景中。

极限学习机不是一个新概念,只是在算法(方法)上有新的内容。在神经网络结构上,就是一个前向传播的神经网络。主要有以下两点不同。

1)输入层和隐含层的连接权值 $\{w_i\}$、隐含层的阈值 $\{b_i\}$ 可以随机设定,且设定完后不用再调整。这和传统神经网络不一样,传统神经网络需要不断反向去调整权值和阈值。因此这里就能减少一半的运算量了。

2)隐含层和输出层之间的连接权值 $\{\beta_k\}$ 不需要迭代调整,而是通过解方程组方式一次性确定。根据 w, b 和隐含层的激活函数,可以计算隐含层输出 H,假设目标函数输出为 T,对于回归问题,就是求解 $\min \| H\beta - T \|^2$,这样就转化为求解矩阵 H 的广义逆(Moore-Penrose)矩阵问题,该问题有正交投影法、正交化法、迭代法和奇异值分解法(SVD)等集中求解方法。

R 中 elmNN 包(以及基于它的 Rcpp 的新实现的 elmNNRcpp 包)和 ELMR 包[25]。下面用源代码方式来展示 ELM 的训练过程。

构建一个单变量的复杂函数,均值函数为 $f(x) = \sin(8x-4) + 2\,\mathrm{e}^{-256(x-0.5)^2}$,如下述代码和图 3-27 所示。

```
    library(tidyverse)
library(mgcv)

set.seed(123)

n=5000
x=runif(n)
# x=rnorm(n)
mu=sin(2*(4*x-2))+2* exp(-(16^2)*((x-.5)^2))
y =rnorm(n,mu,.3)

d=data.frame(x,y)

qplot(x,y,color=I('#ff55001A'))
```

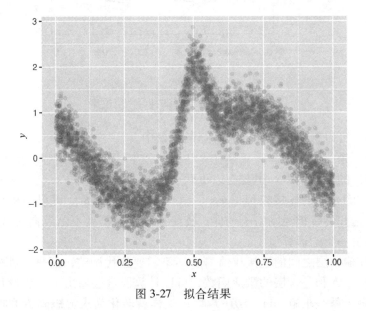

图 3-27 拟合结果

构建 ELM 函数,包括模型的拟合函数,函数的返回值是一个 List 对象:

```
elm<-function(X,y,n_hidden=NULL,active_fun=tanh){
# X:an N observations x p features matrix
# y:the target
```

```
# n_hidden:the number of hidden nodes
# active_fun:activation function

pp1=ncol(X)+1
w0  =matrix(rnorm(pp1*n_hidden),pp1,n_hidden)   # random weights
h   =active_fun(cbind(1,scale(X))%*%w0)         # compute hidden layer
B   =MASS::ginv(h)%*%y                          # find weights for hid-
                                                  den layer


fit=h%*%B                                       # fitted values

list(
    fit  =fit,
    loss=crossprod(y-fit),
    B   =B,
    w0  =w0
)
}
```

采用前面的数据集进行 ELM 模型拟合,如下述代码和图 3-28 所示。

```
X_mat=as.matrix(x,ncol=1)

fit_elm=elm(X_mat,y,n_hidden=100)
str(fit_elm)
    ## List of 4
##  $ fit :num [1:5000,1]-1.0239 0.7311 -0.413 0.0806 -0.4112 ...
##  $ loss:num [1,1]442
##  $ B   :num [1:100,1]217 -608 1408 -1433 -4575 ...
##  $ w0  :num [1:2,1:100]0.35 0.814 -0.517 -2.692 -1.097 ...
    ggplot(aes(x,y),data=d)+
  geom_point(color='#ff55001A')+
  geom_line(aes(y=fit_elm$fit),color='#00aaff')
    cor(fit_elm$fit[,1],y)^2
    ##[1]0.8862518
```

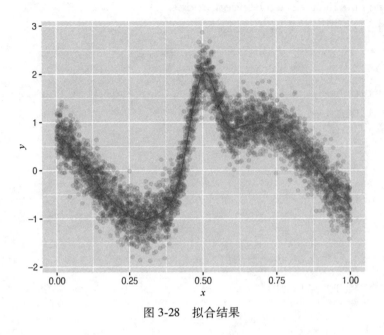

图 3-28 拟合结果

GAM（Generalized Additive Model，广义加性模型）作为半参数方法，拟合能力比较强。将 ELM 的拟合结果与 GAM（采用高斯过程）对比，可以看出 ELM 的拟合结果与 GAM 相差不多，如下述代码和图 3-29 所示。

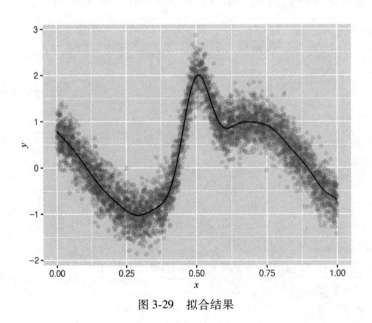

图 3-29 拟合结果

```
fit_gam=gam(y ~ s(x,bs='gp',k=20),data=d)
summary(fit_gam)$r.sq
## [1]0.8856188
d%>%
  mutate(fit_elm=fit_elm$fit,
    fit_gam=fitted(fit_gam))%>%
  ggplot()+
  geom_point(aes(x,y),color='#ff55001A')+
  geom_line(aes(x,y=fit_elm),color='#1e90ff')+
  geom_line(aes(x,y=fit_gam),color='#990024')
```

3.6 决策树

3.6.1 决策树的概念

决策树（Decision Tree）是一种典型的分而治之的机器学习算法，基于样本数据，递归选择合适特征条件作为分支节点，不断提高子分支的"纯度"，结果直观，可解释性好[26]。决策树是一棵有向树，有一个根节点（没有输入边），其他节点都有一条输入边，有输出边的节点称为内部节点或测试节点，所有其他节点称为叶节点[27]。决策树算法的原理可用图 3-30 来进行简要示意，图 3-30a 所示为由 x_1、x_2 两个特征变量构成的决策树，根据切割点 t_1、t_2、t_3、t_4，有 5 种结果 R_1、R_2、$\cdots$、R_5（可以是连续量，也可能是类别量），例如，当 $x_1 \leq t_1$ 且 $x_2 \leq t_2$ 时，模型的结果为 R_1，决策树本质上是在特征空间上进行不断切分，形成合适的子空间，每个子空间上的结果是一样的，如图 3-30b 所示。决策树分为分类树和回归树两大类，前者用于分类标签值，后者用于预测连续值。

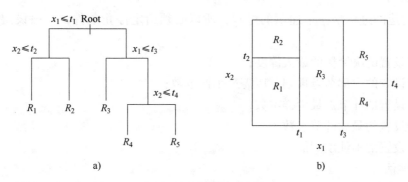

图 3-30 决策树示意图

a) 由 x_1、x_2 两个变量构成的决策树　b) x_1、x_2 二维空间的划分

3.6.2 决策树构建过程

简单来说,决策树的决策过程就是从根节点开始,测试待分类项中对应的特征属性,并按照其值选择输出分支,直到叶子节点,将叶子节点的存放的类别作为决策结果。构建步骤如下。

1) 遍历每个特征的每一种分割方式,找到最好的分割点;

2) 将数据划分为不同的子节点,如 N1,N2,…;计算划分之后所有子节点的"纯度"信息;

3) 对第 2 步产生的分割,选择出最优的特征以及最优的划分方式;得出最终的子节点:N1,N2,…;

4) 对子节点 N1,N2,…,Nm 分别继续执行 2~3 步,直到每个最终的子节点都满足"纯度"要求。

1. 分割属性选择

决策树算法是一种"贪婪"算法策略,只考虑在当前数据特征情况下的最好分割方式,不进行回溯操作。决策树是通过"纯度"来选择分割特征属性点。在训练数据集上,分别对各个特征属性进行划分操作,对所有划分操作的"纯度"进行比较,选择"纯度"越高的特征属性作为当前需要分割的数据集进行分割操作,持续迭代,直到满足停止条件。

常用的"纯度"度量指标有基尼(Gini)系数、熵(Entropy)、错误率(Error),更多的指标可以参阅参考文献 [26]。

$$\text{Gini} = 1 - \sum_{i=1}^{n} P(i)^2$$

$$H(\text{Entropy}) = -\sum_{i=1}^{a} P(i) \log_2(P(i))$$

$$\text{Error} = 1 - \max_{i=1} \{P(i)\}$$

2. 停止条件

决策树构建的过程是一个递归的过程,所以必须给定停止条件,一般设定的停止条件如下。

1) 大于设置的决策树的最大深度;

2) 小于设置的内部节点再划分所需最小样本数;

3) 小于设置的叶节点最少样本数;

4) 大于设置的最大叶节点数;

5) 小于设置的不纯度阈值。

3. 效果评估

与一般的分类算法一样,效果评估多采用混淆矩阵、召回率、精确度等指标。

决策树也可以采用叶子节点的纯度值总和计算损失函数值来评估算法效果,值越小,效果越好。

$$C(T) = \sum_{t=1}^{\text{leaf}} \frac{|D_t|}{|D|} H(t)$$

4. 后剪枝

决策树过度拟合一般是由于节点太多导致的，剪枝优化提高决策树的泛化能力非常重要，也是最常用的一种优化方式（另外一种优化方式是用随机森林算法）。剪枝可以分为预剪枝和后剪枝。预剪枝指的是在构建决策树的过程中提前停止；后剪枝则是先从训练集生成一颗完整的决策树，然后自底向上地对非叶结点进行考察，若将该结点对应的子树变为叶结点能带来泛化性能提升，则将该子树替换为叶结点。因为决策树是一个贪婪算法，预剪枝策略一般无法得到比较好的结果，因此采用的往往是后剪枝策略。

常见的后剪枝方法包括错误率降低剪枝（Reduced Error Pruning，REP）、悲观剪枝（Pessimistic Error Pruning，PEP）、代价复杂度剪枝（Cost Complexity Pruning，CCP）、最小误差剪枝（Minimum Error Pruning，MEP）、CVP（Critical Value Pruning）、OPP（Optimal Pruning）等方法，这些剪枝方法各有利弊，关注不同的优化角度[28]。

决策树剪枝系数由损失函数得来：

$$\text{loss} = \sum_{t=1}^{\text{leaf}} \frac{|D_t|}{|D|} H(t)$$

$$\alpha = \frac{\text{loss}(r) - \text{loss}(R)}{R_{\text{leaf}} - 1}$$

3.6.3 常用决策树算法

本小节主要介绍 ID3、CHAID（Chi-square Automatic Interaction Detection，卡方自动交互检测）、C4.5、C5.0、CART（Classification And Regression Tree，分类回归树）等算法。

1. ID3 算法

ID3 算法的特点是每次迭代选择信息增益最大的特征属性作为分割属性：

$$H(D) = -\sum_{i=1}^{n} P(i) \log_2(P(i))$$

$$\text{Gain}(A) = \Delta H = H(D) - H(D|A)$$

优点：决策树构建速度快，实现简单。

缺点：

1) 计算依赖于特征数目较多的特征，而属性值最多的属性并不一定最好；

2) ID3 算法不是递增算法；

3) ID3 算法是单变量决策树，对于特征属性之间的关系不会考虑；

4) 抗噪性差；

5) 只适合小规模数据集，需要将数据放到内存中。

R 的 rpart 包中 rpart( ) 函数可以实现 ID3 算法。下面例子使用了 iris 默认数据集，使用

rpart.plot( ) 绘制决策树结果图，如图 3-31 所示。

```
iris.dt1=rpart(Species~.,data=iris,method="class",parms=list(split="
information"))
rpart.plot(iris.dt1,type=1,extra=1,split.col="red",main="ID3")
```

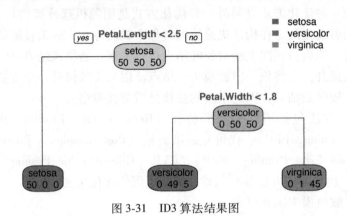

图 3-31　ID3 算法结果图

2. CHAID 算法

CHAID 根据统计检验来确定自变量和分割点的选择，通过卡方检验计算相关性进行模型分类。party 包中的 ctree( ) 函数可以实现，这种方法因为设定了阈值所以不需要剪枝，所以如何决定阈值比较关键。如下述代码和图 3-32 所示。

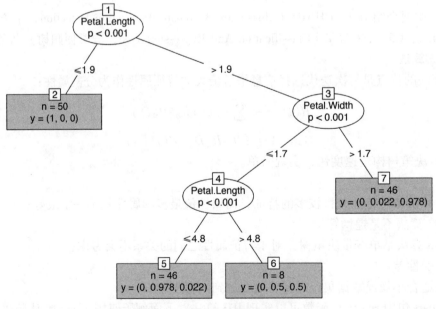

图 3-32　CHAID 算法结果图

```
iris.dt2=ctree(Species~.,data=iris)
plot(iris.dt2,type="simple")
```

3. C4.5 算法

C4.5 算法是在 ID3 算法的基础上提出的一种决策树构造算法[29],使用信息增益率来取代 ID3 算法中的信息增益,并且在树的构造过程中会进行剪枝操作优化,除此之外 C4.5 算法会自动完成对连续变量的离散化处理,在分割时自动选择信息增益率（Gain_ratio）最大的特征。

$$\text{Gain\_ratio}(A) = \frac{\text{Gain}(A)}{\text{H}(D)}$$

优点：产生的规则易于理解、准确率较高、实现简单。

缺点：

1) 对数据集需要进行多次顺序扫描和排序，所以效率较低；
2) 同样只适合小规模数据集，需要将数据放到内存中。

RWeka 包中 J48( ) 函数可以实现 C4.5 算法,如下述代码和图 3-33 所示。

```
iris.dt3=J48(Species~.,data=iris,control=Weka_control(M=2))
plot(iris.dt3,type="simple")
```

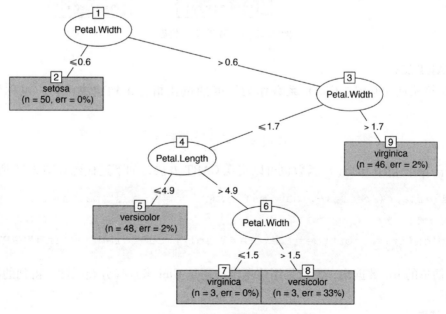

图 3-33 C4.5 算法结果图

4. C5.0算法

C5.0是加入自适应增强（Adaboost）算法对C4.5算法加以改进的算法[30]，使用的是c50包，C5.0算法的优点之一就是它可以自动进行剪枝操作。如下述代码和图3-34所示。

```
cc<-C5.0Control(subset=T,winnow=F,noGlobalPruning=T,minCases=20)
iris.dt4<-C5.0(Species ~.,data=iris,rules=F, control=cc)
plot(iris.dt4,type="simple")
```

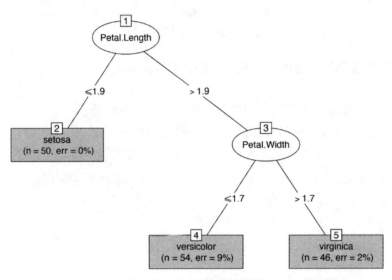

图3-34　C5.0算法结果图

5. CART算法

CART算法使用基尼（Gini）系数作为纯度的量化指标来构建决策树，也称作分类回归树。

$$\text{Gini} = 1 - \sum_{i=1}^{n} P(i)^2$$

R语言rpart包中rpart()函数也可以实现CART方法，如下述代码和图3-35所示。

```
iris.dt5=rpart(Species~.,data=iris,method="class",parms=list(split="gini"))
rpart.plot(iris.dt5,type=1,extra=1,split.col="red",main="CART")
```

对于简单的iris数据集，无论是用信息增益还是Gini来选择分裂属性，得到的决策树都是一样的。

6. 算法对比

前述几种算法的对比见表3-7。

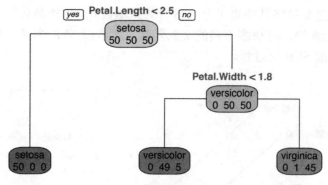

图 3-35 CART 算法结果图

表 3-7 算法对比

算法	支持模型	树结构	特征选择	连续型 特征量	缺失值处理	剪枝	特征属性 多次使用	Boosting （自助）机制
ID3	分类	多叉树	信息增益	不支持	不支持	不支持	不支持	不支持
CHAID	分类	多叉树	卡方检验	不支持	不支持	预剪枝	不支持	不支持
C4.5	分类	多叉树	信息增益率	支持	不支持	预剪枝	不支持	不支持
C5.0	分类	多叉树	信息增益率	支持	支持	预剪枝	不支持	支持
CART	分类、回归	二叉树	基尼系数、均方差	支持	支持	后剪枝	支持	支持

3.7 支持向量机（SVM）

3.7.1 引言

支持向量机（Support Vector Machine，SVM）是一种经典的机器学习算法，在小样本数据集的情况下有非常广的应用。可以用于回归问题，也可以用于分类问题，甚至无监督学习（1-class SVM）。SVM 支持的回归问题也称为支持向量回归（Support Vector Regression，SVR）。SVM 用于分类的基本思想很简单，如图 3-36 所示，平面中有两种类型的点，一种是深色的点，一种是浅色的点。现在要将这两种类型的点分开，存在这多种划分方法，可以从两类样本的中间画一条直线，但是会发现两类样本点离分界线都很近，这样如果新输入一个样本点，可能会造成分错类的现象，所以分界线不能随意地取，最好既能把两类样本点分开，而且还要使得两类样本点中离分界线最近的点离分界线的距离尽可能地远。在此基础上，也可以思考如果两个类别不完全可分，如何将惩罚没有正确分类的样本，或者如何通过变换将其变得可分（等价为核函数）。SVM 最后转化为优化模型。关于 SVM 算法的理论推导，有很多不错的文献资料。本节以 SVR 为例，从模型参数对结果影响的角度直观理解 SVR 的过程。

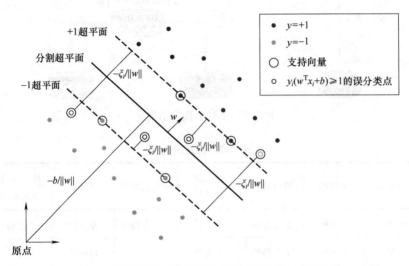

图 3-36　SVM 的分类原理示意图

C/C++实现的算法库有 libsvm[31]、SVMlight、SVMTorch 等。很多其他软件都是基于这些 C/C++算法库。R 里面有 e1071、kernlab、liquidSVM 等算法包[32]，Philipp 对比了 3 个包的计算性能[33]，在大数据量下，liquidSVM 性能最好，kernlab 比 e1071 略好。Python 中的 scikit-learn 包、e1071、scikit-learn 都基于 libsvm 包。kernlab 是基于 R 语言的 S4 对象规范编写。本节以 kernlab 为例，理解支持向量的含义、不同参数对 SVM 模型的影响等。

3.7.2　epsilon-SVR 算法

有两类 SVR 算法，一个是 epsilon-SVR（ϵ-SVR），另外一个是 nu-SVR（ν-SVR），本小节先讨论 epsilon-SVR 算法，可以描述为如下优化模型：

$$\min_{w,b,\xi_i,\xi_i^*} \frac{1}{2} w^T w + C \sum_{i=1}^{m} (\xi_i + \xi_i^*)$$

满足：$y_i - (w^T \phi(x_i) + b) \leq \epsilon + \xi_i$

$\qquad (w^T \phi(x_i) + b) - y_i \leq \epsilon + \xi_i^*$

$\qquad \xi_i, \xi_i^* \geq 0$

$\xi_i = 0$ 或 $\xi_i^* = 0$ 的样本点为支持向量。

其对偶问题可以表达为

$$\min_{\alpha,\alpha^*} \frac{1}{2}(\alpha - \alpha^*)^T Q(\alpha - \alpha^*) + \epsilon \sum_{i=1}^{m}(\alpha_i + \alpha_i^*) + \sum_{i=1}^{m} y_i(\alpha_i - \alpha_i^*)$$

满足：$\sum_{i=1}^{m}(\alpha_i - \alpha_i^*) = 0$

$$0 \leq \alpha_i, \alpha_i^* \leq C$$

其中 $Q_{ij} = K(x_i, x_j) = \phi(x_i)^T \phi(x_j)$

参数 ϵ 控制了误差的容忍度（不严谨地说，ϵ 内的误差都可以认为是 0）；而 C 决定了模型误差相对于模型复杂度的重要性，C 越大，模型的拟合误差权重越高，这时模型的复杂度通常也会变高。

这里用 $y=x$ 这一简单直线拟合为例，看不同参数对结果的影响。假设 x 在 [1, 10] 区间等间隔取 10 个点，随机选择 5 个点在真实值上做 0.5 扰动，其余 5 个点做 -0.5 扰动。采用线性核函数的 eps-svr，这样 SVR 近似一维的线性回归问题。

1. 参数 ϵ 的影响

首先看 ϵ 参数的影响。固定 $C=10$，对比 $\epsilon=0.55$ 与 $\epsilon=1$ 的结果。从图 3-37 可以看出，ϵ 越大，拟合结果越偏离 $y=x$ 这一参考曲线。$\epsilon=0.55$ 和 $\epsilon=1$ 的支持向量都是第 1 个和第 8 个点，从图 3-37 中能看出，拟合曲线与真实值的偏差在这 2 个点最大。通过 R 代码（svmfit1@fitted-y）[svmfit1@SVindex]，可以看到第 1 和第 8 个点的误差分别为 0.55 和 -0.55，类似，svmfit2 下偏差分别为 1.0 和 -1.0，由此可以直观理解支持向量就是偏差最大的点。

```
set.seed(123)
x<-1:10
y<-x
subIndex<-sample(10,5)
y[subIndex]<-y[subIndex]+0.5
y[-subIndex]<-y[-subIndex]-0.5
plot(x,y,type="p")
lines(x,x)
svmfit1<-ksvm(x=x,y=y,type="eps-svr",kernel="vanilladot",C=10,epsilon=0.55,scaled=FALSE)
 lines(predict(svmfit1,x),col="red")

svmfit2<-ksvm(x=x,y=y,type="eps-svr",kernel="vanilladot",C=10,epsilon=1,scaled=FALSE)
 lines(predict(svmfit2,x),col="blue",lty=2)
```

```
points(x[svmfit1@SVindex],y[svmfit1@SVindex],pch=8)
abline(v=1:10,lty=2,col="gray")

legend("topleft",legend=c("Reference","epsilon=0.55","epsilon=
1.0","Non-support Vector","Support Vector"),lty=c(1,1,2,NA,NA),col=c
("black","red","blue","black","black"),pch=c(NA,NA,NA,1,8),cex=0.75)
```

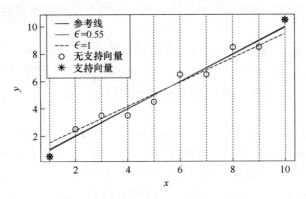

图 3-37 参数 ϵ 的影响

在 scaled=FALSE 的情形下,根据训练后的 ksvm 对象的 alpha、b 及 SVindex 这 3 个属性,可以得到 SVR 拟合出来的线性核函数。以上例中的 svmfit1 为例,其 alpha 为 [-0.141, 0.141],b 为 -0.0643,SVindex = [1, 8],所以 svmfit1 拟合的曲线为

$$-0.141*<1,x>+0.141*<8,x>-(-0.0643)=0.987x+0.0643$$

上面的表达式因为参数显示精度,计算结果可能有些误差。更精确的做法是用表达式 `(t(svmfit1@alpha)%*%svmfit1@alphaindex)[1,1]*(1:10)-svmfit1@b` 去计算拟合数值,计算结果和 `svmfit1@fitted` 完全一致。

注意,ksvm 对象还有一个属性 fitted,是 scale 后的训练数据的拟合值,也就是说 `predict(ksvmfit,x) = ksvmfit@fitted ** ksvmfit@scaling $ y.scale $ 'scaled: scale'+ksvmfit@scaling $ y.scale $ 'scaled:center'`。在 scaled=FALSE 的情形下,`predict(ksvmfit,x)` 与 `ksvmfit@fitted` 相等。

2. 参数 C 的影响

基于上面同样的数据,将 ϵ 设置为 0.25,C 参数分别为 0.1, 1, 10, 100,如图 3-38 所示,可以看出随着 C 的增大,拟合直线有点逆时针旋转。

根据 ϵ-SVR 的目标函数 $\frac{1}{2}\|w\|^2+C\sum_{i=1}^{m}(\xi_i^++\xi_i^-)$,$C$ 越大,对超过 ϵ 误差界的惩罚越来越重。可以编写代码计算拟合模型对应的目标值,并且和 ksvm 对象的 obj 属性值对比。下面以 svmfit3 为例,可以看到 ksvm 对象中的 obj 是代价函数的负数。

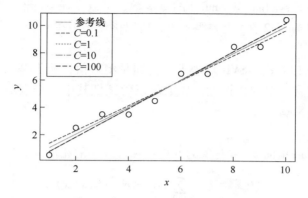

图 3-38 $\epsilon=0.25$ 时的拟合直线

```
objVal<-function(svmfit,C,epsilon=0.25){
# w parameter calculation
w<-(t(svmfit@alpha)%*%svmfit@alphaindex)[1,1]

predErr<-svmfit@ymatrix-svmfit@fitted
# xi calculation
xi<-abs(predErr-sign(predErr)*epsilon)
xi<-xi*(abs(predErr)>epsilon)

return(data.frame(obj=0.5*w^2+C*sum(xi),w=w,xi_sum=sum(xi)))
}

print(paste("Calcuated value=",objVal(svmfit3,C=0.1)$obj))
    ## [1]"Calcuated value=0.702551020408163"
    print(paste("SVR's attribute obj=",svmfit3@obj))
    ## [1]"SVR's attribute obj=-0.702551020408163"
    print(paste("svmfit3 Xi_sum=",objVal(svmfit3,C=0.1)$xi_sum,
      ";svmfit4 Xi_sum=",objVal(svmfit4,C=1)$xi_sum,
      ";svmfit5 Xi_sum=",objVal(svmfit5,C=10)$xi_sum,
      ";svmfit6 Xi_sum=",objVal(svmfit6,C=100)$xi_sum))
    ## [1]" svmfit3 Xi_sum = 2.71428571428571 ; svmfit4 Xi_sum = 2.33333333333333 ; svmfit5 Xi_sum = 2.33333333333335 ; svmfit6 Xi_sum = 2.33333333333391"
```

读者可以对比一下 svmfit1 与 svmfit2 的 w 参数，可以发现 svmfit2 的 w 数值较小，因为 ϵ 比较宽松，svmfit1 和 svmfit2 在 ξ_i 上差距不大，所以优化集中在 w 上。

3. 鲁棒性

从 SVR 的公式可以看出，SVR 对误差的惩罚是绝对值，而不是二次方，再加上对参数的正则化，对异常值有一定的鲁棒性，比如可以尝试把其中一个点加上强扰动，SVR 的拟合结果并不会受太多影响。

4. rbf 核

采用 rbf 核 kernlab 里面 ksvm 对象的 b 属性和公式中的相反。

$$f(x) = b + \sum_{i=1}^{m} (\alpha_i - \alpha_i^*) K(x_i, x)$$

```
# Just to illustrate the internal prediction process of SVR
predSVM<-function(svmfitModel,z){
  rbfkernel<-svmfitModel@kernelf
  predVal<-0
  for(i in 1:length(svmfitModel@SVindex)){
    predVal<-predVal+(rbfkernel(svmfitModel@SVindex[i],z)*svmfit-
Model@alpha[i])
  }
  return(predVal-svmfitModel@b)
}

svmfit7<-ksvm(x=x,y=y,type="eps-svr",C=100,epsilon=0.25,scaled=
FALSE,kernel="rbfdot")
print(paste("SVR fitted at x=1:",svmfit7@fitted[1]))
    ##[1]"SVR fitted at x=1:0.750180415528304"
    print(paste("Kernal function prediction at x=1:",predSVM(svmfit7,
1)))
    ##[1]"Kernal function prediction at x=1:0.750180415528304"
```

3.7.3 nu-SVR 算法

nu-SVR（ν-SVR）算法表达为如下优化模型：

$$\min_{w,b,\xi_i,\xi_i^*,\epsilon} \frac{1}{2} w^{\mathrm{T}} w + C(\nu \epsilon + \frac{1}{m} \sum_{i=1}^{m} (\xi_i + \xi_i^*))$$

满足：$y_i - (w^{\mathrm{T}} \phi(x_i) + b) \leq \epsilon + \xi_i$

$$(w^\mathrm{T}\phi(x_i)+b)-y_i \leqslant \epsilon+\xi_i^*$$
$$\xi_i,\xi_i^* \geqslant 0, \epsilon \geqslant 0$$

ϵ-SVR 与 ν-SVR 的选择依赖于设定的目标。如果想控制支持向量的数量，优先采用 ν-SVR；若目标是控制误差，ϵ-SVR 可能是优先选择。

3.7.4 不同 SVM 算法包的差异

kernlab 与 e1071 中 SVM 采用的 SMO 算法实现存在差异。在求解算法上，e1071 采用的是 Fan（2005 年提出）的 SMO 分解算法，而 kernlab 的 ksvm 采 John Platt（1998 年提出）的快速 SMO 算法。在参数上，除了 cost、scale、kernel 这 3 个参数的名字差异外（请参阅下面的 R 代码），rbf 核函数的参数名称也不同，在 e1071 中为 $K(u, v) = \exp(-\sigma|u-v|^2)$，在 kernlab 中定义为 $K(u, v) = \exp(-\gamma|u-v|^2)$。另外，两个参数的估计方法不同，在 e1071 中，σ 默认值是 $1/p$（p 是预测变量的维度），kernlab 中的 γ 采用 Caputo 等人提出的启发式算法。但如果强制将 kernlab 中的参数 sigma（对应公式中的 σ）和 e1071 中的参数 gamma（对应公式中的 γ）设为一致，两个算法出来的结果大概率上是一致的。

```
# Just to illustrate difference between e1071 andkernlab
# difference in parameter names,and fitting result
model_e1071<-e1071::svm(x=x,y=y,
          cost=5,scale=FALSE,
          kernel="radial",gamma=2,
          type="eps-regression",epsilon=0.1)

model_kernlab<-kernlab::ksvm(x=x,y=y,
      C=5,scaled=FALSE,
      kernel="rbfdot",kpar=list(sigma=2),
      type="eps-svr",epsilon=0.1
  )
print(data.frame(fit_e1071=model_e1071$fitted,fit_kernlab=model_kernlab@fitted))
   ##     fit_e1071 fit_kernlab
   ## 1    0.6        0.6
   ## 2    2.6        2.6
   ## 3    3.6        3.6
   ## 4    3.6        3.6
   ## 5    4.6        4.6
   ## 6    6.4        6.4
```

```
## 7          6.4         6.4
## 8          8.4         8.4
## 9          8.4         8.4
## 10        10.4        10.4
```

3.7.5 扩展

相关向量机（Relevance Vector Machine，RVM）是 Tipping 在 2001 年在贝叶斯框架的基础上提出的[34]，它有着与 SVM 一样的函数形式，基于核函数映射将低维空间非线性问题转化为高维空间的线性问题。但 SVM 是基于结构风险最小化原则来构建学习机，而 RVM 是一种用于回归和分类的贝叶斯稀疏核算法。RVM 可以计算输出的概率分布，很自然地适用于多分类问题，超参数不需要通过交叉验证得到，而且，核函数可以任意指定，不是必须要正定的。最后，RVM 得到的解要比 SVM 更稀疏，训练时间长，测试时间短。

经典的 SVM 算法是二次规划或线性规划问题，计算量较大，为提高计算效率，近似支持向量机（Proximal Support Vector Machine，PSVM）被提出[35]，将计算转为一个线性方程组的求解，求解效率有一个数量级左右的提升。经典 SVM 对每个点需要在两个独立子空间选择其一，PSVM 是将点分配到两个平行线最近的一个。PSVM 在 MATLAB 中有实现的工具包。

3.8 隐马尔可夫模型

3.8.1 引言

隐马尔可夫模型（Hidden Markov Model，HMM）是一个概率性时序模型，描述由隐藏的马尔可夫链随机生成不可观测的状态（Latent State）随机序列，再由各个状态生成一个观测从而形成观测序列的过程。很多现实应用可以抽象为此类问题，如语音识别、自然语言处理中的分词/词性标注、计算机视觉中的动作识别[37]。

以语音识别的声学模型为例[38]，如图 3-39 所示，每个单词是一个 HMM，观测量是语音信号的特征量［例如，在每个帧上抽取梅尔频率倒谱系数（Mel-Frequency Cepstral Coefficient，MFCC）］，音素是状态量，在一个给定状态量（音素）下，特征量服从一定的概率分布［可以用高斯混合模型（Gaussian Mixed Model，GMM）去描述］，在一个给定的单词下，音素间的转化概率也是相对稳定的。对于一个语言体系，音素类别（状态量类别）通常是有限的，给定音素下，语音信号特征分布相对稳定，因此，可以离线针对每个单词训练一个 HMM 模型（状态转移矩阵、给定状态下观测量的概率分布参数），在应用时候，选择似然度最大的 HMM 模型（单词），当然也可以考虑语言模型去提升识别率（例如，前后多个单词消除同音字）。

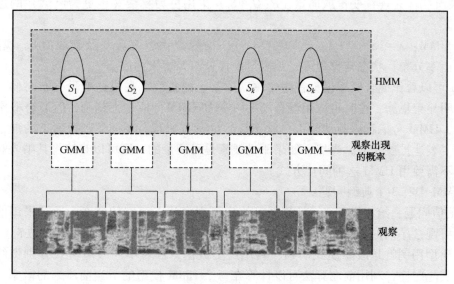

图 3-39　HMM-GMM 原理示意图

在很多复杂工业系统中，通常也存在若干类典型设备健康状态（HMM 的隐含状态变量），不同健康水平下工艺或设备状态监测量（观测量）的分布不同，可以采用 HMM 去描述系统的动力学过程。另外，若针对正常模式和典型失效模型分别建立 HMM，根据实际的状态检测，可以计算不同 HMM 的似然度，进而做故障模式分类。

R 语言中有 depmixS4、HiddenMarkov、msm、HMM 等 4 个包[4]，HMM 仅支持类别型观测变量。

3.8.2　工作原理

首先简单介绍一下马尔可夫过程（Markov Process），它因俄罗斯数学家安德烈·马尔可夫而得名，代表数学中具有马尔可夫性质的离散随机过程。该过程中，每个状态的转移只依赖于之前的 n 个时刻的状态，这个过程被称为一个 n 阶的模型。HMM 中隐含状态过程 $\{S_t\}$ 采用最简单的一阶过程，即每一个状态的转移只依赖于前一时刻状态 $\{S_{t-1}\}$，并且观测量 $\{O_t\}$ 的概率分布依赖于当前状态 $\{S_t\}$，即

$$P(S_t \mid S_1, S_2, \cdots, S_{t-1}) = P(S_t \mid S_{t-1})$$
$$P(O_t \mid O_1, \cdots, O_{t-1}, S_1, \cdots, S_t) = P(O_t \mid S_t)$$

并且，HMM 假定状态变量是类别变量，取值于有限集合 $\{s \mid 1 \leqslant s \leqslant N\}$，状态之间转移服从一个静态概率矩阵 $\boldsymbol{A} = \{a_{ij} \mid a_{ij} = P(S_t = j \mid S_{t-1} = i)\}$，初始状态的概率分布记为 $\boldsymbol{\pi} = \{\pi_i \mid \pi_i = P(S_1 = i)\}$。

HMM 没有限定观测变量 $\{O_t\}$ 的类型，如果 $\{O_t\}$ 也是类别变量，HMM 就叫离散

HMM（Discrete HMM），其概率分布也采用矩阵的形式表达为 $\boldsymbol{B}=\{b_{jk}|b_{jk}=P(O_t=o_k|S_t=j)\}$；如果 $\{O_t\}$ 是连续变量或向量，$P(O_t|S_t)$ 采用更为复杂（也更为灵活）的连续概率分布函数。

一个 HMM：$\lambda=\{S, O|A, \pi, P(O|S)\}$ 由隐含状态变量（及其取值）、观测变量、初始状态概率分布、状态转移矩阵、观测量条件分布等要素构成。

HMM 可以看作混合概率模型在隐含驱动要素上的扩展。在描述变量分布时候，如果出现了若干明显聚集簇，这时可以用混合概率（例如 GMM）模型去刻画，但混合概率模型是是静态的，HMM 考虑背后驱动要素（状态量）的动态过程，不同驱动要素下的混合概率不同，增强了表达扩展能力。当然，如果驱动要素是可测量的，则可以直接将其纳入联合概率分布，而不需要用 HMM 这种间接方式。

在 HMM 中有 3 个典型问题：

1）估值问题：给定模型 λ，计算某一给定可观察状态序列的概率。通常采用前向算法计算某个可观察序列的概率。前向算法主要采用的是递归的思想，循环利用之前的计算结果。一个典型用例就是故障模式研判，利用历史数据，针对不同故障模式分别训练 HMM，对于一个实际时序，利用前向算法可以计算在每个 HMM 模型的下当前序列的概率，作为故障模式概率的估算。

2）解码问题：给定模型 λ，根据可观察状态的序列 O_t 找到一个最可能的隐藏状态序列 S_t。和上面一个问题相似，但更有趣的是根据可观察序列找到隐藏序列。在很多情况下，我们对隐藏状态更有兴趣，因为其包含了一些不能被直接观察到的有价值的信息。通常采用维特比（Viterbi）算法求解。一个典型用例是词性标注，词性标注是很多自然语言处理任务（如知识图谱构建、情感分析）的基础。句子中的单词是可以观察到的，词性是隐藏的状态。通过根据语句的上下文找到一句话中的单词序列的最有可能的隐藏状态序列，就可以得到一个单词的词性（严格意义上说，是哪个词性的可能性最大）。

3）学习问题：根据观察序列集训练 HMM 模型。因为状态序列通常不可知，不存在严格的全局最优算法。通常采用前向-后向算法（又称 Baum-Welch 算法，实际上是 EM 优化策略）近似的解决方法，需要指定状态的数目、观测变量概率分布，最好能够提供一个好的初始状态和初始解。

3.8.3 示例

本小节用 depmixS4 包带的 speed 数据集演示 HMM 的模型训练，speed 是一个心理实验参与者的 3 次实验结果数据，有 439 行（3 次的长度分别为 168 行、134 行、137 行），包含 rt（response time，响应时间）、corr（是否正确）、pacc（响应速度与正确度的折中回报参数）和 prev（前一时刻结果是否正确）4 列变量。rt 是连续变量，corr 是离散变量，假设参与者有 2 个隐含心理状态，不同状态下，rt 服从不同的高斯分布，corr 服从不同的多项式分布，根据这样的假设构建模型，并用前 168 行数据进行训练，HMM 的结果如图 3-40 和图 3-41 所示，可以看出不同状态下，rt 的分布是不同的。

```
# create a 2 state model with one continuous and one binary response
  # ntimes is used to specify the lengths of 3 separate series
  data(speed)
  mod<-depmix(list(rt~1,corr~1),data=speed,nstates=2,
    family=list(gaussian(),multinomial("identity")),ntimes=c(168,
134,137))
  # print the model,formulae and parameter values
  mod
    ## Initial state probabilities model
## pr1 pr2
## 0.5 0.5
##
## Transition matrix
##        toS1 toS2
## fromS1  0.5  0.5
## fromS2  0.5  0.5
##
## Response parameters
## Resp 1:gaussian
## Resp 2:multinomial
##     Re1.(Intercept) Re1.sd Re2.inc Re2.cor
## St1            0      1     0.5     0.5
## St2            0      1     0.5     0.5
    set.seed(1)
  # fit the model by calling fit
  fm<-fit(mod)
    ## converged at iteration 22 withlogLik:-296
      df<-cbind(speed,data.frame(state=fm@posterior$state))[1:168,c(1,2,5)]
  df$state<-factor(df$state)
  plot(as.ts(df),main="1 Continous & Discrete Observation under 2 states",cex.main=0.8)
    ggplot(df,aes(x=rt,colour=state))+geom_line(stat="density")
```

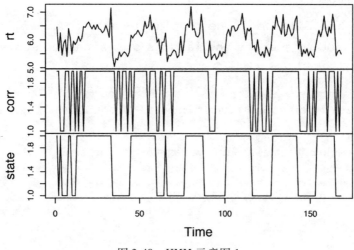

图 3-40　HMM 示意图 1

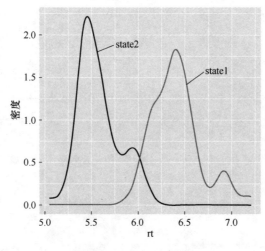

图 3-41　HMM 示意图 2

3.8.4　讨论

很多工科背景的人在开始时候很难接受 HMM（或其他概率模型），更容易接受相对确定的结构化模型。但很多问题在本质上存在随机性，以语音为例，语音是不稳定的信号量（发音器官调节空气压力并影响气流产生一系列的声音），不同人在不同场景下发出的语音可能存在差别（用观测量的概率分布去描述），每个音素持续时间长短可能不同（用状态量的转移概率去描述），但基本面是相对稳定的，这时候用概率分布、概率转移去刻画，反而比基于语言学原理的结构化或规则模型的效果反而要好，另外，HMM 是数据自适应（Data

Adaptive),不需要像语言学针对每种结构进行手工建模。当然,HMM 也有一定使用范围。以语音识别为例,训练出的 HMM 只能适应同类别的说话者,并不存在通用的非特定说话者的语音识别模型。

另外一个让很多工科背景的人难以接受的是 HMM 仅给出了状态的保持或转移概率,但没有回答为什么发生了转换(例如一个状态持续多久最可能切换到另外一个状态)。因为这不是 HMM 建模的初衷,要理解任何算法模型都是解决某特定问题,才保持一定的模型简化性和技术可行性。HMM 建模的初衷是怀疑观测变量背后被若干个离散的隐状态驱动,隐状态间的转化符合稳定概率关系,HMM 是从观测数据中去"猜"可能的转化概率。很多情形下,这种简化假设是合理的,例如在语音识别中,状态间的转换的确是随机的(符合一定的概率分布)。

HMM 与系统状态方程(SSM)的区别:系统状态方程适合刻画连续的动力学过程,而 HMM 更适合表征有限类别(模态)间的转化,以及不同类别下的分布形式。如果确信隐状态是连续的,就应该采用状态方程模型而不是 HMM 模型。如果对离散状态转换规律感兴趣,可以基于 HMM 的训练结果,采用关联规则的方式提取频繁模式。如果大家更兴趣的更多的是时序模式切换,可以采用时序分片算法对观测量时序进行分割,对子序列进行聚类,用时序关联规则去发掘频繁模式。

对于隐状态的个数,HMM 算法本身没有给出答案,是 HMM 算法的超参数,可以通过对比多个隐状态个数下 HMM 模型拟合的似然度、AIC、BIC 指标参考选择。

3.9 概率图模型与贝叶斯方法

3.9.1 引言

概率图模型(Probabilistic Graphical Model,PGM)简称图模型[40],是指一种用图结构来描述多元随机变量之间条件独立关系的概率模型。从哲学的角度,所有变量都是相互影响的,但当变量多的时候(数学上称为高维空间),这样的复杂模型是无法建模、推演与分析的,也是很难实际应用的,因此合理的简化是必须且经济性的要求。概率图模型是高维空间随机变量关系的一种简化模型形式。概率图模型的典型应用包括分类(如根据症状研判故障类型)、预测(如利用 HMM 建立预测模型)、降噪(如通过限定局部的关联度结构,达到消除图片噪声的效果)、降维(用低维数据去表达高维输入)等场景。

根据变量间的关系是有向(即单向)还是无向(即双向),是否存在动态关系(序列关系),概率图模型可以简单分为如图 3-42 所示类别。贝叶斯网络是典型的有向无环图,无向图概率图模型也常称为马尔可夫网络。本节从简单的朴素贝叶斯模型开始,然后扩展到贝叶斯网络(HMM 前文已经讨论,动态贝叶斯网络暂不讨论),最后讨论一般性的概率图模型,尝试为大家建立起一个初步的概率框架。

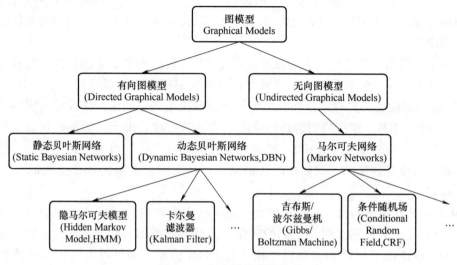

图 3-42 概率图模型的分类

3.9.2 朴素贝叶斯

在具体介绍前，简单介绍贝叶斯原理、贝叶斯分类器、朴素贝叶斯分类三个概念及其关系。贝叶斯原理是解决"逆向概率"问题的一种重要的技术手段。所谓"逆向概率"是相对"正向概率"而言。正向概率的问题很容易理解，比如已经知道袋子里面有 N 个球，其中 M 个是黑球，那么把手伸进去摸一个球，就能知道摸出黑球的概率是多少。但这种情况往往是建立"上帝视角"之下的，即了解了事情的全貌再做推断。而现实中很难知道事情的全貌，下面就是一个典型"逆向概率"问题：如果事先不知道袋子里面黑球和白球的比例，而是通过摸出来的球的颜色，可否估算出袋子里面黑白球的比例？解决"逆向概率"问题可以用频度统计的方式，也可以根据贝叶斯经验推断的方式（基于先验知识或历史经验，进行参数分布估计）。在这个理论基础上，人们设计出了贝叶斯分类器，朴素贝叶斯分类是贝叶斯分类器中的最简单，最常用的一种分类器。

朴素贝叶斯（Naive Bayes）算法是假设各个特征 $\{F_1, F_2, \cdots, F_N\}$ 之间相互独立，这样给定 $\{F_1, F_2, \cdots, F_N\}$ 后类别变量 C 的后验概率可由下式给出。

$$p(C|F_1,F_2,\cdots,F_N) = \frac{p(F_1,F_2,\cdots,F_N|C)p(C)}{p(F_1,F_2,\cdots,F_N)} = \frac{p(F_1|C)p(F_2|C)\cdots p(F_N|C)p(C)}{p(F_1)p(F_2)\cdots p(F_N)}$$

这个独立性假设很强，实际问题很难严格满足，但是这项技术对于绝大部分的复杂问题仍然比较有效。对于一个待分类样本，求解在此样本特征的条件下各个类别出现的概率，选择后验概率最大的类别。

在 R 中，E1071 包中的 NaiveBayes 和 klaR 包中的 NaiveBayes 提供了朴素贝叶斯分类器。

```
library(klaR)
data(iris)
m<-NaiveBayes(Species ~ .,data=iris)

c<-1    #类别1
p<-m $ apriori[c]
for(i in 1:4){
  p<-p * dnorm(iris[1,i],mean=m $ tables[[i]][c,1],sd=m $ tables[[i]][c,2])
  p<-p/dnorm(iris[1,i],mean=mean(iris[,i]),sd=sd(iris[,i]))
}
```

模型对象 m 的 tables 属性有 4 个 3×2 矩阵,为 4 个预测变量 Sepal.Length(简写为 SL)、Sepal.Width(简写为 SW)、Petal.Length(简写为 PL)和 Petal.Width(简写为 PW)的条件分布(setosa、vericolor、virginica 等 3 个类别)的均值和标准差,下面用 $N(x,\text{mean},\text{sd})$ 表示变量 x 在均值为 mean、标准差为 sd 的正态分布下的概率密度值,可以得到类别研判的后验概率为

$$p(\text{setosa}|\text{SL},\text{SW},\text{PL},\text{PW})=$$
$$\frac{p(\text{setosa})N(\text{SL},5.01,0.35)N(\text{SW},3.43,0.38)N(\text{PL},1.46,0.17)N(\text{PW},0.25,0.1)}{N(\text{SL},5.84,0.83)N(\text{SW},3.06,0.44)N(\text{PL},3.76,1.77)N(\text{PW},1.2,0.76)}$$

对于连续变量,计算的概率密度数值可能远大于 1,为符合认知习惯,很多软件对预测结果做归一化,例如 klaR 包中的 NaiveBayes 将概率密度最大的设置为 1,其余的类别做等比例缩放。

3.9.3 贝叶斯网络

贝叶斯网络(Bayesian Networks)是一个有向无环图(Directed Acyclic Graph),其中每个节点代表一个属性变量,节点间的弧代表属性间的概率依赖关系,在贝叶斯网络中,链接可能会形成回路,但可能不会形成循环。贝叶斯网络提供了一种方便的框架结构来表示变量间关系,使不确定性推理变得在逻辑上更为清晰、可理解性强。

有两个视角来理解贝叶斯网络,首先贝叶斯网络表达了各个节点间的条件依赖关系,可以直观地从贝叶斯网络当中得出属性间的条件独立以及依赖关系;另外可以认为贝叶斯网络用另一种形式表示出了事件的联合概率分布,根据贝叶斯网的网络结构以及条件概率表(Conditional Probability Table,CPT),可以快速得到每个基本事件(所有属性值的一个组合)的概率。

R 里面有有很多包支持贝叶斯网络。bnlearn、catnet、deal、pcalg 等包实现了结构学习和参数学习,gRbase、gRain、rbmn 等包仅仅实现了参数学习,它们的对比见表 3-8[41]。

bnstruct 是最新的一个包，实现了结构学习和参数学习，特色是支持缺失值处理。Bayesian-Network 是一个 Shiny web 应用做贝叶斯建模与分析。

表 3-8 R 中支持贝叶斯网络的包对比

	bnlearn	catnet	deal	pcalg	gRbase	gRain	rbmn
离散数据	是	是	是	是	是	是	否
连续数据	是	否	是	是	是	否	是
混合数据	否	否	是	否	否	否	否
基于约束的学习算法	是	否	否	是	否	否	否
基于评分的学习算法	是	是	是	否	否	否	否
综合学习算法	是	否	否	否	否	否	否
结构修改	是	是	否	否	是	否	否
参数估计	是	是	是	否	否	是	否
预测	是	是	否	否	否	是	是
近似推理	是	否	否	否	否	是	否

下面以 bnlearn 包中的 marks 数据集为例，演示贝叶斯网络学习。marks 数据集是 88 个学生在 5 个科目上考试成绩，分别为 mechanics（简写为 MECH）、vectors（VECT）、algebra（ALG）、analysis（ANL）和 statistics（STAT），分数在 0~100 之间，想知道不同科目间的相关性关系。除了原始的变量，Edwards 等学者用 EM 算法将学生聚为 2 类（前 52 个学生除了第 45 位外，都是 A 组，其余为 B 组），可以将该类别变量作为一个隐含变量，记为 Latent。这样可以看看不同组内的关联关系的不同、不考虑隐含变量的整体贝叶斯网络的结构、和考虑 Latent 后的贝叶斯网络结构。由此，也可以看出引入隐含变量前后，贝叶斯网络结构发生了很大的变化，这种现象也称为 Confounding Effect（看似高度相关的两个变量，其实原因是背后由同一个隐含变量驱动），如下述代码和图 3-43~图 3-46 所示。

```
library(bnlearn)
data("marks")
latent<-factor(c(rep("A",44),"B",rep("A",7),rep("B",36)))

netA<-hc(marks[latent=="A",])
netB<-hc(marks[latent=="B",])
net<-hc(marks)
dmarks<-discretize(marks,breaks=4,method="interval")
netLat<-hc(cbind(dmarks,LAT=latent))

# opar<-par(mfrow=c(2,2),mar=c(0.5,0.5,2,0.5))
```

```
plot(netA,main="Group A",cex.main=0.75)
plot(netB,main="Group B",cex.main=0.75)
plot(net,main="BN without Latent Grouping",cex.main=0.75)
plot(netLat,main="BN with Latent Grouping",cex.main=0.75)
# par(opar)
```

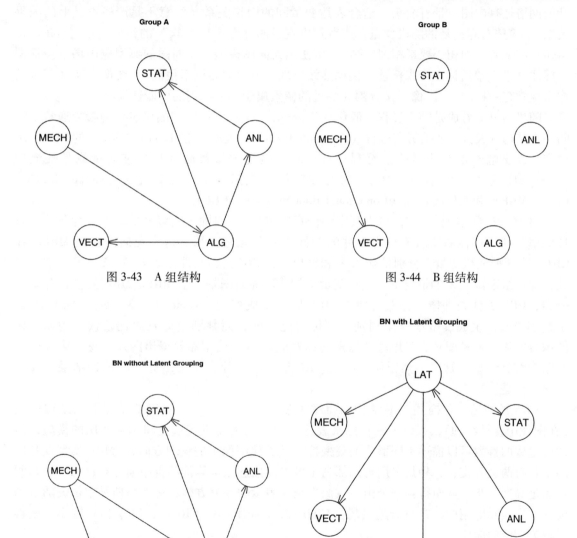

图 3-43　A 组结构

图 3-44　B 组结构

图 3-45　不考虑隐含变量

图 3-46　考虑隐含变量

3.9.4 一般图模型

概率图模型（PGM）用图结构来描述多元随机变量之间条件独立或依赖关系的概率模型，为高维空间中的概率模型研究带来了很大的便捷性。

1. 模型类型

PGM 可以分为贝叶斯网络（有向无环图）和马尔可夫网络（无向图概率图模型）。贝叶斯网络是有向图，带有箭头，适合表达变量间的因果关系（注意不是严格意义上的因果关系）。希望对存在环的随机变量，或者随机变量间存在比较"软"的约束关系（Soft Constraints）建模（如相邻要素相似度高），可使用无向图模型。无向图的典型应用场景包括词性标注（根据前后词组合来标注，例如连续出现两个动词的概率很低）、图像去噪（邻近的像素通常有一样的）、图像语义分割（临近的像素属于同一类别的可能性较高）。

随机场可被看成是随机过程一般化（Generalization）的产物，随机过程的参数通常是时间一维结构（$\mathcal{R}^1$），如伯努利过程（Bernoulli Process）是个二值 Binary（0/1）的随机变量序列，连续抛硬币是典型的伯努利过程；而随机场的参数通常是多维向量或是某流形（Manifold）上的多维结构（$\mathcal{R}^n$）。常见的随机场包括马尔可夫随机场（Markov Random Field，MRF）和条件随机场（Conditional Random Field，CRF）。

对于一个无向图模型 G，对于其中的任意节点 X_i，"以除了它以外的所有点为条件的条件概率"和"以他的邻居节点为条件的条件概率"相等，那么这个无向图就是 MRF。在 CRF，有两种随机变量，分别是输入 X 和输出 Y，CRF 关心条件概率 $P(Y|X)$ 的马尔可夫性，即在给定输入 X 的情况下，随机变量 Y 构成的无向图是一个 MRF。MRF 关注联合概率分布，CRF 关注条件概率分布，所以 MRF 属于生成模型（Generative Model），而 CRF 属于判别模型，生成模型本身比判别模型描述能力强，而判别模型收敛比较快。例如，在图像分割中，X 是图片，Y 是每个像素的标号值。MRF 模型需要得出图片和每个像素标号的联合统计结果，这个显然很困难。而 CRF 是基于图片直接得出标号的统计结果，大大简化了问题。

MRF 模型是一种描述图形结构的概率模型，通过适当定义的邻域系统引入结构信息（在图像中就是纹理），提供了一种用来表达空间上相关随机变量之间相互作用的模型，由此所生成的参数可以描述不同形式的集聚特征（类比图像中的纹理方向）。MRF 模型及其应用主要有两个分支：一种是采用与局部马尔可夫性描述完全等价的吉布斯分布；另一种是假设满足高斯分布，从而得到一个由空域像素灰度表示的差分方程，称作高斯马尔可夫随机场模型。在实际应用中，吉布斯随机场（Gibbs Random Field，GRF）计算量相对较小，获得了较为广泛的应用。

当且仅当随机变量的联合概率密度严格为正时，MRF 等价于 GRF，于是，概率密度就可以按照团（Cliques）来进行因子（factorized）分解，通常使用势函数（Potential Function）来定义严格为正的概率密度。MRF 第一个原型是统计力学中的伊辛（Ising）模型，MRF 是 Ising 模型一般化的产物，玻尔兹曼机（Boltzmann Machine）是随机变量为 0/1 二进制的全连接的 MRF。源于 Ising 模型的势函数被定义为 $\psi_C(X_C) = e^{-E(X_C)}$，其中 $-E(X_C)$ 即能量函数。在统计力学中，能量越低往往意味着状态越稳定，出现的概率就越大，因此，通常通过寻求能量函数的最小值，来找到最可能的状态/配置（Configuration）。势函数的值越大，表示团的这种配置的可能性越高，反之，则越低。

根据不同的结构限定，概率图模型可分为很多不同的模型形式，如图 3-47 所示[42]。前文讨论过的 HMM 就是概率图模型中的一种，它可以作为朴素贝叶模型引入序列结构（或动态性）后的扩展，与朴素贝叶模型一样都是生成模型。同时，HMM 与 CRF 也有点类似，只不过 HMM 是生成模型，是有向图，而 CRF 是判别模型，是无向图。

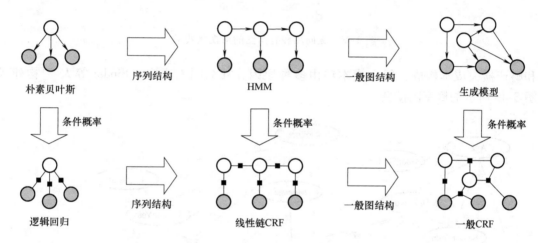

图 3-47　不同概率图模型间的关系

2. 图模型结构

R 语言包提供了优化的图结构的表达形式，在语言上，采用 Formula 方式，无向图和有向图的定义方法请参阅如下代码，在可视化上，基于 graphviz 的可视化，如图 3-48 所示。

```
    library(gRain)
opar<-par(mfrow=c(1,2))
uG11<-ug(~a:b + b:c:d)
plot(uG11)

daG11<-dag(~a:b + b:c:d)
plot(daG11)
    par(opar)
```

可以基于 R 语言构建复杂的概率图模型，例如车辆保险的成本由医疗成本、赔偿成

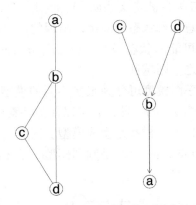

图 3-48　无向图和有向图的可视化效果

本和财产损失成本构成，每个成本项由多种原因、社会因素决定，Binder 等人[43]构建了如图 3-49 所示的概率图模型。

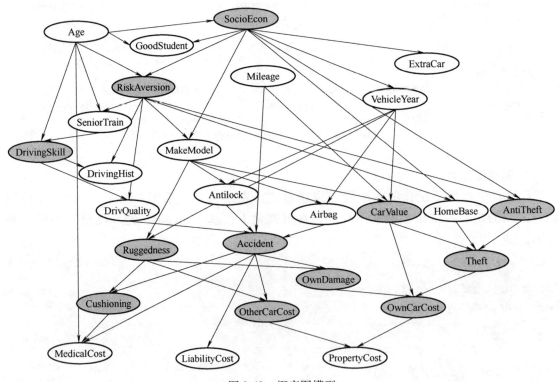

图 3-49　概率图模型

PGM 的模型核心是计算联合概率密度。有向图可以通过变量消元（Variable Elimination，VE）、联结树算法（Junction Tree，JT），计算目标变量的概率分布，无向图的联合概率分布则为团（Clique）的势函数乘积。团是图论的概念，团是无向图节点的子集，该子集的所有节点两两间存在连接，换言之，团中的节点都是全连接的。最大团（Maximal Clique）指的无法再增加任何一个其他节点的团。

3. 模型推理

基于图结构可以做很多独立性的推断（例如 D-Seperation 等），有 3 类推理：

1）边际推理（marginal inference）：寻找一个特定变量的概率分布。比如，给定一个带有变量 A、B、C 和 D 的图，其中 A 取值 1、2 和 3，求 $p(A=1)$、$p(A=2)$ 和 $p(A=3)$。

2）后验推理（Posterior Inference）：给定某些显变量 v_E，下标 E 表示证据（evidence），其取值为 e，求某些隐藏变量 v_H 的后验分布 $p(v_H | v_E = e)$。

3）最大后验推理 [Maximum-a-Posteriori（MAP）Inference]：给定某些显变量 v_E，求使其他变量 v_H 有最高概率的配置。

除了离散变量等简单模型结构简化外，精确评估是极其消耗计算资源的，图模型计算多采用近似推理算法（Approximate Inference），包括随机采样（Random Sampling，又称为蒙特卡洛算法）近似推理、变分法近似推理（Variational Inference）。变分法近似推理指的是在利用已有数据推断需要的分布 p，但当 p 不容易表达或不能直接求解时，可以尝试寻找容易表达和求解（特别是存在解析解）的分布 q，当 q 和 p 的差距很小的时候，q 就可以作为 p 的近似分布，成为输出结果了。随机抽样算法不考虑样本的概率分布特征和条件独立性，从某个特定的概率分布随机抽样，生成一组样本，然后用这些样本进行统计计算，近似估计要计算的量。随机抽样的工作原理在参考文献 [44] 中有一个很好的示例：估算密西西比河的平均深度，如何进行采样本。随机抽样算法可分为两大类，即重要性抽样（Importance Sampling）算法和马尔可夫链蒙特卡洛（Markov Chain Monte Carlo，MCMC）算法，它们的主要区别在于前者产生的样本之间相互独立，而后者产生的样本却相互关联．MCMC 算法包括吉布斯抽样（Gibbs Sampling）算法和混合 MCMC（Hybrid Monte Carlo Sampling）算法等，当网络中没有极端概率时，这类算法非常有效，否则收敛非常慢。

在近似推理算法上，开源社区有许多工具，包括 OpenBUGS（Bayesian inference Using Gibbs Sampling，基于 Component Pascal 语言开发）、JAGS（Just Another Gibbs Sampler，C++开发）、Stan（命名为了纪念蒙特卡罗方法先驱 Stanislaw Ulam，基于 C++语言开发）、pyMC（依赖于 Theano 基础，在 Python 下）、Edward（依赖于 TensorFlow），很多对比研究[46]推荐 Stan，相对于 OpenGUGS 语法，Stan 模型定义分段更清晰简洁。在 R 中有 r2OpenBugs、rjags、Rstan 等包直接与这些开源工具接口，也有 coda，MCMCpack 等包做随机采样推理。

下面用参考文献 [47] 中的 8 所学校辅导对入学成绩影响的数据集来举例。从表3-9可以看出，大部分学校短期辅导的确可以提高考试成绩。首先，不能假设所有学校彼此独立，因为学校的 95% 的后验间隔由于高标准误差而在很大程度上重叠；第二，不能假设所有学校的真实效果都相同，因为不同学校老师和学生水平不同。

表 3-9　8 所学校辅导对入学成绩影响的数据集

学校	预计提升（y_i）	标准差（σ_i）
A	28	15
B	8	10
C	−3	16
D	7	11
E	−1	9
F	1	11
G	18	10
H	12	18

分层模型的优点是可以合并来自所有 8 所学校的信息，而无需假定它们具有共同的真实效果。根据该模型，每个学校辅导的效果遵循正态分布（方差不同且已知），真实影响也符合参数为 μ，τ 的正态分布。

$$y_i \sim \text{Normal}(\theta_i, \sigma_i), \quad i=1,\cdots,8$$
$$\theta_i \sim \text{Normal}(\mu, \tau), \quad i=1,\cdots,8$$
$$p(\mu, \tau) \propto 1$$

整个层次贝叶斯模型可用图 3-50 来描述，μ，τ 是带估计的参数，θ_i 符合 μ，τ 的正态分布。

Stan 模型如下述代码所示，由数据（data）、参数（parameters）、中间变量（transformed parameters）、模型（model）四部分构成。在数据部分，声明外部数据集，并可以定义样本下表变量。参数是待计算的参数，包括前面的说的 μ，τ，还包括 θ_i 的生成参数 η_i，在计算时 $\theta_i = \mu + \tau * \eta_i$，这样 η_i 就一个标准的正态分布随机变量。

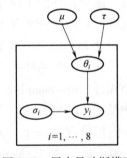

图 3-50　层次贝叶斯模型

```
data {
  int<lower=0> J;              // number of schools
  real y[J];                   // estimated treatment effects
  real<lower=0> sigma[J];      // s.e. of effect estimates
}
parameters {
  real mu;
```

```
  real<lower=0> tau;
  vector[J]eta;
}
transformed parameters {
  vector[J]theta;
  theta=mu + tau * eta;
}
model {
  target +=normal_lpdf(eta | 0,1);
  target +=normal_lpdf(y | theta,sigma);
}
```

对模型部分,有两种方式指定分布。第一种,使用以下统计符号:

```
y~ normal(mu,sigma);  # y follows a normal distribution
```

第二种方式使用基于对数概率密度函数(lpdf)的程序化表示法:

```
target+=normal_lpdf(y | mu,sigma);# increment the normal log density
```

模型训练函数 stan() 需要模型信息(模型文件,或模型描述字符串)、数据源和一些 MCMC 参数。

```
library(rstan)
schools_data<-list(
  J=8,
  y=c(28,8,-3,7,-1,1,18,12),
  sigma=c(15,10,16,11,9,11,10,18)
)

fit1<-stan(
  file="schools.stan",      # Stan program
  data=schools_data,        # named list of data
  chains=4,                 # number of Markov chains
  warmup=1000,              # number of warmup iterations per chain
  iter=2000,                # total number of iterations per chain
  cores=1,                  # number of cores(could use one per chain)
```

```
    refresh=0               # no progress shown
)
```

拟合后，通过图 3-51 可以看到，整体的 μ 为 7.71，可见辅导对考试成绩还是有影响，只不过不同学校间差异很大，τ 为 6.49。

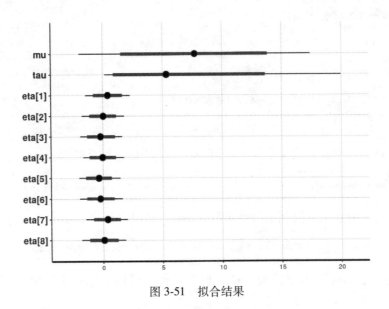

图 3-51　拟合结果

在概率图的描述上，rGrain 等包在描述图结构上比较简洁，但在概率分布以及复杂层次关系时，Stan 等模型描述更强大，可读性也更好一些。

3.9.5　讨论与扩展阅读

扩展阅读推荐，除了 *Learning probabilistic graphical models in R*[48] 由 Packt 出版社出版，其他的图书分布在 CRC、MIT、Springer 等出版社，具体见表 3-10，其中 *Probabilistic graphical models: Principles and Applications* 对因果模型做了简明扼要的介绍。在理论方面，可以阅读经典图书 PRML[49]、MLAP[50]，JAGS 与 Stan 的用法可以阅读参考文献 [51]。

表 3-10　扩展阅读推荐

出版社	贝叶斯网络	概率图模型
CRC	*Bayesian networks: with examples in R*[41]	*Bayesian data analysis (3rd Edition)*[47]
MIT		*Probabilistic graphical models: principles and techniques*[52] （中译本为参考文献 [53]）

(续)

出版社	贝叶斯网络	概率图模型
Springer	*Bayesian computation with R*[54]	*Probabilistic graphical models: Principles and Applications*[55], *Graphical models with R*[56]

很多工业人员对概率持有一种怀疑态度，本书第1章对此做过简单讨论。工业诊断通常也是根据症状进行故障原因的推断，这种推断很多时候也是"概率性"。例如，钻井故障诊断中[57]，页岩污染、盐污染、水层涌入等因素都不直接观测，需要通过钻井液的密度、黏度变化等征兆来推断，而征兆研判本身就是不确定性的，不同异常原因发生的可能性不同（存在先验概率），因而采用概率推断反而更合适。

但从另外一个角度可以看到，在工业应用中，概率图模型的结构可以根据机理知识或领域专家访谈建立，更多需要做的是参数估计或检验。另外，一个工业现象通常需要多个维度的刻画，例如不同故障原因造成黏度变化的幅度、速度、持续时间不同，仅用单一特征很难有区分性。数据分析师不要紧盯着算法调优，而从问题的描述与特征提取角度多思考一下。

以马尔可夫命名的概念有很多，如马尔可夫链（MC）、隐马尔可夫模型（HMM）、马尔可夫决策过程（MDP）、马尔可夫博弈（MG）等，大部分命名都与马尔可夫属性相关。马尔可夫属性大概意思就是"远亲不如近邻"（或者说局部连续性和相似性），很多自然现象和规律都符合该规律，毕竟能量是有限的。

贝叶斯引入的先验概率看似"偏见"（甚至可以说存在一定的随意性），但贝叶斯推理过程仍然是理性的。但在日常决策中，"非理性"思维可能让人们不会严格遵循贝叶斯原理。例如，对于均匀硬币抛掷结果，从理性上，多次投掷结果是独立的，出现正面或反面的概率均为1/2。但若恰巧出现了前100次均有"正面"的情形，在对101次结果押注时，相信很多人都会押"反面"，虽然包括贝叶斯原理等概率推理都会告诉我们第101结果为正、反面的概率仍均为1/2。大家无意中把这个问题错误转化为"101次全是正面的概率"与"101次中至少有1次是反面的概率"的对比决策问题。这样的例子还有很多，更多贝叶斯思想的哲学层面讨论，推荐阅读《贝叶斯的博弈：数学、思维与人工智能》一书[58]。

3.10 集成学习

3.10.1 引言

集成学习（Ensemble Learning）是指通过构建并结合多个学习器来完成学习任务，有时也被称为多分类器系统（Multi-Classifier System）、基于委员会的学习（Committee-Based Learning）

等。方法是通过对样本加权、学习器加权,获得比弱的单一学习器泛化性能更强的强学习器。集成学习的一般结构如图 3-52 所示,先产生一组"个体学习器(Individual Learner)",再用某种策略将它们结合起来。若个体学习器由同一个学习算法从训练数据产生,这样的集成是"同质(Homogeneous)"的,同质集成中的个体学习器又称"基学习器(Base Learner)",相应的学习算法称为"基学习算法(Base Learning Algorithm)"。集成也可包含不同类型的个体学习器,这样的集成是"异质(heterogeneous)"的,异质集成中的个体学习器由不同的学习算法生成,这时个体学习器常被称为"组件学习器(Component Learner)"[59]。

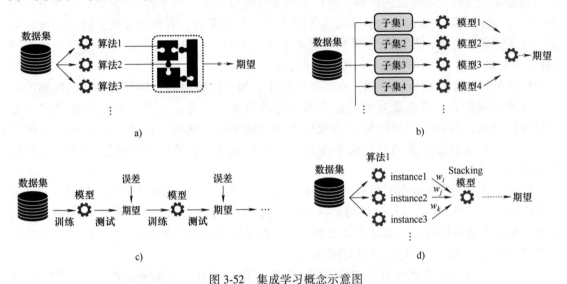

图 3-52 集成学习概念示意图
a)集成学习示意图 b) Bagging 方法 c) Boosting 方法 d) Stacking 方法

按照个体学习器算法训练策略和集成策略,集成学习可以分为 3 类:

1) Bagging 方法,包括通过数据集采样而形成多个训练模型的 BootStrap 方法,和通过特征变量随机"采样"的随机森林模型(数据上也做随机采样),通过多个并行模型的平均或众数融合,提高预测的稳定性;

2) Boosting 方法,通过多个序列模型不断提高预测精度,可分为 AdaBoost 和 Gradient Boosting 两类,Gradient Boosting 下有 GBM、GBDT(包括 Xgboost)等算法;

3) Stacking 方法,在融合阶段也采用一个机器学习模型,将多个并行模型的预测结果做输入。在第一个阶段和融合阶段的训练数据切分上,有为 2 份(Train,Test)或 3 份(Train,Validation,Test)的两种做法。分 2 份的做法就是狭义上的 Model Stacking,分 3 份的做法严格意义上应称为 Model Blending,但二者存在很多类似之处,本节笼统的把它们都归为 Stacking。

3.10.2 Bagging 方法

Bagging 方法是由 Bootstrap AGGregatING 而来的[60],因此 Bagging 的核心思想就是 bootstrap 方法又称自助法和集成。Bagging 方法利用可放回采样方式，从多个训练样本中进行采样，在这个过程中一部分样本可能会被采样多次，也可能一次都不会被采集到。在 T 次采样后得到 T 个样本子集，然后在每个样本子集上再训练基分类器。对于分类问题用基分类器的训练结果进行投票，得到的投票结果即为最终结果。对于回归问题来说则采用平均的方法得到结果。[61]

随机森林是 Bagging 的一个扩展变体，随机森林在 Bagging 集成的基础上，进一步在决策树的训练过程中引入了随机的特征选择过程。简单来说，Bagging 和决策树结合就成了随机森林算法。被选择的特征是从随机生成的特征子空间中选择的，而不是从所有的可用特征空间中选择。更进一步的方法为 Extra Tree，这种方式下不仅特征来自随机子空间，连阈值也是随机生成的。

R 中的 caret 和 caretEnsemble 包可以进行 bagging 方法的集成学习，下面对 iris 鸢尾花数据集进行 Bagged CRAT 和 Random Forest 的 Bagging 算法学习，如下述代码和图 3-53 所示，可以看到 RF 算法的结果更好。

```
# Example of Bagging algorithms

control<-trainControl(method="repeatedcv",number=10,repeats=3)
seed<-7
metric<- "Accuracy"
# Bagged CART
set.seed(seed)
fit.treebag <- train(Species ~.,data=iris,method="treebag",metric=
metric,trControl=control)
# Random Forest
set.seed(seed)
fit.rf <- train(Species~.,data=iris,method="rf",metric=metric,trCon-
trol=control)
# summarize results
bagging_results <- resamples(list(treebag=fit.treebag,rf=fit.rf))
# summary(bagging_results)
dotplot(bagging_results)
```

3.10.3 Boosting 方法

Boosting 方法（也称为提升方法）的基本思路就是采用模型串联的方式，如图 3-54 所示，在迭代的每一轮中，选择最合适的弱学习模型（weak learner）集成到整体模型中，让整体模型越来越强，提升为强学习模型（strong learner）。它只能串行地训练，因为每一轮迭

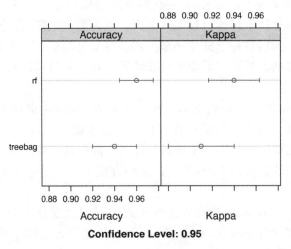

图 3-53 拟合结果

代都要根据当时模型状况选择最好的子模型,而 Bagging 方法则可以并发训练。从数学抽象上说,每一个弱学习模型就是一个函数,Boosting 是函数空间上的优化,找到一组合适的函数集成起来。

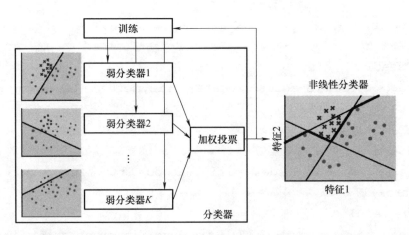

图 3-54 Boosting 方法工作示意图

与 Bagging 方法不同的是,Boosting 方法不是有放回的进行特征选取,而是在保持训练集不变的原则下,根据每个分类器的权重变化进行分类结果的调整;因为权重的改变,Boosting 方法不同于 Bagging 方法的均匀取样,根据错误率的变化,错误率越大,样例的权重也会越大。

Boosting 方法可分为 AdaBoost 和 Gradient Boosting 两类,Gradient Boosting 下有 GBM、GBDT(包括 Xgboost)等算法,下面将详细讨论它们之间的关系。

1. AdaBoost

AdaBoost（意为 Adaptive Boosting）的自适应性体现在前一个分类错误的样本会在后一个学习器中获得更高的权重，加权后的全体样本再次进行训练。在训练的过程中，每一轮迭代都会加入一个新的弱学习器，直到达到错误率或达到最大迭代次数的预设阈值。AdaBoost 的训练误差是以指数速率下降的，并且 AdaBoost 具有自适应性，它能适应弱分类器的训练误差率，不需要预先知道下界，这也是其名称中有"Adaptive"的原因[61]。

AdaBoost 可以表示如下优化问题：

$$\min_{\eta} \min_{h_t} \frac{1}{N} \sum_{i=1}^{N} \exp\left\{ - y_i \cdot \left(\sum_{\tau=1}^{t-1} a_\tau h_\tau(x_i) + \eta h_t(x_i) \right) \right\}$$

式中，$h_t(x_i)$ 表示在 t 步需要寻找的最佳下降方向；$\sum_{\tau=1}^{t-1} a_\tau h_\tau(x_i)$ 表示已经集成的模型；η 是最佳步长。

adabag 包中的 boosting() 函数可以实现 Adabosst 算法。

```
adamodel=boosting(Species~.,data=iris) #建立 adaboost 模型
res=table(iris[,5],predict(adamodel,iris)$class)
```

2. GBM

GBM（Gradient Boosting Machine，梯度提升机）是通过 GLM（Generalized Linear Model，广义线性模型）思路对 AdaBoost 进行的扩展[62]，损失函数（Loss）不再限制与指数或最小二乘误差的形式，可以参考 GLM 套路根据响应变量 y 的分布，结合链接函数（Link Function）来选择合适损失函数，大大拓展了应用场景。

GBM 可以表示为如下优化问题：

$$\min_{\eta} \min_{h_t} \frac{1}{N} \sum_{i=1}^{N} \text{Loss}\left(\sum_{\tau=1}^{t-1} a_\tau h_\tau(x_i) + \eta h_t(x_i), y_i \right)$$

这里面，损失函数 Loss() 可以有很多形式，$h_t(x_i)$ 通常是回归模型。很多初学者疑惑梯度如何求得，需要注意，这里梯度指的是损失函数对模型的梯度，与 ANN 模型损失函数对模型参数的梯度不同。

gbm 包中 gbm() 和 gbm.fit() 函数可以实现 GBM 算法，如下述代码和图 3-55 所示。

```
#将响应变量转为 0-1 格式
data(PimaIndiansDiabetes2,package='mlbench')
data <- PimaIndiansDiabetes2
data$diabetes <- as.numeric(data$diabetes)
data <- transform(data,diabetes=diabetes-1)
#使用 gbm 函数建模
model <- gbm(diabetes~.,data=data,shrinkage=0.01,
```

```
              distribution='bernoulli',cv.folds=5,
              n.trees=3000,verbose=F)
plot.gbm(model)
```

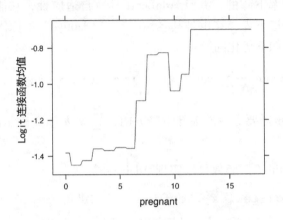

图 3-55　特征变量 pregnant 的边际影响

3. GBDT

GBDT（Gradient Boosting Decision Tree，梯度提升树）可以说是 GBM 的一种实现，其子模型使用回归树（Regression Tree）。结合决策树（Decision Tree）的特点，Friedman 对其最优化过程做出了很多优化（η 的求解），拟合速度与能力大幅增强。

$$-\left[\frac{\partial L(y,f(x_i))}{\partial f(x_i)}\right]_{f(x)=f_{m-1}(x)}$$

GBDT 由多棵决策树构成，并且每个决策树的深度都很小。在样本实例被输入后，每一棵决策树都会进行一遍遍历，然后根据结果值，每棵树都会对预测值进行调整修正，最后得到预测的结果。它的优点是利用残差来决定全局优化的最终方向，并且变相的对分错的样本权重进行增大。除了利用残差还有一种方式是利用局部最优方向步长的方式求解，是梯度提升和决策树的结合。

在 R 中有 gbm 包可以实现 GBDT 算法。

4. XgBoost

XgBoost 是 GBDT 的一个非常高效的实现，使用了二阶导数信息（反过来要求损失函数二阶可导）；不仅如此，其最重要的一个新特性是引入正则化。传统的树模型生成结构时，往往只考虑纯度，树的复杂度控制完全交给超参数。XgBoost 将部分控制加入到损失函数，更关注决策树生成细节[63]。

R 中 xgboost 包的 xgboost() 函数可以实现 XgBoost 算法，如下述代码和图 3-56 所示。

```r
#加载数据集
library(modeldata)
data("stackoverflow")

#区分 x 和 y
y <- as.numeric(stackoverflow $ Remote)-1
x <- stackoverflow %>% select(-Remote)

#将因子转化为哑变量
z <- dummy_cols(x,remove_first_dummy=TRUE)
x <- z %>% select(-Country)

#setting the parameters
params <- list(eval_metric="auc",
               objective="binary:logistic")
#running xgboost
model <- xgboost(data=as.matrix(x),
                 label=y,
                 params=params,
                 nrounds=20,
                 verbose=0)

#shap values
xgb.plot.shap(data=as.matrix(x),
              model=model,
              top_n=5)
#画出了模型中排名前五的影响因素
```

参考文献 [64] 剖析了 XgBoost 表现优秀的原因。这个模型具有丰富的表示能力，尽管被限制为分段常用函数，但是如果树的数量足够多，那么就可以近似接近任意的函数。这种树增加的方式可以体现出自适应性。举个例子来说，分散点的目标函数如图 3-57 所示，在 x 值较小的部分需要较低的灵活性，在 x 中部为平坦，在 x 较大的部分则需要很高的灵活性。

如果使用较低的灵敏度拟合则会产生 x 较大值部分拟合程度过低的情况（如图 3-58a 所示），如果使用较高的灵敏度拟合 x 的中部位置则会出现拟合错误的情况（如图 3-58b 所示）。

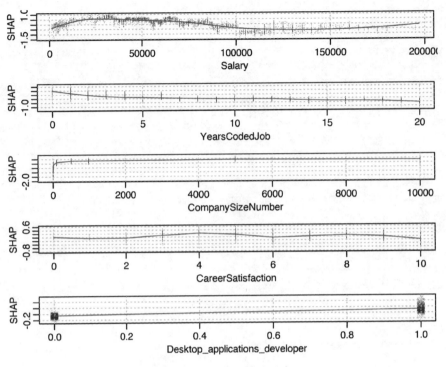

图 3-56　XgBoost 算法示意

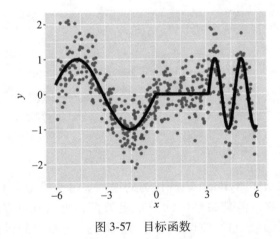

图 3-57　目标函数

而自适应增加的树模型在复杂的结构部分将采用更小的邻域来捕获特征，在简单的结构部分将采用更广泛的方式来得到结果，因此得到了优秀的结果，如图 3-59 所示。

5. LightGBM

LightGBM 是微软推出的 boosting 框架，它有相对较快的训练速率和较低的内存占用，不

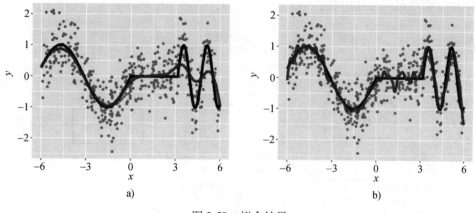

图 3-58 拟合结果
a) 低灵敏度 b) 高灵敏度

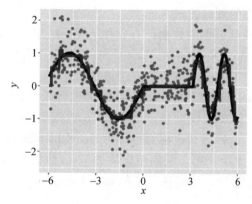

图 3-59 XgBoost 拟合结果

仅在提升准确率的同时可以进行并行的学习,而且对大规模数据也比较友好。它和 XgBoost 一样,是基于 GBDT 开发的,但是在训练速度上有很大的优势。但是 LightGBM 对图像、语音等高维数据的处理效果不佳,在训练大数据时往往有其他更好的深度学习模型替代。R 语言中 LightGBM 包中有相关函数实现。

3.10.4 Stacking 方法

顾名思义,Stacking 方法的内涵就是模型的层次化堆积。尽管理论上可以堆积很多层,但一般来说就是两层:第 1 层由多个训练模型组成,它们的输出作为第 2 层集成模型的输入;第 2 层也被称为 Meta-Learning Model,如图 3-60 所示。在第 1 层,最好利用不同的算法进行模型训练,不同算法对于不同结构性问题各有优缺点,这样使第 2 层的可以得到信息量丰富的特征输入。和其他监督学习模型一样,Stacking 方法也分为训练阶段(即 training 阶段)和应用阶段(即 Scoring 阶段)。本节先简要讨论 Stacking 方法在两个阶段的工作机制,然后给出对应算法包的使用方法。

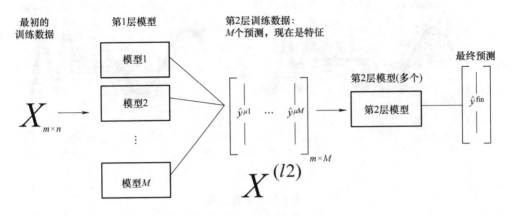

图 3-60　模型堆积示意图 1

1. training 阶段的数据的划分方法

关于第 1 层、第 2 层模型训练的数据，有 2 种情况：给定一个数据集，可以切分为 2 份（Train，Test）或 3 份（Train，Validation，Test）。在实际数据分析课题中，数据样本数量一般并不富裕，切分为 2 份（Train，Test）的方法更常用。

1) 如果切成 3 份，第 1 层模型利用 Train 数据集进行训练，然后对 Validation 数据集数据进行预测（Prediction），第 2 层模型基于 Validation 数据集进行训练；最后整体性能基于 Test 数据集进行测试检验。这种方式也称为也称为 model blending 或 holdout stacking。

2) 如果切成 2 份，第 1 层、第 2 层模型均基于 Train 数据集训练，第 1 层模型通常采用各种重采样（Resampling）手段，这是狭义上的 model stacking。示意图如图 3-61 所示[65]。

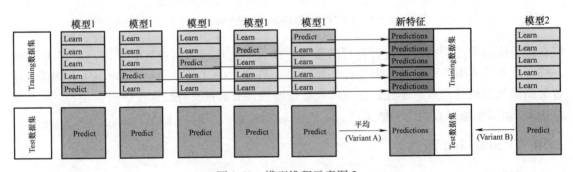

图 3-61　模型堆积示意图 2

以 Kaggle 平台提供的 Titanic 数据为例①，Train 数据有 890 行（请对应图 3-61 中的上层部分），Test 数据有 418 行。假设第 1 层由 6 个模型，统一采用 5 折（fold）交叉检验的重采

---

① 见 http://www.kaggle.com/c/titanic/data。

样方法。模型都要做满 5 次的训练和预测（如图中的模型 1 为例）。每 1 次的 fold，都会生成 713 行训练数据，178 行测试数据。用模型 1 来训练，然后生成 178 行预测值。这样的动作进行 5 次，5 次的预测记录总数为 890 行。其他的 5 个模型类似，最后合并为一个 890×6 的数据框，作为会第二层模型的训练的特征变量。

2. scoring 阶段的模型行为

关于模型堆积在应用阶段的机制，有 2 个问题经常困扰新人，第 1 个问题是有多少个模型参与了 Scoring 阶段？答案很直接，用到 Scoring 阶段的模型（也称为 Final Model）就是在模型结构上设置的模型的个数（例如，前文 Titanic 例子中，第 1 层有 6 个模型和第 2 层 1 个模型用于 Scoring）；第 2 个问题是，最后应用的第 1 层模型是哪个模型？答案是在所有的训练数据上训练出来的模型。

这两个困惑通常来自对第 1 层重采样机制目的的理解：

1）重采样仅仅是为了让第 1 层能给第 2 层提供更合适的输入；用全体样本训练出来第 1 层模型容易过拟合，而应该用 resammpling 留出来的样本的预测结果作为第 2 层模型的输入；

2）采样机制为第 1 层模型做超参数选择（如果有）；

3）使评价模型的性能指标更合理。

3. 算法包

Stacking 方法的算法包共有 5 种选择，见表 3-11。考虑到 caret 包的丰富性，推荐 caretEnsemble。

表 3-11 算法包

包	描述
caretEnsemble	基于 caret 包的 ensemble，caretEnsemble（）采用 glm 对多个模型进行简单线性集成，caretStack（）支持多个模型的灵活组合
SuperLearner	与 30+机器学习算法有接口，目前也支持 caret 包
h2o	h2o.stackedEnsemble（）方法基于 h2o 引擎的能力
stacks	基于'tidymodels'包的简洁模型流描述语法
MTPS	提供 Cross-Validation Stacking（CVS）、Residual Stacking（RS）等多种不同集成策略

4. caretStack 背后的运行机制

caretEnsemble（）采用策略就是狭义的模型堆积策略，对于 training 数据集，采用重采样（默认方法为 Bootstrap 方法）进行多次训练和预测，多个第 1 层的预测结果作为第 2 层的训练数据。为更清楚确认这个背后的逻辑，下面先从 K 折交叉检验的重采样方法开始。

（1）10 折交叉检验

下面以 iris 数据集为例，第 1 层模型采用 CV 的方式进行训练（默认值是 10 折），对于 holdout 的样本进行预测，10 折后构成了预测值。第 1 层各个模型的预测值作为第 2 次模型的输入。

```
library(caretEnsemble)
library(caret)
library("rpart")

set.seed(4)
models <-caretList(
  x=iris[1:50,1:2],
  y=iris[1:50,3],
  trControl=trainControl(method="cv"),
  methodList=c("rpart","lm")
)
ens<-caretStack(models,method="lm")
```

可以看到，通过 trainControl 的控制，第 1 层模型采用了 10 折 CV（前面 6 折的样本数量分别为 45，46，45，45，46，43），而第 2 层模型仍采用了默认的 25 轮的 Bootstrap 的重采样方法。

```
models
## $rpart
## CART
##
## 50 samples
##  2 predictor
##
## No pre-processing
## Resampling: Cross-Validated (10 fold)
## Summary of sample sizes: 45,46,44,45,45,45,...
## Resampling results across tuning parameters:
##
##   cp      RMSE   Rsquared  MAE
##   0.0000  0.173  0.132     0.145
##   0.0326  0.169  0.185     0.139
##   0.1949  0.171  0.147     0.139
##
## RMSE was used to select the optimal model using the smallest value.
```

```
## The final value used for the model was cp=0.0326.
## 
## $lm
## Linear Regression
## 
## 50 samples
##  2 predictor
## 
## No pre-processing
## Resampling: Cross-Validated (10 fold)
## Summary of sample sizes: 45,46,44,45,45,45,...
## Resampling results:
## 
##   RMSE   Rsquared  MAE
##   0.168  0.186     0.134
## 
## Tuning parameter 'intercept' was held constant at a value of TRUE
## 
## attr(,"class")
## [1] "caretList"
ens
## A lm ensemble of 2 base models: rpart,lm
## 
## Ensemble results:
## Linear Regression
## 
## 50 samples
##  2 predictor
## 
## No pre-processing
## Resampling: Bootstrapped (25 reps)
## Summary of sample sizes: 50,50,50,50,50,50,...
## Resampling results:
## 
##   RMSE   Rsquared  MAE
```

```
## 0.184   0.0603    0.144
##
## Tuning parameter 'intercept' was held constant at a value of TRUE
```

(2) scording 阶段的 FinalModel

caretList() 返回的是一个 caretList 的 S3 对象，通过它可以访问到第一层各个算法的 FinalModel，例如，通过 rpart 算法训练出来的模型。caretStack() 返回的对象 caretStack 也有类似的性质。如果还不相信，可用 iris 前 50 行单独训练一个 rpart 模型进行比对（采用通常的随机数种子）。

```
rpart.plot(models $ rpart $ finalModel)
```

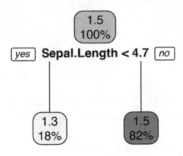

图 3-62　第 1 层的 rpart 算法对应 FinalModel

这些 FinalModels 用来做 Scoring。第 1 层模型对新数据的预测值就是每个算法的 FinalModel 的预测值。

```
  print("prediction from models")
## [1] "prediction from models"
  pred_level1<-predict(models,newdata=iris[51:55,])
  print(pred_level1)
    ## rpart    lm
## 51  1.5    1.76
## 52  1.5    1.67
## 53  1.5    1.75
## 54  1.5    1.56
## 55  1.5    1.70
  print("prediction by lm's finalModel")
## [1] "prediction by lm's finalModel"
```

```
  pred_lm<-predict(models $ lm $ finalModel,newdata=iris[51:55,])
  print(pred_lm)
##   51   52   53   54   55
## 1.76 1.67 1.75 1.56 1.70
```

第 2 层模型是一个线性模型,可以做类似的验证。

```
#get the coefficients of level2's lm model
cof<-ens $ ens_model $ finalModel $ coefficients

#manually calculate the prediction based on lm coefficients
res_manual<-as.matrix(cbind(data.frame(intercept=rep(1,5)),pred_level1)) %*% cof

#prediction result from the ens object
res_ens<-predict(ens,newdata=iris[51:55,])

print(data.frame(manual=res_manual,ensemble=res_ens))
##      manual ensemble
## 51    1.31    1.31
## 52    1.36    1.36
## 53    1.32    1.32
## 54    1.43    1.43
## 55    1.35    1.35
```

(3) training 阶段第 1 层模型的预测值

S3 对象 careList 中每个算法都有一个属性 pred,通过它可以看到每个样本在哪个分折中被当作预测样本。例如,第 42 个样本在第 3 个分折作为预测样本,第 47 个样本在第 1 个分折作为预测样本。第 47 个样本的预测值是 1.476471,对比上节的 FinalModel 模型图就知道,这不是 rpart 算法的 FinalModel 的预测值,而是根据分折 2~9 训练出来的 rpart 模型的预测值。

```
models $ rpart $ pred[1:10,]
##        cp   pred obs rowIndex Resample
## 1  0.0326  1.30 1.3       39   Fold01
## 2  0.0326  1.43 1.5       35   Fold01
## 3  0.0326  1.49 1.4       38   Fold01
```

```
## 4  0.0326 1.41 1.4       1  Fold03
## 5  0.0326 1.43 1.6      31  Fold04
## 6  0.0326 1.47 1.4       5  Fold05
## 7  0.0326 1.34 1.0      23  Fold02
## 8  0.0326 1.33 1.1      14  Fold04
## 9  0.0326 1.47 1.7      19  Fold05
## 10 0.0326 1.60 1.4      50  Fold05
```

（4）bootstrap 重采样方法下第一层模型的输出

```
set.seed(4)
models2 <- caretList(
  x=iris[1:50,1:2],
  y=iris[1:50,3],
  # trControl=trainControl(method="cv"),   #just comments this line. default 重采样 method is bootstrap
  methodList=c("rpart","lm")
)
ens2<-caretStack(models2,method="lm")
```

可以看到：models2 $ rpart $ pred 是一个 433×5 的数据框，与 ens2 $ ens_model $ trainingData 是一致的。models2 $ rpart $ pred 的前 10 行如下所示。

```
##      cppred  obs rowIndex  Resample
## 1   0.195  1.49 1.5    28  Resample01
## 2   0.195  1.52 1.3    41  Resample04
## 3   0.195  1.49 1.6    26  Resample01
## 4   0.195  1.48 1.6    47  Resample02
## 5   0.195  1.49 1.7     6  Resample01
## 6   0.195  1.51 1.2    36  Resample08
## 7   0.195  1.34 1.3    39  Resample04
## 8   0.195  1.32 1.5     4  Resample01
## 9   0.195  1.52 1.3    37  Resample04
## 10  0.195  1.52 1.4    38  Resample04
```

在模型堆积中，第 1 层模型训练时通常采用重采样等方法为第 2 层模型提供训练数据，主要目的是为了避免过度乐观。但每个算法的训练结果还是一个 FinalModel，这是在 scoring 阶段采用的模型。本节通过 caretEnsemble 包的函数对象剖析，目的是为读者提供更直观的认识。更详细的内容推荐阅读 *Hands-on machine learning with R*[66]一书。

3.11 模型评价

3.11.1 引言

模型评价是模型开发过程中不可或缺的环节。它有助于发现表达数据的最佳模型和所选模型将来工作的性能如何。在数据挖掘中，使用训练集中的数据评价模型性能是不可接受的，因为这易于生成过拟合的模型。模型评价包括评价指标和评价方法两部分。本节首先讨论典型的分类和回归问题的评价指标，然后讨论常见的评价方法，最后简要讨论一下特征重要度的评价。

3.11.2 评价指标

按照研判型（Discriminant）分类、生成型（Generative）分类、回归问题、模型结构复杂度这4类分别讨论评价指标。在很多算法中，用一个损失（Loss）函数综合表征模型的优劣。R 中的 Metrics 包相对全面地总结了常用的指标函数。

1. 分类问题（研判型）

（1）混淆矩阵

混淆矩阵是分类模型结果评估的一种可视化方法，主要用于比较分类结果和实例的真实信息。如图 3-63 所示，矩阵中的每一行代表实例的预测类别，每一列代表实例的真实类别。

基于混淆矩阵，可以构建如下评价指标。

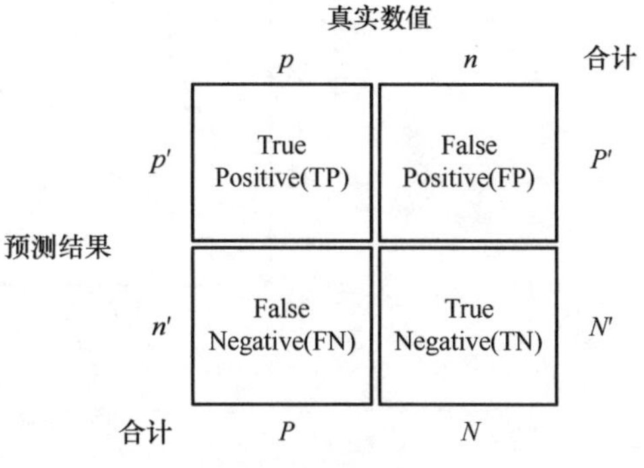

1）准确率（Accuracy）：准确率是最常用的分类性能指标：

$$Accuracy = (TP+TN)/(TP+FN+FP+TN)$$

即正确预测的正反例数/总数。

2）精确率（Precision）：精确率容易和准确率被混为一谈。其实，精确率只是针对预测正确的正样本而不是所有预测正确的样本。表现为预测出是正（Positive）的里面有多少真正是正（True Positive）的。可理解为查准率：

$$Precision = TP/(TP+FP)$$

即正确预测的正例数/预测正例总数。

3）召回率（Recall）：召回率表现出在实际正样本中，分类器能预测出多少。与真正率相等，可理解为查全率：

$$Recall = TP/(TP+FN)$$

即正确预测的正例数/实际正例总数。

图 3-63 混淆矩阵示意图

4) F1 值（F1 score）：F1 值是精确率和召回率的调和值，更接近于两个数较小的那个，所以精确率和召回率接近时，F1 值最大。很多推荐系统的评测指标就是用 F1 值的。F1 值也称为 F 值（F score）或 F 度量（F measure）。

$$2/F1 = 1/Precision + 1/Recall$$

5) Kappa 系数：Kappa 系数 κ 定义为：

$$\kappa = \frac{2 \times (TP \times TN - FN \times FP)}{(TP+FP) \times (FP+TN) + (TP+FN) \times (FN+TN)}$$

（2）ROC 曲线

在逻辑回归等算法中，每个算法给出的类型的成立概率，对于正负例的界定，通常会设一个阈值，大于阈值的为正类，小于阈值为负类。如果减小这个阈值，更多的样本会被识别为正类，但提高正类的识别率，会使更多的负类被错误识别为正类。为了直观表示这一现象，引入 ROC 曲线（Receiver Operating Characteristic Curve，受试者工作特征曲线）。根据分类结果计算得到 ROC 空间中相应的点，连接这些点就形成 ROC 曲线，横坐标为 False Positive Rate（假正率），纵坐标为 True Positive Rate（真正率）。一般情况下，这个曲线都应该处于（0, 0）和（1, 1）连线的上方，如图 3-64 所示。

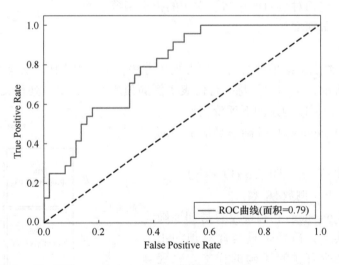

图 3-64　ROC 曲线示意图

AUC（Area Under Curve）被定义为 ROC 曲线下的面积（ROC 的积分），其值通常在 0.5 和 1 之间。随机挑选一个正样本以及一个负样本，分类器判定正样本的值高于负样本的概率就是 AUC 值。AUC 值越大的分类器，性能越好。

（3）PR 曲线

PR 曲线（Precision Recall Curve）的纵坐标是精确率（Precision，P），横坐标是召回率（Recall，R），如图 3-65 所示。评价标准和 ROC 一样，先看平滑不平滑（浅色线明显好些)。一般来说,在同一测试集,上面的比下面的好(浅色线比深色线好)。当 P 和 R 的值接近时,F1 值最大,此时画连接 (0,0) 和 (1,1) 的线,线和 PRC 重合的地方的 F1 是这条线最大的 F1(光滑的情况下),此时的 F1 对于 PR 曲线就好像 AUC 对于 ROC 一样。一个数字比一条线更方便调型。

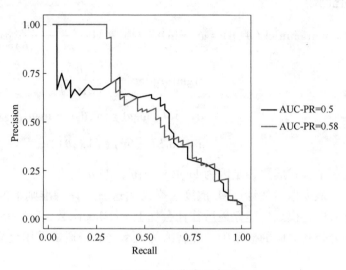

图 3-65 PR 曲线示意图

(4) 其他曲线

除了 ROC 曲线和 PR 曲线之外,还有 KS 曲线、Lift 图、Gain 图等。KS 曲线是把真正率和假正率都作为纵坐标,而样本数作为横坐标;Lift 图衡量的是,与不利用模型相比,模型的预测能力"变好"了多少,lift(提升指数)越大,模型的运行效果越好;Gain 图展现的则是描述整体精准度的指标。

2. 分类问题(生成型)

生成型分类模型的输出表达了一个样本属于各个类别的概率,生成型模型的评价通常采用概率型指标,包括最大后验概率(Maximum A Posteriori,MAP)、最大似然估计(Maximum Likelihood Estimation,MLE)、交叉熵(Cross Entropy)、KL 散度等指标。

假设样本 $X, Y = (x_1, y_1), (x_2, y_2), \cdots, (x_n, y_n)$ 的真实概率分布是 $p(y \mid x; \theta^t)$,生成型模型采用相同的概率分布函数 $p(y \mid x; \theta)$,根据训练数据,寻找最优模型参数 θ。在此前提下,最大似然估计、KL 散度、交叉熵这三个指标的优化结果是相同的,即

$$\theta_{\text{MLE}} = \underset{\theta}{\text{argmax}} P(Y \mid X; \theta) = \underset{\theta}{\text{argmin}} H(\theta^t, \theta) \equiv \underset{\theta}{\text{argmin}} \text{KL}(\theta^t, \theta)$$

这里简要阐述三者等价的原因。最大似然估计的目标是极大化样本集的似然度 $P(Y \mid X; \theta)$,即

$$\theta_{\text{MLE}} = \underset{\theta}{\text{argmax}} \prod_{i=0}^{n} p(y_i \mid x_i; \theta) = \underset{\theta}{\text{argmax}} \sum_{i=0}^{n} \log p(y_i \mid x_i; \theta) = \underset{\theta}{\text{argmax}} E(\log p(y \mid x; \theta))$$

交叉熵也是用来计算两个概率分布之间的距离，其优化过程可表达为

$$\theta_{\mathrm{H}} = \underset{\theta}{\operatorname{argmin}} \mathrm{H}(\theta^t, \theta) = \underset{\theta}{\operatorname{argmin}} \int -p(y\mid x;\theta^t)\log p(y\mid x;\theta)\mathrm{d}x = \underset{\theta}{\operatorname{argmax}} E(\log p(y\mid x;\theta))$$

KL散度也是判断真实概率分布与估计概率分布之间的距离，在KL散度准则下，模型训练就是KL最小化问题。

$$\begin{aligned}\theta_{\mathrm{KL}} &= \underset{\theta}{\operatorname{argmin}} \mathrm{KL}(\theta^t, \theta) = \underset{\theta}{\operatorname{argmin}} \int p(y\mid x;\theta^t)\log\frac{p(y\mid x;\theta^t)}{p(y\mid x;\theta)}\mathrm{d}x \\ &= \underset{\theta}{\operatorname{argmin}} E\left(\log\frac{p(y\mid x;\theta^t)}{p(y\mid x;\theta)}\right) \\ &= \underset{\theta}{\operatorname{argmin}} E[\log p(y\mid x;\theta^t) - \log p(y\mid x;\theta)] \\ &= \underset{\theta}{\operatorname{argmin}} E(-\log p(y\mid x;\theta))\end{aligned}$$

上公式的最后一个等式成立，是因为$\log p(y\mid x;\theta^t)$与θ无关。

由此可以看出，最大似然估计、KL散度、交叉熵这三个评价准则下的模型参数估计是等价的。在深度学习中，模型的建立最后往往会加上SoftMax函数，Softmax的作用就是将输出结果归一化并且分类到对应的概率中。在转换为概率之后，通常采用交叉熵指标作为损失函数。

3. 回归问题

对于回归问题，最朴素的目标就是极小化残差。对残差的不同综合计算方法也就构成不同评价指标。这里以一维的目标量为例，假设有N个样本，y_i是第i个样本的真实值，$\hat{y}_i$是预测值。

1）均方根误差（Root Mean Squared Error，RMSE）：

$$\mathrm{RSS} = \sum_{i=1}^{N}(y_i - \hat{y}_i)^2$$

$$\mathrm{RMSE} = \sqrt{\frac{\mathrm{RSS}}{N-1}}$$

2）R^2（R-square）：R^2可以用来判断模型是否有用。一般认为R^2越大越好，但是也有例外，详细内容请参阅线性模型一节的讨论。

3）均方误差（Mean Squared Error，MSE）：

$$\mathrm{MSE} = \frac{\mathrm{RSS}}{N}$$

4）平均绝对值误差（Mean Absolute Error，MAE）：

$$\mathrm{MAE} = \frac{1}{N}\sum_{i=1}^{N}|y_i - \hat{y}_i|$$

对于$|y_i - \hat{y}_i| \gg 1$的大偏差，MAE的惩罚比RMSE、MSE要小很多。

5) 平均绝对百分比误差（Mean Absolute Percentage Error，MAPE）：

$$\text{MAPE} = \frac{1}{N} \sum_{i=1}^{N} \left| \frac{y_i - \hat{y}_i}{y_i} \right|$$

使用 MAPE 要注意 $y_i = 0$ 值附近的点。对此，有对称平均百分比误差（Symmetric Mean Absolute Percentage Error，SMAPE）等改进指标。

6) Huber 损失：

$$L_\delta(y_i - \hat{y}_i) = \begin{cases} \dfrac{1}{2}(y_i - \hat{y}_i)^2 & \text{当 } |y_i - \hat{y}_i| \leq \delta \\ \delta|y_i - \hat{y}_i| - \dfrac{1}{2}\delta^2 & \text{其他情况} \end{cases}$$

① 当 Huber 损失在 $[-\delta, \delta]$ 之间时，等价为 MSE；
② 在 $[-\infty, -\delta]$ 和 $[\delta, +\infty]$ 时，等价为 MAE。

7) Log-Cosh 损失：Log-Cosh 的计算方式是预测误差的双曲余弦的对数：

$$L(y, y^p) = \sum_{i=1}^{n} \log(\cosh(y_i^p - y_i))$$

令误差值 e = 真实值 − 预测值，MSE 由于对 e 取了 2 次方，那么当 $e > 1$ 时，MSE 会增加一部分误差，尤其是数据中存在离群点等异常点，e 值增加很大，e^2 就会远大于 $|e|$。MSE 对异常点的权重值要大于 MAE。最小化 MSE 的目标值是样本点的平均值，最小化 MAE 的目标值是样本点的中位数。由于中位数的鲁棒性比平均值更强，所以 MAE 对于存在异常值的情况也比 MSE 稳定。

如果训练数据被大量异常点"污染"，那么 MAE 损失就更好用（比如在训练数据中存在大量错误的反例和正例标记，但是在测试集中没有这个问题）。但是在某些情况下，MSE 和 MAE 都无法满足需求，例如目标值分布在极端的两个区域（如 90% 为大值，10% 为小值，那么 MAE 会忽略 10% 的小值），MSE 会将结果偏移向大值。那么就要使用 Huber 损失。

Huber 损失可以理解为 MAE 和 MSE 的结合，本身为绝对误差，但是在误差很小时，就变为 2 次方误差。两种情况的转换由一个超参数 δ 来控制，在实际应用中需要结合实际情况调整。例如在神经网络的训练中，由于神经网络的不变大梯度导致在梯度下降快结束时，会错过最小值。这时候 Huber 损失就可以结合 MAE 和 MSE 的优点来将目标值落在最小附近。除此之外还有比 MSE 更加平滑的 Log-Cosh 损失函数。

4. 结构惩罚：SIC、AIC、BIC 和 MDL

如果刻意地向模型中添加解释变量，模型的解释效果自然会随之提高，但是这就代表创造了一个好的模型吗？其实事实并非如此，随着向模型中添加解释变量的同时，复杂的变量关系会使模型变得极其复杂，解释起来会有巨大的困难。当样本数量较少时，训练模型的效果就会变得极差，造成"维度灾难"。因此在对模型进行评估的过程中，需要定义一些常用的指标来对解释变量的数量进行"惩罚"[67]。

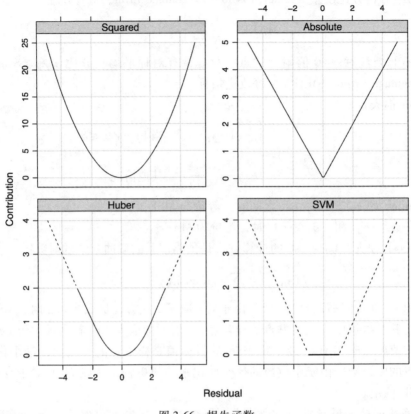

图 3-66 损失函数

(1) 赤池信息量 (Akaike Information Criterion, AIC)
$$AIC = 2p - N\ln(L)$$
式中，L 为似然函数，定义为 RSS/N。可以看到，AIC 指标分别是关于解释变量个数 p 和残差平方和平均值 RSS/N 的递增函数。AIC 越小，则说明模型可以被少量的解释变量拟合得较好，模型拟合较为优秀。

(2) 贝叶斯信息量 (Bayesian Information Criterion, BIC)
$$BIC = 2\ln(N)p - N\ln(L)$$
和 AIC 不同的是，BIC 对 p 的惩罚项前面加上了一个 >1 的系数（一般来说 $N>3$），使得 BIC 在对 p 的惩罚上面更为严厉。因此，使用 BIC 准则选择出的最优模型对应的解释变量个数不会高于 AIC 准则所对应的最优模型。同时，因为表达式基本没有差异，BIC 也是越小越好。

(3) 施瓦茨信息量 (Schwarz Information Criterion, SIC)

SIC 和上述两种惩罚函数表达式基本相同，同样也是越小越好，但是 SIC 的惩罚比 AIC 和 BIC 更加严厉。

（4）最小描述长度（Minimum Description Length，MDL）
$$h_{MAP} = \operatorname*{argmin}_{h \in H} -\log_2 P(D|h) - \log_2 P(h)$$

其中 h 满足：
$$\begin{aligned} h_{MAP} &= \operatorname*{argmax}_{h \in H} P(h|D) \\ &= \operatorname*{argmax}_{h \in H} \frac{P(D|h)P(h)}{P(D)} \\ &= \operatorname*{argmax}_{h \in H} P(D|h)P(h) \end{aligned}$$

MDL 实际上是在假设模型复杂度和假设错误率之间寻找一个平衡，最终选择一个产生错误较少并且复杂程度较小，比较简单的假设。从而避开完美的过拟合模型，对参数进行"惩罚"。

3.11.3 评价方法

在对模型的训练过程中，数据集还要划分为训练集（Training Set）、验证集（Validation Set）和测试集（Test Set）。训练集用来使用不同的方法来训练模型，验证集用来使用验证方法来挑选最优模型（包括超参数优化），最后再放在测试集上来对模型性能进行评估。但是集合的划分并不是随意的，合理的划分可以有效地评估出高效的模型，不合理的划分会影响模型最终的训练效果，例如，若重复对测试集进行评估，那么测试集在实际过程中会和训练集发生一定程度的拟合，最终可能导致模型的过拟合。下面将介绍几种常用的划分方法以及验证方法。

1. Hold-out

Hold-out 是最基本的划分方法，它将数据集直接按照特定的比例进行划分。比如 80% 划分为训练集，那么对应的测试集则为 20%。

但是这种划分方式存在比较明显的缺点，因为这种划分方式依赖于划分的比例和原始数据的数据分布，虽然避免了过拟合情况出现，但可能会造成特殊个例情况的出现，需要进行进一步验证。

2. K-fold CV

K-fold CV 方法如图 3-67 所示。由于每一个样本数据集都有训练集和测试集两种身份，可以避免欠学习的情况发生。但是对 K 值的选择是这种方法的关键问题，K 值如果设置较小，就会导致模型使用的训练集比较小，使结果方差和误差增大。一般经验取 K 的值为 5 或 10。

3. LOO CV

LOO CV（Leave-One-Out Cross Validation）的思想是，将所有样本中的其中一个留下来作为验证集，其他都用来作为训练集。也可以理解为 K-fold CV 中，K 的取值为样本总数 N。这种方法下，每一轮训练中训练集的个数都接近于整个样本集，训练出来的结果接近于原始的样本分布，得到的结果可靠性比较高。除此之外，不像 Hold-out 方法是按比例划分随机选取样本，LOO CV 方法是一种可以重复结果的方式。但是，这种方法的计算成本比较高，当样本集合较大时，对计算性能的要求也随之增大。

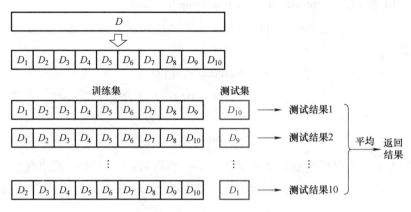

图 3-67 K-fold CV 方法示意图

4. Bootstrap

Bootstrap 是另一种比较常用的方法。Bootstrap 是一种采样法，它将样本有放回地进行随机抽样，得到训练集。在抽样过程中，有的样本会被重复抽取，没有被抽到的样本就被当作验证集使用。

Boot 包中提供了做 bootstrap 的函数：boot( )，boot.ci( )。

```
beta<-function(formula,data,indices){
d<-data[indices,]
fit<-lm(formula,data=d)
return(fit$coef[2])
}
result<-boot (data = women, statistic = beta, R = 1000, formula = weight ~ height)
boot.ci(result)
## BOOTSTRAP CONFIDENCE INTERVAL CALCULATIONS
## Based on 1000 bootstrap replicates
##
## CALL:
## boot.ci(boot.out=result)
##
## Intervals:
## Level        Normal              Basic
## 95%       (3.21,  3.71)      (3.23,  3.73)
##
```

```
## Level      Percentile            BCa
## 95%        (3.17, 3.67)          (3.21, 3.70)
## Calculations and Intervals on Original Scale
```

3.11.4 特征重要度

特征重要度描述了特征值的相关性，它可以对建立好的模型进行重要性的评价。特征选择贯穿模型建立的始终，对目标值有高相关性关系的特征值在最终得到保留，无关的被去除。很多模型在建模之前或者模型本身都会依据此类方法来得到理想的模型。

而在建模后，需要考虑的是哪些特征才是模型（或者说机器）所认为重要性最高的；最终保留的特征值是如何对目标值进行结果预测的；对于预测过程而言，每一个预测流程又是如何得到结果的。对这类问题的研究也就是对结果的特征重要度研究，它可以帮助我们对模型有更深刻的理解，对后续的研究工作有指导意义。下面介绍三种方法。

1. 内置随机森林重要度（Built-in Random Forest Importance）

随机森林中有基线中的基尼（Gini）重要性或平均减少量（MDI）来计算每个特征的重要度，它是一组决策树。每个决策树都是由一组内部节点和叶子节点组成的。在内部节点中，所选功能用于决定如何将数据集分为两个单独的集合。

另一种方法是通过消除该特征与目标之间的关联，评估每个特征的排列重要度或平均精度降低（MDA）。这种方法通过随机置换特征值并测量导致误差增加来实现的。相关特征的影响也被消除。

在 R 中的 randomForest 包里可对基尼重要度和置换重要度进行分析。

2. 基于排列的重要性（Permutation-based Importance）

排列重要性也是探究特征对整体预测效果的影响，这种方法的思想是通过对某一特征值的数据列进行改动（如随机打乱），其余保持不变，然后再对其打分，得到该特征值对预测重要度的影响。

R 中利用 caret 包可以对变量重要度进行排序。如下述代码和图 3-68 所示，rpart 等一些分类算法包从训练模型中产生的对象包括了变量了重要性。

```
data(Credit)

#生成随机编号为 2 的随机数
set.seed(2)
#将 Credit 的数据集分为两类,按 0.7 与 0.3 的比例无放回抽样
ind=sample(2,nrow(Credit),replace=TRUE,prob=c(0.7,0.3))

trainset=Credit[ind==1,]
```

```
testset=Credit[ind==2,]

control=trainControl(method="repeatedcv",number=10,repeats=3)

data(Credit)
model=train(Income~.,data=trainset,method="rpart",preProcess="scale",trControl=control)

importance=varImp(model,scale=FALSE)
plot(importance)
```

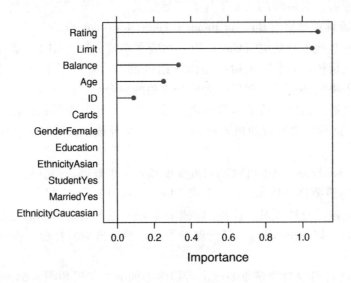

图 3-68 重要度排序

3. SHAP（SHapley Additive exPlanations）

前两种方法都是对全局进行解释的方法，如果除了全局外还需要对局部进行解释，那么就要用到 SHAP 方法，SHAP 值基于 Shapley 值，Shapley 值是博弈论中的一个概念。SHAP 的核心思想是计算特征对模型输出的边际贡献，再从全局和局部两个层面对"黑盒模型"进行解释。在这种解释模型中，所有的特征都被认为是有贡献的。

图 3-69 所示是由 python 中 shap 包内函数对 SHAP value 进行的可视化表示，浅色表示该特征的贡献是负数，深色则表示该特征的贡献是正数，偏离程度代表了贡献程度的大小，偏离程度的绝对值越大，贡献度越大。

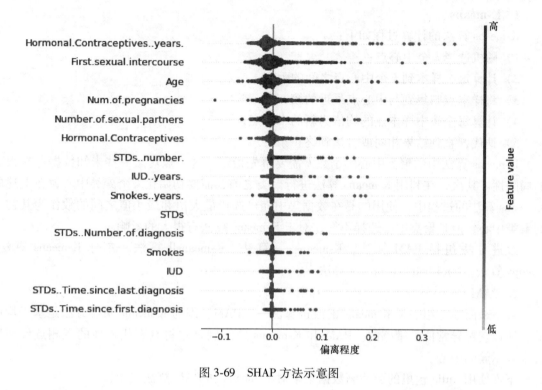

图 3-69　SHAP 方法示意图

3.12　聚类

3.12.1　引言

聚类算法是一种无监督算法，聚类分析（Clustering Analysis）是将一组对象根据其特征分成不同的簇（cluster），使得同一个簇内的对象在某种意义上比不同的簇之间的对象更为相似。由于"簇"没有一个统一的定义，因而会有基于不同的模型的聚类算法，其中被广泛运用的聚类算法有以下，简单的分类为基于距离、层次、密度、分布的聚类算法，另外还有基于集成（Ensemble）、分形理论（Fractal Theory）、模型（Model）等的聚类算法。

3.12.2　基于距离的聚类：K-means、PAM

在基于距离的聚类算法中，每个簇都维持一个中心点（centroid），该中心点不一定属于给定的数据集。当预先指定聚类数目 k 时，此类算法需要解决一个优化问题，目标函数为所有的对象距其所属的簇的中心点的距离的 2 次方和，优化变量为每个簇的中心点以及每个对象属于哪个簇，该优化问题被证明是"NP-hard"问题，但有一些迭代算法可以找到近似解。

1. K-means

K-means 算法的计算过程如下：

1）随机选择 k 个中心点；
2）计算每个样本到 k 个中心点之间的距离；
3）将样本点归集到与中心点最近的簇；
4）计算每个簇中样本点的均值为新的中心点；
5）迭代，直到结果相同或者达到终止条件。

K-means 算法中的聚类中心的个数 k 需要事先指定，这一点对于一些未知数据存在很大的局限性。其次，在利用 K-means 算法进行聚类之前，需要初始化 k 个聚类中心，在上述的 K-means 算法的过程中，使用的是在数据集中随机选择最大值和最小值之间的数作为其初始的聚类中心，但是聚类中心选择不好，对于 K-means 算法有很大的影响。

改进方法包括 PAM 算法、K-means++算法、K-meansll 算法、二分 K-means 算法、Canopy 算法、Mini batch K-means 算法[1]。

2. PAM

接下来简单介绍一下 K-means 的改进算法——PAM，因为 K-means 聚类方法是基于均值的，所以它对异常值是敏感的。PAM 和 K-means 的区别是它将具有代表性的观测点代替质心来表示簇的中心。

下面使用 rattle 包里的葡萄酒数据集来对 K-means 和 PAM 算法演示：

```
data(wine)
df <- scale(wine[-1])
#K-means
set.seed(1234)
nc <- NbClust(df,min.nc=2,max.nc=15,method="kmeans")
dfk<-kmeans(df,3,nstart=25)
#PAM
set.seed(12)
kp<-pam(df,k=3,metric="euclidean",stand=TRUE)

fviz_nbclust(scale(wine[-1]),kmeans,method="silhouette")
fviz_cluster(kmeans(df,3,nstart=25),df,ellipse.type="norm")
clusplot(pam(df,k=3,metric="euclidean",stand=TRUE))
```

上述代码为部分代码，这里用到 Nbclust 包和 cluster 包，使用 wssplot( ) 和 Nbclust( ) 函数确定聚类个数，然后使用 kmeans( ) 函数来得到最终的聚类结果，factoextra 包中 fviz_nbclust( ) 可以确定最佳簇数，fviz_cluster( ) 画出聚类图，如图 3-70～图 3-72 所示。

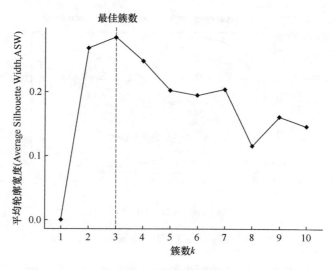

图 3-70 最佳簇数的确定

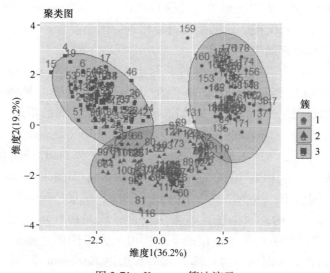

图 3-71 K-means 算法演示

3.12.3　基于层次的聚类：Hclust

上一小节提到 K-means 算法有 k 值选择和初始聚类中心点选择的问题，这些问题也会影响聚类的效果。为了避免这些问题，层次聚类就是一层一层的进行聚类，允许用户最后选择合适的簇的数量。按照计算策略，层次聚类算法可分为两类：

1）分裂（Divisive）层次聚类：又称自顶向下（top-down）的层次聚类，即最开始所有

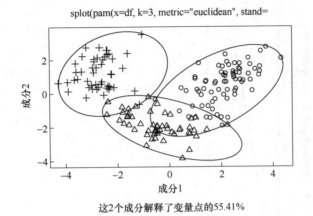

图 3-72 PAM 算法演示

的对象均属于一个簇，每次按一定的准则将某个簇划分为多个簇，如此往复，直至每个对象均是一个簇。

2）凝聚（Agglomerative）层次聚类：又称自底向上（bottom-up）的层次聚类，每一个对象最开始都是一个簇，每次按一定的准则将最相近的两个簇合并生成一个新的簇，如此往复，直至最终所有的对象都属于一个簇。

衡量两个对象之间的距离的方式有多种，对于数值类型（Numerical）的数据，常用的距离衡量准则有 Euclidean 距离、Manhattan 距离、Chebyshev 距离、Minkowski 距离等。除了需要衡量对象之间的距离之外，层次聚类算法还需要衡量簇之间的距离，常见的簇之间的衡量方法有 Single-link 方法、Complete-link 方法、UPGMA（Unweighted Pair Group Method using arithmetic Averages）方法、WPGMA（Weighted Pair Group Method using arithmetic Averages）方法、Centroid 方法［又称 UPGMC（Unweighted Pair Group Method using Centroids）方法］、Median 方法［又称 WPGMC（weighted Pair Group Method using Centroids）方法］、Ward 方法等。前四种方法是基于图的，因为在这些方法里面，簇是由样本点或一些子簇所表示的（这些样本点或子簇之间的距离关系被记录下来，可认为是图的连通边）；后三种方法是基于几何方法的（因而其对象间的距离计算方式一般选用 Euclidean 距离），因为它们都用中心点来代表一个簇。

下面是层次聚类示例，用到 flexclust 包和 Nbcluster 包，分别用来聚类和用来确定聚类个数等参数，如下述代码和图 3-73 所示。

```
par(mfrow=c(1,1))
data(nutrient)
row.names(nutrient)<-tolower(row.names(nutrient))
#数据中心标准化 scale()
```

```
nutrient_s<-scale(nutrient,center=T)
#用 dist()函数求出距离 euclidean-欧几里得距离常用
d<-dist(nutrient_s,method="euclidean")
#求出距离带入 hclust 函数中用 ward 方法聚类
cnutrient<-hclust(d,method="ward.D")
plot(cnutrient,hang=-1,cex=.8,main='averher linkage clustering')
```

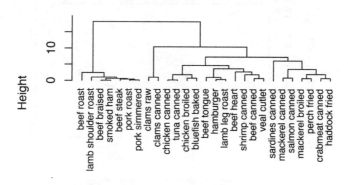

图 3-73　层次聚类示意

3.12.4　基于密度的聚类：DBSCAN

在基于密度的聚类算法中，密度高的区域被归为一个簇，簇之间由密度低的区域隔开，密度低的区域中的点被认为是噪声（noise）。常用的密度聚类算法有 DBSCAN、OPTICS 和 Mean-shift。DBSCAN 是最著名的基于密度的聚类算法，它直接由这类聚类算法的基本思想产生。OPTICS 是对 DBSCAN 算法的改进，它克服了 DBSCAN 算法对邻域半径和邻域最小点数两个参数敏感的缺点。在 Mean-shift 过程中，首先计算当前数据点偏移量的均值，然后根据当前数据点和偏移量计算下一个数据点，最后继续迭代，直到满足一定的准则。

优点：聚类效率高，适合任意形状的数据；缺点：当数据空间密度不均匀时，聚类结果质量较差；当数据量较大时，需要较大的内存，聚类结果对参数高度敏感。

dbscan 包提供了基于密度的有噪声聚类算法的快速实现，包括 DBSCAN，其中 dbscan() 实现 DBSCAN 算法，hdbscan() 实现带层次 DBSCAN 算法[10]。

具体函数为 1dbscan(x,eps,minPts=5,weights=NULL,borderPoints=TRUE,…)，borderPoints 代表边界点是否为噪声，其余参数代表半径的参数设置。下面示例使用 kNNdisplot()

函数寻找适合的 eps 值，然后调用 dbscan() 函数进行聚类。如下述代码和图 3-74、图 3-75 所示。

```
iris2<- iris[,-5]

kNNdistplot(iris2,k=5)
abline(h=0.5,col="red",lty=2)
pairs(iris,col=dbscan(iris2,eps=0.5,minPts=5)$cluster+1L)
```

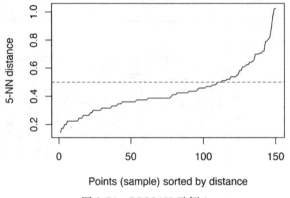

图 3-74　DBSCAN 示例 1

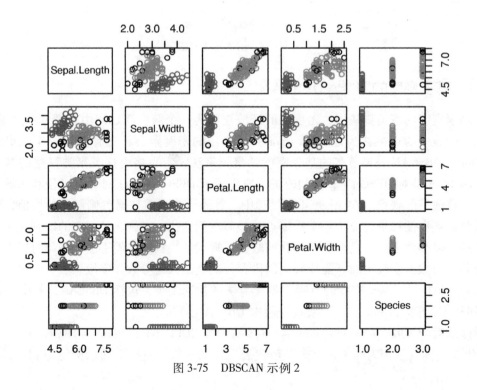

图 3-75　DBSCAN 示例 2

3.12.5 基于分布的聚类：GMM

基于分布的聚类算法的逻辑是认为数据集中的数据是由一种混合概率模型所采样得到的，因而只要将可能属于同一概率分布所产生的数据归为同一簇即可，最常被使用的此类算法为高斯混合模型（Gaussian Mixture Model，GMM）和DBCLASD聚类。DBCLASD是一种动态增量算法，其核心思想是，如果一个簇与其最近的数据点之间的距离满足该簇现有数据点生成的期望距离的分布，则最近的数据点应属于该簇。GMM的核心思想是，GMM由多个高斯分布组成，原始数据由多个高斯分布生成，服从相同的独立高斯分布的数据被认为属于同一簇。

优点：结果更精确，通过改变分布、簇数等可扩展性相对较高，并有发达的统计科学支持；缺点：前提不完全正确，涉及的参数较多，对聚类结果影响较大，时间复杂度较高。

mclust包中的Mclust()函数可以用来进行基于GMM的聚类分析。GMM的参数可以用EM算法来估计 E 步为迭代计算gamma值，也就是响应度，需要用mvtnorm包中的dmvnorm()或者dnorm()来计算密度，要先使用sapply()来对数据进行向量化；M 步为迭代更新均值、方差和模型系数，直到迭代达到停止条件（如设置为均值和方差变化不大时）。如下述代码和图3-76所示。

```
library(mclust)
## Package 'mclust' version 5.4.7
## Type 'citation("mclust")' for citing this R package in publications.
mc<-  Mclust(iris[,1:4],3)
plot(mc,what="classification",dimens=c(3,4))
```

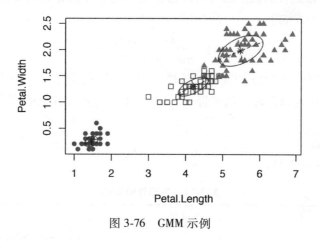

图 3-76　GMM 示例

3.12.6 聚类结果的评价

对于无监督学习，聚类算法得到的类别实际上不能说明任何问题，除非这些类别的分布和样本的真实类别分布相似，或者聚类的结果满足某种假设，即同一类别中样本间的相似性高于不同类别间样本的相似性，所以不同于监督学习的评价指标，聚类结果评价指标有内部指标和外部指标两种。内部评价采用内部数据来测试算法的有效性，外部评价是采用外部数据（特别有标记的数据）来检验算法有效性的，被称为测试方法的黄金标准。

1. 内部评价指标

内部评价指标见表3-12。

表3-12 内部评价指标

名称	公式或度量方法	解释
DB（Davies-Bouldin）指标	$DB = \dfrac{1}{k}\sum_{i=1}^{k}\max_{i\neq j}\left(\dfrac{\sigma_i+\sigma_j}{d(c_i,c_j)}\right)$	k 为聚类数，C_x 为聚类 x 的中心，σ_x 为聚类 x 中任意数据到 C_x 的平均距离，$d(c_i,c_j)$ 为 c_i 到 c_j 的距离
邓恩（Dunn）指标	$D = \min_{1\leq i\leq n}\left\{\min_{1\leq j\leq n, i\neq j}\left[\dfrac{d(i,j)}{\max_{1\leq k\leq n}d'(k)}\right]\right\}$	1) 主要用于密度和分布均匀的数据 2) $d(c_i,c_j)$ 为 c 之间的距离；c_j，$d'(k)$ 表示簇 k 中的距离
轮廓系数（Silhouette coefficient）	根据同一聚类中一个数据点与其他数据点的平均距离以及不同聚类之间的平均距离来评价聚类结果	

1) DB指标：也称DB指数（Davies-Bouldin Index，DBI），DBI计算任意两类别的类内距离平均距离之和除以两聚类中心距离求最大值。DBI越小意味着类内距离越小，同时类间距离越大。因使用欧式距离，所以DB指标不适合环状分布的聚类评价。

2) 邓恩指标：也称邓恩指数（Dunn Validity Index，DVI），DVI计算任意两个簇元素的最短距离（类间）除以任意簇中的最大距离（类内）。DVI越大意味着类间距离越大，同时类内距离越小。DVI很适合离散点的聚类评价，但不适合环状分布聚类。

3) 轮廓系数：公式如下：

$$s(i) = \dfrac{b(i)-a(i)}{\max\{a(i),b(i)\}}$$

这个公式的含义是，样本 i 到同簇其他样本的平均距离为 $a(i)$，到其他簇的最小距离为 $b(i)$。s 值越接近1代表越合理，越接近-1代表样本点应该在其他的簇上，接近0代表应该在边界上。

2. 外部评价指标

外部评价指标见表3-13。

表3-13 外部评价指标

名称	公式或测量方法	解释
Rand 指标	$RI = \dfrac{TP+TN}{TP+FP+FN+TN}$	1) TP 是真正例 2) TN 是真负例 3) FP 是假正例 4) FN 是假负例

(续)

名称	公式或测量方法	解释
F 指标	$F_\beta = \dfrac{(\beta^2+1)\cdot P\cdot R}{\beta^2\cdot P + R}$	1) $P=\text{TP}/(\text{TP}+\text{FP})$，代表 TP 准确度；$R=\text{TP}/(\text{TP}+\text{FN})$，代表召回率 2) TP、TN、FP、FN 的定义同前
Jaccard 指标	$J(A,B)=\dfrac{|A\cap B|}{|A\cup B|}=\dfrac{\text{TP}}{\text{TP}+\text{FP}+\text{FN}}$	1) 测量两个集合的相似性 2) $|X|$表示集合 X 的元素个数 3) TP、TN、FP、FN 的定义同前
FM（Fowlkes-Mallows）指标	$\text{FM}=\sqrt{\dfrac{\text{TP}}{\text{TP}+\text{FP}}\cdot\dfrac{\text{TP}}{\text{TP}+\text{FN}}}$	TP、FP、FN 的定义同前
互信息 （Mutual Information，MI）	以信息论为基础，测量两个聚类共享多少信息，并检测它们之间的非线性相关性	—
混淆矩阵（Confusion Matrix）	找出当前聚类和理想聚类间的区别	

1) Rand 指标：也称兰德系数（Rand index，RI），即代表属性一致的样本数，即同属于这一类或都不属于这一类的个数。分母代表任意两个样本为一类有多少种组合，是数据集中可以组成的总元素对数。RI 取值范围为 [0，1]，值越大意味着聚类结果与真实情况越吻合。

$$\text{RI}=\dfrac{\text{TP}+\text{TN}}{\text{TP}+\text{FP}+\text{FN}+\text{TN}}$$

式中，TP 表示两个同类样本点在同一个簇中的情况数量；FP 表示两个非同类样本点在同一个簇中的情况数量；TN 表示两个非同类样本点分别在两个簇中的情况数量；FN 表示两个同类样本点分别在两个簇中的情况数量。

2) F 指标：即 F 值，与 RI 类似，F 值越大表示聚类效果越好。

3) Jaccard 指标，也称 Jaccard 系数（Jaccard Coefficient，JC），$J(A,B)$ 原本是度量两个集合 A 与 B 的相似度，在评价聚类的情形，A 表示属于同一簇的样本对构成集合，B 表示属于同一类的样本对构成的集合。$J(A,B)$ 越大，表示聚类效果越好。

4) FM 指标：FM 越大，表示聚类效果越好。

5) 互信息：互信息表示当知道聚类结果后，对样本类别的熵（代表不确定性）的下降量。MI 越大，表示聚类越有帮助。

$$\text{MI}=\dfrac{2\cdot I(Y;C)}{H(Y)+H(C)}$$

$$H(Y)=-\sum_{y_i}p(y_i)\log p(y_i)$$

$$I(Y;C)=H(Y)-H(Y\mid C)$$

3.13 关联规则

3.13.1 引言

关联规则（Association Rules）是无监督的机器学习方法，它的作用不是对变量间关系的预测，而是发现数据集中不同项之间的联系。关联规则最经典的应用是购物篮分析，发掘顾客购买行为模式（Pattern），如购买了某一商品也会购买其他商品的可能性，利用这些规则可以对用户分类并进行定向推荐。

3.13.2 关联规则概念与度量指标

1）项目（Item）：数据集中的某一个字段的数值，如商品名称：牛奶。
2）事务：所有项目的集合，如 {Item1，Item2，Item3，…}。
3）项集：项集为若干项的集合，例如两个项集间产生一条关联规则：{Item1，Item2}→{Item3}。

{Item1，Item2} 就是这条规则的先导 [Antecedent 或 Left-Hand-Side（LHS）]，{Item3} 就是这条规则的后继 [Consequent 或 Right-Hand-Side（RHS）]。需要注意的是，LHS 和 RHS 不能有交集。

4）支持度（Support）：项集在总项集中出现的概率，Support({Item1})= Item1 出现次数/总数。
5）频繁项集：支持度大于设定阈值的项集，阈值一般根据数据分布或者经验设置。
6）置信度（Confidence）：在 X 发生的情况下，由关联规则 $X \to Y$ 推出 Y 的概率：

$$\text{Confidence}(X \to Y) = \frac{\text{Support}(X \cup Y)}{\text{Support}(X)}$$

7）提升度（Lift）：其意义在于，当项集（consequent）的支持度已经很显著时，关联规则的置信度较高，这条规则也是无效的：

$$\text{Lift}(X \to Y) = \frac{\text{Support}(X \cup Y)}{\text{Support}(X) * \text{Support}(Y)}$$

规则的提升度的意义在于度量项集 $\{X\}$ 和项集 $\{Y\}$ 的独立性。

3.13.3 关联规则实现过程

1）数据筛选，首先对数据进行清洗，清洗掉那些公共的项目，比如：热门词，通用词（此步依据具体项目而定）。
2）根据支持度，从事务集合中找出频繁项集（指定最小支持度，使用算法：Apriori 算法，FP-Growth 算法）。
3）根据置信度，从频繁项集中找出强关联规则（指定最小置信度）。

4）根据提升度，从强关联规则中筛选出有效的强关联规则（提升度的设定需要经过多次试验确定）。

5）其他的评价指标。

其中找出频繁项集的过程中计算量是比较大的，因此对算法的选择和优化在寻找关联规则的过程中也是至关重要的。

3.13.4 关联规则算法

在关联规则的实现过程中，对频繁项集的搜索是工作中关键的一个环节，算法的复杂程度以及优化程度一定程度上决定了分析工作的难度。除此之外的一个关键点是对支持度、置信度和提升度三种阈值的设定。阈值设定多依赖于实际操作过程和经验，下面主要介绍生成频繁项集的算法[69]。

1. Apriori 算法

Apriori 算法的思想是：如果一个项集是频繁项集，那么它的非空子集必定是频繁项集。依据这个理论，生成所有的频繁项集，然后从总的频繁项集集合中找出符合条件的关联规则。

如图 3-77 所示，在这个过程中，找到频繁项集的阈值就是根据支持度来设定，在第一步生成所有的频繁项集之后，还需要有一个迭代剪枝的操作，其内容为取任意两个频繁项集取其交集，之后再次根据支持度来选择。

在这一步之后，就可以依据置信度来寻找强关联规则，在实际的项目应用中还需要依据提升度判断是否为有效强关联规则。

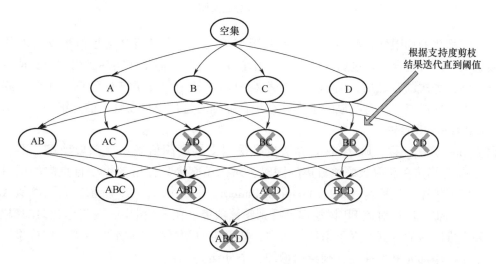

图 3-77 Apriori 算法

在 R 中，arules 包提供了对 Apriori 算法的实现函数。下面例子中是 arules 包中自带的 Groceries 超市经营数据集，可以使用 summary() 函数来对数据进行初步的了解，然后使用

itemFrequency( ) 或者 itemFrequencyPlot( ) 函数来对支持度进行计算和可视化并设定阈值，最后使用 apriori( ) 函数来对模型进行训练。通过图 3-78 所示的部分结果图，可以通过提升度看到，购买了 herbs 之后又购买了 root vagetables 的概率约是没有购买 herbs 而直接购买 root vagetables 的 4（保留整数）倍，支持度为 0.007 说明涵盖 0.7% 的交易，置信度为 0.43 说明进行这种关联购买操作的概率为 43%。

```
data(Groceries)

grocery_rules <- apriori(data = Groceries, parameter = list(support = 0.006, confidence = 0.25, minlen = 2))

summary(grocery_rules)
inspect(sort(grocery_rules, by="lift")[1:10])
```

```
mining info:
> inspect(sort(grocery_rules,by="lift")[1:10])
    lhs                         rhs                 support     confidence  coverage    lift     count
[1] {herbs}                  => {root vegetables}   0.007015760 0.4312500   0.01626843  3.956477  69
[2] {berries}                => {whipped/sour cream} 0.009049314 0.2721713  0.03324860  3.796886  89
[3] {tropical fruit,
     other vegetables,
     whole milk}             => {root vegetables}   0.007015760 0.4107143   0.01708185  3.768074  69
[4] {beef,
     other vegetables}       => {root vegetables}   0.007930859 0.4020619   0.01972547  3.688692  78
[5] {tropical fruit,
     other vegetables}       => {pip fruit}         0.009456024 0.2634561   0.03589222  3.482649  93
```

图 3-78 部分结果图

Apriori 算法的局限性：Apriori 算法不同于穷举法，它通过组合满足最小支持度的项集来对频繁项集进行集合，通过剪枝的方法提升了计算速度。但是在实际应用中，支持度会进行反复调整，每次调整之后，Apriori 算法都会重新对整个数据集进行计算，那么在数据庞大的情况下，生成速率会有明显的下降，在集合筛选的过程中存在巨大的开销。

2. FP-Growth 算法

和 Apriori 算法一样，FP-Growth 算法也是根据支持度阈值来获取频繁项集，不一样的是，FP-growth 算法在获取频繁项目集的同时，对每条交易只保留频繁项目集内的项目，并按其支持度倒排序。然后构建 FP（Frequent Pattern）树，如图 3-79 所示，利用类似 Apriori 算法的迭代思想，通过对该 FP 树挖掘，得到频繁项集。在 FP 树中，空集作为树的根节点，将过滤和重排序后的数据集逐条添加到树中：如果树中已存在当前元素，则增加待添加元素的值；如果待添加元素不存在，则给树增加一个分支。

FP-Growth 算法相对于 Apriori 算法由于使用了 FP 树的结构，所以无论数据集多复杂，也只需要对原始数据进行两次扫描，速度有极大提升，但实现起来自然也比 Apriori 算法复杂。

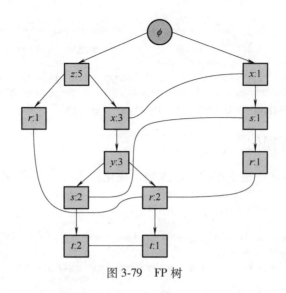

图 3-79 FP 树

rCBA 中的 fpgrowth( ) 可以实现 FP-Growth 算法。

3. Eclat 算法

Eclat（Equivalence Class Transformation，等价变换）算法是用垂直数据格式有效挖掘频繁项集，是一种基于集合交集的深度优先搜索算法。它的算法思想是：由频繁 k 项集求交集，生成候选 $k+1$ 项集。对候选 $k+1$ 项集做裁剪，生成频繁 $k+1$ 项集，再求交集生成候选 $k+2$ 项集。如此迭代，直到搜索完整个解空间，如图 3-80 所示。

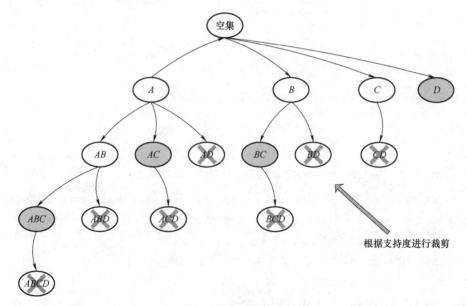

图 3-80 Eclat 算法

Eclat 算法同样可以在 R 语言的 arule 包中找到：eclat( )。

```
data("Adult")

fsets <- eclat(Adult,parameter=list(supp=0.5))
```

Eclat 算法的三种变化算法为 PPV[70]、PrePost[71] 和 FIN[72]。

3.13.5 关联规则可视化

R 语言中的 arulesViz 包是常用的关联规则可视化技术包[73]，举例如下。

1. 散点图

```
data(Groceries)

grocery_rules <- apriori (data = Groceries, parameter = list (support =
0.006,confidence=0.25,minlen=2))
## Apriori
##
## Parameter specification:
##  confidence minval smax arem aval originalSupport maxtime support minlen
##        0.25    0.1    1 none FALSE            TRUE       5   0.006      2
##  maxlen target   ext
##      10  rules  TRUE
##
## Algorithmic control:
##  filter tree heap memopt load sort verbose
##     0.1 TRUE TRUE  FALSE TRUE    2    TRUE
##
## Absolute minimum support count: 59
##
## set item appearances ...[0 item(s)] done [0.00s].
## set transactions ...[169 item(s),9835 transaction(s)] done [0.00s].
## sorting and recoding items ... [109 item(s)] done [0.00s].
## creating transaction tree ... done [0.00s].
## checking subsets of size 1 2 3 4 done [0.00s].
## writing ... [463 rule(s)] done [0.00s].
## creating S4 object  ... done [0.00s].
    plot(grocery_rules,jitter=0)
```

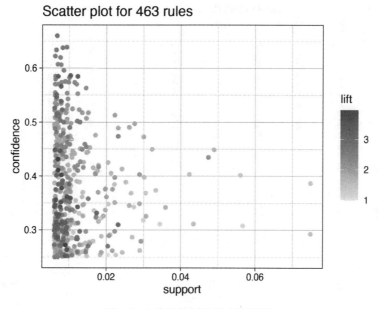

图 3-81 关联规则的散点图展示

2. 网络连接图

```
subrules2 <- head(sort(grocery_rules,by="lift"),10)
plot(subrules2,method="graph")
plot(subrules2,method="grouped")
```

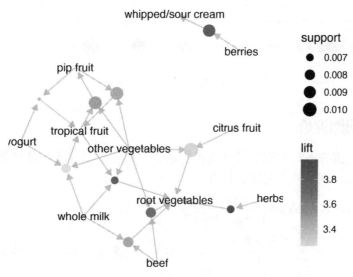

图 3-82 关联规则的网络连接图展示

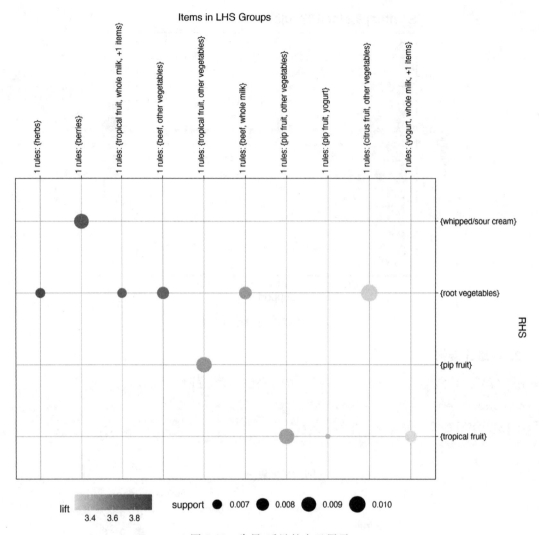

图 3-83 先导-后继的交叉展示

3.13.6 关联规则评价

置信度和支持度并不是规则的最佳度量标准，它们并不总能成功滤掉那些我们不感兴趣的规则，因此下面介绍一些新的评价标准：

1) 确信度：$\mathrm{conv}(X \Rightarrow Y) = \dfrac{1-\mathrm{supp}(Y)}{1-\mathrm{conf}(X \Rightarrow Y)}$

2) 卡方系数：$\chi^2 = \sum_{i=1}^{n} \dfrac{(O_i - E_i)^2}{E_i}$，其中 Q 表示实际值，E 表示期望值。

3) 全自信度：$\text{all\_confidence}(A,B) = \dfrac{P(A \cap B)}{\max\{P(A), P(B)\}}$

$= \min\{P(B|A), P(A|B)\}$

$= \min\{\text{confidence}(A \to B), \text{confidence}(B \to A)\}$

4) 最大自信度：$\text{max\_confidence}(A,B) = \max\{\text{confidence}(A \to B), \text{confidence}(B \to A)\}$

5) Kulc 系数：$\text{kulc}(A,B) = \dfrac{\text{confidence}(A \to B) + \text{confidence}(B \to A)}{2}$

6) cosine 距离：$\text{cosine}(A,B) = \dfrac{P(A \cap B)}{\text{sqrt}(P(A) * P(B))} = \text{sqrt}(P(A|B) * P(B|A))$

$= \text{sqrt}(\text{confidence}(A \to B) * \text{confidence}(B \to A))$

7) Leverage：$\text{Leverage}(A,B) = P(A \cap B) - P(A)P(B)$

8) 不平衡因子：$\text{IR}(A,B) = \dfrac{|\text{support}(A) - \text{support}(B)|}{(\text{support}(A) + \text{support}(B) - \text{support}(A \cap B))}$

其中全自信度、最大自信度、Kulc、cosine，Leverage 是不受空值影响的[74]。更多评价标准可以参阅参考文献 [15]。

3.14 深度学习

3.14.1 引言

深度学习（Deep Learning，DL）是机器学习领域中一个新的研究方向[19,76]，是基于人工神经网络和表示的机器学习算法，并且它的学习可以是有监督、半监督或者无监督的。深度学习通过学习样本数据的内在规律和表示层次，来对文字、图像和声音等数据进行判断。它的最终目标是让机器能够像人一样具有分析学习能力，能够识别文字、图像和声音等数据。深度学习技术不光在学术界，在工业界也有重大突破和广泛应用，特别自然语言处理、语音识别和图像处理方面的应用。

如图 3-84 所示，经典的机器学习过程，特征提取是一项重要的工作，需要数据分析师编写代码提取，花费 40%~60%的项目时间。深度学习则通过深度网络实现特征自动提取，大大降低了特征提取的工作量。

深度学习网络与更一般的单隐藏层神经网络的区别在于它们的深度。深度是包含多个隐藏层的节点层数，如图 3-85 所示，因此在训练、测试和最终运行这些人工神经网络时需要更多的计算能力来进行前向/后向优化。在这些层中，可以区分为输入层、隐藏层和输出层。上一层的输出为下一层的输入。

3.14.2 深度学习算法分类

深度学习处在快速持续的创新过程中，每隔一段时间，就有新的深度学习算法[77]诞生，

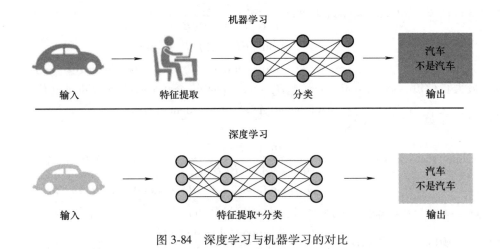

图 3-84　深度学习与机器学习的对比

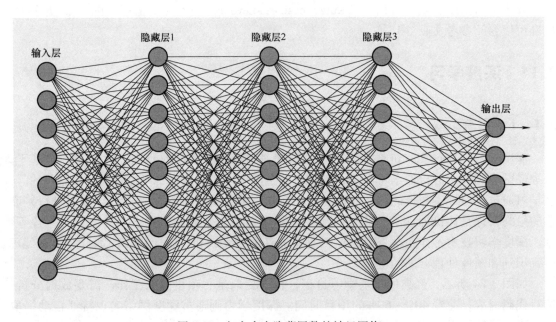

图 3-85　包含多个隐藏层数的神经网络

下面将简单介绍一些 DL 算法[78]。

1. 卷积神经网络（Convolutional Neural Network，CNN）

CNN 采用了一个卷积函数。没有采用层与层之间的神经元都全部进行连接，卷积层只让两层之间部分的神经元进行连接。如图 3-86 所示，在某种程度上，CNN 是尝试在 FNN（Feedforward Neural Network，前馈神经网络）的基础上进行正则化来防止过拟合（也就是训练得到的模型泛化能力差），并且也能很好地识别数据之间的空间关系。

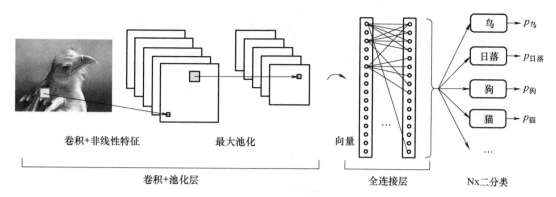

图 3-86　CNN 原理

2. 循环神经网络（Recurrent Neural Network，RNN）

RNN 非常适合时间相关的数据，并且应用于时间序列的预测。该网络模型会采用反馈的形式，也就是将输出返回到输入中。可以把它看成是一个循环，从输出回到输入，将信息传递回网络，因此，网络模型具有记住历史数据并应用到预测中的能力。

为了提高模型的性能，研究者修改了原始的神经元，创造了更复杂的结构，比如 LSTM 单元和 GRU 单元，分别如图 3-87 所示。LSTM 在自然语言处理的任务中应用得非常广泛，包括翻译、语音生成、从文本生成语音等。

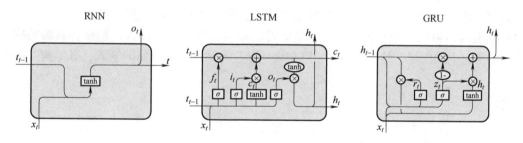

图 3-87　RNN、LSTM 和 GRU 的结构

3. 递归神经网络（Recursive Neural Network）

递归神经网络是另一种形式的循环神经网络，不同点在于递归神经网络是树状的结构，所以它可以在训练集中建模层次结构。

递归神经网络一般会应用在自然语言处理中的语音转文本和语义分析中，因为这些任务和二叉树、上下文还有基于自然语言的分析相关联，但是递归神经网络的速度会比循环神经网络更慢，二者的区别如图 3-88 所示。

在二叉树的情况下，当前节点的隐藏状态向量由左右子节点的隐藏状态向量计算：

$$h_P = a\left(W\begin{bmatrix} h_L \\ h_R \end{bmatrix} + b\right)$$

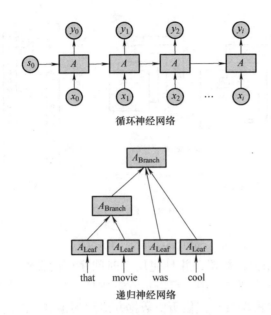

图 3-88 循环神经网络与递归神经网络的区别

4. 自动编码器（AutoEncoders）

自动编码器通常是作为一个非监督算法使用，并且主要应用在降维和压缩。它们的技巧就是尝试让输出等于输入，另外，在其他工作中，也有尝试重构数据的做法。

自动编码器包括一个编码器和一个解码器。编码器接收一个输入，然后将其编码成一个低维的隐空间中的向量，然后解码器负责将该向量进行解码得到原始的输入，其结构如图 3-89 所示。

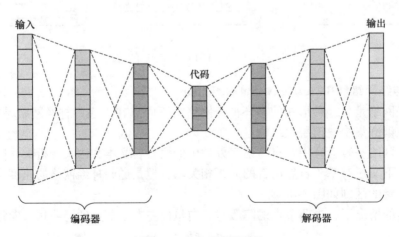

图 3-89 自动编码器结构

5. 深度信念网络（Deep Belief Network，DBN）

多个受限制玻尔兹曼机（Restricted Boltzmann Machine，RBM）叠加在一起，就可以组成一个深度信念网络。

RBM 是带有生成能力的随机神经网络，也就是它可以通过输入来学习到一个概率分布。相比其他网络，它的最大特点就是只有输入和隐藏层，不包含输出。

在训练的前向部分，传入一个输入并产生一个对应的特征表示，然后在反向传播中，则从这个特征表示重构原始的输入（这个过程非常类似自动编码器，但是它在单个网络中实现的）。DBN 的网络结构如图 3-90 所示。

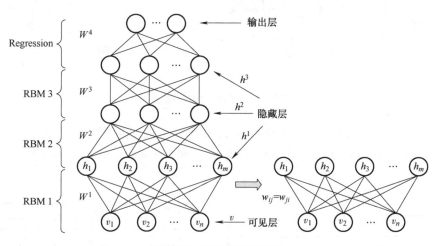

图 3-90　DBN 的网络结构

DBN 和 RBM 的通常目的是降维，近年来使用者越来越少，因为出现了生成对抗网络（GAN）以及变异的自动编码器。

6. 生成对抗网络（Generative Adversarial Network，GAN）

GAN 的做法是先创建两个模型，首先训练第一个模型来生成假的数据（生成器），然后训练第二个模型来辨别真假数据（判别器），然后将它们放在一起训练，从而相互竞争。

随着训练，生成器会越来越擅长生成图片数据，它的终极目标就是成功欺骗判别器。判别器则具有越来越强的辨别真假数据的能力，它的终极目标就是不会被欺骗。结果就是判别器会得到非常真实的假数据，GAN 的网络结构如图 3-91 所示。

7. Transformers

Transformers 也是一个较新的算法，主要应用在语言类的应用，并且逐渐替代了循环神经网络。它主要基于注意力（Attention）机制，即强制让网络关注一个特定的数据点。

相比于拥有复杂的 LSTM 单元，注意力机制是根据输入数据不同部分的重要性来赋予权重。注意力机制也是一种权重层，它的目的是通过调整权重来优先关注输入的特定部分，而暂时不关注其他不重要的部分。

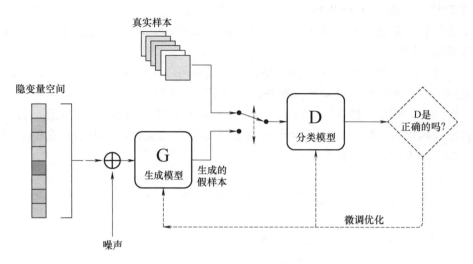

图 3-91　GAN 的网络结构

Transformers 实际上包含了一些堆叠的编码器（组成了编码层），一些堆叠的解码器（解码层）以及很多注意力网络层（Self-Attention 和 Encoder-Decoder Attention），如图 3-92 所示。

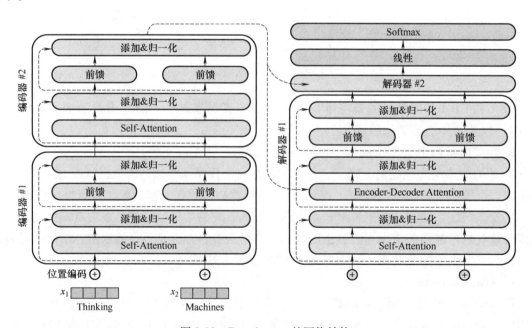

图 3-92　Transformers 的网络结构

8. 图神经网络（Graph Neural Network，GNN）

GNN 的目标就是建模图数据，也就是可以识别到一个图里节点之间的关系并生成一个数值型的表征数据,类似于一个嵌入向量(Embedding)。因此,它们可以应用到其他的机器学习模型中,用于所有类型的任务,比如聚类、分类等。GNN 的网络结构如图 3-93 所示。

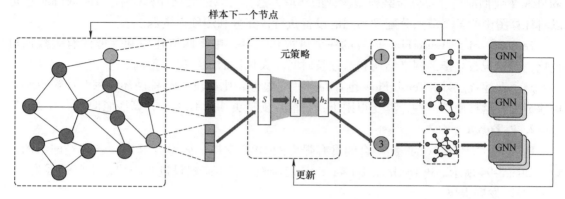

图 3-93　GNN 的网络结构

3.14.3　深度学习框架

常见的深度学习框架见表 3-14,本小节将重点介绍 TensorFlow、PyTorch 和 Keras。

表 3-14　常见的深度学习框架

名称	发布时间	阵营	源码	star	fork	支持语言
TensorFlow	2015 年 11 月	Google、Yahoo！	tensorflow/tensorflow	62,648	30,331	Python/C++/Go/…
Caffe	2013 年 9 月	BVLC	BVLC/caffe	18,869	11,586	11,586
PyTorch	2017 年 2 月	Facebook	pytorch/pytorch	5,718	单元格	1,071
Keras	2015 年 3 月		fchollet/keras	17,273	6,168	Python/R
Theano	2008 年 1 月		Theano/Theano	6583	2191	Python
MXNet	2015 年 4 月	Amazon	dmlc/mxnet	10280	3847	Python/C++/R/…
CNTK	2014 年 7 月	Microsoft	Microsoft/CNTK	11,661	2,953	C++
Deeplearning4J	—	Deeplearning4J	—	5053	1927	Java/Scala
Leaf	—	AutumnAI		4562	216	Rust
Lasagne	—	Lasagne		2749	761	Python
Neon	—	NevanaSystem		2633	573	Python

1. TensorFlow

TensorFlow[79]最初由谷歌的 Machine Intelligence research organization 中 Google Brain Team 的研究人员和工程师开发。这个框架旨在方便研究人员对机器学习的研究,并简化从研究模型到实际生产的迁移的过程。它可在桌面和移动设备上使用,同一份代码几乎可以不经过修改就轻松地部署到有任意数量 CPU 或 GPU 的 PC、服务器或者移动设备上。

只要可以将计算表示成计算图的形式，就可以使用 TensorFlow。TensorFlow 和 Spark 的核心都是一个数据计算的流式图，Spark 面向的是大规模的数据，支持 SQL 等操作，而 TensorFlow 主要面向内存足以装载模型参数的环境，这样可以最大化计算效率。TensorFlow 也可以将计算图中的各个节点分配到不同的设备执行，充分利用硬件资源。

TensorBoard 是 TensorFlow 内置的一个可视化工具，用于网络建模和性能的有效数据可视化，对于观察复杂的网络结构和监控长时间、大规模的训练很有帮助。

除了上述优点外，TensorFlow 也存在一些局限性，比如没有符号循环，每个计算流必须构建成图，这样使得一些计算变得困难；目前仅支持英伟达 GPU；计算性能偏慢。

2. PyTorch

PyTorch[80] 是与 Python 相融合的具有强大的 GPU 支持的张量计算和动态神经网络的框架，如图 3-94 所示。PyTorch 比 Tensor Flow 起步晚，但生态建设进步很快，主要是因为 PyTorch 技术发展很快。

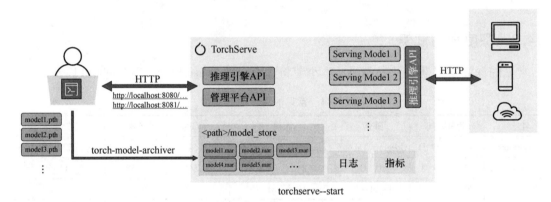

图 3-94　PyTorch 框架

3. Keras

Keras[81] 是用 Python 编写的高级神经网络的 API，能够和 TensorFlow、CNTK 或 Theano 配合使用。

TensorFlow 虽然强大，但是初学者并不容易上手。如果想快速构建实验原型，验证某些算法或模型，Keras 是不错的选择。Keras 强调简单性，只需不多的代码就能构建一个神经网络。Keras 由纯 Python 编写而成并可选择 Tensorflow、Theano 以及 CNTK 为后端。

Keras 的局限在于其性能方面比较欠缺，与 TensorFlow 后端配合使用时会出现性能问题（因为并未针对其进行优化），但与 Theano 后端配合使用时效果良好，并且不像 TensorFlow 或 PyTorch 那样灵活。

4. 基于 Keras 的实例

R 语言的 Keras 包可以使用 Keras 框架进行深度学习，例子使用的数据集为 UCI 机器学习库中 image 数据集，使用 read_csv() 读取文件，并且使用 head()、tail()、describe() 等函数进行数据初步观察，整理数据进行预处理：

```
imsedata <- read.csv("image segmentation.csv",header=T,row.names=NULL)
imsedata$REGION.PIXEL.COUNT <- NULL
imsedata$row.names <- as.integer(as.factor(imsedata$row.names))-1
head(imsedata)

## dataframe to matrix
imsedata <-as.matrix(imsedata)

## 数据切分
set.seed(123)
index <- sample(nrow(imsedata),size=round(nrow(imsedata)*0.7))
train_x <-imsedata[index,2:19]
train_y <-to_categorical(imsedata[index,1],7)
test_x <-imsedata[-index,2:19]
test_y <-to_categorical(imsedata[-index,1],7)

## 数据标准化
imsedatascale <-apply(imsedata[,2:19],2,scale)
## 标准化后数据切分
train_xsc <-imsedatascale[index,]
test_xsc <-imsedatascale[-index,]
```

Keras MLP 模型：

```
model<- keras_model_sequential()
model %>%
  layer_dense(units=64,activation="relu",input_shape=18,name="den1") %>%
  layer_dropout(rate=0.25) %>%
  layer_dense(units=32,activation="relu",name="den2") %>%
  layer_gaussian_dropout(rate=0.25) %>%
  layer_dense(units=7,activation="softmax")

summary(model)
```

```
## _____
## Layer (type)                    Output Shape              Param #
## ================================================================
## den1 (Dense)                    (None, 64)                1216
## _____
## dropout_1 (Dropout)             (None, 64)                0
## _____
## den2 (Dense)                    (None, 32)                2080
## _____
## gaussian_dropout_1 (GaussianDrop (None, 32)               0
## _____
## dense_1 (Dense)                 (None, 7)                 231
## ================================================================
## Total params: 3,527
## Trainable params: 3,527
## Non-trainable params: 0
## _____
```

mlp

模型训练和预测：

```r
## compile
model%>%compile(
  loss="categorical_crossentropy",
  optimizer=optimizer_adam(),
  metrics=c("accuracy")
)

##标准化前数据的训练结果
mod_history <- model%>% fit(train_x,train_y,epochs=100,batch_size=8,validation_split=0.2,verbose=0)

## 可视化训练过程
plot(mod_history)+
  theme_bw()+ggtitle("Don't scale")

##标准化后数据的训练结果
mod_historysc <- model%>% fit(train_xsc,train_y,epochs=100,batch_size=8,validation_split=0.2,verbose=0)
```

```
## 可视化训练过程
plot(mod_historysc)+
  theme_bw()+ggtitle("scale")
```

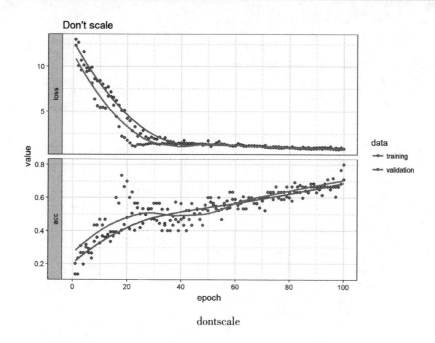

dontscale

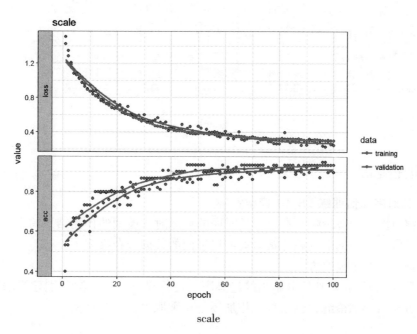

scale

获取模型的权重：

```
model_we<- get_weights(model)
length(model_we)
dim(model_we[[1]])

pheatmap(model_we[[1]],cluster_rows=F,cluster_cols=F,labels_row=1:
18,labels_col=1:64,
        main="layder 1 weight")
```

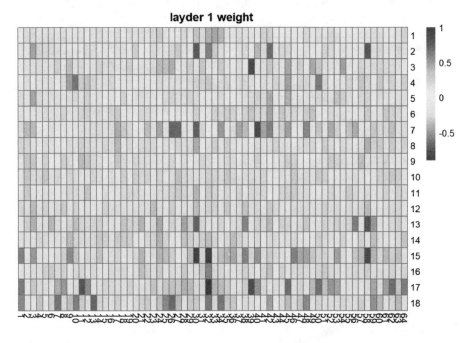

heatplot

3.14.4 常见疑惑

1. 一个长时序如何训练 LSTM 模型？

受滑动窗口内的趋势影响，在进行长时序的训练时，模型的预测结果的方差和均值在急剧变化，这是因为预测的值的趋势被滑动窗口里面的数据分布决定了。

可以尝试如下几个解决方案：

1）尝试序列分解，单独给分解出的趋势序列进行建模。最后把分别建模的模型的预测结果相加或者相乘得到最终预测结果，相加还是相乘取决于分解算法。

2）加入外生变量，即从时间列中衍生其他变量。

3）调整滑动窗口大小。

4）在每个窗口内部进行加权，即设置一个算法专门去训练窗口内部的权值变化与结果值之间的关系。

5）进行 transformer 系列的尝试。

6）进行长序列预测时，仅预测最近几步，然后将预测结果加入训练集微调。

2. 深度学习模型那么多参数，为什么不 Overfitting？[82]

深度学习模型被严重过度参数化，并且通常可以在训练数据上获得完美的结果。但在传统观点中，这会出现过拟合的情况，但这种"过度拟合"的深度学习模型在样本外测试数据上仍然表现出不错的表现。

通常情况下，随着模型变大（添加更多参数），训练误差减小到接近于零，但一旦模型复杂度增加到超过"欠拟合"和"过拟合"之间的阈值，测试误差（泛化误差）开始增加，如图 3-95 所示。在某种程度上，这与奥卡姆剃刀原则非常吻合，但这不适用于深度学习模型。

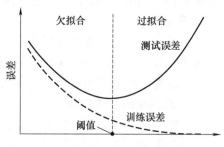

图 3-95　U 形风险曲线

在深度学习下，在经典算法 U 形曲线之外，泛化误差随着深度模型复杂度增加反而下降，形成双 U 形风险曲线，如图 3-96 所示，形成一个有趣的现象；深度学习模型严重"过拟合"，但泛化误差反而很小。

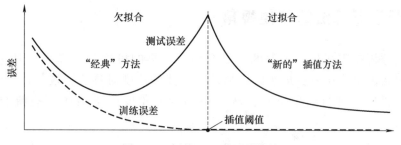

图 3-96　新的双 U 形风险曲线

参考文献［83］中说明了两个原因：1）参数的数量不是归纳偏差的良好度量，归纳偏差定义为用于预测未知样本的学习算法的一组假设；2）配备更大的模型，可能能够发现更大的函数类，并进一步找到具有更小范数并因此"更简单"的插值函数。

另外一个更直观解释就是，其实在深度学习模型最后的分类或回归模型中，特征量并不多。前面大量的参数，仅仅为了提高特征选择的自由度，经过池化等各种机制，保留下来的真正起作用的特征量并不多。

3.14.5 深度学习算法的加速

随着数据和网络的大规模化,深度学习需要进行大量的运算。虽然到目前为止,运算大多是用 CPU 完成的,但现实是只用 CPU 来应对深度学习无法令人放心。大多数深度学习的框架都支持 GPU（Graphics Processing Unit,图形处理单元）,可以高速地处理大量的矩阵运算。随着数据量的快速增加和大模型的提出,需要进行更大运算量的能力。最近很多框架开始支持多个 GPU 或多台机器上的分布式学习[83]。

1. GPU 加速

GPU 可以高速地进行并行数值计算,深度学习中需要进行大量的大型矩阵的乘积运算。这种大量的并行运算正是 GPU 所擅长的（CPU 比较擅长连续的、复杂的计算）。因此,与使用单个 CPU 相比,使用 GPU 进行深度学习的运算可以实现显著的高速化。

2. 分布式学习

为了进一步提高深度学习所需的计算的速度,可以考虑在多个 GPU 或者多台机器上进行分布式计算。TensorFlow、CNTK 在开发过程中高度重视分布式学习,以大型数据中心的低延迟、高吞吐网络作为支撑,分布式学习速度表现优异。

3. 运算精度的位数缩减

在深度学习中,除了计算量之外,内存容量、总线带宽等也有可能成为瓶颈。关于内存容量,需要考虑将大量的权重参数或中间数据放在内存中。关于总线带宽,当流经 GPU（或者 CPU）总线的数据超过某个限制时,就会成为瓶颈。考虑到这些情况,应尽可能减少流经网络的数据的位数。

3.15 机器学习算法的其他视角

前几节从分析应用和算法思路的角度介绍了常见的机器学习算法,但这远远不是全部,本节主要目的是为读者扩展视野,从计算性能的角度对算法实现与计算资源（硬件、分布式架构）的匹配进行简单分析,从应用场景的角度简单描述一些新的计算模式与算法。

3.15.1 计算负载模式

了解不同算法的计算特点、资源消耗与瓶颈,对于所采用计算系统的设计与优化有很大的指导意义。Bordawekar 等人[84]从 4 个方面进行了分析。

1) 分析了不同机器学习算法的核心计算模式（例如回归分析算法的核心计算及时矩阵求逆或 LU 分解）和输入/数据的类型;

2) 据此总结出不同算法的负载模式,包括算法执行过程和 I/O 特点,见表 3-15,在执行过程模式上,可分为迭代（Iterative）、非迭代（Non-iterative）,计算中间结果有基于内存、基于硬盘两种方式;

3) 总结出不同算法的计算瓶颈、可能加速机会，见表 3-16；

4) 最后根据 CPU、GPU、FPGA[85] 等计算资源的特点，给出了不同算法加速的硬件配置。

表 3-15 机器学习算法的负载模式[84]

机器学习算法	算法执行特点		I/O 特征	
	模式	存储	输入	输出
回归分析	迭代	内存 硬盘	大量历史数据 结构化数据	小数据 标量
聚类	迭代	内存 硬盘	大量历史数据	小数据 标量
最近邻搜索	非迭代	内存	大量历史数据 结构化数据	小数据 标量 结构化数据
关联规则挖掘	迭代 非迭代	内存 硬盘	大量历史数据 结构化数据	大数据 结构化数据
推荐系统	非迭代	硬盘	大量历史数据 结构化数据	小数据 结构化数据
神经网络	迭代 两阶段	内存 硬盘	大数据 结构化数据	小数据 标量
支持向量机	迭代 两阶段	内存 硬盘	大数据 结构化数据	小数据 标量
决策树	迭代 两阶段	内存 硬盘	大数据 结构化数据	小数据 标量
时序处理	非迭代 实时	内存	高吞吐流数据	小数据 标量 流数据
文本分析	迭代 非迭代	内存 硬盘	大量历史数据	大/小数据
蒙特卡罗方法	迭代	内存	小数据 标量	大数据 标量
数学规划 (Mathematical Programming)	迭代	内存	小数据 标量	小数据 标量
联机分析处理 (On-line Analytical Processing, OLAP)	非迭代	内存 硬盘	大量历史数据 结构化数据	大数据 结构化数据

(续)

机器学习算法	算法执行特点		I/O 特征	
	模式	存储	输入	输出
图分析	迭代	内存 硬盘	大量历史数据 非结构化数据	小数据 Un 结构化数据

常见的瓶颈包括计算瓶颈（Compute-bound）、内存瓶颈（Memory-bound）、I/O 访问瓶颈（I/O-bound）等三类，分别也有对应的加速方式，包括任务并行化、数据并行化、内存层次结构、I/O 速度优化等。

表 3-16 机器学习算法的瓶颈与加速机会[84]

机器学习算法	瓶颈	计算需求与机会
回归分析 聚类 最近邻搜索 推荐系统 神经网络 支持向量机	计算瓶颈 I/O 访问瓶颈	任务并行化（共享/分布式内存） 数据并行化（SIMD、GPU） 提高 I/O 速度（例如利用固态硬盘）
关联规则挖掘	内存瓶颈 I/O 访问瓶颈	任务并行化（共享内存） 提高 I/O 速度（例如利用固态硬盘） 内存层次结构（更大、更深、更快） 更快的位计算能力或树遍历能力（FPGA）
决策树	内存瓶颈 I/O 访问瓶颈	内存层次结构（更大、更深、更快）
时序处理	计算瓶颈 内存瓶颈	任务并行化（共享内存） 数据并行化（SIMD、GPU） 高带宽、低延迟内存和网络模式匹配（FPGA）
文本分析	计算瓶颈 内存瓶颈 I/O 访问瓶颈	任务并行化（共享/分布式内存） 数据并行化（SIMD、GPU） 提高 I/O 速度（例如利用固态硬盘） 内存层次结构（更大、更深、更快） 模式匹配与字符串处理能力（FPGA）
蒙特卡罗方法	计算瓶颈	任务并行化（共享/分布式内存） 数据并行化（SIMD、GPU） 更快的位操作能力（FPGA）

(续)

机器学习算法	瓶颈	计算需求与机会
数学规划	计算瓶颈	任务并行化（共享内存） 数据并行化（SIMD、GPU） 内存层次结构（更大、更深、更快） 树遍历能力（FPGA）
联机分析处理	内存瓶颈 I/O访问瓶颈	任务并行化（共享/分布式内存） 数据并行化（SIMD、GPU） 内存层次结构（更大、更深、更快） 模式匹配与字符串处理能力（FPGA） 提高I/O速度（例如利用固态硬盘）
图分析	内存瓶颈 I/O访问瓶颈	任务并行化（共享内存） 数据并行化（GPU） 内存层次结构（更大、更深、更快）

3.15.2 并行化计算

除了计算资源的硬件加速，并行化是常见的提高算法性能的方法。并行计算可分为计算密集型（如大型科学工程计算与数值模拟等）、数据密集型（数据仓库、数据挖掘和计算可视化等）和网络密集型（如协同计算和远程诊断等），在并行计算中，不同计算节点间交互类型有三类[86]：

1）通信：进程间传数（共享变量、消息传递、参数传递）；
2）同步：进程间相互等待或继续执行的操作，包括时钟同步、控制同步（同步障、临界区）、数据同步（锁、condition、监控程序和事件）；
3）聚合：将分进程所计算的结果整合起来（规约、扫描）。

从而有下述5种并行方式：

1）批量同步并行（Bulk Synchronous Parallel，BSP）：程序由一组超级步组成，步内各自并行计算，步间通信同步；
2）主从并行：主进程串行执行并且协调任务，子进程计算任务，需要划分设计并结合相并行；
3）分治并行：父进程把负载分割并指派给子进程，不做平衡负载；
4）流水线并行：进程划分成流水线，依次依赖，数据开始流动；
5）工作池并行：进程从工作池中取任务执行。

为了规范并行化的描述，Mattson等人[87]从结构模式、计算模式、算法策略、实现模式（程序结构、数据结构）、执行模式（任务结构、任务协调方式）提出了并行化的模式框架。

机器学习算法常见的并行实现方式有GPU、信息传递接口（Message Passing Interface，

MPI)、MapReduce 计算框架、图并行等。不同并行化方式解决的瓶颈要素不同，GPU 主要针对大的矩阵运算，MPI 针对以计算为中心的任务，不适合大量数据的情形，MapReduce 适合大数据量下的单次可分割处理的算法，但对迭代计算效率不高，图并行适合稀疏连接关系的运算。

在大数据情形下，机器学习算法的 MapReduce 化受到广泛关注。本质上，不是所有机器学习算法都适合 MapReduce 框架，因为 MapReduce 对程序结构有严格的要求，计算逻辑必须能在映射（Map）和归约（Reduce）两个步骤中描述，输入和输出数据都必须是记录（Record），不同任务间不通信，整个计算过程中唯一的通信机会是 Map 阶段和 Reduce 阶段之间的 shuffling，这是在框架控制下的。MapReduce 作业的启动有额外开销，在 MapReduce 框架下，需要多个 MapReduce 作业的迭代运算效果通常不高。对于 MapReduce 下算法的设计，参考文献 [88] 提供了系统的设计模式。

EM 算法是各种机器学习推理算法中少数适合用 MapReduce 框架描述的，而 SVM 的原算法较难应用并行策略。更多算法需要做一定的局部修改，也可以适应 MapReduce 框架。对此，参考文献 [89] 有详细的讨论。

3.15.3 新计算范式

虽然前面讨论的监督学习、非监督学习、关联规则是常见的计算范式，但在实际应用中，还存在很多其他场景，例如，仅有少量类别标记的大数据如何学习、投产后的模型如何自动实现增量学习、有多种数据类型情形如何综合学习等。本节针对 5 个最新的计算范式进行讨论，以启发大家对可能学习模式的思考。

1. 半监督学习（Semi-supervised Learning）

在很多实际问题中，只有少量的带有标记的数据，很多时候数据标记的代价很高，比如大量的工业设备监测数据，在历史上没有故障标记，而故障类型标定需要领域专家花费大量的精力。仅用带有标记数据进行监督学习数据量通常不够充分，而非标记数据提供了数据分布信息，对提高模型的泛化能力很有帮助。

目前机器学习技术大多基于独立同分布假设，模型的泛化性通常也蕴含平滑（Smoothness）假设，即相似或相邻的样本点的标记也应当相似。在半监督学习中这种平滑假设则体现为聚类（Cluster）假设、流型（Manifold）假设。聚类假设指的是标记相同的样本在聚类意义上也应该相似，流型假设说的是数据生成模型是一个低维空间。

常见的半监督学习算法有以下 5 种。

1) 自训练算法（Self-Training）：用有标签数据训练一个分类器，然后用这个分类器对无标签数据进行分类，这样就会产生伪标签（Pseudo Label）或软标签（Soft Label），根据一定准则，挑选置信度高的无标签样本，迭代训练新的分类器。

2) 生成模型（Generative Models）：高斯混合模型（GMM）是被用得较多的模型，采用 EM 算法聚类，根据少量的未标记样本确定各簇代表的类别。

3) 半监督支持向量机：尽量让分类边界通过密度较低区域。

4)基于图的方法:基于流型假设。假设样本点(包括已标记与未标记)及关系可以表示为一个无向图的形式 g=<V,E>,其中图的节点为数据样本点,边体现了两个样本点间的相似度。基于图的半监督算法的优化目标就是要保证在已标记点上的结果尽量符合而且要满足流型假设。

5)多视角算法(Multi-View Learning):将属性集(特征变量)划分为两个集合,每个属性集构成一个"视图(view)",每一个属性子集合训练一个分类器,将这两个分类器应用到未标记样本上,然后选择每个分类器对分类结果置信度高的未标记样本以及该样本的预测标记加入到另一个分类器已标记样本集中进行下一轮的训练。更详细内容见参考文献[90]。

2. 主动学习(Active Learning)

与半监督学习类似,主动学习应对的场景也是有标签的记录数量有限的问题,但做法上有区别,主动学习是引入领域专家(也称为 Oracle)参与,算法主动挑一些未标记样本让领域专家标记,根据领域专家标记进一步提高学习效果,而半监督学习不需要人工参与。在统计意义上,主动学习可认为是最优实验设计(Optimal Experimental Design,OED)的一种方法。

在故障诊断、语音识别、自然语言处理、序列分类等实际项目中,经常由领域专家全程参与,让他们进行少量标注工作是可行的。主要工作方式是模型主动抛出一些"query"(即未标注的数据)让专家标注,如此反复,以期让模型利用较少的标记数据获得较好性能。主动学习模型抛出的未标注数据也称为"hard sample"。经典监督学习(Passive Learning)中,算法与专家没有任何交互,而主动学习是将专家引入迭代过程。

主动学习样本选择有样本合成(Membership Query Synthesis)、流式单样本选择(Stream-Based Selective Sampling)和批量样本选择(Pool-Based Sampling)三类策略。样本合成给出的样本在原数据集中不一定存在,可以是原样本综合处理后的生成样本(例如对图片进行旋转、拉伸、添加"噪声"等,或者多个图片的合成,类似样本增强的策略)。流式单样本选择指的是每次从原始数据集中选择一个样本给专家进行标记,而批量样本选择指的是每次从原始数据集中确定一批未标记样本。

典型的样本选择/合成算法有以下 6 种。

1)不确定性采样(Uncertainty Sampling),将当前模型"最易混淆"或"信息量"最大的样本返回给专家,以期获得较大的增益。

2)多模型投票法(Query By Committee),基于当前标记数据集,训练多个模型,多个模型(即 Committee)不一致性(Divergence)最大的样本即为推荐样本(Controversial Sample)。

3)最大化期望改变(Expected Model Change),对模型"改变"最大(可以由梯度提升度量)的标记样本为"有价值"的样本。

4)期望误差降低(Expected Error Reduction),选择让模型损失(loss)函数减小最多的样本。

5)方差减低(Variance Reduction),使 variance 最小的样本,其"价值"最大。

6）密度权重法（Density-Weighted Methods），让模型更多地关注一些立群点样本或者提高标记样本分布的均衡性[91]。

3. 元学习（Meta-Learning）

元学习希望使模型获取一种"学会学习"的能力，使其可以在获取已有"知识"的基础上快速学习新的任务。这个概念并不新，1987年首次出现在 Schemidhuber 和 Hinton 的两篇论文中。从广义上将，元学习的范畴可以包括迁移学习、多任务学习、模型集成学习等。需要注意的是，虽然同样有"预训练"（Model Pretraining）的意思在里面，但是元学习的内核区别于迁移学习（Transfer Learning）。元学习更关注模型的潜力，而迁移学习更注重模型在多数情况下的表现。在与深度网络上，元学习除了可以初始化参数以外，还可以帮助确定网络结构的设计策略。

元学习有很多分类角度。从优化方法角度，可分为基于模型的方法（黑盒方法）和基于度量的方法（Metric Learning）[92]。从问题要素的角度，可以分为 Meta-Representation（元表征）、Meta-Optimizer（外层优化算法，例如梯度下降、强化学习、进化搜索）、Meta-Objective（元目标，如采样效率、领域迁移的鲁棒性等），如图3-97所示[93]。最新的研究动态综述见参考文献［94-96］，体系化的介绍可以阅读参考文献［97］。

机器学习的过程不能前边学后边忘，要有知识保留（避免遗忘）和知识迁移能力，可以适应新数据但不能完全迁就新数据，这就是终身学习[98]的理念。终身学习与增量学习（Incremental Learning）、持续学习（Continual Learning）在概念上基本等同。

终身学习可分成如图3-98所示的基于重播的方法、正则化方法、参数隔离方法等3大类算法[100]。训练参数时，正则化方法对前面训练的参数引入一定保护系数，保护系数大的参数的修改代价高（降低改变的可能），例如，EWC（Elastic Weight Consolidation）、MAS（Memory Aware Synapse）、SCP（Sliced Cramer Preservation）等方法。

从学习策略，可以分为维护可增长的知识库；按照一定顺序学习（Curriculum Learning，类似于一个课程体系的学习，研究课程学习的先后顺序）；多个任务（Taskonomy），研究的是各个任务之间的关系，即该先学哪个，后学哪个；知识的正向迁移（旧知识帮助新知识的学习，迁移学习）等。更详细的内容可以阅读参考文献［98-101］。

4. 多模态学习（Multi-Modal Machine Learning）

一个物理过程通常有大量不同模态（时序、文本、图像、视频、音频等）的数据记录，这些记录在具体事件和应用中具有高度相关性。例如，故障描述文本与时序数据关联、图像和视频的检索、文本到图像和视频的预测与合成、操控行为与生产质量的关联等。

多模态学习从20世纪70年代起步，在2010年后全面步入深度学习阶段，目前比较热门的研究方向是图像、视频、音频、语义之间的多模态学习。多模态学习可以划分为以下5个研究方向[102]。

1）多模态表征学习（Multimodal Representation）：通过利用多模态之间的互补性，剔除模态间的冗余性，从而学习到更好的特征表示，主要包括联合表征（Joint Representations）和协同表征（Coordinated Representations）。

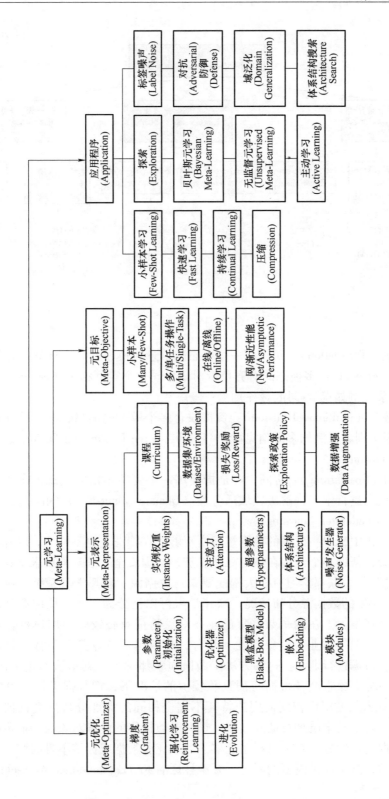

图 3-97 元学习

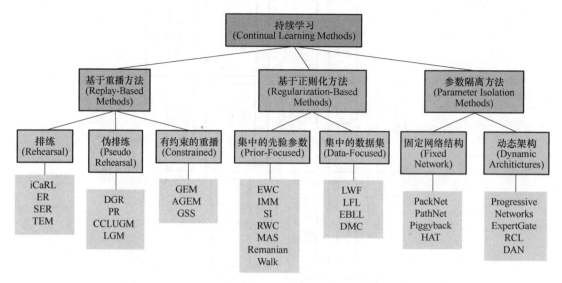

图 3-98 持续学习

2）模态转化（Translation）：负责将一个模态的信息转换为另一个模态的信息。

3）对齐（Alignment）：多模态的对齐负责对来自同一个实例的不同模态信息的子分支/元素寻找对应关系（例如视觉-词汇对齐）。

4）多模态融合（Multimodal Fusion）：负责联合多个模态的信息，进行目标预测（分类或者回归），有很多别名，例如多源信息融合（Multi-source Information Fusion）、多传感器融合（Multi-sensor Fusion）。

5）协同学习（Co-learning）：协同学习是指使用一个资源丰富的模态信息来辅助另一个资源相对贫瘠的模态进行学习，解决领域适应性（Domain Adaptation）的问题。

5. 联邦学习（Federated Learning）

在很多数据分析中，单一机构的数据量通常不够，在特征上也不够全。联邦机器学习是一个协同计算框架，帮助多个机构在满足隐私保护、数据安全、法规的要求下，进行数据统计和机器学习建模[103]。联邦学习有三大构成要素：数据源、联邦学习系统、业务对象（如客户）。根据各参与方的数据源分布情况，联邦学习可以被分为三类：横向联邦学习、纵向联邦学习、联邦迁移学习。在两个数据集的业务对象特征重叠较多而用户重叠较少的情况下，把数据集按照横向（即业务对象维度）切分，并取出双方业务对象特征相同而用户不完全相同的那部分数据进行训练。这种方法叫做横向联邦学习，其本质本质是样本的联合。在两个数据集的业务对象重叠较多而特征重叠较少的情况下，把数据集按照纵向（即特征维度）切分，并取出双方用户相同而用户特征不完全相同的那部分数据进行训练。这种方法叫做纵向联邦学习，其本质是特征的联合。在两个数据集的业务对象与特征重叠都较少的情况下，不对数据进行切分，而可以利用迁移学习来克服数据或标签不足的情况。这种方法叫做联邦迁移学习，其本质是模型的联合。开源社区有 FATE（Federated AI Technology Enabler)、TensorFlow Federated 等实现[104]。

很多机器学习模型（特别是深度学习）是黑箱模型，模型的可解释对于跨学科交流和应用边界理解很重要[105]。模型可解释性指对模型内部机制的理解以及对模型结果的理解，包括全局可解释性、局部可解释性。

另外，机器学习模型是数据驱动的，但这也意味着模型可能会受到恶意攻击或误导，造成模型给出错误的预测结果（特别在故障预测、入侵检测等场景中）。根据不同的攻击方式，有不同的应对措施，详细内容见参考文献［106］。

参 考 文 献

[1] NIST/SEMATECH. Engineering Statistics Handbook［EB/OL］（2016-04-27）［2021-10-20］. https://www.nist.gov/programs-projects/nistsematech-engineering-statistics-handbook. 2016.

[2] Wasserman L. All of statistics: a concise course in statistical inference［M］. New York: Springer, 2004.

[3] Wasserman L. All of nonparametric statistics［M］. Springer Science & Business Media, 2006.

[4] 吉文斯, 赫拉. 计算统计（第2版）［M］. 周丙常, 孙浩, 译. 西安: 西安交通大学出版社, 2017.

[5] Kanji G K. 100 statistical tests［M］. Sage, 2006.

[6] Lehmann E L, Romano J P, Casella G. Testing statistical hypotheses［M］. New York: springer, 2005.

[7] Frost J. Hypothesis testing: An intuitive guide for making data driven decisions［M］. Statistics by Jim Publishing, 2020.

[8] DELIGNETTE-MULLER M L, DUTANG C. Fitdistrplus: An R Package for Fitting Distributions［J］. Journal of Statistical Software, 2015, 64 (4): 1-22.

[9] BENAGLIA T, CHAUVEAU D. HUNTER D R, et al. Mixtools: An R Package for Analyzing Mixture Models［J］. Journal of Statistical Software, 2010, 32 (6): 1-22.

[10] KABACOFF R. R语言实战［M］. 高涛, 肖楠, 陈钢, 译. 北京: 人民邮电出版社, 2013.

[11] FRIEDMAN J H. The elements of statistical learning: Data mining, inference, and prediction［M］. springer open, 2017.

[12] GARETH J, DANIELA W, TREVOR H, 等. 统计学习导论: 基于R应用［M］. 王星, 等译. 北京: 机械工业出版社, 2015.

[13] 库恩, 约翰逊, 等. 应用预测建模［M］. 林荟, 邱怡轩, 马恩驰, 等译. 北京: 机械工业出版社, 2016.

[14] SCHROEDER L D, SJOQUIST D L, STEPHAN P E. Understanding regression analysis: An introductory guide［M］. Sage Publications, 2016.

[15] FROST J. Regression analysis: An intuitive guide for using and interpreting linear models［M］. Jim Publishing, 2019.

[16] VENABLES W N, RIPLEY B D. Modern applied statistics with S-PLUS［M］. Springer Science & Business Media, 2013.

[17] CLEVELAND W S. Robust locally weighted regression and smoothing scatterplots［J］. Journal of the American statistical association, 1979, 74 (368): 829-836.

[18] RAO R C, TOUTENBURG H, HEUMANN C, et al. Linear models and generalizations: least squares and

alternatives [M]. Springer, 2008.

[19] 杉山将. 图解机器学习 [M]. 许永伟, 译. 北京：人民邮电出版社, 2015.

[20] FRIEDMAN J H. Multivariate Adaptive Regression Splines [J]. The Annals of Statistics, 1991, 19 (1): 1-67.

[21] KUHN M, JOHNSON K. Applied predictive modeling [M]. New York: Springer, 2013.

[22] ADLER J. R语言核心技术手册 [M]. 刘思喆, 李舰, 陈刚, 等译. 北京：电子工业出版社, 2014.

[23] MARUGÁN A P, MÁRQUEZ F P G, PEREZ J M P, et al. A survey of artificial neural network in wind energy systems [J]. Applied energy, 2018, 228: 1822-1836.

[24] MONTAVON G, ORR G, MÜLLER K-R. Neural networks: tricks of the trade [M]. Berlin: springer, 2012.

[25] CLARK M. Model Estimation by Example: Demonstrations with R [Z/OL]. https://m-clark.github.io/models-by-example/.

[26] MAIMON O, ROKACH L, YING Y, et al. Data Mining and Knowledge Discovery Handbook [M]. Springer, 2005.

[27] MAIMON O Z, ROKACH L. Data mining with decision trees: theory and applications [M]. World scientific, 2014.

[28] 诸葛越, 等. 百面机器学习 [M]. 北京：人民邮电出版社, 2018.

[29] 李航. 统计学习方法 [M]. 北京：清华大学出版社, 2012.

[30] LANTZ B. 机器学习与R语言 [M]. 李洪成, 许金炜, 李舰, 译. 北京：机械工业出版社, 2015.

[31] CHANG C, LIN C. LIBSVM: a library for support vector machines [J]. ACM transactions on intelligent systems and technology (TIST), 2011, 2 (3): 1-27.

[32] KARATZOGLOU A, MEYER D, HORNIK K. Support vector machines in R [J]. Journal of statistical software, 2006, 15 (1): 1-28.

[33] PROBST P. Implementations and defaults of the Support Vector Machine in R [Z/OL]. https://philipppro.github.io/Implementations_svm_/.

[34] TIPPING M E. Sparse Bayesian learning and the relevance vector machine [J]. Journal of machine learning research, 2001, 1 (Jun): 211-244.

[35] MANGASARIAN O L, WILD E W. Proximal support vector machine classifiers [C] //Proceedings KDD-2001: knowledge discovery and data mining. Citeseer, 2001.

[36] FINK G A. Markov models for pattern recognition: from theory to applications [M]. Springer Science & Business Media, 2014.

[37] ZHOU H, CHEN J, DONG G, et al. Detection and diagnosis of bearing faults using shift-invariant dictionary learning and hidden Markov model [J]. Mechanical systems and signal processing, 2016, 72: 65-79.

[38] RABINER L R. A tutorial on hidden Markov models and selected applications in speech recognition [J]. Proceedings of the IEEE, 1989, 77 (2): 257-286.

[39] ZUCCHINI W, MACDONALD I L, LANGROCK R. Hidden Markov models for time series: an introduction using R [M]. CRC press, 2017.

[40] JORDAN M I. Graphical models [J]. Statistical science, 2004, 19 (1): 140-155.

[41] SCUTARI M, DENIS J B. Bayesian networks: with examples in R [M]. CRC press, 2015.

[42] SUTTON Charles, MCCALLUM A. An introduction to conditional random fields [J]. FnT in Mach. Learn, 2011, 4 (4): 267-373.

[43] BINDER J, KOLLER D, RUSSELL S, et al. Adaptive probabilistic networks with hidden variables [J]. Machine Learning, 1997, 29 (2): 213-244.

[44] CANDY J V. Bayesian signal processing: classical, modern, and particle filtering methods [M]. John Wiley & Sons, 2016.

[45] KRAPU C, BORSUK M. Probabilistic programming: a review for environmental modellers [J]. Environmental Modelling & Software, 2019, 114: 40-48.

[46] CARPENTER B. Hello, world! Stan, PyMC3, and Edward [EB/OL]. [2017-03-31]. https://statmodeling. stat. columbia. edu/2017/05/31/compare-stan-pymc3-edward-hello-world/.

[47] GELMAN A, CARLIN J B, STERN H S, et al. Bayesian data analysis [M]. 3rd ed CRC Press, 2014.

[48] BELLOT D. Learning probabilistic graphical models in R [M]. Packt Publishing Ltd, 2016.

[49] BISHOP C M. Pattern recognition and machine learning [M]. Springer, 2006.

[50] MURPHY K P. Machine learning: a probabilistic perspective [M]. MIT press, 2012.

[51] KRUSCHKE J. Doing Bayesian data analysis: A tutorial with R, JAGS, and Stan [J]. 2014. Academic Press, 2014.

[52] KOLLER D, FRIEDMAN N. Probabilistic graphical models: principles and techniques [M]. MIT press, 2009.

[53] KOLLER D, FRIEDMAN N. 概率图模型：原理与技术 [M]. 王飞跃，韩素青，译. 北京：清华大学出版社，2015.

[54] ALBERT J. Bayesian computation with R [M]. Springer Science & Business Media, 2009.

[55] SUCAR L E. Probabilistic graphical models: Principles and Applications [M]. Springer, 2015.

[56] HØJSGAARD S, EDWARDS D, LAURITZEN S. Graphical models with R [M]. Springer Science & Business Media, 2012.

[57] MARCUS S. Automating knowledge acquisition for expert systems [M]. Springer Science & Business Media, 2013.

[58] 黄黎原. 贝叶斯的博弈：数学、思维与人工智能 [M]. 方弦，译. 北京：人民邮电出版社，2021.

[59] 王珏，周志华，周傲英. 机器学习及其应用 [M]. 北京：清华大学出版社，2006.

[60] BREIMAN L. Bagging predictors [J]. Machine learning, 1996, 24 (2): 123-140.

[61] ZHOU Z. Ensemble methods: foundations and algorithms [M]. Chapman; Hall/CRC, 2019.

[62] NATEKIN A, KNOLL A. Gradient boosting machines, a tutorial [J]. Frontiers in neurorobotics, 2013, 7: 21.

[63] CHEN T, GUESTRIN C. Xgboost: A scalable tree boosting system [C]. Proceedings of the 22nd acm sigkdd international conference on knowledge discovery and data mining, 2016.

[64] NIELSEN D. Tree boosting with xgboost-why does xgboost win "every" machine learning competition? [D]. NTNU, 2016.

[65] 龙哥. Kaggle 机器学习之模型融合（stacking）心得 [EB/OL]. （2017-06-17）[2021-10-10]. https:// zhuanlan. zhihu. com/p/26890738.

[66] BOEHMKE B, GREENWELL B. Hands-on machine learning with R [M]. Chapman; Hall/CRC, 2019.

[67] FRIEDMAN J H. The elements of statistical learning: Data mining, inference, and prediction [M]. springer open, 2017.

[68] BAHMANI B, MOSELEY B, VATTANI A, et al. Scalable k-means++ [J]. arXiv preprint arXiv: 1203.6402, 2012.

[69] 韩家炜, 范明, 孟小峰. 数据挖掘: 概念与技术 [M]. 北京: 机械工业出版社, 2012.

[70] HAHSLER M, GRÜN B, HORNIK K. Mining association rules and frequent itemsets [EB/OL]. (2015-12-14) [2021-09-30]. https://github.com/mhahsler/arules.

[71] HORNIK K, GRÜN B, HAHSLER M. arules-A computational environment for mining association rules and frequent item sets [J]. Journal of statistical software, 2005, 14 (15): 1-25.

[72] ZAKI M J, PARTHASARATHY S, LI W. A localized algorithm for parallel association mining [C]. Proceedings of the ninth annual ACM symposium on Parallel algorithms and architectures, 1997: 321-330.

[73] HAHSLER M, CHELLUBOINA S. Visualizing association rules: Introduction to the R-extension package arulesViz [J]. R project module, 2011 (6): 223-238.

[74] HAN J, PEI J, KAMBER M. Data mining: concepts and techniques [M]. Elsevier, 2011.

[75] TAN P, STEINBACH M, KUMAR V. 数据挖掘导论 [M]. 范明, 范宏建, 译. 北京: 人民邮电出版社, 2006.

[76] GOODFELLOW I, BENGIO Y, COURVILLE A. Deep learning [M]. MIT press, 2016.

[77] KETKAR N, SANTANA E. Deep learning with Python [M]. Springer, 2017.

[78] MINAR M R, NAHER J. Recent advances in deep learning: An overview [J]. arXiv preprint arXiv: 1807.08169, 2018.

[79] SHUKLA N, FRICKLAS K. Machine learning with TensorFlow [M]. Manning Shelter Island, Ny, 2018.

[80] SUBRAMANIAN V. Deep Learning with PyTorch: A practical approach to building neural network models using PyTorch [M]. Packt Publishing Ltd, 2018.

[81] CHOLLET F. Deep learning with Python [M]. Manning Publications, 2017.

[82] WENG L. Are Deep Neural Networks Dramatically Overfitted? [Z]. (2019-03-14) [2021-10-20]. [EB/OL] https://lilianweng.github.io/lil-log/2019/03/14/are-deep-neural-networks-dramatically-overfitted.html.

[83] JIA Y. Learning semantic image representations at a large scale [D]. Berkeley: University of California, Berkeley, 2014.

[84] BORDAWEKAR R, BLAINEY B, PURI R. Analyzing analytics [M]. Morgan & Claypool Publisher, 2015.

[85] 吴艳霞, 梁楷, 刘颖, 等. 深度学习 FPGA 加速器的进展与趋势 [J]. 计算机学报, 2019 (11): 2461-2480.

[86] 刘文志. 并行算法设计与性能优化 [M]. 北京: 机械工业出版社, 2015.

[87] MATTSON T G, SANDERS B, MASSINGILL B. Patterns for parallel programming [M]. Pearson Education, 2004.

[88] MINER D, SHOOK A. MapReduce design patterns: building effective algorithms and analytics for Hadoop and other systems [M]. O'Reilly Media, Inc., 2012.

[89] PARSIAN M. 数据算法: Hadoop/Spark 大数据处理技巧 [M]. 苏金国, 杨健康, 等译. 北京: 中国电力出版社, 2016.

［90］ZHU X, GOLDBERG A B. Introduction to semi-supervised learning［M］. Morgan & Claypool Publisher, 2009.

［91］SETTLES B. Active Learning［M］. Morgan & Claypool Publisher, 2012.

［92］BELLET A, HABRARD A, SEBBAN M. Metric learning［M］. Morgan & Claypool Publisher, 2015.

［93］HOSPEDALES T, ANTONIOU A, MICAELLI P, et al. Meta-learning in neural networks：A survey［J］. arXiv preprint arXiv：2004.05439, 2020.

［94］张鲁宁, 左信, 刘建伟. 零样本学习研究进展［J］. 自动化学报, 2020, 46（1）：1-23.

［95］李凡长, 刘洋, 吴鹏翔, 等. 元学习研究综述［J］. 计算机学报, 2021（2）：422-446.

［96］张钰, 刘建伟, 左信. 多任务学习［J］. 计算机学报, 2020（7）：1340-1378.

［97］彭慧民. 元学习：基础与应用［M］. 北京：电子工业出版社, 2021.

［98］CHEN Z, LIU B. Lifelong machine learning［M］. Morgan & Claypool Publisher, 2018.

［99］PARISI G I, KEMKER R, PART J L, et al. Continual lifelong learning with neural networks：A review ［J］. Neural Networks, 2019, 113：54-71.

［100］DELANGE M, ALJUNDI R, MASANA M, et al. A continual learning survey：Defying forgetting in classification tasks［J］. IEEE Transactions on Pattern Analysis and Machine Intelligence, 2021.

［101］LOSING V, HAMMER B, WERSING H. Incremental on-line learning：A review and comparison of state of the art algorithms［J］. Neurocomputing, 2018, 275：1261-1274.

［102］杨杨, 詹德川, 姜远. 可靠多模态学习综述［J］. 软件学报, 2021, 32（4）：1067-1081.

［103］王健宗, 孔令炜, 黄章成, 等. 联邦学习算法综述［J］. 大数据, 2020, 6（06）：70-88.

［104］杨强, 黄安埠, 刘洋, 等. 联邦学习实战［M］. 北京：电子工业出版社, 2021.

［105］曾春艳, 严康, 王志锋, 等. 深度学习模型可解释性研究综述［J］. 计算机工程与应用, 2021, 57（8）：1-9.

［106］VOROBEYCHIK Y, KANTARCIOGLU M. Adversarial machine learning［M］. Morgan & Claypool Publisher, 2018.

［107］张正航, 钱育蓉, 行艳妮, 等. 知识表示学习方法研究综述［J］. 计算机应用研究, 38（4）：7.

［108］丁梦远, 兰旭光, 彭茹, 等. 机器推理的进展与展望［J］. 模式识别与人工智能, 2021, 34（1）：1-13.

［109］WEINER J. Why AI/Data Science Projects Fail：How to Avoid Project Pitfalls［M］. Morgan & Claypool Publisher, 2020.

第 4 章
时序数据挖掘算法

在经典机器学习中,通常假设不同记录是独立同分布的(严格意义上的数据集)。但在一些领域,记录之间存在结构关系(序列关系、空间关系、网络关系等)。在工业大数据分析中常常出现时间序列(时序)关系,状态监测、测量活动、生产活动等数据都具有明显的时序结构特征。本章介绍工业数据分析中常用的时序分析算法。

4.1 时序算法简介

时间序列在不同行业中具有不同特性,对应的分析算法也不同,具有不同特性的时间序列对应的分析算法见表 4-1。例如,周期性短序列(如生物发酵周期中的生化指标)有明确的批次、时间(批次中的相对时间)、变量 3 个维度,且不同批次的时长通常相等,在时序再表征和相似度评价时,与长序列相比,有较高的便捷性;风速是长序列,没有明确的业务语义能将其自然分割,需要利用算法或启发式规则进行分割。另外,长时序中常常存在多尺度(Multi-scale)效应,需要利用其在不同时间尺度上的变化趋势。

表 4-1 具有不同特性的时间序列对应的分析算法

维度	类别	描述及示例	算法方法需求
长度	长序列	自然环境的传感数据:风速 持续生产的过程数据:长周期的化工过程	时序分割 多尺度(Multi-scale)分解
	周期性短序列	周期性运行设备:往复式设备的力矩或位移 周期性生产:轧制过程数据	时序再表征 时序聚类
形态	周期性或趋势	季节性数据:零配件需求曲线 振动数据:旋转机械的振动	时序模式分解 频域分析算法
	已知模态	单变量的时序模态:心电图 双变量的相位模态:示功图、轴心轨迹	时序再表征 时序相似度匹配
	未知模态	风速	频繁模式挖掘 聚类
	动力学驱动关系	风速-发电功率	ARIMA 或动力学建模

（续）

维度	类别	描述及示例	算法方法需求
数据质量	数值准确	电流、电压数据	只需少量的质量预处理（线性滤波等）
	零星强噪声	风速测量、工程机械中的压力测量	需要非线性滤波（中值滤波等）或 STL 等半参数化分解
	趋势可信	化工过程中的流量、工程机械中的油位	时序分解 时序再表征

可以将时序数据挖掘算法分为如图 4-1 所示的 8 类，经典的信号处理（Signal Processing）算法可以给这 8 类算法提供很多帮助。时序分割（Time Series Segmentation）从时间维度将长序列切分为若干子序列，不同的子序列对应不同的工况类别；时序分解（Time Series Decomposition）按照变化模式，将时间序列分解为若干分量；时序再表征（Time Series Representation）用于进行时间序列简化或特征提取，为分类提供支持；序列模式（Sequential Pattern）主要用于发现时间序列中频繁出现的子序列（模式）或事件间的时序模式关系；异常检测（Anomaly Detection）用于发现时间序列中的异常点、子序列或模式；聚类（Clustering）将若干时间序列（等长或不等长）聚类，为基于时序片段的分类或回归提供支持；分类（Classification）和预测（Forecasting）与机器学习算法中的分类和回归类似，唯一的问题是如何融入时序结构特征。

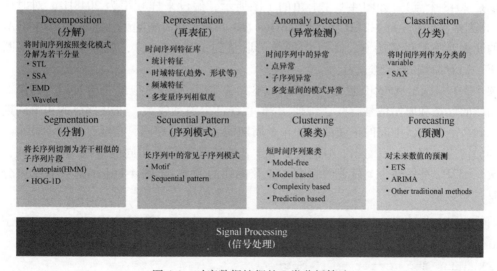

图 4-1　时序数据挖掘的 8 类分析算法

本章将按照这 8 类算法分别讨论，在此之前，将简要讨论一下经典信号处理中的频域分析（傅里叶变换）、时频分析算法和最近发展的压缩感知（Compressed Sensing）等算法，这些信号处理算法在机械故障诊断中也广泛采用。

4.2 信号处理算法

信号处理算法包括针对平稳信号的频域分析、针对非线性、非平稳信号的时频域分析，以及近年来涌现压缩感知等算法，还包括在信号中常用的 SFA（Slow Feature Analysis，慢特征分析）和 ICA（Independent Component Analysis，独立成分分析）等变换算法，下面分别进行介绍。

4.2.1 傅里叶变换的直观理解

18 世纪出现并逐渐发展的傅里叶变换（Fourier Transform，FT）一直以来被广泛应用于信号处理中，FT 的基本思想是对一段信号做全局分析，将其分解为三角函数的线性叠加去逼近原始信号，这种频域分析方式在振动分析等平稳信号取得了广泛应用。FT 的快速算法称为快速傅里叶变换（Fast Fourier Transform，FFT），考虑到很多现实信号在频域是稀疏的（很多频段系数很小或为零），稀疏快速傅里叶变换（Sparse FFT，SFFT）在理论上比 FFT 更有效[1]。FFT 算法在很多课本中有详细介绍，本节的目标是通过几个简单例子，直观理解 FT 背后的机制。

1.（直线+正弦）4 次重复

原始时序是 4 个间隔型的正弦曲线（256 点直线紧跟 4 个正弦周期曲线，重复 4 次，整体长度是 2048 个点），如图 4-1 左上角的子图所示，假设采样频率为 2048Hz。对时序进行 FFT，得到幅度向量 Amp 和角度向量 Deg（弧度）。为演示清晰起见，忽略幅度向量 Amp 中较小的元素（将其设置为 0），Deg 中的数值取整到 15°（角度），从低频到高频不断重构（逆 FFT），看曲线的逼近过程。

图 4-2 中只画出 Amp>0 且频率（Feq）不大于 50Hz 组分对应的重构过程，到第 5 个分量，曲线的形态和原始信号有些"神似"，但直线部分波动较大，正弦部分的 4 个周期幅度不同；到 7 个分量，中间的正弦曲线的 4 个周期的幅度接近相同，直线部分波动较小。从原始序列的构造过程也可以看出，4Hz 是一个显著的基础频率（相同的直线+正弦序列，重复了 4 次），32Hz 是另外一个显著的频率（正弦曲线的频率）。图 4-1 中的显著频率组分也都是 4Hz 的整数倍。

```
# FFT reconstruction for illustration purpose,1) reduce the number of
components (ignore small elemetns in amp vector)
  # 2) round deg vector to 15 degree
  fft_construct<-function(amp,deg,orginalSerie,numComponent=50,mfrow=
c(4,2)){
```

```r
  N<-length(amp)
  amp2<-amp
  amp2[abs(amp2)<0.01]<-0   #if the amplitude is less than 0.01,just set it to 0
  amp_tmp<-amp2*0
  
  degUnit<-pi/(180/15) #round to 15 deg just for illustration purpose
  deg<-round(deg/degUnit)*degUnit
  
  par(mfrow=mfrow,mar=c(2,2,2,2),cex.main=0.8)
  plot(orginalSerie,type="l",xlab="Index",ylab="y",main="(0) Original Series")
  subFigIndex<-1
  for(k in intersect(2:numComponent,which(amp2>0))){
    index<-c(k,N+2-k)
    amp_tmp[index]<-amp2[index]
    x_mock<-Re(fft(complex(modulus=amp_tmp,argument=deg),inverse=TRUE))/N
    plot(x_mock,type="l",xlab="Index",ylab="y",main=paste0("(",subFigIndex,") ","Freq=",k-1,",Amp=",format(amp2[k],digits=3),",Deg=",round(deg[k]*180/pi)))
    subFigIndex<-subFigIndex+1
  }
  # return(x_mock)
}

#mockup a series with 4 (flat+sin) components
N<-256
t<-(1:N)/N*4*pi
y<-rep(c(rep(0,N),0.5*sin(2*t)),4)

amp<-Mod(fft(y))
deg<-Arg(fft(y))
fft_construct(amp,deg,y)
```

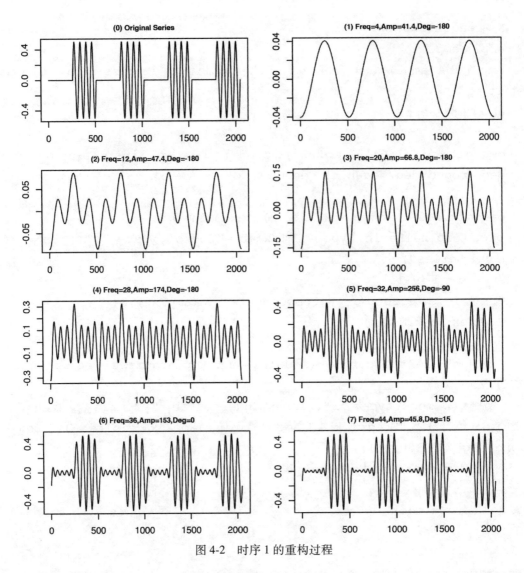

图 4-2 时序 1 的重构过程

2. 直线+正弦曲线

如果时序就是一段直线加正弦曲线，重构的过程又如何呢？整体长度仍为 2048，正弦的频率一样，只不过把所有直线和正弦都归拢在一起了。从直觉上，曲线变得更简单了（被分成前后 2 个不同段），但从 FFT 算法角度，其"周期性"弱化了，可以预见，FFT 重构需要更多的组分。在 50Hz 内，显著的组分有 26 个。只有到第 17 或第 19 个组分，拟合的形态才比较接近目标曲线。为了应对第 1024 个点附近的"突变"，相对前面的例子，需要花更多的组分，前 16 个组分组分的效果都是为了让第 1024 个点附近的变化做的更突出，同时让两边更"更稳"，第 17 个组分是 32Hz 的余弦波是目标曲线中的频率。如下述代码和图 4-3 所示。

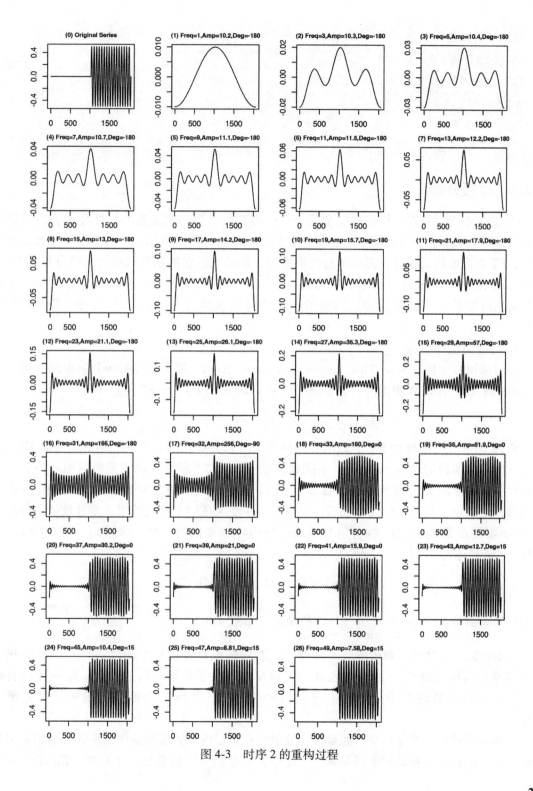

图 4-3 时序 2 的重构过程

```
    N<-1024
t<-(1:N)/N*pi
y<-c(rep(0,N),0.5*sin(32*t))
amp<-Mod(fft(y))
deg<-Arg(fft(y))
fft_construct(amp,deg,y,mfrow=c(7,4))
```

4.2.2 时频分析

FT 的基本思想是对一段信号做全局分析，将其分解为三角函数的线性叠加去逼近原始信号。这种频域分析方式在振动分析等平稳信号上取得了广泛应用。但对于非线性和非平稳信号，FT 会造成较大偏差，需采取持续周期短、局部性较强的基本函数的时频分析（Time-Frequency Analysis）技术。常用的时频表示分为线性和非线性两种，典型的线性时频表示有短时傅里叶变换、小波变换等，典型的非线性时频表示有 Wigner-Ville 分布、Cohen 类分布等。

1. 短时傅里叶变换

短时傅里叶变换（Short Time Fourier Transform，STFT）属于线性时频分析中的一种，是由 Potter 等人于 1946 年提出的，若给定一信号 $x(t) \in L^2(R)$，STFT 的定义为

$$\text{STFT}_x(\tau,\omega) = \int_{-\infty}^{+\infty} x(t)w(t-\tau)e^{-j\omega t}dt$$

STFT 的含义可解释如下：在时域用窗函数 $w(\tau)$ 去截，对截下来的局部信号做 FT，即得在 τ 时刻的该段信号的 FT 结果。不断地移动 τ，也即不断地移动窗函数的中心位置，即可得到不同时刻的 FT。常用的窗函数有矩形窗、汉宁窗与汉明窗等类型。STFT 的优点在于其物理意义明确，是信号的线性表示，本身不存在交叉项的干扰，适用于多分量信号分析。

Gabor 变换是 STFT 的一种，是 D. Gabor 于 1946 年提出的，对于信号 $x(t) \in L^2(R)$，其 Gabor 变换定义为

$$G_x(\tau,\omega) = \int_{-\infty}^{+\infty} x(t)\, g_a(t-\tau)e^{-j\omega t}dt$$

式中，窗口函数 $g_a(\tau) = \dfrac{1}{2\sqrt{\pi a}} e^{-\frac{\tau^2}{4a}}$ 是高斯函数（常数 $a>0$）。

Gabor 变换是对时间和频率同时局部化，能较好地刻画信号中的瞬态结构，其时频分辨率完全由高斯窗决定。Gabor 变换在一定程度上解决了局部分析的问题，是一种具有单一分辨率（窗函数的大小、形状不变）的时频分析，特别对图像边缘敏感，对光照不敏感。

窗函数频谱的主瓣尽量窄，能量尽可能集中在主瓣内，旁瓣增益尽量小而且随频率尽快衰减，以减小频谱分析时的泄漏失真。实际中被考察信号一般都是非平稳的，但 STFT 假定

在窗函数宽度内信号近似平稳,其窗函数类型通常选择低通型窗函数,其时频聚集性也就随之确定。但是由于测不准原理对窗函数时频分辨能力的制约,也就是利用短窗口有较高的时间分辨率,但是频率分辨能力差。当利用长窗口时有较高的频率分辨率,但时间分辨能力就弱。在应用当中,必须对时窗与频窗宽度做出折中,而这种折中取决于窗函数和信号的时频特性。这种折中并不能涵盖所有类型信号时频特性的要求,例如,当被分析信号是缓变和瞬变共存的信号类型时,任何折中都将没有意义,这时采用任何宽度的时窗,要么照顾到缓变信号成分的要求而满足不了瞬变信号成分的需要,要么反之,或者是两种成分的分析结果都不能接受。也就是说,当被分析的信号是含有多种尺度差别很大的成分类型时,STFT 方法是无能为力的。

2. 小波变换

为了解决 Gabor 变换的局限性,小波变换在 20 世纪 80 年代中后期被发展起来。"小波"顾名思义就是小的波形,所谓"小"是指它具有较快的衰减性,而称之为"波"则是指它的波动性。对于给定信号 $x(t) \in L^2(R)$,$x(t)$ 的小波变换定义为

$$W_x(a,b) = \frac{1}{\sqrt{a}} \int_{-\infty}^{+\infty} x(t) \Psi\left(\frac{t-b}{a}\right) \mathrm{d}t$$

式中,$a>0$ 是尺度因子;b 是时移因子;$\Psi\left(\frac{t-b}{a}\right)$ 是小波母函数 $\Psi(t)$ 经移位和伸缩产生的一族函数,称之为小波基。不同的小波母函数 $\Psi(t)$ 则对应着不同种类的小波变换,比如 Haar 小波、Shannon 小波、Daubechies 小波、Mexican Hat 小波、Morlet 小波、Meyer 小波等。

小波变换实质上是原始信号与经过伸缩后的小波函数族的相关运算。通过调整尺度,可得到具有不同时频宽度的小波以匹配原始信号的不同位置,达到信号的局部化分析。与短时傅里叶变换不同,小波变换能较好地解决时间和频率分辨力的矛盾:小波变换的窗是可调时频窗,在高频时使用窄窗口,在低频时则用宽窗口,即以不同的尺度观察信号,以不同的分辨力分析信号,充分体现了多分辨率分析的思想,与时变、非平稳信号的特性一致,对分析突变信号和奇异信号非常有效。

对于尺度 s_0 的小波 $Wf(u,s_0)$,其严格局部最大值 u_0 称之为其局部模极大值(Modulus Maximum),也就是说,$\left.\frac{\partial Wf(u,s_0)}{\partial u}\right|_{u_0} = 0$,并且在 u_0 的左右邻域内 u_0 是最大值,这样避免 $Wf(u,s_0)$ 是个常数。对于尺度 s_0 的局部模极大值 u_0,在更细的尺度上,不断寻找类似的局部模极大值,可以将其连成一条线,称这些线为 $Wf(u,s)$ 的模极大值。一个示例如图 4-4 所示。

奇异性(Singularity)和动态行为是信号分析的两项重要内容。奇异点指的是数据值上不连续的点。函数的局部匀称性(Local Regularity)通常用 Lipschitz 指数(Lipschitz Exponent,LE)度量。对于一个函数 $f(x)$,如果存在一个常数 A,在 x_0 邻域内,$|f(x) - f(x_0)| \leq A|x-x_0|^\alpha$ 成立,则称 $f(x)$ 在 x_0 的 Lipschitz 指数为 α。α 越大,该点的光滑度越高,α 越小,奇异性越大。$\alpha \leq 0$ 表示该点不连续,$\alpha \geq 1$ 表示该点局部可导。

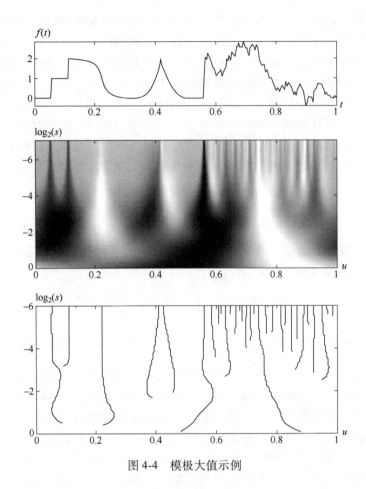

图 4-4 模极大值示例

在小波分析中,为了鲁棒性,对于一个函数 $f(u)$,每个点 u,计算所有小波组分的综合的 LE 指数[2],即

$$\alpha(u) = \underset{\alpha, A}{\operatorname{argmin}} \sum_{s} [\log_2 |Wf(u,s)| - \log_2 A - \alpha \log_2 s]^2$$

$\alpha(u)$ 表征了 $f(u)$ 在每个点 u 的光滑性或奇异度,$\alpha(u)$ 越小,奇异度越大。

但是小波变换对时频平面仍是一种机械式的划分,在实际中选择能反映信号特征的小波不易,而且一旦选定小波就必须用同一个小波分析下去,因此并不具备自适应的特点。另外小波变换引入的是尺度因子 a,由于尺度因子 a 与频率间没有直接的联系,频率在小波变换中没有明显地表现出来。

3. Wigner-Ville 分布(Wigner-Ville Distribution,WVD)

WVD 是广泛用于非平稳信号分析的一种时频分布,其定义为

$$W_x(t, \omega) = \int_{-\infty}^{+\infty} x(t + \tau/2) \, x^*(t - \tau/2) \, e^{-j\omega\tau} d\tau$$

R 中的 Rwave 包、Matlab 的 Signal Processing Toolbox 都有 WVD 函数。

WVD 可以看作是信号时间自相关函数的 FT，聚集性较好，其本身满足了大部分期望的数学性质，如实值性、对称性、边缘积分特性、能量守恒、时频移位等，所以确实反映了非平稳信号的时变频谱特性，加之能作相关化解释，从而成为非平稳信号分析处理的一个有力的工具，广泛应用于信号检测、分类与识别、瞬时频率估计、时频滤波等诸多领域。但由于它是信号的二次时频，对于多分量信号必然存在交叉干扰项。虽然也有很多改进算法（如伪平滑 WVD），但在本质上是在多分量交叉干扰项抑制和保持信号时频聚集性之间进行折中。

4. 其他时频分析算法

WVD 作为典型的双线性时频分析手段在多分量频率交叉干扰存在的状态下，计算效果并不好。前述方法等特点是都过分依赖人工设定的基函数，由于激励源的差异性，也根本无法找到适用所有信号成分的"万能"基函数。

以经验模态分解（Empirical Mode Decomposition，EMD）为代表的自适应非线性时频分析方法，自提出以来受到国内外学者的广泛关注，其核心是：先定义单一模态分量以使其具有物理意义，根据待处理信号的自身信息或形态特征分解获取基线信号，最终将复杂的多分量信号分解为若干个瞬时频率有物理意义的单一模式分量，在分解过程中体现"数据驱动"，即保证不对信号的形态、结构等特征进行预测与限制。EMD 方法将在 4.3 节中详细介绍，这里不再展开。

以局部线性、平稳特性假设为前提的传统信号时频处理技术，如时域信号统计与相关冗余分析、FT 与小波变换、时间序列模型分析以及频域相干分析，在旋转机械设备状态检测与故障诊断中获得成功应用，却难以很好地推广至往复压缩机故障诊断。主要原因在于往复压缩机振动激励源多，故障机理复杂，信号传递路径存在多信息耦合，使得故障特征信息相互间干扰较大。这就要求研究者们不仅要通过合理选择监测采样位置，保证采集到的信号尽量包含丰富的故障源信息的同时，还应结合典型部件故障的振动响应，提取差异化明显的征兆信息，选择有针对性的分类识别算法，提高多故障特征提取与诊断的准确性。下面讨论几个在故障诊断中常用的时频特征变量。

（1）Spectral Kurtosis

Spectral Kurtosis（SK）是一种用来识别非平稳或非高斯时序的时序统计方法。平稳高斯过程的 SK 值非常小，大的 SK 值出现在瞬态过程的频段。这个特性让 SK 在旋转设备故障诊断中很有用，SK 本身可以作为故障特征或状态变化的特征提取方法，也为其他分析（例如包络分析）提供最佳频段参数。

一个时序信号 $x(t)$ 的 SK 变换 $K(\omega)$ 基于其 STFT $S(t, \omega)$：

$$S(t,\omega) = \int_{-\infty}^{+\infty} x(t) w(t-\tau) e^{-\omega \tau} d\tau$$

$$K(\omega) = \frac{\langle |S(t,\omega)|^4 \rangle}{(\langle |S(t,\omega)|^2 \rangle)^2} - 2$$

式中，$w(t)$ 是 SFFT 的窗口函数，<·>是时间平均算法。

例如，时序信号 $x(t)$ 由一个 300~400Hz 的 Chirp 信号，外加一个高斯白噪声构成，如图 4-5 所示。它的 SK 曲线如图 4-6 所示，在 300~400Hz 的暂态区有较高的 SK 值，其他白噪声区 SK 值很低。

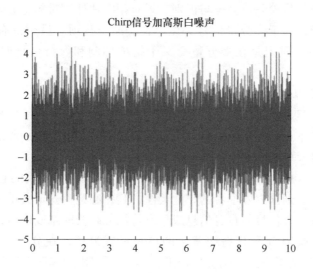

图 4-5 时序信号 $x(t)$

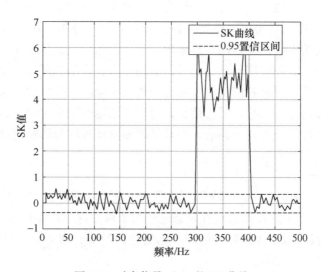

图 4-6 时序信号 $x(t)$ 的 SK 曲线

在一般的函数库中，STFT 的窗口大小 τ 有默认的选取方法，例如根据 ENBW（Equivalent Noise BandWidth）和 Nyquist 频率共同决定。最佳的窗口大小也可以根据 kurtogram 函数展示不同窗口下的 SK 计算结果，并给出建议的窗口大小。例如，上面信号的 kurtogram 结果如图 4-7 所示，建议窗口大小是 256 个点。

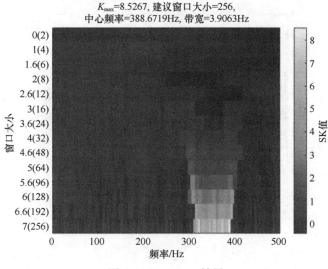

图 4-7 kurtogram 结果

(2) 谱熵(Spectral Entropy, SE)

任何信息都存在冗余,冗余大小与信息中每个符号的出现概率或者说不确定性有关。香农第一次用数学语言阐明了概率与信息冗余度的关系,信息熵用于解决对信息的量化度量问题,描述信源的不确定度。

谱熵是信息能量谱分布的一种度量,广泛应用于语音识别、生物医学和信息处理。对于一个长度为 N 的时序信号 $x(n)$,其离散 FT 是 $F(m)$,能量谱 $S(m)=|F(m)|^2$ 的谱概率分布 $P(m)$ 定义为

$$P(m) = \frac{S(m)}{\sum_i S(i)}$$

谱熵 H 定义为

$$H = -\sum_{m=1}^{N} P(m) \log_2 P(m)$$

对于时频能量谱 $S(t,f)$,它在时间 t 的概率分布是

$$P(t,m) = \frac{S(t,m)}{\sum_f S(t,f)}$$

时间 t 的谱熵 $H(t)$ 定义为

$$H(t) = -\sum_{m=1}^{N} P(t,m) \log_2 P(t,m)$$

例如,在 30s 的白噪声的第 10~20s,加入正弦信号,如图 4-8 所示。

它对应的谱熵曲线如图 4-9 所示,可以在看出在 10~20s 期间由于正弦波存在,谱熵比其他纯白噪声时段要低很多。

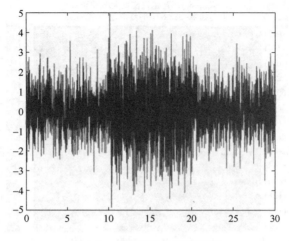

图 4-8 白噪声加入正弦信号

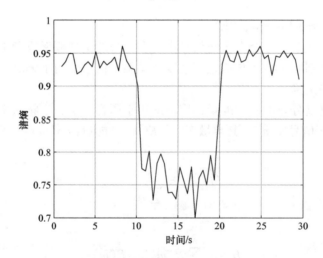

图 4-9 图 4-8对应的谱熵曲线

(3) 熵 (Entropy)

假设有两个时间序列,时序 1 是 10、20 的循环序列,即 $X_1=(10,20,10,20,10,20,10,20,\cdots)$,序列 2 是 10、20 的等一次概率取样构成序列,例如 $X_2=(10,10,20,10,20,20,10,20,\cdots)$。很显然,$X_1$ 比 X_2 更加规律,但如何度量呢?方差、峭度等单变量统计量对二者是没有区分性的,只有考虑顺序才能区分二者。时间序列对应的熵 (Entropy) 指标就是一些这样的度量指标。

对于一个时序 $X=(x_1,x_2,\cdots,x_N)$,构建长度为 m 的短序列模板 $X_m(i)=(x_i,x_{i+1},\cdots,x_{i+m-1})$,选择一个距离函数 $d[X_m(i),X_m(j)]$ [默认为切比雪夫 (Chebyshev) 距离]。给定

一个 $i \in \{1,2,\cdots,N-m+1\}$,
$$N_i(m,r) = \{X_m(j) \mid d[X_m(i), X_m(j)] < r\} \text{ 中元素的个数}$$
$$C_i(m,r) = N_i(m,r)/(N-m+1)$$

定义
$$\phi(m,r) = (N-m+1)^{-1} \sum_{i=1}^{N-m+1} \log C_i(m,r)$$

近似熵（Approximate Entropy）定义为
$$\text{ApEn}(m,r) = \phi(m,r) - \phi(m+1,r)$$

样本熵（Sample Entropy）定义为
$$\text{SampEn}(m,r) = -\log \frac{\sum_{i=1}^{N-m+1} N_i(m,r)}{\sum_{i=1}^{N-m} N_i(m+1,r)}$$

样本熵是在近似熵的基础上改进得到的，二者都是衡量时间序列的复杂性和维数变化时序列产生新模式概率的大小，产生新模式的概率越大，序列的复杂性程度越高，熵值就越大。样本熵数值为 0 或正，越小表示时序自相似度越高。与李雅普诺夫（Lyapunov）指数、信息熵、关联维数等其他非线性动力学方法相比，样本熵具有所需的数据短、抗噪和抗干扰能力强、在参数大取值范围内一致性好等优点，因而常用于机械信号分析与故障诊断领域。

另外，还有排列熵（Permutation Entropy）[3]、模糊熵[4]等定义，这里不再赘述。

R 语言 TSEntropies 包提供 ApEn、SampeEn 的计算函数。statcomp 包提供排列熵函数。

（4）Teager-Kaiser 能量算子（Teager-Kaiser Energy Operator，TKEO）

TKEO 是一种非线性算子，它能够消除零均值噪声的影响，能够有效提取信号的能量，从而用于信号的特征提取。TKEO 在语音识别领域应用很广，在故障诊断[5]、储层分析领域中也有应用。对于一个有限频带信号 $x(n)$，TKEO 可以用下式描述：
$$T[x(n)] = [x(n)]^2 - x(n+1)x(n-1)$$

R 里面的 seewave 包提供 TKEO 计算函数，示例如图 4-10 所示。

4.2.3 时序变换

1. 独立成分分析（Independent Component Analysis，ICA）

ICA 是一个线性变换。这个变换把数据或信号分离成统计独立的非高斯的信号源的线性组合。

ICA 又称盲源分离（Blind source separation，BSS），它假设观察到的随机信号 x 服从模型 $x=As$，其中 s 为未知源信号，其分量相互独立，A 为一未知混合矩阵。ICA 的目的是通过且仅通过观察 x 来估计混合矩阵 A 以及源信号 s。BSS 准则有最大似然函数、informax（信息最大化）、最小互信息、最大峭度绝对值等。

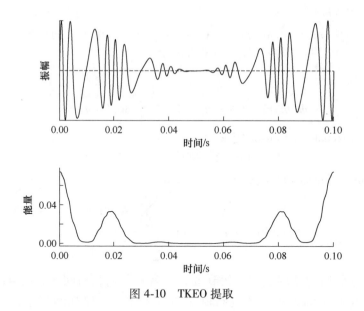

图 4-10 TKEO 提取

对于 ICA 直观理解如图 4-11 和图 4-12 所示，原始有两个随机信号时间序列，从联合概率密度分布，可看出，它们之前存在较强的相关性。经过 ICA 变换后，得到 2 个相对独立的信号。

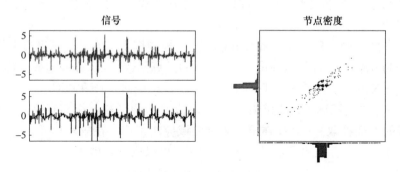

图 4-11 输入信号和节点密度

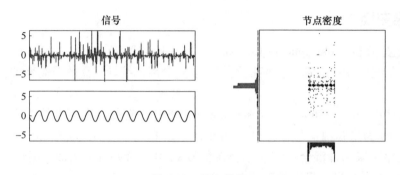

图 4-12 独立信号

ICA 有两个前提假设：

1）独立成分应该是相互之间独立的，这是 ICA 成立的前提。

2）独立成分必须是非高斯分布的。高阶信息对于 ICA 的模型的估计是十分必要的（否则混合矩阵 A 不能被估计出来），而高斯分布的高阶累计量是 0。

ICA 在生物医学信号处理、通信信号处理、金融交易序列隐含模式提取、图像去噪、视频特征提取、传感器信息处理等方面都有应用[6]。

（1）使用方法

R 提供有 ica 和 fastICA 包，ica 里面有 icafast（FastICA 算法）、icaimax（信息最大化）、icajade（JADE）等 3 个函数，fastICA 包集中在 FastICA 算法。下面以 icafast 为例，展示 ICA 算法应用过程和效果，如下述代码和图 4-13 所示。

```
S<- cbind(sin((1:1000)/20),rep((((1:200)-100)/100),5))
# Mixing matrix
A <- matrix(c(0.291,0.6557,-0.5439,0.5572),2,2)
# Mixed two signals
X <- S %*% A

# ICA for extracting independent sources from mixed signals
a <- icafast(X,2)

# plot graphs
opar<-par(mfcol=c(2,3))
plot(1:1000,S[,1],type="l",xlab="S1",ylab="",main="Source")
plot(1:1000,S[,2],type="l",xlab="S2",ylab="")
plot(1:1000,X[,1],type="l",xlab="X1",ylab="",main="Mixed Signal")
plot(1:1000,X[,2],type="l",xlab="X2",ylab="")
plot(1:1000,a$S[,1],type="l",xlab="S'1",ylab="",main="ICA Result")
plot(1:1000,a$S[,2],type="l",xlab="S'2",ylab="")
par(opar)
```

（2）ICA 与 PCA 的区别

主成分分析（Principal Component Analysis，PCA）是一种数据降维的方法，但是只对符合高斯分布的样本点比较有效；而 ICA 认为观测信号是若干个统计独立的分量的线性组合，ICA 要做的是一个解混过程。而 PCA 是一个信息提取的过程，将原始数据降维，现已成为 ICA 将数据标准化的预处理步骤。一方面，PCA 是将原始数据降维并提取出不相关的属性，而 ICA 是将原始数据降维并提取出相互独立的属性。另一方面，PCA 目的是找到这样一组

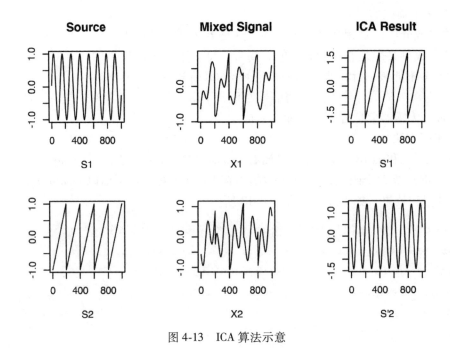

图 4-13 ICA 算法示意

分量表示,使得重构误差最小,即最能代表原事物的特征。ICA 的目的是找到这样一组分量表示,使得每个分量最大化独立,能够发现一些隐藏因素。由此可见,ICA 的条件比 PCA 更强些。ICA 要求找到最大独立的方向,各个成分是独立的;而 PCA 要求找到最大方差的方向,各个成分是正交的。

2. 慢特征分析(Slow Feature Analysis,SFA)

SFA 是 Wiskott 在 2002 年提出来的无监督学习方法[7],它可以从时间序列中提取变化缓慢的特征。它的主要想法来自"慢性原则",也就是说,变化过程中,我们观察的某些特征是比较缓慢的,比如一个观测斑马奔跑,它条纹的黑白色交替得会非常快,但是移动的位置特征变化比较缓慢。慢特征分析的好处是,它有严格的数学基础,可以求解闭式解,高效地进行训练。但是到现在为止,SFA 的应用很局限,在计算机视觉领域的姿态估计等方面有一些应用,主要的作用就是来识别在快速变化的时间序列里面的夹杂着的缓慢变化的特征。也就是说即使输入信号的变化很快,它也可以识别里面缓慢变化的信号,比如说车流里面的路障等。

(1)使用方法

对于输入的多变量时序特征 x,寻找一些变换 $y_i(t) = g_i(x_t)$,$g_i(\cdot)$ 可以是线性、多项式或其他指定的非线性函数形式,逐步以把慢变化的成本提出来,即 $y_1(t)$ 是变化最慢的成分,其次是 $y_2(t)$。

"变化快慢"可以用 $y_i(t)$ 导数 $\dot{y}_i(t)$ 的二次方值来度量,在数值计算中,其在时间上平均值 $\langle (\dot{y}_i^2) \rangle_t$ 来标识(Empirical Expectation)。因此,慢变化成份抽取问题可以描述为

$$\min_{y_i}\langle(\dot{y}_i^2)\rangle_t$$

满足 $\langle y_i\rangle_t = 0$

$\langle y_i^2\rangle_t = 1$

$\langle y_i y_j\rangle_t = 0, i<j$

对于线性情形，$g_i(\boldsymbol{x}) = \boldsymbol{w}_i^T \boldsymbol{x}$，则

$$\langle y_i\rangle_t = \boldsymbol{w}_i^T\langle\boldsymbol{x}\rangle_t = 0$$
$$\langle \dot{y}_i^2\rangle_t = \boldsymbol{w}_i^T\langle\dot{\boldsymbol{x}}\dot{\boldsymbol{x}}^T\rangle_t \boldsymbol{w}_i = \boldsymbol{w}_i^T \boldsymbol{A} \boldsymbol{w}_i$$
$$\langle y_i y_j\rangle_t = \boldsymbol{w}_i^T\langle\boldsymbol{x}\boldsymbol{x}^T\rangle_t \boldsymbol{w}_j = \boldsymbol{w}_i^T \boldsymbol{B} \boldsymbol{w}_j$$

最后，上面的优化问题可以转化为如下的特征向量求解的问题：

$$\boldsymbol{AW} = \boldsymbol{BW\Lambda}$$

式中，$\boldsymbol{W} = (\boldsymbol{w}_1, \boldsymbol{w}_2, \cdots, \boldsymbol{w}_N)$ 是特征向量矩阵，$\boldsymbol{\Lambda}$ 是特征值构成的对角矩阵。

从上公式可看出，除了目标函数外，各个分量间统计独立和 ICA 算法类似，实际上线性 SFA 可以看做二阶 ICA[8]。

对于非线性情况，可以对输入变量做非线性扩展（Nonlinear Expansion），例如，对于 3 维向量 $\boldsymbol{x}$，SFA 模型的二次多项式扩展 $h(\boldsymbol{x}) = (x_1^2, x_2^2, x_3^2, x_1x_2, x_1x_3, x_2x_3, x_1, x_2, x_3)$，扩展后的变量归一化后，再进行如上面线性情形的 SFA 计算过程。详细推导可以阅读参考文献 [7]。非线性扩展其实可以用核函数等价，详细讨论可以阅读参考文献 [9]。

完整的 SFA 计算包括了输入变量的归一化、非线性扩展、白化（whitening 或 sphering）、PCA 等步骤，提取后的时序可以重复进行 SFA 提取。

Berkes 和 Konen 在 Matlab 下先后现实了两个版本的 SFA 工具包，R 语言有 rSFA 包是对 Matlab 包的迁移。

（2）常见误解

SFA 不是分解（类似小波分析）或滤波，而是变换（类似 PCA）。原始的 SFA 算法还是多个变量间的线性或非线性变换（同一个时间点），不在时序上做太多处理，只是在变换时候考虑变换后时序在每个时间点上梯度。

SFA 的能力在于多个变量间是否存在相对稳定的不变关系，并且可以被非线性扩展函数等能力所覆盖。而每个扩展函数能力是有限的，例如，SFA 模型的二次多项式扩展可以很好处理二次多项式和线性关系，对于更复杂关系，就依赖于二次多项式的逼近能力。如果领域知识可以得到初步关系，可以通过定制化扩展函数进行更好适配。

下面用 rSFA 包自带的例子来展示 SFA 的用法，见下述代码，函数 sfa1( ) 是线性 SFA，sfa2( ) 为非线性 SFA 算法（默认是二次多项式展开），原始时序 $x_1(t) = \sin(t) + (\cos(11t))^2$，$x_2(t) = \cos(11t)$，很显然 $x_1 - x_2^2$ 是一个很好的变换。但对于线性 SFA，不可能提取出这样的关系，而二次多项式可以，从图 4-14 中可以看出，线性 SFA 提取的曲线和原始曲线基本相同（幅值做了归一化）。

```
  # prepare input data for simple demo
t<-seq.int(from=0,by=0.011,to=2*pi)
x1<-sin(t)+cos(11*t)^2
x2<-cos(11*t)
x<-data.frame(x1,x2)
# SFA
res_linear <- sfa1(x)   # linear SFA
res_2order<-sfa2(x)
opar<-par(mfrow=c(2,3),mar=c(4,4,4,1))
plot(x1,type="l",main="Raw",xlab="")
plot(res_linear $ y[,1],main="Linear SFA",ylab="",type="l",xlab="")
plot(res_2order $ y[,1],main="NonLinear SFA",ylab="",type="l",xlab="")
plot(x2,type="l")
plot(res_linear $ y[,2],ylab="",type="l")
plot(res_2order $ y[,2],ylab="",type="l")
  par(opar)
```

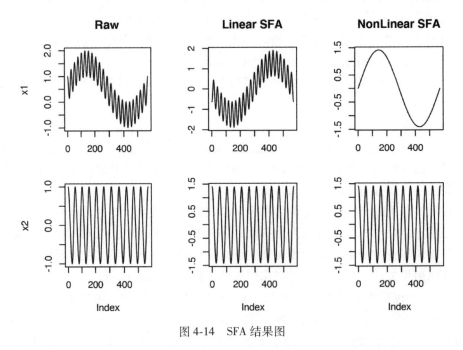

图 4-14　SFA 结果图

SFA 结果对象说明可以参阅 MATLAB 中 sfa-tk 包的说明文档。在线性 SFA 下，第一个组分的变换如下述代码所示，它是原始变量的线性组合。

```
#under linear SFA,1st component is a linear transformation of input X
comp1<-x1*res_linear$SF[1,1]+x2*res_linear$SF[2,1]+res_linear
$avg0[1]
intercept<-res_linear$avg0[1]-mean(comp1)

print(paste0("y1=",round(res_linear$SF[1,1],3),"*x1",
            ifelse(res_linear$SF[2,1]>0,"+",""),round(res_linear
$SF[2,1],3),"*x2",
            ifelse(intercept>0,"+",""),round(intercept,3)))
    ##[1] "y1=-1.264*x1-0.008*x2+0.633"
```

对于学习后获取的 SFA 模型,可以用 sfaExecute 函数作用在其他数据集上。

(3) 应用技巧

利用 SFA 计算的基本思想,可以在多维变量 x 的构成、时间维度、非线性扩展核上进行灵活扩展,利用 SFA 也可以构建层次性的网络结构(类似神经网络)[7],提高特征在高层语义上的表达能力。

1) 长时序。在很多工业分析中,常遇到单变量的长时序,在分类与或预测任务时,需要构建一个时间窗口内的时序特征信息。这时候,可将长时序按照合适时间窗口转化为矩阵,对时序矩阵做 SFA 分析,提取该时间窗口内的各种特征组分,然后进行进一步的特征提取参与分类或回归。窗口大小是超参数,可以通过历史数据实验,或者业务领域语义选择。

例如,有一个长度为 1000 的单变量序列 X,按照窗口为 100 进行滑动,将其转化为一个 991×100 的矩阵 X,对矩阵 X 进行 SFA 提取。

$$X=[x_1,x_2,\cdots,x_{1000}]$$
$$\downarrow$$
$$X = \begin{bmatrix} x_1 & x_2 & \cdots & x_{100} \\ x_2 & x_3 & \cdots & x_{101} \\ \vdots & \vdots & \ddots & \vdots \\ x_{991} & x_{992} & \cdots & x_{1000} \end{bmatrix}_{991\times 100}$$

参考文献 [10] 用 SFA 和随机森林算法进行工业流程的故障诊断。

2) 高维数据时序。遥感图像的时序,每个像素点是一个变量,将图像的时间作为时间序号进行 SFA 分析,可以将慢变化的图像要素与快变化图像要素分开。参考文献 [11] 做了某市遥感图像分析(并提出了改进算法),某一个时间的遥感图像的前 6 个 SFA 组分如图 4-15 所示,前面的表示变化慢的。

3) 非时序对象的分类问题。SFA 提出是主要针对多变量的时序数据(或序列数据),但工业中有大量的非时序数据问题。如果问题仍符合 SFA 的基本思想(变换后的序列变化

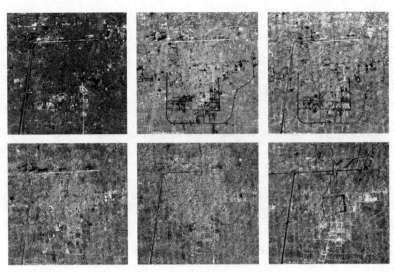

图 4-15 某市遥感图像分析

性降低），仍可以转化为 SFA 问题求解。参考文献 [12] 将 SFA 应用在了 MNIST 书写数字的图像识别上。

MNIST 数据集有 7 万张手写数字图片，每张图片是 28×28 个像素点（即 784 个像素点），从 0—9 共 10 类，这是一个典型的非时序数据。在训练阶段，可以将属于同一类别的 2 个图片排列组合，构建很多个长度为 2 的序列，也就是说，每个时序 X 长度为 2，每个时间点 t 上 X 是一个 784 维向量，SFA 变换的目的是保证前后 2 个时间点的变化最小，也就等价于寻找同一类的不变量，相当于特征提取。对 SFA 算法做少量改进，可以把 10 类的所有序列在一起训练，获取变化最慢的前面的几个组分 $g_i(x)$，将变换 $g_i()$ 作为特征提取函数，结合分类算法构建分类模型。参考文献 [12] 展示了 SFA 提取的特征的区分度很好，采用简单的高斯分类算法就能实现很好的分类效果，如图 4-16 所示。

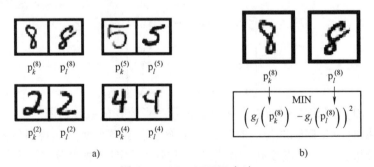

图 4-16 SFA_MNIST 方法

4.2.4 压缩感知

压缩感知（Compressed Sensing，CS），指以单变量时序为例，一个长度为 N 的原始信号

x，可以用一个很短的时序 y 去代表，其长度 $M \ll N$，并且从 y 可以重构 x，换句话说，可以允许低于 2 倍奈奎斯特（Nyquisit）频率（就是信号的最高有效频率）采样。注意，这里压缩指的是样本点的数目，不包括数值本身的压缩（例如从数值频度，采用信息编码的方式降低数据表征的大小）。举个例子，如果我们要感知一个 10×10 像素的图像，最简单最直接的方式，就是直接在空间域里面感知，得到并储存图像的 100 个像素点，一般称这种感知方法为全采样（full sampling），如果可以只采集 40 个点，但仍可以恢复到 100 个点图像，这种情况称之为欠采样（under-sampling），这就是压缩感知[13]。

为什么可以压缩？压缩的前提就是原始信号 x 是稀疏的（在频域、时频域），或者说 CS 背后依赖信号稀疏结构的假设与限定，否则在通用意义上线性方程求解 $y = Ax$ 不存在唯一解[因为 $M \ll N$，学术上称为不适定问题（ill-posed problem）]；另外，重构允许存在一定误差（或者说原始信息中存在一定噪声可以被消除），否则也很难存在压缩采样的可能。"稀疏"的一个典型例子就是 FT，假如事先知道时序信息是由一个固定频率的正余弦信号构成，那么只需要采集 2 个点就可以复原原信号。用理论一点的语言，就是在某种变换 ψ（如小波分析、FFT）下，$x = \sum_{i=1}^{N} \psi_i s_i$，系数 $\{s_i\}$ 中只有少数非零（或显著大于/小于 0），可以用 $K \ll N$ 个参数去重构 x。在 CS 理论中，最少用 $K \log(N/K)$ 个采样可以实现重构。从某种意义上，这也是广义的上的奈奎斯特或香农（Shannon）采样理论。

那为什么不直接用小波分解或其他分析后的稀疏参数（稀疏系数只有 K 个，但 CS 算法中至少需要 $2*K$ 个点）？首先，在重构中，除了要知道 K 个稀疏系数的数值，还只要知道它们的下标，这样算起来总参数也是 $2*K$ 个。其次，在小波分析中，采用 K 的稀疏项重构，把其他项置为 0，重构出来的信号可能不够"平滑"，而 CS 重构中并没有这样绝对，有研究表明[14]，CS 出来的信噪比与小波分析相比，有一定的提升。

1. 算法描述

这里以一维信号 $x \in R^N$ 为例，在某种变换矩阵 $\psi \in R^{N*N}$（如小波分析、FT）下，假设其系数向量 s 是稀疏的。

$$x = \psi s$$

选取一个合适的测量（Measurement）矩阵 ϕ，获得一个压缩后的信号 $y \in R^M$，并且要求可以从 y 重构出 x，

$$y = \phi \psi s = \theta s$$

其中，$y \in R^M, \phi \in R^{M*N}, M \ll N$

重构过程分为 2 步，首先根据 y 估算 s，即

$$\hat{s} = \underset{z}{\operatorname{argmin}} \|z\|_1 \text{ s. t. } \theta z = y$$

理论证明，如果 θ 满足限定等距性（Resitricted Isometry Property，RIP）条件，s 可以被重构。

然后，x 可以根据 $\hat{x} = \psi^{-1} \hat{s}$ 实现重构。RIP 条件对于测量矩阵的选择 ψ 提出了一定的要求，例如，选择高斯或伯努利测量矩阵，更详细的理论推导见参考文献[15]，这里不再重复。算

法的实现效果如图4-17所示[16],图4-17a是轴承外圈失效后的振动信号x,图4-17b是振动信号经FT后的s的绝对值,可以看到很多高频部分振幅很小,图4-17c是压缩获得压缩采样y。

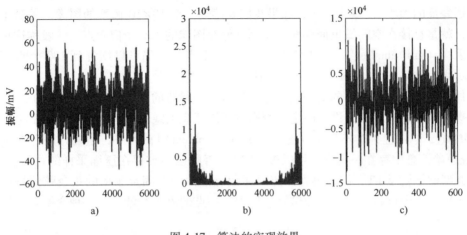

图4-17 算法的实现效果
a) 振动信号x b) 经FT后的s的绝对值 c) 压缩采样y

2. 示例

R提供了R1magic包,下述代码和图4-18是一个简单的演示:一个长度$N=100$的毛刺信号xorg,采用CS,用一个长度$M=40$的信号y,重构后的信号x1比较接近原始信号,但仍存在一定误差,可以尝试将M改为50,可发现二者基本重合。

```
set.seed(123)
N <- 100 # length of original time series
K <- 4   # Sparse components
xorg <- sparseSignal(N,K,nlev=1e-3)   # R1magic generate random signal

#M: length of compressed signal
simpleCS<-function(M=40,transformer="Identity"){
  # Measurement Matrix (Random Sampling Sampling)
  phi <-GaussianMatrix(N,M)

  if(transformer=="Identity"){
    Tm <-diag(N);# Do identity transform
  }else{
    Tm<-DFTMatrix0(N) #DFT
  }
```

```r
    y <- phi %*% Tm %*%xorg;# generate measurement

    p <- matrix(0,N,1);# initial guess
    # R1magic Convex Minimization ! (unoptimized-parameter)
    ll <- solveL1(phi,y,Tm,p)
    x1 <- ll $ estimate
    plot(1:100,seq(0.011,1.1,0.011),type="n",xlab="",ylab="")
    title(main=paste0("M=",M,",Transformer=",transformer),
        xlab="Index",ylab="Spike Value",cex=0.75)
    lines(1:100,xorg ,col="red",lty=3)
    lines(1:100,x1,col="blue",cex=1.5,lty=1)
    legend("topright",lty=c(3,1),col=c("red","blue"),legend=c("Original","Recovered"),cex=0.75)
}
opar<-par(mfrow=c(2,2),mar=c(4,4,2,1),cex.main=0.8)
simpleCS(M=40)
simpleCS(M=50)
simpleCS(M=10,transformer="DFT")
simpleCS(M=20,transformer="DFT")
 par(opar)
```

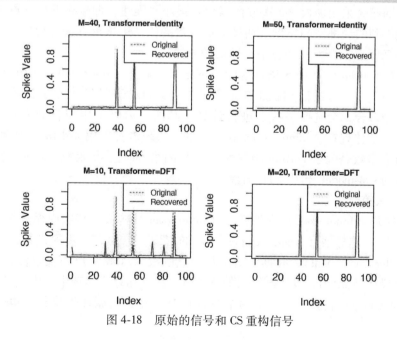

图 4-18 原始的信号和 CS 重构信号

总结来说，CS 算法主要目的是信号压缩，以降低信号传输负荷，在图像修改、计算图形学（如 CT 成像）、图像合成等场景[2]。在故障诊断分析中[4]，CS 有两种不同用法，1）用 CS 重构后的信号作为分类算法的输入，这时 CS 的作用就是滤波器；2）用 CS 压缩后的信号作为分类算法的输入，CS 的作用是降维。

4.3　时序分解

很多工业过程常常呈现为多尺度（Multi-Scale）效应，不同时间颗粒度上的规律和驱动因素有所不同，有些变化只在部分尺度上有所体现。例如电力领域的负荷预测，一般需要将其分解为趋势项、周期项以及残余项，趋势项与宏观经济和市场相关，周期项与日历周期（月、周、天的不同时段）密切相关，残余项可以用天气、自回归项去拟合，对三者分别进行建模，则可以更容易得到一个合适预测模型。

时序数据分解有常用的算法有 STL、奇异谱分析（SSA）、经验模态分解（EMD）、小波分析分解、SuperSmooth 和传统的线性滤波等。这里重点介绍前三个算法。

4.3.1　STL

STL（Seasonal and Trend Decomposition using LOESS，使用 LOESS 的季节性和趋势的分解）算法[1]是以鲁棒局部加权回归作为平滑方法的时序分解方法，其中 LOESS（Locally Weighted Scatterplot Smoothing，局部加权回归，也写作 LOWESS）局部多项式回归拟合，是两维散点图平滑的常用方法，它结合了传统线性回归的简洁性和非线性回归的灵活性。当要估计某个响应变量值时，先从其预测变量附近取一个数据子集，然后对该子集进行线性回归或二次回归，回归时采用加权（3 次方核函数）最小二乘法，即越靠近估计点的值其权重越大，最后利用得到的局部回归模型来估计响应变量的值。用这种方法进行逐点运算得到整条拟合曲线（或选择点拟合，其他点采用插值的方法）。

STL 函数有 Fortran 版本和 S 语言这两个基础实现版本，R 或 Python 中的 STL 函数通常选择引用其中一个。二者的区别在于插值点的选择。LOESS 计算工作量比较大，不可能在所有样本点上做拟合，会选择一些点进行计算，其他点可以采用拟合的方式获取。Fortran 采用间隔的方法（体现在 s. jump、t. jump、l. jump），S 语言采用 k-d tree。R 和 Python 语言里面 STL 函数大多数是基于 Fortran 函数版本。R 里面 stats 包 stl 函数、stlplus 包的 stlplus 函数。Python 中的 statsmodels 包中 STL 函数。

1. STL 算法简介

STL 由内循环（Inner Loop）和外循环（Outer Loop）构成。每次内循环做季节项（Seasonal Component）、趋势项（Trend Component）的提取，分为 6 个步骤进行；外循环计算残差项（Remainder Component），并据此给出每个点的权重（异常点的权重低），供内循环的第 2、6 步骤回归时候使用，以提高算法的鲁棒性。在实际算法实现中，内循环（inner loop）和外循环（outer loop）轮数由 n_i、n_o 两个参数控制，并且内循环先执行，也就是说，即使

$n_o=0$,内循环也被执行过了 n_i 轮。

STL 的内循环的 6 个步骤如图 4-19 所示。

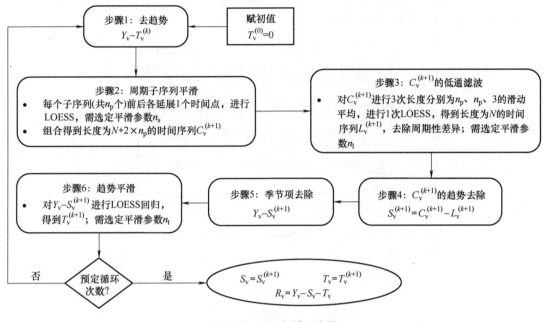

图 4-19 STL 内循环步骤

STL 算法有 6 个核心参数,见表 4-2。其中 n_s、n_t 这 2 个参数的选择很重要,分别决定了周期项、趋势项的平稳度,n_s 可以根据季节子序列图平稳性诊断是否合适。n_t 的选择是两个方面考量的折中:一是避免扭曲周期项,这就期望 n_t 大一些,例如,当 n_t 很大时,趋势项接近直线;二是不期望将局部缓慢震荡算入残差项,因此期望 n_t 能小一些。

表 4-2 STL 算法的 6 个核心参数

参数	描述	计算逻辑
n_p	时序周期	根据业务语义具体确定
n_s	周期项回归	$n_s \geq 7$,为奇数
n_t	趋势项	为奇数,缺省值为 nextodd$\left(\dfrac{1.5 n_p}{1-1.5/n_s}\right)$
n_l	低频滤波	主要目的是避免趋势项、周期性二者竞争。为奇数,缺省值为 nextodd(n_p)
n_i	内循环次数	$n_i \geq 2$ 通常就会收敛;若 n_o 远大于 1,n_i 可以设置为 1
n_o	外循环次数	如果不存在大异常点,n_o 可以为零

2. STL 算法参数选择的影响

（1）周期项子序列（Cycle-Subseries）

以 R 中的二氧化碳月度时序数据（1959—1997 年）为例，首先采用 $n_s = 35$ 进行 STL 进行分解，周期项子序列如图 4-20 所示。

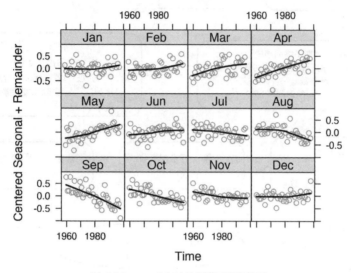

图 4-20　$n_s = 35$ 时的周期项子序列

本例中共有 12 个子序列，每个月一个子序列，代表该月份在不同年度上的数值。从直观感觉的角度，一个好的周期性分解应该保证每个周期子序列是光滑平稳的，理想情形下是定值。

（2）参数 n_s 的影响与选择

接着上面的例子，如果把 n_s 缩小，假如 $n_s = 11$。可以看到 1 月份~3 月份子序列不如 $n_s = 35$ 时那么光滑。周期项子序列图是一个很好的诊断工具，可以判断 n_s 设置是否合适。一种"偷懒"的办法就是认为周期项子序列为定值（在 R 里面的 stl 函数中设置 s.window = "per"）

（3）外循环的"鲁棒性"一定是你想要的吗？

从算法的角度，外循环是为了保证"鲁棒性"，将异常点（STL 算法中用残差的幅度表征）在周期项子序列平滑（Cycle-subseries Smoothing）、趋势项平滑中的权重降低，避免异常值过多掺入周期项和趋势项，异常点最好就留在残差项。听起来很合理，但问题就出现在"异常点"的表征上。统计（或其他任何技术）意义上的"异常点"和具体的业务场景不一定完全一致（也不可能完全一致），这是在具体应用中要意识到的，不要"迷信"算法。

以风电机组的变桨速率时间序列为例，采样频率 50Hz，90s 数据序列有 4500 个点。当然，这个时序本身没有必要做 STL 分解，只是用来演示算子中的鲁棒设计和具体业务场景中期望的鲁棒性不一定相等。

在 R 中采用 STL 的默认参数（robust = FALSE，这时候外循环次数 $n_o = 0$）进行分解，结果如下述代码和图 4-22 所示。

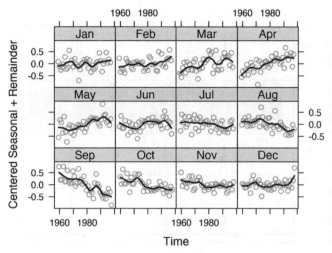

图 4-21 $n_s = 11$ 时的周期项子序列

```
df<-read.csv("./windPower_pitchRate.csv")
fit.stl<-stl(ts(df$pitchRate,frequency=50),"per")
plot(fit.stl)
```

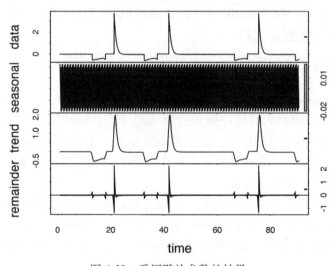

图 4-22 采用默认参数的结果

如果在 STL 函数中将 robust 设置为 TRUE，见下述代码，分解后的趋势项中尖峰存在很多小的"毛刺"，如图 4-23 所示。

```
fit.stl<-stl(ts(df$pitchRate,frequency=50),"per",robust=TRUE)
plot(fit.stl)
```

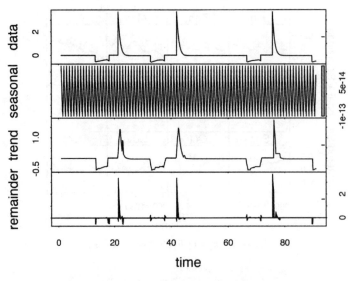

图 4-23 robust = TRUE 的结果

出现"毛刺"的主要原因是，原始时序中存在很多尖峰，在 STL 分解时这些大的转折点附近残差项数据较大（除非形状和算法完全匹配，否则任何分解算法都会在转折点附近存在较大的残差值），如果打开 robust 标志位，这时候会降低附近点的权重，这样周期项幅度变得很小，趋势项存在很多毛刺。

4.3.2 奇异谱分析

奇异谱分析（Singular Spectrum Analysis，SSA）是近年来兴起的一种研究非线性时序数据的方法[18]。它根据观测到的时间序列构造轨迹矩阵，并对轨迹矩阵进行分解、重构，提取出代表原时间序列不同成分的信号，如长期趋势信号、不同周期信号、噪声信号等。SSA 方法由 Colebrook 于 1978 年首先在海洋学研究中提出并使用，后面拓展气象学、社会学（例如交通事故）、金融汇率分析等领域。

奇异谱分析包括嵌入（Embeding）、分解 [Decomposition，即奇异值分解（Singular Value Decomposition，SVD）]、分组（Grouping）、重构（Reconstruction，即斜对角平均）4 个步骤。嵌入就是将观测到的一维时序数据 $\mathbf{X}_N = (x_1, x_2, \cdots, x_N)$ 转化为轨迹矩阵（Trajectory Matrix）：

$$\mathbf{X} = [X_1, X_2, \cdots, X_K] = \begin{bmatrix} x_1 & x_2 & x_3 & \cdots & x_K \\ x_2 & x_3 & x_4 & \cdots & x_{K+1} \\ x_3 & x_4 & x_5 & \cdots & x_{K+2} \\ \vdots & \vdots & \vdots & \ddots & \vdots \\ x_L & x_{L+1} & x_{L+2} & \cdots & x_N \end{bmatrix}$$

式中，L 为选取的窗口长度，$K=T-L+1$，计算 XX^T 并对其进行 SVD，得到特征值及相应的特征向量，根据分离性（Separability）分析对原始组分进行分组，根据分组重构出新的时间序列。

窗口长度 L 的选择准则如下：

1）如果想提取少量主导组分，可以选择一个比较小的 L，这时候 SSA 相当于一个 $2L-1$ 阶的滤波器，否则 L 尽量大一些（例如接近 $N/2$），这样组分结构分解得更充分。

2）如果已知存在周期 T 的组分，L 最好是 T 的整数倍。对于一个复杂时间序列，可以先用一个小的 L 去提取趋势项，在剩余的部分采用较大的 L 提取周期项。

在分组选择上，可以通过 2 种常用法实现：

1）两个特征向量的组合图，特征值接近的组分通常存在相关性。

2）重构时序组分的 W 相关性矩阵。

1. 示例

下边以 Rssa 说明文档[19]中的美国汽车月销量时序分析为例，演示 SSA 分解中的要点。该数据集长度为 541，是 1967 年到 2012 年 1 月的月销量。周期是年，先从 $L=12$ 开始探索，见下述代码及图 4-24 和图 4-25。

```
library(Rssa)
data("MotorVehicle")
s1<-ssa(MotorVehicle,L=12)

plot(s1,type="vectors",idx=1:6)
    plot(s1,type="series",groups=as.list(1:6))
```

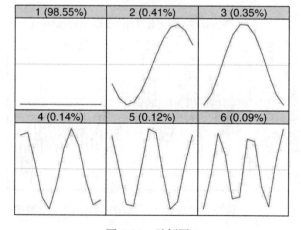

图 4-24　示例图 1

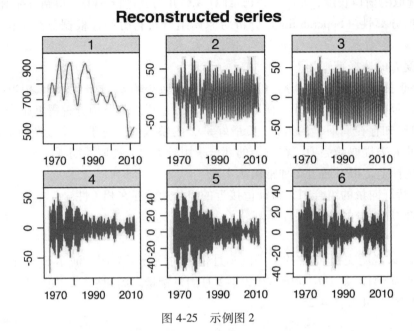

图 4-25　示例图 2

从图 4-24 中可以看出,第一个特征分量的比重是 98.55%,因此用第一个组分来重构,与原信号对比,第一组分是原序列的趋势项,见下述代码和图 4-26。

```
res1<-reconstruct(s1,groups=list(1))
trend<-res1$F1
plot(MotorVehicle,type="l",main="Raw Series & Trend Component")
lines(trend,col="blue")
```

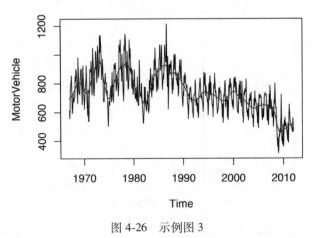

图 4-26　示例图 3

在抽取趋势项后，分析一下剩余部分的应该是周期项，通过频谱分析（见图4-27），可以发现主频率为1、2、3、4和5，对应的周期为12、6、4、3与2.4。选择 L 最好是12的倍数，并且接近 $N/2=541/2=270.5$，从而选择 $L=264$。

```
    res.trend<-residuals(res1)
spec.pgram(res.trend,detrend=FALSE,log="no")
```

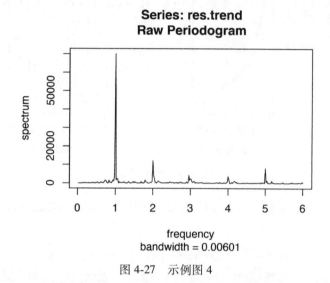

图4-27　示例图4

用窗口 $L=264$ 做分解，如下述代码和图4-28所示，查看特征变量的变量的分布（左图），可以看出特征值大小下降很快，有些相邻特征值对（第1、2，第3、4，第5、6等）数值比较接近，很有可能形成相关性关系，右图是不同组分对应的周期，第1、2组分对应的周期是3，第3、4组分对应的周期是12，第5、6组分对应的周期是2.4。

```
    s2<-ssa(res.trend,L=264)
library(lattice)
library(gridExtra)
p1<-plot(s2)

periods<-parestimate(s2,groups = list(1:24),method = "esprit",solve.
method="ls") $period
p4<-xyplot(Period~Index,data=data.frame(Index=1:24,Period=abs(peri-
ods)),type=c("o","g"),pch=20)
grid.arrange(p1,p4,ncol=2)
```

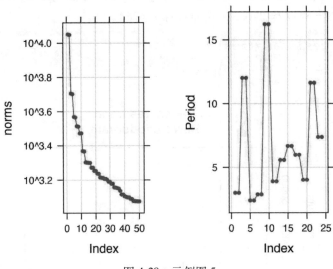

图 4-28 示例图 5

直观表现如图 4-29 的左图所示的相关性矩阵图,不同组分间的组合图(右图)也证实了这一点。

```
p2<-plot(s2,type="wcor",groups=as.list(1:24))
p3<-plot(s2,type="paired",idx=1:12,plot.contrib=FALSE)
grid.arrange(p2,p3,ncol=2)
```

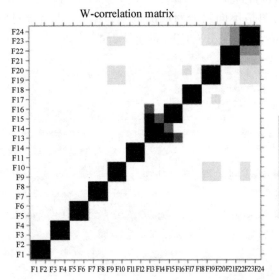

图 4-29 示例图 6

通过前 12 项重构，可以看出剩余部分接近无规则的噪声，如下述代码和图 4-30 所示。

```
res2<-reconstruct(s2,groups=list(1:12))
plot(res2)
```

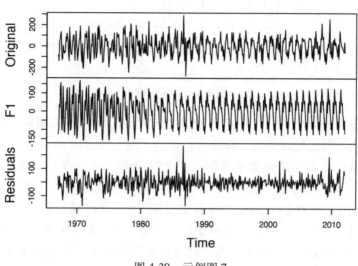

图 4-30　示例图 7

同样用 SSA，可以对残差项做方差估计，如下述代码和图 4-31 所示。结合本示例，读者可以思考一下：如何计算重构的序列的置信区间？详细内容可以参阅参考文献［19］，顺路温习一下统计分布的 bootstrap 数值计算方法。

```
res<-residuals(res2)
s.env<-ssa(res^2,L=30)
rsd<-sqrt(reconstruct(s.env,groups=list(1))$F1)
plot(res,type="l")
lines(rsd,col="blue")
lines(-rsd,col="blue")
```

2. 讨论

SSA 看起来与自回归模型（Autoregressive Model，AR）很像，二者的区别在于，SSA 是一种典型子空间模型（Subspace-Based Model），假定一个时序由若干个线性递归关系（Linear Recurrence Relationship，LRR）结构和噪声构成。在这一点上看起来和 AR 类似，但 AR 针对平稳随机过程，而 SSA 针对被噪声污染的确定性信号（通常非平稳的）。另外，每个 SSA 组分类似一个 AR，但 SSA 通常是多个组分的组合。

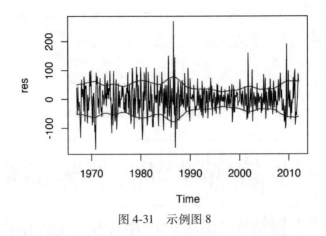

图 4-31　示例图 8

窗口大小 L 选择的影响是什么？L 值若很大，有可能发现更长周期上的 LRR 结构，但轨迹矩阵的秩最大不可能超过 $N/2$，有效的特征值个数是 $\min\{L,N/2\}$，L 比 $N/2$ 大也没有多少意义。读者可以从 FFT 的角度来理解，一个时序 FFT 的频率的分辨率是 F_s/N，其中 F_s 是采样频率。对于一个周期为 T 的时序（但不一定为正余弦函数），如果 $L=T$，此时有效的特征值数目为 1；但如果刻意取 $L=T/2$（若 T 是偶数），这时候特征值数目则是 2；如果刻意取 $L=T-k$（其中 $k \ll T/2$），这时候特征值的数目是 L/k（若 L 能被 k 整除）或 L（若 L 不能被 k 整除）。读者可以再深入思考，如果时序存在多个周期，这时候 L 取值又有什么讲究呢？这与频域分析有什么相似之处？

要特别注意，函数 parestimate( ) 计算的组分的周期并不稳定，因此建议在实践中尝试用不同 groups 去对比。

如果时序中存在缺失值，如何处理？对于多变量时序，又该如何处理？对于 2 维图像数据，SSA 如何处理？答案是函数 ssa( )。从 Rssa 的 ssa( ) 参数 kind＝c（"1d-ssa"，"2d-ssa"，"nd-ssa"，"toeplitz-ssa"，"mssa"，"cssa"）可以看出，这些需求全部可以满足，这里仅一个简单的 2 维图像处理的例子，以期令读者对 SSA 应用有所启发，见下述代码和图 4-32，详细算法介绍可以参阅参考文献［20］。

```
data("brecon",package="ssabook")
s.brecon <- ssa(brecon,kind="2d-ssa",L=c(8,8),svd.method="eigen")
r.brecon <- reconstruct(s.brecon,groups=list(1:3,4:6,7:9,10:15))

plot(r.brecon,cuts=255,layout=c(3,2),
    par.strip.text=list(cex=0.75),
    type="cumsum",at="free",
    col=topo.colors(1000))
```

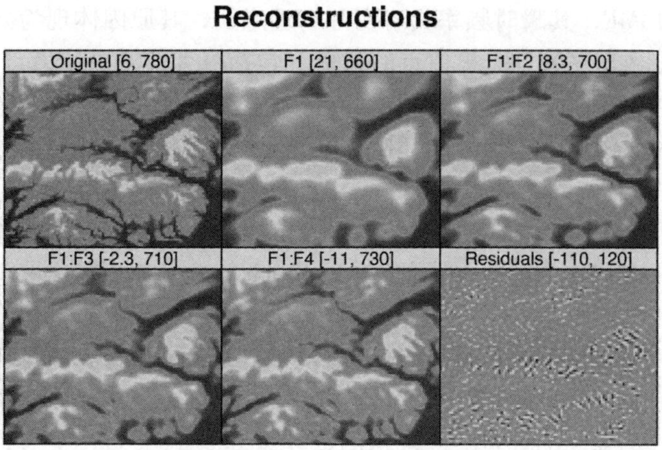

图 4-32 2 维图像处理的例子

4.3.3 EMD 及扩展方法

小波分解在时域和频域上均具有局部描述能力，能够更好地逼近非线性和非平稳信号。小波变换是满足叠加性原理的线性时频分析手段，虽然时间分辨率和频率分辨率难以同时达到最优，但从本质上说，小波分解是一种无自适应性的机械格型分解，需要依赖人工设定的基函数，由于激励源的差异性，无法自适应找到符合所有信号成分的"万能"基函数。以经验模态分解（Empirical Mode Decomposition，EMD）为代表的信号分析方法，自提出以来受到国内外学者的广泛关注，并不断发展成为独立的自适应时频分析技术。上述自适应分析方法的核心是：先定义单一模态分量以使其具有物理意义，根据待处理信号的自身信息或形态特征分解获取基线信号，最终将复杂的多分量信号分解为若干瞬时频率有物理意义的单一模式分量，在分解过程中体现"数据驱动"，即保证不对信号的形态、结构等特征进行预测与限制。本节以 EMD 为主线，同时介绍它的 2 个扩展算法。

1. EMD

Norden. E. Huang 等人于 1998 年提出了 EMD 算法，该方法假设原信号是多个具有窄带频率成分的单一模态信号的线性叠加，即首先定义了本征模式函数（Intrinsic Mode Function，IMF），在保证其瞬时频率具有物理意义的基础上，通过计算上下极值点包络线均值来构造基线信号，从而实现了将任意复杂信号分解为若干个 IMF 分量之和的目标。EMD 是一种真正自适应的非线性、非平稳信号分析方法，克服了 Wigner-Villy 分布（WVD）与小波变换等方法诸多不足，完全实现了"数据驱动"。但由于 EMD 属于一种"经验性"算法，其理论基础不明确，突出表现在于：其在"端点效应"处理、"模态混叠"抑制、包络线选择与构造和收敛准则设置等方面缺乏有效技术手段，众多学者在解决以上缺陷的研究中开展了大量研究工作，提出了诸多方法。

EMD 可以将信号分解不同频率特性，并且结合 Hilbert 求解包络以及瞬时频率。

EMD 分解出的 IMF，其瞬时频率具有实际物理意义，其原因体现为如下两个限定。

限定1：在整个数据序列中，极值点的数量（包括极大值、极小值点）与过零点的数量必须相等，或最多相差1个。

限定2：在任意时间点上，信号局部极大值确定的上包络线和局部极小值确定的下包络线的均值为0。

限定1即要求信号具有类似传统平稳高斯过程的分布；限定2要求局部均值为0，同时用局部最大、最小值的包络作为近似，从而信号局部对称，避免了不对称带来的瞬时频率波动。

2. LMD

局部均值分解（Local Mean Decomposition，LMD）是英国学者 Jonathan S. Smith 在2005年提出的方法。该方法同 EMD 一样符合信号自适应分解的定义，它能够将复杂信号自适应的分解为一系列瞬时频率有意义的分量——乘积函数（Product Function，PF），即每个 PF 分量是纯调频信号和包络信号的乘积，若将所有乘积函数的瞬时频率和瞬时幅值组合，便可恢复原信号完整的时频分布。Smith 率先将其应用到脑电信号分析中，并取得了较好的分解效果。

在故障诊断实践中，机械设备的齿轮啮合、速度调节，转子碰摩及滚动轴承等振动响应均以非平稳的调频（Frequency Modulated）调幅（Amplitude Modulated）信号，简称 FM-AM 信号的方式表现，该类信号均具有各分量的频率或幅值变化会相互影响的特点。基于单分量 FM-AM 信号的解调分析能反映内部激励源及机械设备运行状态信息，然而，往复压缩机振动信号依据运行工况与动力参数的变化而变化，在多源耦合冲击与噪声干扰等因素的作用下，产生的 FM-AM 信号具有明显的复杂多分量特征，致使循环平稳解调、包络解调、能量算子解调及广义检波滤波解调等成熟的单分量处理手段很难对这类信号进行特征识别。

LMD 相对于 EMD 方法而言，在同样满足自适应解调分析的前提下，能有效抑制相近的频率分量产生的解调误差，PF 分量的提出使得分量物理意义更清晰。但是 LMD 仍然存在诸如均值函数与包络估计的构造、端点延拓方法以及骑行波问题等先天不足，制约了该方法的应用。

3. VMD

变分模态分解（Variational Mode Decomposition，VMD）是一种自适应、完全非递归的模态变分和信号处理的方法，于2013年左右被提出[21]。该技术具有可以确定模态分解个数的优点，其自适应性表现在根据实际情况确定所给序列的模态分解个数，随后的搜索和求解过程中可以自适应地匹配每种模态的最佳中心频率和有限带宽，并且可以实现固有 IMF 的有效分离、信号的频域划分、进而得到给定信号的有效分解成分，最终获得变分问题的最优解。它克服了 EMD 方法存在端点效应和模态分量混叠的问题，并且具有更坚实的数学理论基础，可以降低复杂度高和非线性强的时间序列非平稳性，分解获得包含多个不同频率尺度且相对平稳的子序列，适用于非平稳性的序列，VMD 的核心思想是构建和求解变分问题。首先构造变分问题，假设原始信号 f 被分解为 k 个分量，保证分解序列为具有中心频率的有限带宽的模态分量，同时各模态的估计带宽之和最小，约束条件为所有模态之和与原始信号 相等，则相应约束变分表达式为

$$\min_{\{u_k\},\{\omega_k\}}\left\{\sum_k \left\| \partial_t\left[(\delta(t)+j/\pi t)*e^{-j\omega_k t}\right] \right\|_2^2\right\}$$

且满足 $\sum_{k=1}^{K} u_k = f$

EMD 分解的 IMF 分量个数不能人为设定，而 VMD 则可以；但 VMD 也有弊端，最大的局限性是边界效应和突发的信号。这与基于 L2 平滑阶段的使用密切相关，该阶段过度惩罚了域边界和内部的跳跃。长期模态的光谱带会随着时间的推移而急剧变化，并且会在全局范围内重叠。如果分解过多，则信号断断续续，没有多少规律可言

4. 应用对比

R 中的 VMD 包提供了 vmd 分解函数和对应的画图程序。下述代码对该包自带例子的少量简化和修改，图 4-33~图 4-35 展示了 VMD 算法应用过程和效果。

```
#Mock up a signal composed from several base frequencies
nv   <- 1000;  fs   <- 1/nv
t    <- (1:nv)/nv
freq <- 2*pi*(1 - 0.5 - 1/nv)/fs
f_1 <- 2; f_2 <- 24; f_3 <- 288; f_4 <- 12;
v_1 <- (cos(2*pi*f_1*t));
v_2 <- 1/4*(cos(2*pi*f_2*t));
v_3 <- 1/16*(cos(2*pi*f_3*t));
v_4 <- 1/8*(cos(2*pi*f_4*t));
signal <- v_1+v_2+v_3+v_4+0.5*runif(nv,min=-0.5,max=0.5);

#VMD
v <- vmd(signal,alpha=2000,tau=0,DC=FALSE,init=0,tol=1e-3,K=4,orderModes=TRUE)

#To Data Frame
df=as.data.frame(v)
  ## Iteration: 10,Diff: 0.03756
## Iteration: 20,Diff: 0.03394
## Iteration: 30,Diff: 0.002237
## Iteration: 40,Diff: 0.002233
## Iteration: 50,Diff: 0.01278
  head(df)
  ##   x Signal   M1     M2    M3       M4 MAgg
## 1 1  1.38 1.02 0.0984 0.284 -0.02064 1.38
## 2 2  1.49 1.02 0.0977 0.277 -0.00408 1.39
```

```
## 3 3     1.37 1.02 0.0949 0.262   0.01442 1.39
## 4 4     1.32 1.02 0.0919 0.241   0.02605 1.38
## 5 5     1.27 1.02 0.0900 0.217   0.02214 1.35
## 6 6     1.50 1.02 0.0886 0.190  -0.00394 1.29
    #Time-domain plot
  plot(v,facet='bymode',scales='free')
    #Frequency-domain plot
  v$plot.spectral.decomposition()
       tt<-1:nv
   res_emd<-emd(signal,tt,boundary="wave")

par(mfrow=c(res_emd$nimf+2,1),mar=c(2,2,2,1))
plot(tt,signal,type="l",main="Signal")
rangeimf <- range(res_emd$imf)
for(i in 1:res_emd$nimf) {
       plot(tt,res_emd$imf[,i],type="l",xlab="",ylab="",#ylim=rangeimf,
       main=paste(i,"-th IMF",sep=""));abline(h=0)
   }
   plot(tt,res_emd$residue,xlab="",ylab="",main="residue",type="l",
axes=FALSE);box()
```

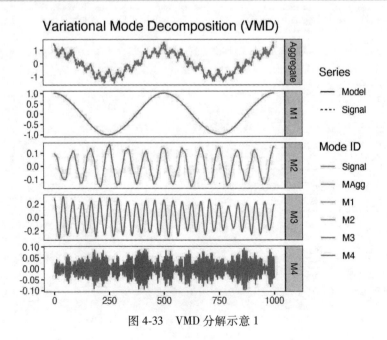

图 4-33　VMD 分解示意 1

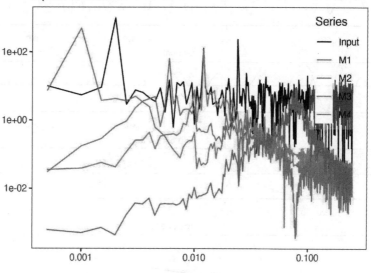

图 4-34 VMD 分解示意 2

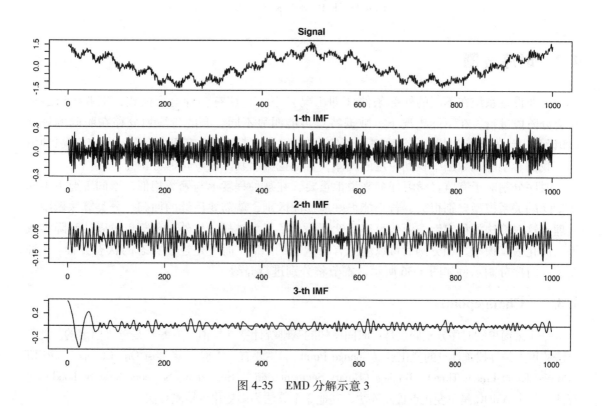

图 4-35 EMD 分解示意 3

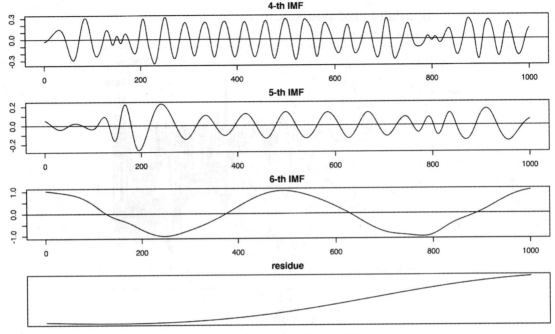

图 4-35　EMD 分解示意 3（续）

4.4　时序分割

工业设备系统在不同的外部条件（即工况）下，往往有多种运行模式，工业生产也往往会分阶段进行，在不同工况下，数据特点可能明显不同。有的阶段划分存在明确的规则（如设备设计的运行规律），有的则是自然发生的，对其规律没有显式认知。对于第二种情况，我们希望能从数据中找到一定的规律，自动挖掘出其阶段变化的分割点。

时序分割对于有监督学习任务来说很重要，在某种程度上与聚类相似，不同工况下不同变量间的关系模型差别很大，若不能很好地提前区别，就需要后续的回归、分类算法做隐式处理，这对算法的稳定性、业务可解释性都提出了很大挑战。另外，分割也可以达到降维效果，简化后续模型，如分割后可以利用有限状态的 HMM 而不是连续状态的状态方程。3 种典型的时序分割示例如图 4-36 所示，本节将分别进行介绍。

4.4.1　Changepoint

一个最简单的时序分割假设是：时间序列的基础统计量（均值、方差）是分段稳定的。此类算法的重点是寻找统计量的变化点（Change Point）。主要有 AMOC（At Most One Change）、PELT（Pruned Exact Linear Time）、BinSeg（Binary Segmentation）、SegNeigh（Segment Neighborhood）等算法，其中 AMOC 是单变化点检测算法，其他 3 个算法为多变化点检测算法。

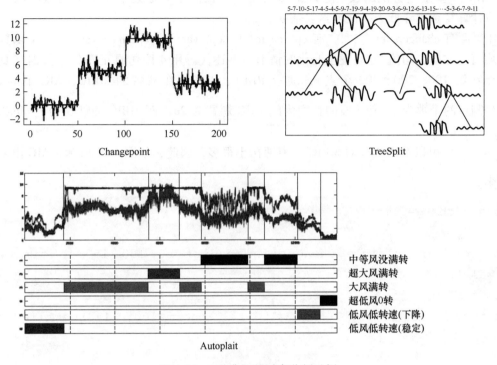

图 4-36 3 种典型的时序分割示例

AMOC 基于假设检验,对于一个时序 $\{y_n:n=1,\cdots,N\}$,原假设 H_0 为无分割点,备择假设 H_1 为有一个分割点 $\tau \in \{1,\cdots,N\}$。采用 AMOC 构建统计量:

$$ML(\tau) = \max_{\theta_1,\theta_2}[\log p(y_{1:\tau} \mid \hat{\theta}_1) + \log p(y_{(\tau+1):N} \mid \hat{\theta}_2)]$$

式中,$p(\cdot)$ 为概率分布函数(根据数据分布选择),目标是寻找 $ML(\tau)$ 取极大值参数 τ,检验统计量为

$$\lambda = 2[\max_{\tau} ML(\tau) - \max_{\hat{\theta}} \log p(y_{1:N} \mid \hat{\theta})]$$

检验过程包括选择一个阈值 c,当 $\lambda > c$ 时拒绝原假设,使 $ML(\tau)$ 取得极大值的 τ 就是找到的分割点位置。c 值的选择可以查阅参考文献 [22]。

多变化点检测问题的表达与上面类似,但需要增加结构约束(否则,极端情况下,每个点都是分割点),结构惩罚可以选择标准的 AIC、BIC、SIC 等准则,也可以采用 CROPS、Hannan-Quinn 等 Changepoint 特定准则[23],甚至个性化惩罚函数。与点变化点检测问题相比,该优化问题计算复杂度是分割点数目的指数倍,计算法复杂度为 $O(2^N)$。为降低复杂度,有很多近优化算法。BinSeg 是一种贪婪的迭代算法,采用 AMOC 算法在整体时序上中找到一个分割点,然后在分段中迭代采用 AMOC,直到找不到新的分割,计算复杂度为 $O(N\log N)$。SegNeigh 算法采用动态规划获得新的分割点,在计算 $m+1$ 变化点时会利用 m 个变化点的信息,计算复杂度为 $O(QN^2)$,其中 Q 是最大变化点数目。在 SegNeigh 算法基础上，PELT[24]基于"分割点数量随数据总量线性增长，而不是集中在某个局部区域"的假设，将计算复杂度降低为线性搜索复杂度。

R 里面有 changepoint 包[23]，有 cpt.mean( )、cpt.var( )、cpt.meanvar( ) 三个函数分别针对均值、方差、均值/方差发生变化的情形。下述代码用 4 段仿真正态分布数据（真实的分割点在第 100、200、300 个点），演示 PELT、BigSeg 在缺省的 MBIC、AIC 下的表现。

假设分割点的个数为 q，第 i 段的长度为 l_i，AIC 惩罚为 $2q$，而 MBIC 的惩罚为 $\frac{3}{2}q\log(N) + \frac{1}{2}\sum_{i=1}^{q+1}\log\frac{l_i}{N}$，可以看出 AIC 对 MBIC 来说惩罚小很多，因此，如图 4-37 所示，AIC 出来的分段更多。

```
library(changepoint)

# Example of multiple changes in mean at 50,100,150 in simulated normal data
set.seed(10)
m.data=c(rnorm(100,0,1),rnorm(100,1,1),rnorm(100,0,1),rnorm(100,0.2,1))

opar<-par(mfrow=c(2,2))
m.pelt <- cpt.mean(m.data,method="PELT")
plot(m.pelt,type="l",cpt.col="blue",xlab="Index",cpt.width=4,main="PELT with  MBIC penalty")

m.peltM <- cpt.mean(m.data,method="PELT",penalty="AIC")
plot(m.peltM,type="l",cpt.col="blue",xlab="Index",cpt.width=4,main="PELT with AIC Penalty")

m.binseg <- cpt.mean(m.data,method="BinSeg")
plot(m.binseg,type = "l",cpt.col="blue",xlab=" Index",cpt.width = 4,main ="BinSeg with MBIC penalty")

m.binsegM <- cpt.mean(m.data,method="BinSeg",penalty="AIC")
plot(m.binsegM,type="l",cpt.col="blue",xlab="Index",cpt.width = 4,main ="BinSeg with Manual Penalty")
    par(opar)
```

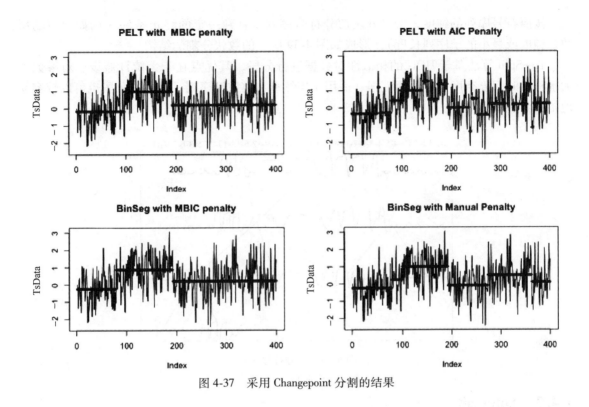

图 4-37 采用 Changepoint 分割的结果

4.4.2 TreeSplit

梯度直方图（Histogram of Oriented Gradients，HOG）是图像识别中较为流行的特征提取方法，具有旋转不变性、位移不变性等良好性质，形状表达能力非常好。单变量时间序列也可以借用此类技术[25]，用 HOG 可以将数据符号化，再用树状结构对符号序列进行分割。采用滑动窗口方式提取每个子窗口的 HOG 特征，然后将 HOG 特征聚类，即可将原始的时间序列转化为符号序列，如图 4-38 所示。

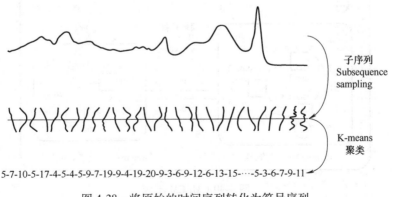

图 4-38 将原始的时间序列转化为符号序列

按照符号序列的纯度,按二分法切分符号序列,直到一定的终止条件(例如对应的层数、纯度或最小的子序列长度),形成如图4-39所示的数状分割的结构。

TreeSplit算法基于HOG的相似性对数据进行分段,其优点在于无统计假设、对参数不太敏感、时间复杂度低、通用性强,适用于连续型和离散型序列。这样的分段也可以较容易地扩展到多变量上来。

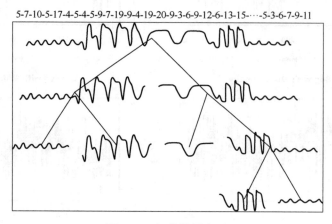

图4-39 切分符号序列

4.4.3 Autoplait

Autoplait算法[26]使用HMM和最小描述长度准则(Minimum Description Length,MDL)自动决定分割的段数和每段的起始点。将时间序列描述为多层链模型(Multi-Level Chain Model,MLCM),如图4-40所示。在计算时采用3层循环,最内层循环在给定聚类与模型参数的条件下,找到好的分割点;中层循环在给定聚类的条件下,找到好的模型参数;外层循环是搜寻最佳聚类数,优化目标是似然度与描述复杂度的折中。

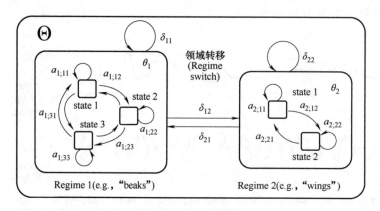

图4-40 MLCM示例

Autoplait 的核心思想有两点：多层链模型（MLCM）、模型表示成本及数据压缩。在 HMM 的基础上，提出了 MLCM 来表达多个体系与其过渡之间的时间序列模式。MLCM 扩展了 HMM，除了常规 HMM 转移概率，还引入了上层状态（超级状态）的概念"领域（regime）"，将隐状态分为多个组，同一领域内的隐状态的关系更加密切，领域之间有一个整体的转移概率。在模型表示成本和数据压缩方面，为了找到合适的细分和制度，算法使用 MDL 的概念。MDL 是基于信息理论的模型选择标准之一，可以用于无损压缩。另外，还定义了一种新的编码方案，以找到能充分表达给定束 X 的模型，即：定义成本函数，以估计最优参数集 C；提出一种能找到最优解的有效算法。从原理上讲，在 Autoplait 算法对多变量时间序列进行自动分割时，不需要设定超参数。但笔者在使用过程中发现，Autoplait 的鲁棒性不好，对原始数据稍做干扰，切分的结果就会发生很大变化。

4.4.4 应用示例

本小节以风电分析中风速序列分割为例，来演示分割算法在应用中需要注意的地方以及与其他算法的结合。该数据集是某台风机 2 个多月的秒级风速数据（采样周期大约为 7s），长度约为 100 万个点，分析目标是总结归纳典型的风速的时序模式。

采用 Changepoint 算法进行切片，形成了 3509 个时间切片，然后对每个切片加工平均风速、标准差和湍流强度等 3 个特征，最后用 GMM 进行聚类，形成 6 种典型模式，在审查结果时，发现高风速与中风速分在一类，而没有形成单独一类，这有悖常识。经过仔细分析，证实了是由于数据集中高风速样本太少造成的，Changepoint 划分很好地逼近了时间序列趋势，但若要进行明确分割，应该提高风速样本的均衡度，或者应给出明确的业务指导原则。

1. 样本分布

100 万条数据集中风速的密度函数如图 4-41 所示。

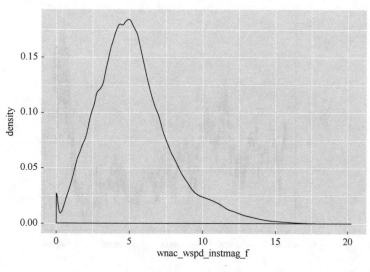

图 4-41　风速密度函数

从图中可以看出,风速主要分布在 5m/s 左右,风速大于 10.7m/s 的样本只有 3.88%。

从数据驱动的角度来讲,除非认为强行干预(强行指定,或在距离定义中隐形干预),否则,任何算法都很难将高风速样本自动聚为单独一类。

2. Changepoint 的切分结果

这里利用 mean 和 variance 进行切分,将 100 万个数据点切分为 3509 个切片。图 4-42 和图 4-43 展示了原始风速(深色曲线)和切片风速平均值(浅色曲线,每段为一个切片)的对比,横坐标为原始数据中的行数,这里每 2 万个点画一幅图。

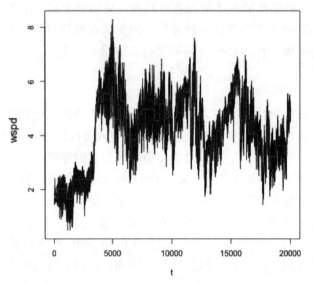

图 4-42 前 2 万个点序列的切片

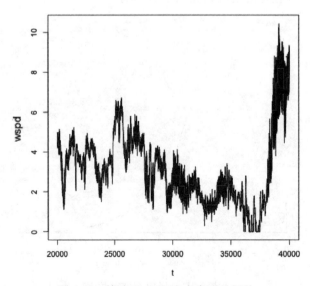

图 4-43 第 2 万~4 万个点序列的切片

对于每个切片，加工平均风速、标准差和湍流强度（即标准差/平均值）等 3 个特征。为降低对聚类算法的影响，对于低风速切片（平均值在 1m/s 以下），湍流强度做适当缩小。

湍流强度较高的切片可分为两种情况：第 1 种情况如图 4-44 所示，在一个均值附近大幅度震荡（类似正弦波）；第 2 种情况如图 4-45 所示，有明显上升或下降趋势，这里表现为下降。

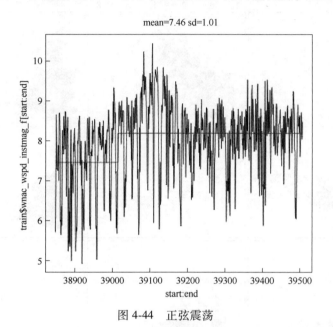

图 4-44　正弦震荡

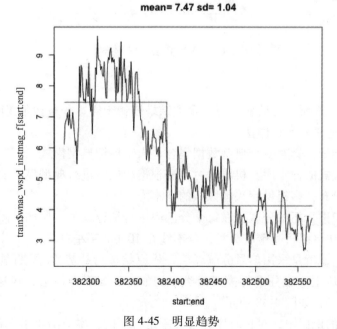

图 4-45　明显趋势

3. 聚类算法

通过比对发现，采用 GMM 算法进行聚类比 K-means、DBSCAN 更合适。采用平均风速、标准差和湍流强度 3 个特征，GMM 算法的聚类结果如图 4-46 所示。

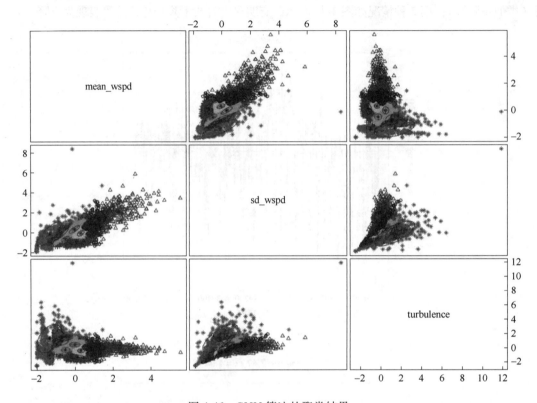

图 4-46　GMM 算法的聚类结果

4. 分析结论

时序分割和聚类都属于无监督学习，聚类结果依赖于样本分布和距离函数定义。若要产生有意义的结果，通常有 5 种做法。

1）提供手工标记：针对一个典型数据集合，人工标记典型模式。

2）制作典型模式的样本库：机器学习算法根据相似度进行典型模式的匹配发掘。

3）改变样本分布：多提供感兴趣区域的样本。

4）用业务知识进行粗的分区，在每个分区内进行细分聚类。比如，图 4-47 对 10m/s 以上的进行聚类，算法可以将其聚成 2 类，分割线在 10.6m/s 左右。

5）另外一条路，就是采用信号分解算法，将原始进行趋势性/周期项/干扰项或低/中/高频的分解，然后对主要成分进行模式聚类。例如，经 STL 分解后，风速的趋势项就可以很明显地被分解出来，如图 4-48 所示。

在一些长时序的挖掘中，对长时序进行分割是必要的，本节给出了三种常用的方法。数

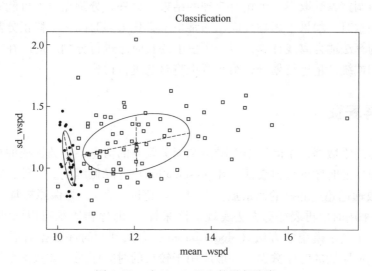

图 4-47　对 10m/s 以上的进行聚类

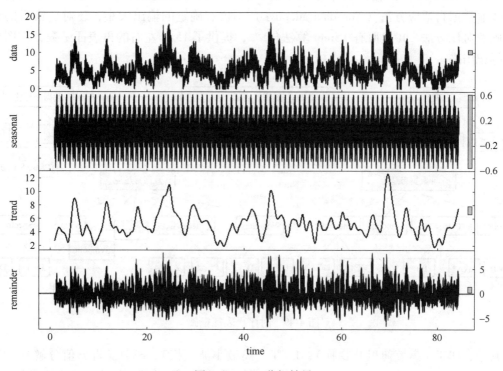

图 4-48　STL 分解结果

据分割可以与其他算法结合，例如，在分割之前利用滤波算法进行过滤，或者利用分解算法针对感兴趣的组分进行分割。但需要注意，时序分割算法是无监督学习算法，不存在完美的算法，需要不断调整参数取得一个相对合理的结果。另外，分割点也不可能完全符合业务语义，但在初期探索时，如果不影响大面，通常也不必化太多时间去予修正分割点。

本节给出的算法适合离线计算，对于历史上的长时序进行分割。对于在线情形，通常利用一些简单准则或统计量进行划分，第6章也将对此进行讨论。

4.5 时序再表征

时序数据是高维数据，中间混杂着噪声和无关紧要的信息，为数据挖掘算法带来了一定的干扰。应将原始的时序进行再表征（Representation）并降低维度。另外，在海量数据时序可视化时（点数远远超过屏幕的像素点，有时甚至超过内存），为保障视觉效果（保留关键信息），也需要采用时序再表征等方法实现"降采样"。时序再表征可以归纳为如图4-49所示的4类方法：①基于模型的方法（Model based）尝试刻画时序数据背后的规律，用模型和对应的参数表征原始的时序数据，一般应用于较长的时间序列；②数据个性化方法（Data dictated）的输出完全由数据确定，通过降低数值精度的方式进行维度压缩；③数据自适应方法（Data adaptive）的输出大小是确定的，但多个时序在简化后的对比需要根据场景确定；④非数据自适应方法（Non-data adaptive）不仅有确定的输出大小，还对变换后的输出有明确的对比方法。R里面有TSrepr算法包[27]，提供了15个左右的再表征函数，在图中用*号标记出来。

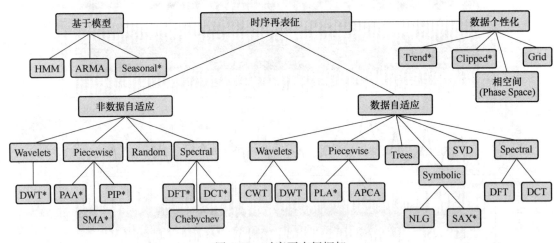

图4-49 时序再表征框架

其中，DFT（离散傅里叶变换）、DWT（离散小波变换）、SVD（奇异值分解）、APCA（Adaptive Piecewise Constant Approximation，自适应分段常数近似）、PAA（Piecewise Aggregate Approximation，分段聚合近似）、PLA（Piecewise Linear Approximation，分段线性近似）、SAX（Symbolic Aggregate Approximation，符号聚合近似）算法的时序再表征示例如

图 4-50 所示。为了不同方法之间可以对比，这里将表征结果还原到原始空间（SAX 算法除外，该方法类似 PAA，只不过每个字母代表的数值是离散化区间的均值，而不是当前时间段的均值），每个方法为一列，顶部曲线是原始曲线，第二个曲线是再表征还原到原始空间后的曲线，再下面是不同特征组分的曲线。

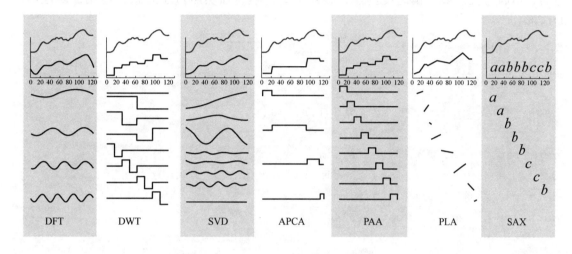

图 4-50　时序再表征示例

典型算法

　　PAA 用无重叠等长窗口内的特征值来替代每个点的数值，特征值一般采用均值，也可以采用中值、方差、最大值、最小值、斜率等统计量，PAA 算法应用逻辑明确，计算复杂度低。在此基础上可以有很多扩充，例如采用滑动窗口、窗口大小自适应等。SMA（Simple Moving Average，简单移动平均线）可以认为是采用滑动窗口的 PAA 算法；APCA 是 PAA 的扩充，放松了"每段长度固定"的约束，每段长度逐渐增加，直到重建误差大于阈值。SAX 在 PAA 的基础上，按照整体数值分布将数值离散化，这样数值就转化为符号串。经过 SAX 变换，后续的聚类、分类可以更直接，子序列匹配也变得更简单。

　　PLA 是自下而上的算法，初始化时相邻两点连成直线，计算相邻线段合并（首尾两点连成线）的代价（拟合线段与原始的两条线段围成的面积），选择代价最小的进行合并，然后迭代，直到线段数缩减到指定数量。由于其时间窗口不固定，在时序简化后，还需要做一些特征提取工作才能应用到后续的分类工作中。

　　PIP（Perception Important Point，感知要点）算法是逐步切分算法，先把首尾两点连成一条线，将其作为拟合线，识别偏离度（如真实值与拟合线的垂直距离、x 方向或 y 方向的偏差）最大点，以其为切分点将当前线段分为 2 段，并更新变化区域的偏离度列表，在偏离度列表中找出最大偏离度，再次迭代直到线段数增加到指定数量。

下述代码以 TSrepr 包内置的用电负荷数据的第一条记录的前 100 个点为例，展示 PAA、PLA、PIP、SMA 等算法在时序在表征上的结果，如图 4-51 所示。可以看出，所有算法都可以跟踪整体趋势。因为等间距，PAA 算法在剧烈变化区明显不足，SMA 存在相位滞后，PLA 的目标是缩小面积，因此在转折处存在大的交叉，PIP 在本案例中是效果最好的，但因为关注最大偏离度的点，会对于离群点、强噪声过于敏感，存在鲁棒性不够的情形。

```r
library(TSrepr)
data("elec_load")

data_ts<-as.numeric(elec_load[1,1:100])

data_pip <- repr_pip(data_ts,times=20,return="both")
data_pla <- repr_pla(data_ts,times=20,return="both")
data_paa <- repr_paa(data_ts,q=5,meanC)
data_sma <- repr_sma(data_ts,4)

par(mfrow=c(2,2),mar=c(4,4,2,2))
plot(data_ts,type="o",cex=0.5)
lines(c(1,rep((1:19)*5,each=2),100),rep(data_paa,each=2),col="red",lty=2,type="o",cex=0.75)
grid()
legend("topright",legend=c("Original","PAA"),lty=c(1,2),col=c("black","red"),cex=0.75)

plot(data_ts,type="o",cex=0.5)
lines(data_pla$places,data_pla$points,col="red",lty=2,type="o",cex=0.75)
grid()
legend("topright",legend=c("Original","PLA"),lty=c(1,2),col=c("black","red"),cex=0.75)

plot(data_ts,type="o",cex=0.5,)
lines(data_pip$places,data_pip$points,col="red",lty=2,type="o",cex=0.75)
```

```
grid()
legend("topright",legend=c("Original","PIP"),lty=c(1,2),col=c("black","red"),cex=0.75)

plot(data_ts,type="o",cex=0.5)
lines(1:100,c(rep(NA,3),data_sma),col="red",lty=2,cex=0.75)
grid()
legend("topright",legend=c("Original","SMA"),lty=c(1,2),col=c("black","red"),cex=0.75)
```

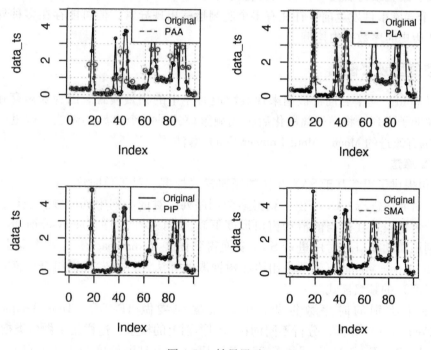

图 4-51　结果展示

时序再表征的目标是降低时间序列维度，本节展示了再表征算法的 4 种手段，读者可以按照这样的思路去引用其他算法。例如，用 Auto Encoder 等自编码器技术对时间序列进行特征的编码（自编码器的输入层和输出层是恒等的，中间层的神经元个数少于输入层和输出层，可以做到对时间序列进行特征的压缩和构造的），中间层的输出可以把时间序列压缩成一个更短一点的向量，然后基于其他距离方法来计算原始时间序列的相似度。Auto Encoder 比 PAA 算法更适合在共性全局模式的抽取。

4.6 序列模式挖掘

序列模式（Sequential Pattern）的主要任务是挖掘时序中的频繁模式。序列模式挖掘可以作为长时序数据探索的一部分，发现常见的子序列，辅助特征加工。在业务分析上，可用来发现故障（或异常行为）与之前的异常征兆的关系，辅助故障预警，或者发掘同一故障引起的多点位关联报警，消除"报警风暴"。

频繁模式分为两类：数值型频繁模式和符号型频繁模式。数值型频繁模式常常用来发现长时序中经常出现的模式，如在一段平稳的数据（有噪声）中不时出现的异常模式；符号型频繁模式常常用来分析事件间的时序关系或刻画不同事件的传播规律。一个数值型时间序列经过分段、聚类或再表征后，可以转化为符号型时间序列（不同符号代表不同的短序模态）。在一个异常事件发生前，往往有多个监测指标出现异常，但可能存在多种异常演化路径，需要从历史时序数据中挖掘。

4.6.1 数值型频繁模式

基序（Motif）这个名词常被用来代表数值时序中的频繁模式。因为噪声存在，很难存在完全相同的子序列，将序列离散化后去找频繁模式是一个自然的做法，这里可以用 SAX 方法[28]，也有改进的 Moen（Motif Enumeration）算法[29]。

1. SAX 算法

jmotif 包提供了很多基于 SAX 算法的频繁模式挖掘。对于单时序，sax_via_window 函数用滑动窗口对时序进行 SAX 变换，获得多个词序列。对词序列中词的频度统计，可以发现长时序中的频繁模式（在当前滑动窗口尺度下）。对于多个时序，manyseries_to_wordbag 函数，可以利用滑动窗口对时序进行 SAX 变换得到词袋（word bag），即各个词出现的次数；另外，str_to_repair_grammar 函数采用语法树抽取的算法，可以发现词组合层面（意味着更大的时间尺度）的频繁模式。

对于多个类别的时序数据集，可以根据词袋做 TF-IDF（Term Frequency-Inverse Document Frequency）分析，分析不同词在不同类别上的权重，这样用来做分类模型。例如，CBF（Cylinder-Bell-Funnel）数据集是 930 条时序（每个时序长度为 128 个点），呈现 Bell、Cylinder、Funnel 三种曲线类型。如图 4-52 及下述代码所示。

```
library(jmotif)
data("CBF")
w<-40 #silding window size 滑动窗口大小
p<-5  #PAA size PAA 的分段数
a<-6  #SAX alphabet size SAX 离散化阶梯数
```

```
cylinder <- manyseries_to_wordbag(CBF $ data_train[CBF $ labels_train = =
1,],w,p,a,"exact",0.01)
bell <- manyseries_to_wordbag(CBF $ data_train[CBF $ labels_train = =2,],
w,p,a,"exact",0.01)
funnel <- manyseries_to_wordbag(CBF $ data_train[CBF $ labels_train = =
3,],w,p,a,"exact",0.01)

tfidf=bags_to_tfidf( list("cylinder"=cylinder,"bell"=bell,"funnel"=
funnel))

wordVec<-unlist(sax_via_window(CBF $ data_train[CBF $ labels_train = =
1,][1,],w,p,a,"exact",0.01))
```

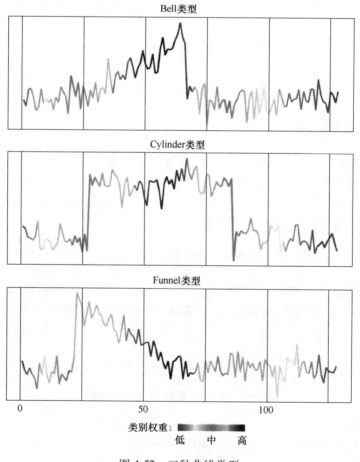

图 4-52 三种曲线类型

2. Moen 算法

Moen 算法是 SAX 算法的扩展，其不局限于查找固定长度的 Motif，可以指定一个区间，长度在此区间内的 Motif 都可以被找出。Moen 算法巧妙地避免了同一 Motif 在不同搜索长度下的重发现（同一段序列，长为 $m+c$ 的 Motif 必然包含长为 m 的 Motif，对同一模式，算法仅给出最长的表达），使用 Moen 算法提取 Motif 如图 4-53 所示。使用 Moen 算法提取的 Motif 是 Z 归一化意义的距离最近的子序列，优点是具有平移和缩放不变性，可以找出更多的 Motif。Motif 查找既能对找到的重复项进行进一步研究，又能发现不常出现的子段的潜在异常。

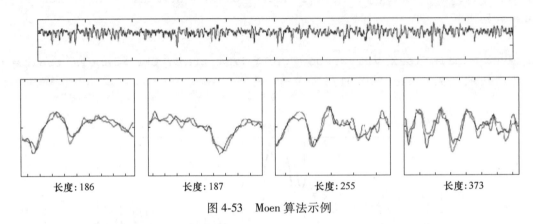

图 4-53　Moen 算法示例

4.6.2　符号型频繁模式

可以根据时间形式，将符号型频繁模式分为点序列模式（Time Point Sequential Pattern）和区间序列模式（Time Interval Sequential Pattern）。点序列模式仅有先后和同时发生 2 种，而区间序列模式则有如图 4-54 所示的先后、同步、部分重叠（还可以细分重叠程度）、包含、同时启动、同时结束等 13 种时序关系[30]。

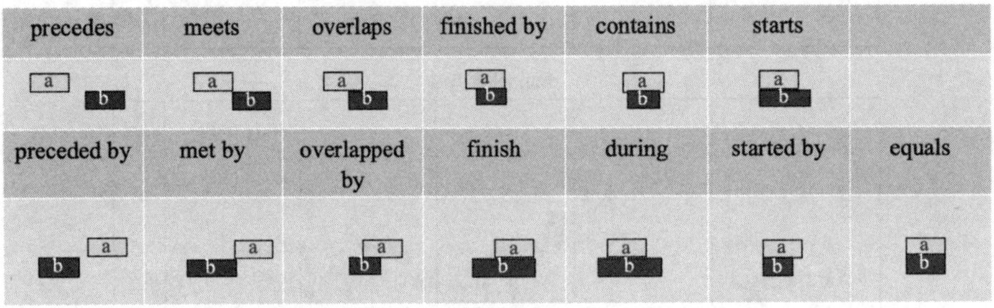

图 4-54　区间变量的 13 种时序关系

1. 点序列模式

点序列模式挖掘针对若干个事件序列构成的数据集，一个事件是在一个具体时间点上发生的若干事项（这些事项不分前后），一个时间序列是多个不同时间点上发生事件构成的序列。点序列模式挖掘是找出一个或多个事项组合发生、先后发生的关系。如图 4-55 所示的示例中，有 4 条事件序列，第一个事件序列由 4 条事件构成，第二个事件序列由 2 条事件构成。第一个事件序列的 4 条事件先后发生在第 10、15、20、25 个时间点，在第 10 个时间点，同时发生的事项 C 和 D。通过统计，可以发现：单项模式 A 在 4 条序列中都出现，其频度为 4。四项模式 D→BF→A 表示事项 D 先发生，接着 B 和 F 发生，最后 A 发生，这个模式在序列 1、4 出现过，在序列 1 中，该模式发生在第 10、20、25 个时间点。

序列号	时间	事项
1	10	C、D
1	15	A、B、C
1	20	A、B、F
1	25	A、C、D、F
2	15	A、B、F
2	20	E
3	10	A、B、F
4	10	G、D、H
4	20	B、F
4	25	A、H、H

点序列模式挖掘 →

单项模式	频度
A	4
B	4
D	2
F	4

3项模式	频度
ABF	3
BF→B	2
D→BF	2
D→B→A	2
D→F→A	2

2项模式	频度
AB	3
AF	3
B→A	2
BF	4
D→A	2
B→B	2
B→F	2
F→A	2

4项模式	频度
D→BF→A	2

图 4-55　点序列模式示例

与经典的 Apriori 等关联规则算法相比，点序列模式加入了"时间发生先后"的概念，导致计算复杂度大大增加。在"购买推荐"的场景中，经典关联规则算法发掘的组合购买的模式，而时序关联模式挖掘的是根据过去购买去预示未来购买的模式。常用的点序列模式挖掘算法有 PrefixSpan（Prefix-projected Sequential pattern mining）、SPADE（Sequential PAttern Discovery using Equivalence classes）、SPAM（Sequential PAttern Mining using A Bitmap Representation）、GSP（Generalized Sequential Pattern）等[31]，它们的关系如图 4-56 所示。

GSP 算法是加入了垂直列表数据库和哈希树概念的 Apriori 算法，其依然使用连接步、剪枝步完成计算。在初期的 1 个成员、2 个成员的频繁项集搜索方面，SPADE 算法与 GSP 算法完全相同，在 3 个成员及更高阶次的频繁项集计算中，SPADE 算法采用如下的启发式规则，大大减少了计算量。

1) 假设有成员 P 和成员 A~F，如果成员组合 PA（表示 P 与 A 经常同时出现）、PD 出现在 2 个成员的频繁项集中，则能推导出 PAD 这样的 3 成员组合（表示成员 P、A、D 经常同时出现）。

2) 如果 PB、P→A（表示成员 P 经常出现在成员 A 之前）这样的形式出现在 2 个成员

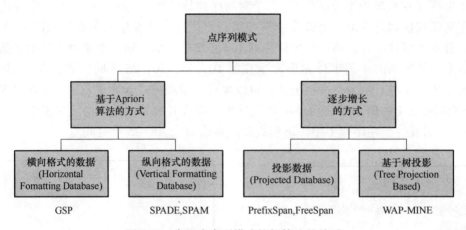

图 4-56 常用点序列模式挖掘算法的关系

的频繁项集中,则能推导出 PB→A 这样的 3 成员组合。

3) 如果 P→A、P→F 出现在 2 个成员的频繁项集中,则能推导出 P→AF、P→A→F 或 P→F→A 这样的 3 成员组合。

模式挖掘算法开源库 SPMF(基于 Java)[32]中提供了 GSP、SPADE、PrefixSpan 等各种序列模式挖掘算法,R 语言的 arulesSequences 有 cspade 函数实现了 SPADE 算法,一个简洁教程请参阅参考文献 [33]。SPAM 算法有一个 C++开源版[34],PrefixSpan 算法在 SPark 中也有提供。

点序列模式的另外一个视角就是关注轨迹(例如人生轨迹、学习轨迹),也就是说,每个序号序列,在一个时间点上只有一个确定类别数据(前面的问题中一个时间点上有多个类别变量),称为状态(State,一个状态可以持续多个时间点),状态间的转化称为事件(Event),研究状态轨迹和事件的频度。R 的 TraMineR[35]提供了大量分析和可视化函数。

2. 区间序列模式

针对区间序列模式,Fabian[36]提出了时序知识挖掘(Time Series Knowledge Mining, TSKM)算法,针对多变量时序提出了层次化抽象的时序知识表达模式,TSKM 算法如图 4-57 所示。步骤为:①对一个多变量时间序列进行预处理(如消除异常值、平滑或变换);②根据业务语义,形成若干视图(Aspect),每个视图由一个或多个变量构成,表征业务语义;③在每个视图上,进行事件分析,形成若干 Tone,每个 Tone 是一个事件 Interval 序列(事件类型及持续时间);④多个 Tone 在时间上的组合切片被称为 Chord,一个 Chord 表示一段时间内的 Event 的组合;⑤在整体 Chord 序列上发现支撑度较高的转移关系,形成有向无环图,即 Phrase,Phrase 代表一种时序变化知识。

序列模式挖掘有很多应用场景,例如:

1) 发掘故障之前异常事件的演化模式,在一个设备出现功能失效之前,通产会有一系列征兆发生,从历史数据中发现典型的演化模式,将有助于故障预警。

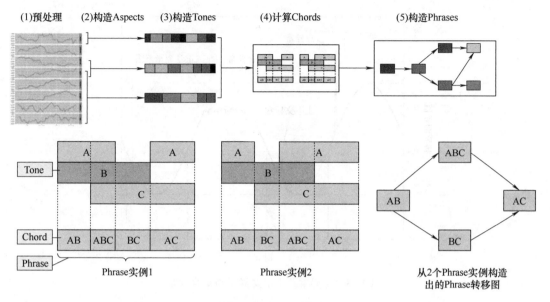

图 4-57　TSKM 算法

2）长流程的调控模式，在一个给定工况下，历史上如何通过一些列参数调整，取得一个理想的工况状态。

为了符合时序模式挖掘算法要求的事项序列格式，长时序过程可以通过滑动窗口和离散化变换出事项序列。

4.7　时序异常检测

异常检测（Anomaly Detection）是从正常的时间序列中识别不正常事件或行为的过程，有很多实现的应用场景，例如设备故障检测、工艺参数异常偏离、销量的异常波动等。

从表现形式上，异常可分为点异常（Point Anomalies）、上下文异常（Contextual Anomalies）和集合异常（Collective Anomalies）3 类[38]，如图 4-58 所示。点异常指的单点与群体的偏离，通常称为离群点（Outlier）、孤立点或异常值，通常根据概率分布、密度、聚类等方法，这和一般的数据集上的离群点检测[39]没有区别。上下文异常指的是局部序列中的不一致（例如突然上升/下降、毛刺等），通常根据时序连续性/光滑、时序模态、生成模型等方法研判。集合异常指的是子序列模态在全局规律上的异常，通常基于子序列频繁模式等方法。

从技术路线上，异常检测有经验规则驱动、数据驱动两条技术路线。经验驱动方式包括经验研判规则和基于时序相似度的模板匹配方法（将在时序聚类一节中讨论），本节仅讨论数据驱动的技术路线。从数据算法的角度，大部分时序异常检测属于非监督学习问题（监督学习将在时序分类一节中讨论），非监督学习分为基于度量（统计量或相似度）的方法、基于模型重构的方法、基于频繁模式挖掘的方法等。

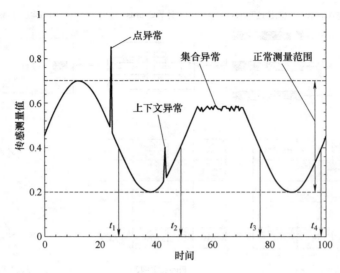

图 4-58　点异常、上下文异常与集合异常

4.7.1　基于度量的方法

基于度量的方法可直接用来检测点异常。对于一个长时序，采用滑动窗口等方式，将其转为为若干子序列，可以通过子序列间的相似度，或则子序列的特征量，进行上下文异常检测。从度量指标上，可以分为统计量、距离、密度和聚类等。

1. 基于统计量的方法

对于单变量，通常采用 3σ、IQR 准则做异常值检测，也可以根据统计检验（t 检验，f 检验，卡方检验等）看一个群体（例如一个长时序的若干子序列的特征值）特征分布是否符合给定的分布。对于统计分布，可以采用参数化的统计函数，也可以采用核密度估计等非参数化模型。

2. 基于距离的方法

通常可以在对象之间定义邻近性度量，并且许多异常检测方法都基于邻近度。异常对象是那些远离大部分其他对象的对象。这一领域的许多方法都基于距离，称作基于距离的离群点检测方法。例如K-近邻方法，计算一个点与最近的 k 个点的距离之和。与 k 个最近点的距离之和越小，异常越低；与 k 个最近点的距离之和越大，异常越大。设定一个距离的阈值，异常分高于这个阈值，对应的数据对象就是异常点。距离指标可以采用欧氏距离、Mahalanobis 距离等，对于子序列间的距离，可以参考后文中关于时序聚类的讨论。

3. 基于密度的方法

对象的密度估计可以相对直接地计算，特别是当对象之间存在邻近性度量时，低密度区域中的对象相对远离近邻，可能被看作异常。可以采用局部离群因子（Local Outlier Factor，LOF）、连接离群因子（Connectivity Outlier Factor，COF）等指标，LOF 为数据点的 k 个最近邻的平均局部密度与数据对象本身的局部密度之比。如果点 p 的平均连接距离大于它的 k 最近邻的平均连接距离，则点 p 是异常点。COF 将异常值识别为其邻域比其近邻的邻域更稀疏的点。

4. 基于聚类或单分类算法

基于聚类的方法，将数据聚为多个类，如果某个数据和类中心比较远，则该数据为异常，或是将数据量少于某个阈值的类中所有数据认为是异常。另外，也可以采用 One-class SVM 等单分类算法，进行异常点识别。

4.7.2 基于模型重构的方法

基于当前时序数据，假定大部分点为正常的前提下，建立一个正常情形下的生成式模型（Generative Model），模型的重建误差较大的点为异常值。这种方法不仅可以做点异常识别，也可以用来做上下文异常识别。

1. 平稳序列的自回归模型

对于平稳的时间序列，可以用 ARIMA 拟合正常行为。根据残差的形状，R 语言中的 tsoutliers 包[40]将离群点分为如图 4-59 所示的 5 种类型。其中加型离群（Additive Outlier，AO）是单点异常，通常由瞬间脉冲干扰引起，临时变化（Temporary Change，TC）表示短期的阶跃衰减行为，水平迁移（Level Shift，LS）表示平均水平的变化，季节性水平迁移（Seasonal Level Shift，SLS）表示周期性水平变化，新模式（Innovational Outlier，IO）表示在某时间出现的有稳定 ARIMA 关系的分量。

2. 非平稳过程

对于非平稳过程，可以采用时序分解或直接建模的方式。

在时序分解上，通过分解，过滤掉非稳态的趋势项和周期项，通过 ARIMA 建模等方法，识别异常值，前面介绍的各种时序分解算法可以根据情况选用。R 里面 forecast 包的 tsoutliers() 函数采用 supsmu（针对非周期序列）、stl（针对周期序列）估计正常的数字化，基于此做离群点检测和建议数值替换。

对于多个类似的时序，可以用 HMM、Auto-Encoder（AE）、Variational Auto-Encoder（VAE）等生成正常样本的隐性表征（Latent Representation），训练一个生成式模型。基于实际数据和生成模型输出的偏差，来研判是否存在异常。

对于多变量的时序，也可以通过回归算法，构建其他变量区预测目标变量的模型，根据预测偏差来研判是否存在异常。

4.7.3 基于频繁模式挖掘的方法

前文曾介绍过，Motif（基序）指的是一个时序中重复出现的子序列 SAX 变换。与 Motif 对应，Discord[41]指的是在前后时序上下文中不协调，是典型的集合异常。

R 语言的 jmotif 包提供了 HOT-SAX、RRA（Rare Rule Anomaly）两种检测上下文异常的算法。

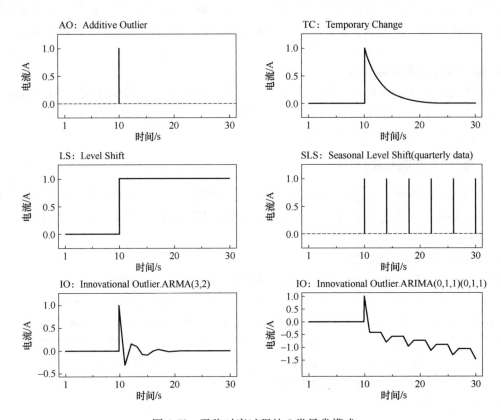

图 4-59 平稳时序过程的 5 类异常模式

在 HOT-SAX 算法中，discord 度量是一个子序列与其最近的没有重叠的子序列的欧氏距离（越大越异常），通过 SAX 变换，将一个连续序列转化为一个符号序列，如下述代码和图 4-60 所示。

```
library(jmotif)
## Loading required package:Rcpp
discords<- find_discords_hotsax(ecg0606,100,4,4,0.01,1)
plot(ecg0606,type="l",col="cornflowerblue",main="Dischord Discovery by HOT-SAX")
discord_seq<-discords $ position:(discords $ position+100)
lines(discord_seq,y=ecg0606[discord_seq],col="red")
```

RRA 算法利用的语法的压缩机制，计算效率比 HOT-SAX 要高一些。利用滑动窗口 SAX 获得字符串序列，每个滑动窗口生成一个字符串，字符串的长度由 PAA 分段数量参数决定，字符个数由 SAX 参数决定。Re-Pair 算法尝试构建最简洁的语法树，每条语法规则表示了组

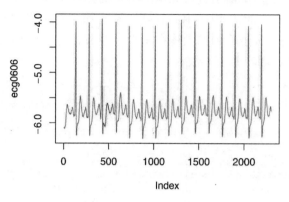

图 4-60　HOT-SAX 算法

合时序模式。一个字符串在所有规则中出现的次数表示了该模式的频度，频度越低表示异常度越高。如下述代码和图 4-61 所示。

```
discords=find_discords_rra(ecg0606,100,4,4,"none",0.01,1)
plot(ecg0606,type="l",col="cornflowerblue",main="ECG 0606")
lines(x=c(discords[1,2]:(discords[1,2]+100)),
   y=ecg0606[discords[1,2]:(discords[1,2]+100)],col="red")
```

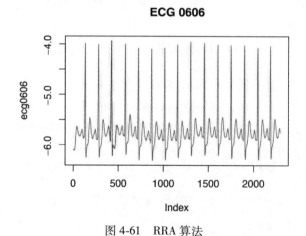

图 4-61　RRA 算法

但基于 SAX 进行异常检测的算法并不稳定，与滑动窗口大小、PAA 分段数量有很大关系，下图演示了不同参数下的密度图，之前的 find_discords_rra() 和 find_discords_hotsax() 函数也存在类似问题，这就需要针对具体问题，根据时序的周期和检测任务特点反复调整。

如果将上面的滑动窗口调节为 140（跟接近一个心电图节拍周期），见下述代码，结果和上面的结果大相径庭：如图 4-62 所示，可见检测出来的异常子序列位置不同，图 4-61 中的异常出现在第 500 个点附近，而图 4-62 中的异常出现在第 100 个点附近；异常子序列的形状也有差别，图 4-61 中的异常子序列的尖峰在中央，左右各有一个小波动，而图 4-62 中的异常子序列的尖峰在左侧，而右侧有小波动。

```
w<-140
discords=find_discords_rra(ecg0606,w,4,4,"none",0.01,1)
plot(ecg0606,type="l",col="cornflowerblue",main="ECG 0606")
lines(x=c(discords[1,2]:(discords[1,2]+w)),
   y=ecg0606[discords[1,2]:(discords[1,2]+w)],col="red")
```

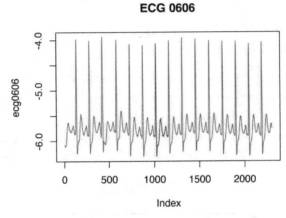

图 4-62　调整滑动窗口大小后的检测结果

各个字符串在语法规则中的频度可以用密度图来表示。密度低的位置（除了开始和结束部分）可能意味着上下文异常，如下述代码和图 4-63 所示，同样可以看出该算法对参数很敏感。PAA 分段数量（即参数 p）太小时，不同字符串的出现频度的区别度很低。

```
densityCurve<-function(ecg,w=100,p=4,a=4){
# discretize the data
ecg_sax <- sax_via_window(ecg,w,p,a,"none",0.01)

# get the string representation of time series
ecg_str <- paste(ecg_sax,collapse=" ")

# infer the grammar
```

```r
ecg_grammar <- str_to_repair_grammar(ecg_str)

# initialize the density curve
density_curve=rep(0,length(ecg))

# account for all the rule intervals
for(i in 2:length(ecg_grammar)){
    rule=ecg_grammar[[i]]
    for(j in 1:length(rule$rule_interval_starts)){
        xs=rule$rule_interval_starts[j]
        xe=rule$rule_interval_ends[j]+w
        density_curve[xs:xe] <- density_curve[xs:xe]+1;
    }
}

  density_df=data.frame(Index=c(1:length(density_curve)),density=density_curve)
  return(density_df)
}
par(mfrow=c(2,2))
for(p in c(2,4,8)){
  density_df<-densityCurve(ecg0606,p=p)
  plot(density_df,type="l",main=paste0("w=100,p=",p))
  polygon(density_df,col="grey")
}

  density_df<-densityCurve(ecg0606,w=140,p=p)
  plot(density_df,type="l",main=paste0("w=140,p=",p))
  polygon(density_df,col="grey")
```

时序异常发掘通常不是一个孤立的问题，一方面，很多时候，时序异常检测是数据预处理的一部分，目标是发现异常，以便更好地进行数据质量修正；另外一方面，时序异常检测本身通常也需要与其他时序算法结合，例如，通过分解去除噪声，利用分割实现不同模式下的个性化处理，通过时序聚类去发现异常等。

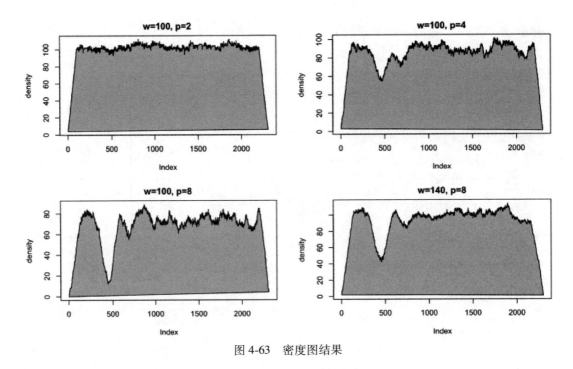

图 4-63 密度图结果

Medico[42]在 github 上对时间序列软件（特别是流数据）、算法和数据集给出比较全面的总结。参考文献 [3] 讨论了时序异常检测场景、问题和解法。

4.8 时序聚类

一般的聚类根据数据点间的距离定义或概率分布定义，根据不同的聚类算法（例如 K-means、DBSCAN、层次聚类和 GMM 等）将相似的样本聚成一簇。在时间序列的挖掘中，同样可以找到一些方法来描述两条时序是否相似。对于时序聚类来说，关键是定义时序相似度或距离（Similarity/Dissimilarity），仍可以用通用聚类算法进行聚类。

对于时序相似度，R 里面有 TSclust[43]、TSdist[44]、dtw[45]、dtwclust 等包，功能覆盖比较全面。dtw、dtwclust 包给出了动态时间规整（Dynamic Time Wrapping，DTW）距离的各种实现方法。TSclust 提供了 31 个距离函数，将函数分为模型无关（Model-free）、基于模型、基于复杂度、基于预测值距离 4 类，提供了统一的接口函数 diss，通过 METHOD 参数选择不同的距离。TSdist 也提供 30 多个距离函数，包括基于形状的距离（Shape-based Distance）、基于编辑的距离（Edit based Distance）、基于特征的距离等类别，也提供了一个接口函数 TSDistances。TSclust 与 TSdist 这两个包有很多重叠之处，主要区别包括①基于编辑的距离只在 TSdist 中提供，编辑距离原本用来对比两个符号序列的相似度，连续序列经过转化也可以采用该距离函数进行相似度比较；②基于模型结构的距离（Structure-based）只在 TSclust 中提供，基于结构的距离主要指的是时序的模型结构（例如 ARIMA 结构）；③在基于特征量的距离上,两个包是互补的,TSclust 提供了 SAX(Symbolic Aggregate Aproximation)、谱密度等相关距离,而 TSdist 提供了互相关、离散傅里叶变换(DFT)等距离。

详细算法可阅读 TSclust 包[43]和 TSdist 包[44]的帮助文档,下面仅讨论 DTW 和 SAX 两个距离。

4.8.1 DTW 距离

如果要计算时间序列的相似度,除了闵可夫斯基距离(L_p 距离)、曼哈顿距离、欧氏距离等距离之外,还可以使用 DTW 方法。DTW 是基于动态规划算法来做的,基本思路是根据动态规划原理,来进行时间序列的"扭曲",从而把时间序列进行必要的错位,计算出最合适的距离,如图 4-64 所示。DTW 方法中时间序列的点可以一对多(但需要保序,不能交叉),因此,DTW 可以计算两个不等长时序的距离。

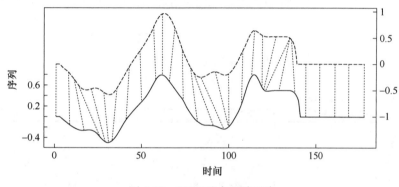

图 4-64 DTW 基本思路示意

下面以 dtwclust 包为例,采用层次聚类(通过参数 type 设置)将 50 个时序聚成 9 类,如下述代码和图 4-65、图 4-66 所示。

```
library(dtwclust)
hc_sbd <- tsclust(CharTraj[1:50],type="h",k=9L,
            preproc=zscore,seed=899,
            distance="sbd",centroid=shape_extraction,
            control=hierarchical_control(method="average"))
plot(hc_sbd)
plot(hc_sbd,type="sc")
```

4.8.2 SAX 距离

SAX 算法是将时序转化为字符串(类别变量串),首先将数据转换为 PAA,然后将 PAA 表示符号化为离散字符串。

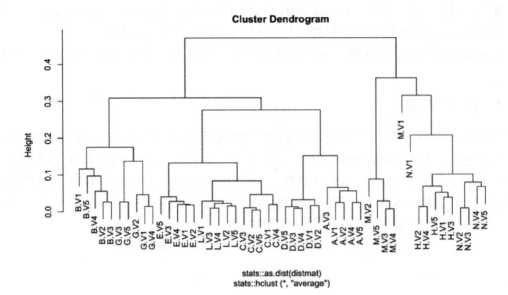

图4-65 采用层次聚类结果图1

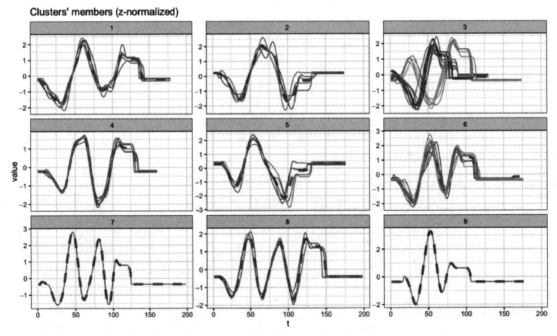

图4-66 采用层次聚类结果图2

PAA通常先对时序做归一化处理,这样数据会呈现高斯分布;然后将时序分割成多个子序列(一般等长),每个子序列均以原始序列的均值来表示;根据高斯分布将数值划分为若干个定概率区间;最后根据子序列均值所在区间进行符号化。如下述代码和图4-67、

图 4-68 所示。

```
library(TSclust)
## Loading required package:pdc
## Loading required package: cluster
## Registered S3 method overwritten by'quantmod':
##   method              from
##   as.zoo.data.frame zoo
    set.seed(12349)
n=100
x<- rnorm(n)   #generate sample series,white noise and a wiener process
y <- cumsum(rnorm(n))
w <- 20 #窗口数量,amount of equal-sized frames to divide the series,parameters for PAA
alpha <- 4 #符号数量,parameter for SAX

#normalize
x <- (x - mean(x))/sd(x)
y <- (y - mean(y))/sd(y)

paax <- PAA(x,w) #generate PAA reductions
paay <- PAA(y,w)

plot(y,type="l",main="PAA reduction of series y")
py <- rep(paay,each=length(y)/length(paay))
lines(py,col="blue")
    SAX.plot( as.ts(cbind(x,y)),w=w,alpha=alpha,col.ser=c("red","blue"))
```

TSclust 和 TSdist 两个算法包对时序距离函数提供得相对全面。在距离函数选择上，需要根据时序本身的业务含义，不存在绝对好的距离函数。例如，对于形状类似但相位不同的 2 个时序，DTW 距离通常比较小，而欧氏距离很大。因此 DTW 距离在时序聚类或分类中有很多应用，但需要注意，如果时序本身有更稳定的结构特性，还是应该用反映该结构特性的算法（例如 HMM 算法），而不是交给 DTW 距离。又例如，在语音识别中，DTW 也能解决发音长短不一的模板匹配问题，但 DTW 算法只是度量两个实例的相似度，缺乏结构描述能力，不容易将底层和顶层的各种知识用到语音识别算法中，因此在解决大词汇量、连续语音、非特定人语音识别问题时较 HMM 算法相形见绌。

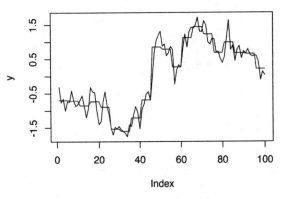
图 4-67 采用 PAA 的 SAX 算法结果 1

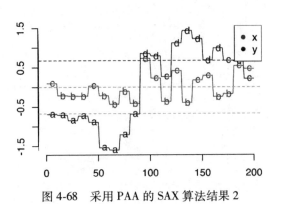
图 4-68 采用 PAA 的 SAX 算法结果 2

4.9 时序分类

时序分类常用于设备异常类型识别、工况状态识别等场景，根据分类对象，可以分为两种情况：

1) 连续序列的点分类问题，即判断每个时间点的类型，如基于设备状态监测数据判断设备是否处于正常状态。

2) 短序列分类问题，即判断时间序列的类型，如图 4-69 所示。例如，工业中根据检测数据判断设备状态，根据批次生产过程数据（如每支钢轨的轧制过程、生物发酵过程）判断产品质量等级。

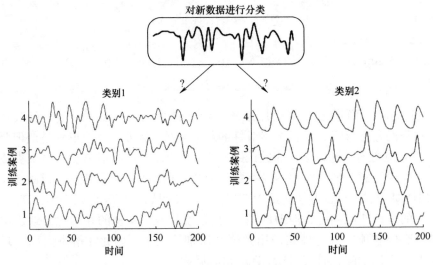
图 4-69 短序列分类问题

4.9.1 经典分析算法

除了转化为回归问题（类型的似然度），处理连续序列的点分类问题还有 3 种思路：①通过滑动窗口提取长序列的特征，形成数据集，将连续序列的点分类问题转化为经典分类问题，即基于滑动窗口进行特征加工，如图 4-70a 所示；②通过滑动窗口将长序列切成若干个短序列，将连续序列的点分类问题转化为短序列分类问题；③建立刻画时序结构的模型（如 HMM、状态空间、LSTM 等），在时序模型的参数空间或预测结果空间上进行分类，如图 4-70b 所示。

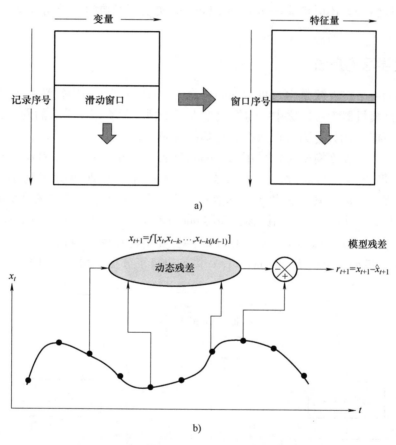

图 4-70 处理连续序列的点分类问题的思路

a）基于滑动窗口进行特征加工 b）建立刻画时序结构的模型

处理短序列分类问题通常采用时序再表征、聚类或特征提取等方法将原始的时序转化为特征向量，再应用通用的分类算法建模。在再表征环节，jmotif 包提供了将时序转化为字符串序列的函数，这样可以加工 TF-IDF 特征，用于时序分类。另外，形状也可以作为决策树算法的分支变量，Lexiang Ye 等人提出了 Shapelet 决策树[46]，Shapelet 能够表征某个类别的相独立（Phase-Independent）的子序列，也就是说，Shapelet 在序列中的位置不重要，重要的是有没有出现。在具体的实现过程中，通常采用 Shapelet 变换生成特征向量，并将其作为经典的分类算法的输入。根据信息增益对给定的备选 Shapelet 进行排序，将给定的 k 个 Shapelet 与每个样本的距离作为特征向量，再采用经典分析算法完成对特征向量的后续处理。

在短序列分类上，DTW 距离与 KNN 分类器被证明是一个比较好的组合[47]。用不同的分类算法和不同的特征空间，有代表性的有 COTE（Collective Of Transformation-based Ensembles）算法和其改进算法 HIVE-COTE。COTE[48]集成了 35 个分类算法，并且采用不同的时序表征算法。在 COTE 算法基础上，HIVE-COTE 采用了层次概率投票，并增加了 2 个分类算法和 2 个表征特征。R 语言算法包 tsclassification 实现了经典时序分析算法综述论文[49]中的大部分函数。

4.9.2 深度学习的方法

时序数据的一个特点就是多尺度（Multi-Scale），在不同问题中需要用到不同尺度上的合适特征，在经典机器学习方法中，需要大量人工干预。随着深度学习的发展，端到端的自动化方法变得可能（用计算力换取数据分析师的时间）。

在时序分类上，深度模型通常采用 one-hot 编码，每个时序有一个对应的类别标签，时序可以是单变量或多变量时序。一个带类别标签的时序数据集标记为 $D = \{(X_1, Y_1), (X_2, Y_2), \cdots, (X_N, Y_N)\}$，其中 N 代表样本数目，X_i 是第 i 个样本，可以是单变量时间序列或多变量时间序列，Y_i 是对应的类别标签，采用 one-hot 编码，长度为 K（表示有 K 个类别）。

Fawaz 等人在 2019 年综述了常见的用于时序分类的深度学习算法[50]，将常见的判别式（Discriminative）模型、生成式（Generative）模型进行了分类，如图 4-71 所示。

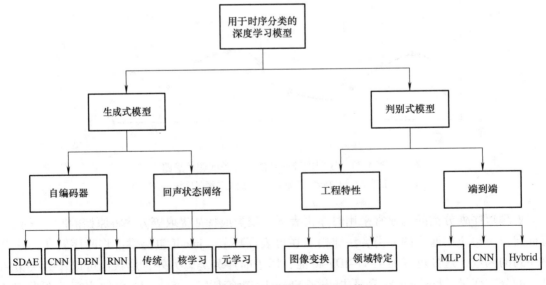

图 4-71　用于时序分类的深度学习模型

生成式模型目的是通过非监督学习获得一个好的表征。自编码器（Auto Encoder）模型包括叠层降噪自编码器（Stacked Denoising Auto-Encoders，SDAE）、深度置信网络（Deep Belief Networks，DBN）、CNN、RNN 等模型。RNN 可以用来拟合时序过程的动力学模型，但很少用来做时序分类，因为 RNN 需要每个时间点上都有一个输出（标签），但在时序分类问题中，一个时序只有一个标签，另外，对于长时序，RNN 面临梯度消失、无法并行化等挑战，为克服这些缺点，最近提出了回声状态网络（Echo State Network，ESN）。一个无输出反馈的 ESN 由三个基本组件组成：一个输入层，一个大型的循环隐藏层（一般叫做 Reservoir，如图 4-72 所示），以及一个输出层。输入层是随机地连接到这个大型的隐藏层的。隐藏层包含稀疏随机连接。这里唯一可以调整的参数就是输出权重，这个输出权重通常是通过线性回归来更新调整的。

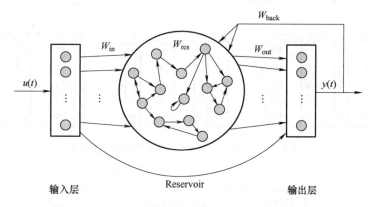

图 4-72　ESN 结构

考虑到模型的简洁性，Fawaz 等人对常见的 9 类判别式深度学习模型在 UCR/UAE 数据库（85 个单变量时序数据集）和 Baydogan 数据库（13 个多变量时序数据集）上进行了测试对比，全卷积神经网络（Fully Convolutional Neural Network，FCN）和残差网络（Residual Network，ResNet）可以取得很好的结果。主要对比的 9 类深度学习模型和结构介绍如下。

1) 多层感知机（Multi Layer Perceptron，MLP）：MLP 模型使用了全连接层，每个隐藏层大约 500 个神经元，然后使用 ReLU 作为激活函数，同时使用 Dropout 来防止过拟合，最后一层是 Softmax 层。

2) FCN：在时序分类中，FCN 的最后一层（全连接层）可以替换为全局平均池化层（Global Average Pooling，GAP），这样的类别激活地图（Class Activation Map，CAM）可以更清楚地展示输入序列的哪个部分在某个类别分类中更为重要。

3) ResNet：在时序分类中，也可以在标准 ResNet 中引入 GAP 层。以上 3 类结构如图 4-73 所示。

4) 编码器（Encoder）：是 CNN 与注意力（Attention）机制的综合，跨层的 Attention 机

制可以更好地支撑迁移学习,如图 4-74 所示。

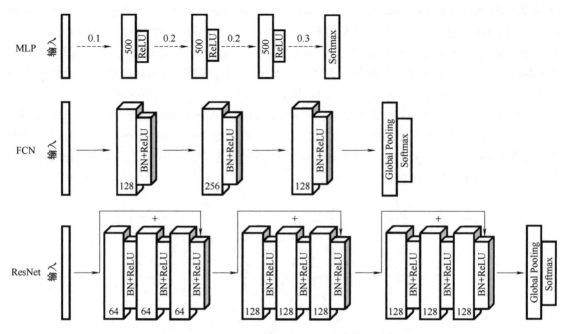

图 4-73　MLP、FCN 和 ResNet 基础模型结构

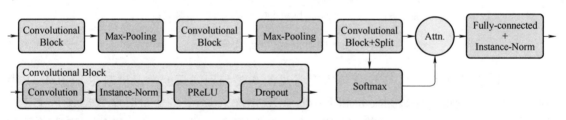

图 4-74　Encoder 结构

5)多尺度卷积神经网络(Multi-scale Convolutional Neural Network,MCNN):其模型结构如图 4-75 所示,包括 3 个阶段:①变换阶段(Transformation Stage)包括恒等变换、下采样、谱变换等变换方式,每一种方式都是一个分支,并且也是卷积神经网络的输入;②局部卷积阶段(Local Convolution Stage)使用卷积层来对不同的输入提取特征,不同的输入分支之间是相互独立的,输出会经过一个最大值池化(Max-Pooling)的过程;③整体卷积阶段(Full Convolution Stage)把上一步提取到的特征进行拼接(concatenate),然后使用全连接层并且加上一个 softmax 层来做多分类。

6)Time Le-Net(t-LeNet):采用 LeNet 结构,与前面 ResNet、FCN 模型不同的是 t-LeNet 没有采用 GAP 结构,因此也不需要太多的中间不变量层(Invariant Layer)。在数据增强上,除了 MCNN 模型的窗口切分(Window Slicing)策略外,还支持窗口扭曲(Window

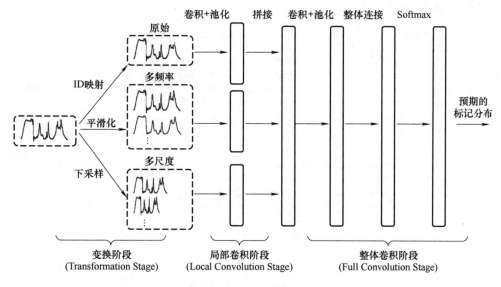

图 4-75　MCNN 模型结构

Warping）策略。窗口切分策略指的是在原始时序上，采用滑动窗口（例如窗口大小设为原始片段长度的 90%）获得子序列，这些子序列作为模型的输入。对时间序列中的部分片段（例如，切片大小设为原始片段长度的 10%）进行拉伸或压缩，这会使时间序列的长度不同，然后使用窗口切片法将时间序列统一到原始序列长度，如图 4-76 所示。

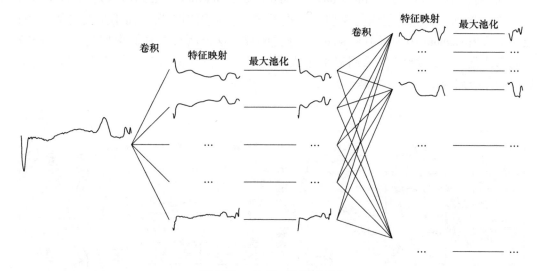

图 4-76　t-LeNet 的卷积部分

7) 多通道卷积网络（Multi Channel Deep Convolutional Neural Network，MCDCNN）：主要针对多变量时序分类，每个变量用一个独立的 CNN 模型，称为一个通道，最后多个通道合并采用 MLP 或 CNN 做分类。

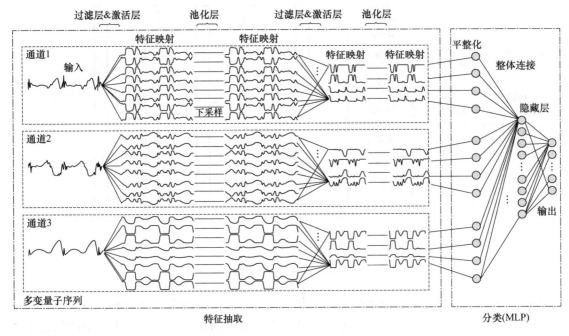

图 4-77 MCDCNN 模型结构

8）时间卷积神经网络（Time Convolutional Neural Network，Time-CNN）：Time-CNN 模型结构如图 4-78 所示，它与前面的模型有几点不同：①采用均方误差而不是交叉熵作为损失函数；②采用 sigmoid 函数而不是 softmax 分类函数，这样所有类别概率加起来不一定为 1；③在局部池化上，经典 CNN 采用局部最大池化策略，而 Time-CNN 采用了局部平均池化；④最后的分类层与第二个卷积是全连接的。

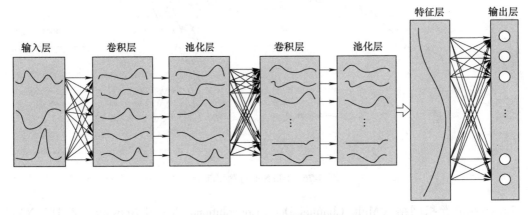

图 4-78 Time-CNN 模型结构

9）具有时间扭曲不变性的回声状态网络（Time Warping Invariant Echo State Network，TWIESN）：在每一个时间点，循环隐藏层（Reservoir）都将输入变量或向量映射到一个高维空间，岭回归分类器都会计算该时间点的类别。在应用阶段，一个时序会有多个类别的后验概率，选择概率最大的类别为该序列的类别标签。在实际应用中，通常需要理解时序中的哪些子序列模式在分类中起了关键作用，深度学习模型可以采用类别激活地图（Class Activation Map，CAM）等方法。

时序分类有两种常见技术路线：

1）用时序再表征（如 SAX）提供特征，结合经典分类算法。

2）端到端的深度学习算法，都有相对成熟的技术。在工业实际应用中最大的挑战还是缺乏大量有标签的时序数据。

4.10　时序预测

所有的预测问题都与时间有关，时序预测与一般预测在概念上只有两点很小的区别：一是经典的各种时序自回归算法（如 ARIMA、GARCH 等模型）；二是更强调时序特征。本节不再刻意区别时序预测与一般预测问题。

时序预测的在工业中的应用场景可以分为如下 3 类。

1）生产经营活动相关的预测，例如备件销售预测、化工品价格预测、天然气需求预测，这些预测背后有很强的周期性和空间差异性，目标时序数据本身就蕴含了这些规律，当然也存在外部驱动因素（例如天气是冬季居民用天然气的一个驱动因素）或指示性指标（例如工程机械车辆的开工强度指标与地区的固定 GDP 是强关联的，可以用来指示备件需求的宏观趋势）。

2）软测量，根据系统运行机理，用一些容易连续获取的指标去估算另外一些不易获取的关键指标，例如，在煤气化生产中，炉温是一个很重要的指标，但热电偶传感器在两周后通常就失效了，幸运的是，炉温与产出物的甲烷含量呈反向关系，可以根据甲烷含量及其他指标估算炉温。严格来讲，预测量通常不是"预测"，而是估计未来的量，但因为技术方法类似，一般也归入时序预测问题。

3）基于复杂关系的预测，例如失效风险预测（根据设备的运行状态检测，预测设备的失效风险或失效程度）、质量水平预测（根据当前的操作曲线或工艺曲线，预测批次质量水平或未来的有效产量），相对于经营活动预测类，目标变量本身不存在很强的周期性（短期内可能存在很强的自相关），需要根据预测变量的子序列模式或特征拟合来预测。

处理稳态时间序列的经典方法是采用 ARIMA、状态方程［或在线的卡尔曼滤波器（Kalman Filter）］等自回归方法。处理符号型时间序列一般采用 HMM 等方法。在此基础上还有一些扩展，如 ARMAX 考虑了外部因素（Exogenous Variable）的影响，处理具有季节等周期性规律的时间序列可以采用加性季节模型或乘性季节模型等。

在考虑多种因素的非线性交互作用时，ARIMA 等解析模型有些吃力，通常主要采用回归模型。在工程实践中，常利用 ARIMA 了解变量的时序相关阶数（R 的 forecast 包提供了 ARIMA 的自动估算），将其加工为特征变量，再利用通用的回归方法建模。为了提高模型的鲁棒性和精度，在数据预处理阶段，通常会结合时序分割、时序分解、时序再表征等方法。

4.10.1 基于时序分解的预测算法

很多社会生产和经济活动本身有很显著的周期性，同时也受外部环境影响存在趋势项，因此在很多工业生产经营预测（如备件需求预测、化工品价格预测等）中采用基于时序分解的预测算法是合适的，不同组分的驱动因素和规律不同，可以采用不同的算法。当然，这里面还有一些挑战需要解决，例如节假日不规整性（如春节）、外部事件的突发性（如公司合并）、宏观趋势的难预知性等。

时序分解算法很多，除了前面时序分解一节介绍的 STL、SSA、Wavelet、EMD、VMD 等算法，本节，将简单介绍一下近年讨论比较多的 Prophet 算法[51]。分解后各个组分的回归和一般算法没有太大区别，这里不做重复讨论，只讨论例外情形的处理方法。

1. Prophet 算法

首先再次声明不要迷信任何算法，很多实验证明了经过精心调整的 ARIMA 模型预测精度可以比 Prophet 算法好[52]。

Prophet 算法是原 Facebook 公司在 2017 年开源的时间序列预测算法，R 和 Python 均有对应的算法包。Prophet 算法不仅可以处理时间序列存在一些异常值的情况，也可以处理部分缺失值的情形，还能够几乎全自动地预测时间序列未来的走势。基本思想类似于时间序列分解（特别是 STL 算法），将时间序列分成为趋势（Trend）、季节性（Seasonality）和节日（Holiday）。Prophet 提供了大量可配置的参数，比如调整季节性的拟合度、添加自定义节假日、添加自定义变量等。

在 Prophet 中，趋势项可以有两种选择：一个是饱和增长模型（Saturating Model），也称逻辑回归模型（Logistic Function）；另一个是分段线性模型（Piecewise Linear Model），例如特定的事件会改变增长率，Prophet 引入变点（change point）的概念，变点前后时序的趋势发生了变化，默认会设置 25 个变点，时间序列的前 80% 的区间内会设置变点，而且是均匀分布。

Prophet 算法允许多周期季节性（Multi-Period Seasonality），比如寒暑假的影响以年为周期、工作日的影响以周为周期。采用傅里叶级数来拟合周期效应。另外，节日和时间也有可能是非稳定周期的，不同的节假日可以看成相互独立的模型，且不同的节假日有不同的前后窗口值，表示该节假日会影响前后一段时间的时间序列。比如春节有 15 天的窗口，而清明节只有 3 天窗口。

2. 例外场景的处理方法

时序数据常常因为短暂缺失而不连续，但很多分析算法（例如 LSTM）通常期望连续的时序，除了增加特定的处理逻辑外，也可以采用拟合插值（例如 ARIMA）或建立回归模型（用其他变量与估算该变量）的方式去填补。

1）离群点的影响，例如某年底 3 天的备件销售量是 2 个月的销量，这些异常可能由偶发事件或数据质量异常导致，在技术上，可以采用时序点异常识别并修正，也可以采用鲁棒性的算法，在算法上忽略该点对模型评价指标的影响。

2）事件的短期影响，例台风对集装箱送箱量的影响，只会引起短期类送箱量的比例分配。这些无记忆的影响仅对短期形态有影响，不影响中期的总量，也不会引起未来的变化，在预测技术，一般的处理方法是：①采用正常的方法做中期预测；②在短期量上，采用历史子序列聚类或平均，按比例估算短期数值。

3）事件的变迁性影响，例如，安装了新的高精度传感器、备件型号更新升级、新的产品型号，需要根据实际业务情况，看过去的模型或特征在多大程度可以"迁移"重用。

4.10.2 基于回归建模的预测算法

很多预测问题可以转化为一般的回归建模问题，将待预测量（有一定时间提前期）作为目标量，将当前时刻和过去一段时间的相关量、驱动量作为预测量，构建回归模型。对于预测量构成的短序列，除了进行时序特征提取方式（将在第 6 章讨论）外，还可以采用聚类、嵌入（Embedding）等降维技术手段，提高回归算法的学习效率。在利用深度学习算法时，也可以充分考虑时序的多尺度特征采用合适的结构，隐性的提取时序中的关键特征。

在深度学习方面，读者可以关注基于 Pytorch 的 Darts、tsai、flow-forecast 等包，覆盖了 LSTM、Inception、Attention、Transformer 等各种机制；sktime、tslearn、AutoTS 等 Python 包也有很多不错的时序预测算法。

参 考 文 献

[1] HASSANIEH H, INDYK P, KATABI D, 等. Simple and practical algorithm for sparse Fourier transform [C]//Proceedings of the twenty-third annual ACM-SIAM symposium on Discrete Algorithms. SIAM, 2012: 1183-1194.

[2] MIAO Q, HUANG H, FAN X. Singularity detection in machinery health monitoring using Lipschitz exponent function [J]. Journal of Mechanical Science and Technology, 2007, 21 (5): 737-744.

[3] BANDT C, POMPE B. Permutation entropy: a natural complexity measure for time series [J]. Physical review letters, 2002, 88 (17): 174102.

[4] AL-SHARHAN S, KARRAY F, GUEAIEB W, 等. Fuzzy entropy: a brief survey [C]//10th IEEE International Conference on Fuzzy Systems. (Cat. No. 01CH37297). IEEE, 2001: 1135-1139.

[5] RODRIGUEZ P H, ALONSO J B, FERRER M A, 等. Application of the Teager-Kaiser energy operator in bearing fault diagnosis [J]. ISA transactions, 2013, 52 (2): 278-284.

[6] ACHARYA D, PANDA G. A review of independent component analysis techniques and their applications [J]. IETE Technical Review, 2008, 25 (6): 320-332.

[7] WISKOTT L, SEJNOWSKI T J. Slow feature analysis: Unsupervised learning of invariances [J]. Neural computation, 2002, 14 (4): 715-770.

[8] BLASCHKE T, BERKES P, WISKOTT L. What is the relation between slow feature analysis and independent component analysis? [J]. Neural computation, 2006, 18 (10): 2495-2508.

[9] NICKISCH H. Extraction of visual features from natural video data using Slow Feature Analysis [D]. Technische Universität Berlin Berlin, Germany, 2006.

[10] CHAI Z, ZHAO C. Enhanced random forest with concurrent analysis of static and dynamic nodes for industrial fault classification [J]. IEEE Transactions on Industrial Informatics, 2020, 16 (1): 54-66.

[11] WU C, DU B, ZHANG L. Slow Feature Analysis for Change Detection in Multispectral Imagery [J]. IEEE Transactions on Geoscience and Remote Sensing, 2014, 52 (5): 2858-2874.

[12] BERKES P. Pattern recognition with slow feature analysis [Z/OL]. (2011-03-11) [2021-11-02]. http://cogprints.org/4104/.

[13] WEN B. 如何理解压缩感知 (compressive sensing)？[Z/OL]. (2019-09-27) [2021-11-02]. https://www.zhihu.com/question/28552876.

[14] BELYAEV E, FORCHHAMMER S, CODREANU M. Error concealment for 3-D DWT based video codec using iterative thresholding [J]. IEEE Communications Letters, 2017, 21 (8): 1731-1734.

[15] DAVENPORT M A, BOUFOUNOS P T, WAKIN M B, et al. Signal processing with compressive measurements [J]. IEEE Journal of Selected topics in Signal processing, 2010, 4 (2): 445-460.

[16] AHMED H, NANDI A K. Condition Monitoring with Vibration Signals [M]. Wiley Online Library, 2019.

[17] ROBERT C, WILLIAM C, IRMA T. STL: A seasonal-trend decomposition procedure based on loess [J]. Journal of official statistics, 1990, 6 (1): 3-73.

[18] GOLYANDINA N, ZHIGLJAVSKY A. Singular spectrum analysis for time series [M]. Springer, 2013.

[19] GOLYANDINA N, KOROBEYNIKOV A. Basic singular spectrum analysis and forecasting with R [J]. Computational Statistics & Data Analysis, 2014, 71: 934-954.

[20] GOLYANDINA N, KOROBEYNIKOV A, ZHIGLJAVSKY A. Singular spectrum analysis with R [M]. Springer, 2018.

[21] DRAGOMIRETSKIY K, ZOSSO D. Variational mode decomposition [J]. IEEE transactions on signal processing, 2013, 62 (3): 531-544.

[22] LAVIELLE M. Using penalized contrasts for the change-point problem [J]. Signal processing, 2005, 85 (8): 1501-1510.

[23] KILLICK R, ECKLEY I. changepoint: An R package for changepoint analysis [J]. Journal of statistical software, 2014, 58 (3): 1-19.

[24] KILLICK R, FEARNHEAD P, ECKLEY I A. Optimal detection of changepoints with a linear computational cost [J]. Journal of the American Statistical Association, 2012, 107 (500): 1590-1598.

[25] ZHAO J, ITTI L. Decomposing time series with application to temporal segmentation [C]//2016 IEEE winter conference on applications of computer vision (WACV). IEEE, 2016: 1-9.

[26] MATSUBARA Y, SAKURAI Y, FALOUTSOS C. Autoplait: Automatic mining of co-evolving time sequences [C]//Proceedings of the 2014 ACM SIGMOD international conference on Management of data.

[27] LAURINEC P. TSrepr R package: time series representations [J]. Journal of Open Source Software, 2018,

3（23）：577.

[28] MUEEN A, KEOGH E, ZHU Q, et al. Exact discovery of time series motifs [C]. Proceedings of the 2009 SIAM international conference on data mining. SIAM, 2009：473-484.

[29] MUEEN A, CHAVOSHI N. Enumeration of time series motifs of all lengths [J]. Knowledge and Information Systems, 2015, 45（1）：105-132.

[30] ALLEN J F. Maintaining knowledge about temporal intervals [J]. Communications of the ACM, 1983, 26（11）：832-843.

[31] KATPALLY S R. A comparative study of sequential pattern mining algorithms [D]. Texas A&M University-Kingsville, 2015.

[32] SPMF. SPMF Documentation [Z/OL]. https://www.philippe-fournier-viger.com/spmf/documentation.php.

[33] KOENECKE A. Tutorial：Sequential Pattern Mining in R for Business Recommendations [Z/OL]. https://blog.revolutionanalytics.com/2019/02/sequential-pattern-mining-in-r.html.

[34] GROUP C D. SPAM：Sequential PAttern Mining [Z/OL]. http://himalaya-tools.sourceforge.net/Spam/.

[35] GABADINHO A, RITSCHARD G, MUELLER N S, et al. Analyzing and visualizing state sequences in R with TraMineR [J]. Journal of statistical software, 2011, 40（4）：1-37.

[36] MÖRCHEN F. Time series knowlegde mining [D]. University of Marburg, 2006.

[37] CHANDOLA V, BANERJEE A, KUMAR V. Anomaly detection：A survey [J]. ACM computing surveys（CSUR）, 2009, 41（3）：1-58.

[38] VOIDOC. 时间序列异常检测（一）——算法综述 [Z/OL].（2022-01-07）[2022-02-10]. https://zhuanlan.zhihu.com/p/142320349.

[39] AGGARWAL C C. Outlier analysis [M]. 2nd ed. Springer, 2016.

[40] LÓPEZ-DE-LACALLE J. tsoutliers R package for detection of outliers in time series [J]. CRAN, R Package, 2016：95.

[41] LIN J, KEOGH E, LONARDI S, et al. A symbolic representation of time series, with implications for streaming algorithms [C]. Proceedings of the 8th ACM SIGMOD workshop on Research issues in data mining and knowledge discovery.

[42] MEDICO R. rob-med/awesome-TS-anomaly-detection [J]. 2020. Zenodo, 2020.

[43] MONTERO P, VILAR J A. TSclust：An R package for time series clustering [J]. Journal of Statistical Software, 2014, 62（1）：1-43.

[44] MORI U, MENDIBURU A, LOZANO J A. Distance Measures for Time Series in R：The TSdist Package. [J]. R Journal, 2016, 8（2）：451.

[45] GIORGINO T. Computing and visualizing dynamic time warping alignments in R：the dtw package [J]. Journal of statistical Software, 2009, 31（1）：1-24.

[46] YE L, KEOGH E. Time series shapelets：a new primitive for data mining [C]. Proceedings of the 15th ACM SIGKDD international conference on Knowledge discovery and data mining, 2009.

[47] LINES J, BAGNALL A. Time series classification with ensembles of elastic distance measures [J]. Data Mining and Knowledge Discovery, 2015, 29（3）：565-592.

[48] BAGNALL A, LINES J, HILLS J, et al. Time-series classification with COTE：the collective of transformation-based ensembles [J]. IEEE Transactions on Knowledge and Data Engineering, 2015, 27（9）：2522-2535.

[49] BAGNALL A, LINES J, BOSTROM A, et al. The great time series classification bake off: a review and experimental evaluation of recent algorithmic advances [J]. Data mining and knowledge discovery, 2017, 31 (3): 606-660.

[50] FAWAZ H I, FORESTIER G, WEBER J, et al. Deep learning for time series classification: a review [J]. Data mining and knowledge discovery, 2019, 33 (4): 917-963.

[51] TAYLOR S J, LETHAM B. Forecasting at scale [J]. The American Statistician, 2018, 72 (1): 37-45.

[52] Menculini L, Marini A, Proietti M, et al. Comparing Prophet and Deep Learning to ARIMA in Forecasting Wholesale Food Prices [J]. Forecasting, 2021, 3 (3): 644-662.

第 5 章

其他算法

在工业大数据分析应用中，除了处理纯数据驱动方式的机器学习算法，还有运筹优化、专家规则、机理模型驱动的方式，本章首先介绍这些方式背后的常用算法。工业中的常见数据类型，除了大量的时序数据外，也有不少文本、图像甚至时空数据，后面将概要性介绍这些特定数据类型的常用算法。

5.1 最优化算法

最优化算法是一种数学方法，它是研究在给定约束之下，寻求决策变量点，以使某一或某些指标达到最优的过程与技术，也称为运筹学（Operations Research），在工业中有很多应用场景，包括生产调度、维修计划、库存优化、生产参数优化和能源优化等。在技术上，通常针对同一类型问题进行算法研究，形成共性求解算法，避免每个问题都需要重头写算法。这样在应用时，技术工作就明确划分为问题建模和问题求解两个部分。问题求解能力由优化引擎提供，除了少量求解引擎的性能调优工作，数据分析师的精力可以集中在业务问题定义和问题建模上。

5.1.1 模型分类

根据优化目标（确定单目标量、确定多目标量、随机变量）、决策变量（连续量、离散）和约束条件（无约束、约束是线性还是非线性等），优化问题可以分解为如图 5-1 所示的类别。

优化模型有两种建模形式：

1）数学规划（Mathematical Programming），将优化问题描述为数学方程式，用模型结构性质和数学算法求解。

2）约束规划（Constraint Programming）[1]，用计算机空间搜索的策略去寻找可行解而不是最优解，约束规划通常用来应对约束条件复杂、可行解的获得本身就很困难的场景（例如空间装配约束关系），约束规划的表达形式可以灵活一些。下面先讨论确定性单目标数学规划，这是运筹优化的经典领域。

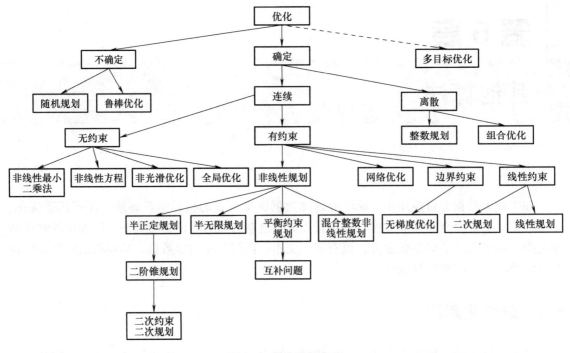

图 5-1　优化算法分类

1. 离散优化问题

在离散优化问题中，决策变量是离散的，通常也称为整数规划，严格意义上应该称为整数线性规划，决策变量为整数或连续量，目标函数和约束中的表达式是决策变量的线性函数。整数规划的分为纯整数规划、混合整数规划和 0-1 整数规划。常用的解法有可求纯或混合整数线性规划的分枝定界法、割平面法，可求 0-1 整数规划的隐枚举法、匈牙利法，还有适用于各种整数规划的蒙特卡罗法。组合优化（Combinatorial Optimization）是整数规划的一种，只不过变量间关系通常稀疏的，通常用来解决图（Graph）、网络流（Network Flow）等结构的问题。

2. 连续优化问题

连续优化问题是决策变量为连续变量，目标标函数为实函数。在连续优化问题中，根据是否有变量的约束条件，可以将优化问题分为约束优化问题和无约束优化问题。

（1）约束优化

1）线性约束：在线性约束下，若目标函数也是决策变量的线性函数，则称为线性规划问题（Linear Programming，LP）。线性规划的基本解法是单纯形法，在最坏极端情形下的计算复杂度是指数级，但一般情形下是线性复杂度，计算效率还都挺高，在普通个人计算机上可以求解约束条件和决策变量数达 10000 个以上的线性规划问题。此外，也有内点法、对偶单纯形法、原始对偶方法、分解算法和各种多项式时间近似算法，不同算法适合不同的场景。在求解算法的选择上，根据决策变量数目、约束个数、约束矩阵的稀疏度以及计算资源（例如多台机器并行）等信息，很多优化引擎内置了一些启发式规则。线性规划形式虽然简单，但因为其求解效率很高，是其他优化算法的基础，例如，整数规划问题可以松弛为线性规划问题，求得一个初始解；很多复杂问题若在局部可以简化为一个线性规划，也可以大大加速全局层面的寻优过程。

在线性约束问题中，目标函数为二次的优化问题为二次规划问题。KKT（Karush-Kuhn-Tucker）条件将拉格朗日乘数法所处理涉及等式的约束优化问题推广至不等式，求解KKT矩阵常用的方法有高斯消元方法、Schur-Complement方法、零空间方法等。除此之外，二次规划的求解方法还有Lemke方法、内点法、有效集法、椭球算法等。

2）非线性规划：如果目标函数或约束条件中包含非线性函数，就称这种规划问题为非线性规划问题。属于非线性规划问题的有将二次规划（QP）的条件变为二次的二次约束二次规划（QCQP）、将线性函数变成了仿射函数的二阶锥规划（SOCP）、半正定规划（SDP）。另外，半无限规划、平衡约束下的互补问题以及混合整数下的非线性规划都在此范围中。对于非线性规划模型而言，最常用的解法是迭代法。

3）网络优化：网络优化主要指的是神经网络优化。当目标函数是凸函数时，梯度下降法的解是全局最优解。它的优化思想是用当前位置负梯度方向作为搜索方向，因为该方向为当前位置的最快下降方向，越接近目标值，步长越小，前进越慢。常用的梯度算法有随机梯度下降（SDG）、带动量的梯度下降、小批量梯度下降、Nesterov梯度加速法、Adagrad方法、Adam算法等。

4）边界约束：在实际应用中，有些目标函数的梯度不容易计算，在对其边界进行约束的条件下，无梯度优化算法可以在不计算梯度的情况下进行问题的最优化，主要有两类思路，一是根据目标函数的样本进行拟合，对拟合函数进行最优化；二是用一些启发式算法。较为常用的算法有有限差分方法、基于模型的二次模型近似法、坐标和模式搜索方法、共轭方向算法、Nelder-Mead方法、Implicit Filtering方法等。

（2）无约束优化

1）非线性最小二乘法：最小二乘法是一种数学优化技术。它通过最小化误差的平方和寻找数据的最佳函数匹配。利用最小二乘法可以简便地求得未知的数据，并使得这些求得的数据与实际数据之间误差的平方和为最小。所谓非线性，就是$f(x)$无法表示为线性关系，而是某种非线性关系。解决这类问题常用的方法为迭代法、一阶和二阶梯度法、高斯牛顿法、阻尼牛顿法、曲线拟合法等。

2）非线性方程：非线性方程的问题形式一般为寻找满足n个非线性等式的根，即$r(x)=0$，其中$r(x)=[r_1(x),\cdots,r_n(x)]^T$。这个问题可以转换为等价于最小二乘问题的最小化问题$\min \sum_{i=1,\cdots,n} r_i^2(x)$，不同点在于有$n$个非线性等式。并且对于非线性方程可能存在唯一解、有限解、无穷解或者无解。该问题求解算法，主要思路是转换为最优化问题，利用类牛顿方法进行求解，主要用到的方法有牛顿方法、非精确牛顿方法、Broyden方法、Tensor方法、连续方法（Continuation Methods）等。

3）非光滑优化：如果最优化数学模型中的所有函数都连续可微，则称为光滑最优化问题；但只要有一个函数非光滑，则相应的优化问题就是非光滑最优化问题。在非光滑的情形下，能获取的信息只有每个点上的次梯度，并且对任意算法都一定存在一个函数 f 使得算法至少需要 $O(1/\epsilon^2)$ 步迭代才能达到误差为 ϵ。针对不同的非平滑情况，可能用到的方法有引入 Huber 函数、次梯度方法、近似点梯度方法和加速的近似点梯度方法等。

4）全局优化：全局优化研究的是多变量非线性函数在某个约束区域上的全局最优解的特性和构造寻求全局最优解的计算方法，以及求解方法的理论性质和计算表现。全局优化方法主要分为两类，一种是确定性方法，利用问题的解析性质产生一确定的有限或无限点序列使其收敛于全局最优解，如区间方法、填充函数法、罚函数法、积分-水平集法、外逼近方法、原始对偶方法等；另一种是随机类方法，从当前近似值出发，以随机扰动方式生成新的初始值，并以一定概率接受新的局部极小值，以概率逼近收敛得到最优解，如随投点方法、遗传算法、模拟退火算法、演化策略方法等。

3. 非确定性优化问题

对于非确定性问题来说，完全多项式非确定性问题可以用穷举法得到答案，逐个检验下去，最终便能得到结果。但是这样算法的复杂程度是指数关系。因此，在对非确定性问题解决过程中，主要使用鲁棒优化和随机规划两种优化方法。鲁棒优化是解决内部结构和外部环境不确定环境下的一种新的优化方法。用鲁棒优化解决内部结构变动问题时，主要是解决约束条件参数的不确定性或目标函数参数的不确定性，解决外部环境变化时，主要是解决外界不确定性扰动。鲁棒优化已经从最初的线性优化鲁棒方法，发展到鲁棒优化理论的经典体系。与鲁棒优化不同的是，随机优化需要"不确定参数的分布模型"，随机优化通过对随机参数取期望，将模型转化为确定性模型求解，它的解并不满足所有参数取值。但鲁棒优化，只要不确定参数属于给定的不确定集合，它的解严格满足所有约束。

4. 多目标优化

多目标优化用来处理一个目标增加、另一个目标减少这种相互冲突的目标。这种优化方法没有唯一的全局的解决方案，而是需要找到一组有代表性的帕累托最优解，量化满足不同目标的权衡，进而找到一个解决方案，来满足决策者的主观偏好。解决这类问题常用的算法有 EA、NSGA-II 和 MCACEA 等。

从上面的优化模型分类可以看出，最优化算法的本质就是一种搜索过程或规则，它基于某种思想（例如利用模型本身的结构特点）和机制，通过一定的途径或规则来得到满足用户要求的问题的解。根据优化基于的信息，可以总结如图 5-2 所示类别。

从优化机制与行为的视角，优化算法可分为经典算法、构造型算法、改进型算法、基于系统动态演化的算法和混合型算法等几类。

1）经典算法包括线性规划、动态规划、整数规划和分支定界法等运筹学中的传统算法。

2）构造型算法，用构造的方法快速建立特定问题的解，构造解的性能通常不好，但可以作为初始解，加速搜索过程。例如，调度问题中的典型构造方法有 Johnson 法、Palmer

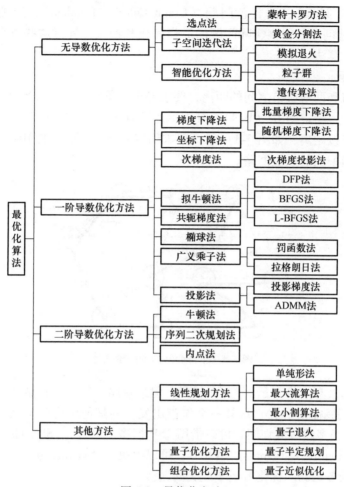

图 5-2 最优化方法

法、Gupta 法、CDS 法、Daunenbring 的快速接近法、NEH 法等。

3）改进型算法，或称领域搜索算法，采取经验规则迭代获取近似最优解的方法。根据搜索行为，它又可分为局部搜索（包括各种基于一阶导数或二阶导数的方法）和指导性搜索法（如模拟退火、遗传算法、禁忌搜索等）。

4）基于系统动态演化的算法，指将优化过程转化为系统动态的演化过程，基于系统动态的演化来实现优化，如神经网络和混沌搜索等。

5）混合型算法，指上述各算法从结构或操作上相混合而产生的各类算法。

5.1.2 经典组合优化模型

典型的组合优化问题包括旅行商问题（Traveling Salesman Problem，TSP）、加工调度问题（Scheduling Problem，如 Flow-Shop、Job-Shop）、背包问题（Knapsack Problem）、装箱问

题（Bin Packing Problem）、图着色问题（Graph Coloring Problem）、聚类问题（Clustering Problem）等，这些问题是很多实际问题的适当简化和抽象，针对这些典型问题，学术上有很多研究和高效率算法。

1. 旅行商问题

给定 n 个城市和两两城市之间的距离，要求确定一条经过各城市当且仅当一次的最短路径。其图论描述为：给定图 $G=(V,A)$，其中 V 为顶点集，A 为各顶点相互连接组成的边集，一直各顶点间的连接距离，如图 5-3 所示，要求确定一条长度最短的 Hamilton 回路，即遍历所有顶点当且仅当一次的最短回路。

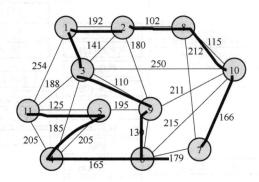

图 5-3 旅行商问题的图论描述

TSP 问题看起来有点像"最短路径问题"，但最短路径问题仅仅解决"两个城市间的最短路径"，而 TSP 问题需要解决"从某一个城市出发，到其他所有剩余城市的最短路径（并且只去一次）"。很多路线规划问题可以借用 TSP 模型。另外，TSP 的扩展就是配送车辆路线规划（Vehicle Routing & Planning，VRP），可以解决多个资源服务多个节点时候的分配和路线问题，运维服务的路线优化就属于此类问题。

2. 加工调度问题

Job-Shop 问题可描述为：有 M 台机器 $\{M_m: m=1,\cdots,M\}$ 可用，有 J 个加工作业 $\{J_j: j=1,\cdots,J\}$ 需要完成。作业 J_j 由 s 道工序 $\{J_{j,s}: s=1,\cdots,S\}$ 组成，同一作业中，只有前一道工序完成，后续工序才能开始；工序 $J_{j,s}$ 在其中的一台机器上执行（已知的技术约束），需要的加工时间为 $T_{j,s}$，一台机器在同一时间最多只能执行一项工序任务。为优化整体加工性能指标（通常是最小化完工时间），需要求解每台机器上的作业顺序（或相关作业工序的执行时间）。以图 5-4 所示的示意图为例，有 3 个加工作业，每个作业由 3 道工序构成。作业 J_1 的工序 2 需要机台 M_2 上完成，作业 J_2 的工序 3 和作业 J_3 的工序 1 也需要机台 M_2 上完成，这时候就要决定机台 M_2 的加工作业顺序。一种可能的方案如左部子图所示，先完成 $J_{3,1}$（作业 J_3 的工序 1）、再执行 $J_{1,2}$（作业 J_1 的工序 2），最后完成 $J_{2,3}$，按照工序约束，$J_{1,2}$ 还需要等 $J_{1,1}$（在机台 M_1）完成后才能开始。在 Job-shop 问题中，除技术约束外，通常还假定每一时刻每台机器只能加工一个工件，且每个工件只能被一台机器所加工，同时加工过程为不间断。若各工件的技术约束条件相同，一个 Job-shop 问题就转化为简单的

Flow-shop 问题。进而，若各机器上各工件的加工次序也相同，则问题进一步转化为置换 Flow-shop 问题。

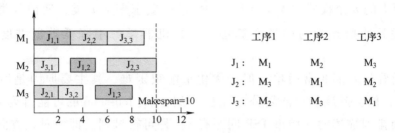

图 5-4 加工调度问题示意图

不仅仅是生产车间调度，很多服务资源（例如计算资源、人力资源）调度也类似。在复杂的项目管理中，每个任务都有起止时间约束，任务间有先决条件约束，相对加工调度模型有更多的约束条件，学术上将其归结为资源受限的项目调度（Resource Constrained Project Scheduling，RCPS），ILOG 软件中的 Schedule 模块（基于 ILOG OPL 语言）对此还专门提供描述时序关系的建模元语，以更自然的方式进行约束建模。

3. 背包问题

对于 n 个体积分别为 a_i，价值分别为 c_i 的物品，如何将它们装入总体积为 b 的背包中，使得所选物品的总价值最大。

很多 2 个要素的选择决策问题都可以规约为背包问题。但需要注意，很多现实问题需要考虑的因素通常远远超过背包问题的定义。例如，飞机配载看起来是个背包问题，但如果考虑到考虑的因素远远超过 2 个维度（货物的尺寸、优先级、目的地，以及飞机货舱既有货物的信息），优化目标也不仅仅货物价值（这里是货物优先级），而是货物成组（同一目的地货尽量在一起）、作业时间节省（既有的货尽量少移动，也要考虑到对未来几站的可能影响；按照目的地远近有序排列，缩短卸货时间），飞机配载从本质上就不属于背包问题，但在其他约束满足的大前提下，在局部上应用背包模型。

4. 装箱问题

装箱问题可表达为：如何以最少数目的尺寸为 l 的箱子全部容纳 n 个尺寸不超过 l 的物品。与背包问题的区别在与决策变量不同，背包问题的决策变量是每个物品是否被选择，装箱问题的决策变量是哪些物件装在同一个箱子（或一个给定编号的箱子）。

5. 图着色问题

对于 n 个顶点的无环图，如图 5-5 所示，要求对其各个顶点进行着色，使得任意两个相邻的顶点都有不同的颜色，且所用颜色种类最少。

图着色问题看起来很抽象，其实在很多存在互斥约束的分配问题有不少应用，包括航空流量管理、通信频段分配、时间表安

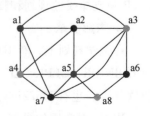

图 5-5 图着色问题

排等。

6. 聚类问题

m 维空间上的 n 个模式 $\{X_i | i=1,2,\cdots,n\}$，要求聚成 k 类，使得各类本身内的点最相近。聚类是非监督学习的核心算法，也是机器学习中降低数据维度的一种重要手段。

上述问题看起来都非常简单，但最优化求解很困难，其主要原因是所谓的"组合爆炸"。比如，聚类问题的可能划分方式有 $k^n/k!$ 个，Job-shop 的可能排列方式有 $(n!)^m$ 个，基于置换排列描述的 n 城市 TSP 问题有 $n!$ 种可行排列，即便对无方向性和循环性的平面问题仍有 $(n-1)!/2$ 种不同排列，显然状态数量随问题规模呈指数增长。因此，解决这些问题的关键在于寻求有效的优化算法。这也是这些经典问题存在的必要性。

5.1.3 典型工具

由于优化问题的分类研究，建模与求解可以分开，这给优化软件的通用性奠定了基础。这样只要约定好接口和模型格式，求解引擎和建模环境可以从架构上分开（一个建模环境背后可以集成多个不同的求解引擎）。

1. 建模语言

数学规划系统（Mathematical Programming System，MPS）[2]是较为"古老"又广泛被各个引擎支持的线性规划和混合整数模型的行业标准，是 IBM 公司早年为了在大型机上求解线性规划提出的一个基于 ASCII 的文本格式，有固定的列格式（Fortran 语言输入文件要求），对于描述大量约束或稀疏约束非常不方便。为了更贴近建模习惯，一种面向方程的建模语言——AMPL（A Mathematical Programming Language）[3]在 1990 年左右被提出并被广泛应用。另外，还有 GAMS（General Algebraic Modeling System）、ILOG OPL（Optimization. Programming Language）等商业产品提出的建模语言。据 2021 年 1 月美国 NEOS（Network Enabled Optimization System）服务器上提交的模型格式统计，其中 59.4% 为 AMPL 格式、29.7% 为 GAMS 格式，MPS 格式已经不足 1% 了。除了这些独立的建模语言，还有编程语言内置的数学规划模型定义的函数 API，例如 Python 下的 PuLP[6]和 Pyomo 包，其中，PuLP 只支撑线性规划和整数规划，不支持非线性规划，但 PuLP 的语法更简洁。

2. 求解引擎

在数学规划上，有 ILOG CPLEX、Gurobi、FICO Xpress、Mosek、Lindo 等商业软件，也有 COIN-OR、GLPK、ZIB SCIP 等开源软件[4][5]。在约束规划上，有 ILOG CP Optimizer 等商业软件[1]，也有 MiniZinc、Eclipse、Picat 等开源软件。

NEOS 对常用的求解引擎和建模语言做了比较详细的分类，总结如图 5-6 所示。

图 5-6 常用的求解引擎和建模语言

5.2 规则推理算法

规则引擎技术是专家系统中的一种比较使用的技术，较为常用的是 Rete 算法，它是规则引擎常用的前向规则快速匹配算法，通过缓存条件结果和触发关系，形成了一个网络进行匹配。利用规则的结构相似性，避免了相同条件的多次计算，用空间换时间，提高规则引擎的处理效率。除了 Rete 算法外，还有跳跃算法（Leaps algorithm），以及有它们派生出的 Reteoo 算法，本节集中在 Rete 算法。

Rete 算法主要分为两个部分：规则编译和运行执行。规则编译是根据规则集成生成推理网络的过程，充分利用规则条件的结构相似性，运行时执行是将数据送入推理网络进行筛选的过程。

在此先给出 3 个相关概念：
1) 事实：对象之间及对象属性之间的多元关系，较为简单的事实可以用一个三元组表示。
2) 规则：由条件和结论构成的推理语句，当存在事实满足条件时，相应结论被激活。
3) 模式：规则的条件部分，已知事实的泛化形式，未实例化的多元关系。

1. 规则编译

Rete 算法的目的就是利用规则之间各个域的公用部分减少规则存储，同时保存匹配过程的临时结果以加快匹配速度。而要完成这一任务，需要算法将规则拆分，其中每个条件单元作为基本单位连接成一个数据辨别网络，然后将事实经过网络筛选并传播，最终所有条件都由事实匹配的规则被激活，因此规则匹配的一般算法可归结如下：

1）从 N 条规则中取出一条规则 r；
2）从 M 个事实中取出 P 个事实的一个组合 c；
3）用 c 测试条件部分，如果条件部分为 True，将结论部分加入冲突集中；
4）取出下一个组合 c，继续 3）；
5）取出下一条规则 r，继续 2）。

网络共有 5 类节点：根（Root）节点、类型（Type）节点、Alpha 节点（也称单输入节点）、Beta 节点（也称双输入节点）、终端（Terminal）节点。

1）根节点：该节点代表整个 Rete 网络的入口，它可以让所有的事实通过，并传递给目标类型节点。

2）类型节点：该节点用于选择事实的类型，将符合该节点类型的事实向后继的 Alpha 节点传播。

3）Alpha 节点：该节点主要进行同类型内属性的约束或常量测试。通过过滤 Working memory，找到符合规则的模式，生成 Alpha memory（符合规则的模式的集合）。

4）Beta 节点：该节点主要根据不同对象之间的约束进行连接操作。该节点又分为 Beta memory 和 Join 节点，Join 节点包括一个输入的事实列表（又称为元组）和一个事实对象，对象与元组在 Join 节点按照类型间约束进行合并操作，将符合的事实加入元组中继续传入下一个 Beta 节点。

5）终端节点：该节点是规则的末尾节点，它代表一个规则匹配结束，当事实或元组传递到终端节点时，表示该终端节点对应的规则被激活。

2. 运行执行

该部分可以归纳为如下几步：

1）从工作内容中从工作内存中取一个工作存储区元素（Working Memory Element，WME）放入根节点进行匹配。WME 是为事实建立的元素，是用于和非根结点代表的模式进行匹配的元素。

2）遍历每个 Alpha 节点（含 ObjectType 节点），如果 Alpha 节点约束条件与该 WME 一致，则将该 WME 存在该 Alpha 节点的匹配内存中，并向其后继节点传播。

3）对 Alpha 节点的后继结点继续 2）的过程，直到 Alpha 内存所有通过匹配的事实保存在 Alpha 内存中。

4）对每个 Beta 节点进行匹配，如果单个事实进入 Beta 节点左部，则转换成一个元素的元组存在节点左侧内存中。如果是一个元组进入左部，则将其存在左内存中。如果一个事实进入右侧，则将其与左内存中的元组按照节点约束进行匹配，符合条件则将该事实对象与左部元组合并,并传递到下一节点。Beta 结点有 left 存储区和 right 存储区,其中 left 存储区是 Beta 内存,right 存储区是 Alpha 内存。存储区储存的最小单位是 WME。

5)重复4),直到所有 Beta 处理完毕,元组对象进入到 Terminal 节点。对应的规则被触活,将规则后件加入议程(Agenda)。

6)对 Agenda 里的规则进行冲突消解,选择合适的规则执行。

Rete 算法通过共享规则节点和缓存匹配结果,获得产生式推理系统在时间和空间上的性能提升。但是该算法也存在一些不足之处。

1)存在状态重复保存的问题,比如匹配过模式 1 和模式 2 的事实要同时保存在模式 1 和模式 2 的节点缓存中,将占用较多空间并影响匹配效率。

2)事实的删除与事实的添加顺序相同,除了要执行与事实添加相同的计算外,还需要执行查找,不适合处理快速变化的数据和规则。

3)Rete 算法使用了 Alpha 内存存储已计算的中间结果,以牺牲空间换取时间,然而当处理海量数据与规则时,空间开销会很大。

5.3 系统辨识算法

5.3.1 算法分类

系统辨识作为现代控制理论中的一个分支,利用系统的输入和输出数据建立数学模型,以此来估计表征系统行为的重要参数。根据数学模型是否具有模型结构可以将模型类型分为两类:非参数模型和参数模型[7]。

非参数模型没有具体的模型结构,用无限多个参数才能完全描述动态系统的过程,用表格或点阵特征曲线表示输入与对应输出之间的关系。主要分为以下几种:

1)频率响应测量。该方法利用周期信号来确定线性系统相关频率范围内的某些离散频谱点,其计算量较小,对于扰动性较小的系统可以采取直接测量频率响应的方法,对于扰动性较大的系统可以采取相关函数测量频率响应的方法。但是逐点确定频率响应的方法需要的测量时间较长,因此该方法主要用于调节时间较短的过程。该方法主要应用于理论推导模型的验证以及经典(线性)控制器设计。

2)傅里叶分析。该方法利用数值方式计算傅里叶变换(FT),可以自动计算信号的谱,并且能处理任意形状的信号。对于时域中的采样数据,可以用离散傅里叶变换(DFT)来处理,尤其是快速傅里叶变换(FFT)是一种在计算上更省时的离散傅里叶变换计算方法。然而,DFT/FFT 在有限时间区间上对信号进行计算时,频谱可能会受到所谓的泄漏效应或外溢效应的影响,可以通过时间信号乘以窗函数来缓解,在加窗的操作中,良好的边缘极值抑制作用与窄而高的主峰值之间需要一个折中。此外,分析谱性质随时间的变化情况时,可以采用时频联合描述方法,例如短时傅里叶变换(STFT)和小波变换。该方法主要应用于理论推导模型的验证。

3)相关分析。该方法可以对线性过程的连续时间或离散时间信号建立相关函数模型或者特定情况下线性过程的脉冲响应模型。利用随机测试信号或伪随机测试信号的相关分析方法，可以估计得到线性过程的非参数模型，并且平稳信号中的互相关函数（CCF）可以适用于扰动性较大和信噪比较强的情况。对于离散时间的相关函数估计可以分为自相关函数和互相关函数、相关函数的快速计算和相关函数的递推计算。该方法主要应用于自适应控制器设计以及故障检测。

所有的非参数辨识方法所处理的过程必须是线性的，并且不需要假设某种模型结构，对于任意复杂的集中参数模型和分布参数模型都是非常适合的，对于验证根据理论推导的理论模型也是很合适的。

参数模型具有模型结构，且包含有限模型参数，能够以数学方程的形式把模型参数显式地表示，如微分方程或者传递函数等。主要分为以下几种。

1）特征值法。该方法是参数模型中最简单的方法，其通过阶跃响应找到延迟、时间常数、阻尼比等模型参数，可以快速并且简单地对系统进行初步检验并提供基础以确定大致参数。因此，其只能适用于简单且干扰小的过程。该方法主要应用于粗糙模型以及控制器的整定。

2）参数估计。该方法是利用统计回归的方式获得具有任意阶次和延迟的基于差分方程或者微分方程的辨识方法。它可以用于处理任意的输入激励和信噪比很小的情况，并且可以用于较多的场合。其应用类型可以分为稳态非线性系统的参数估计方法、离散时间动态系统的参数估计方法以及连续时间动态系统的参数估计方法，该方法主要应用于自适应控制器设计以及故障检测。

3）迭代优化。该方法是利用非线性优化方法求解模型参数，可用于非线性、有约束模型的参数估计。主要应用于非线性控制器设计以及故障检测。

4）卡尔曼（Kalman）滤波。该方法在线性系统状态空间表示的基础上，根据输出和输入观测数据求系统的最优估计，主要用于动态系统的状态估计，利用该方法可以对测量数据进行平滑处理。它的一种更通用的滤波框架——扩展卡尔曼滤波器（EKF）可以对线性和非线性系统同时进行状态和参数估计，但是值得注意的是其参数必须按照受随机干扰影响进行建模，不然参数就不受滤波器方程控制。在连续时间系统中可以采用 Kalman-Bucy 滤波器，虽然其数学上比较复杂，但是其完全基于连续时间域。该方法在子空间法的应用中很有用，因为系统状态在其中是必需的。

5）子空间法。该方法在输入和输出信号可测量时，用于辨识状态空间模型。该方法不仅可以用于辨识单变量系统，也可以用于辨识多输入输出（MIMO）系统，该方法最大的好处是不需要先验假设，而且模型阶次的确定是作为辨识过程的一部分的。并且，不需要知道状态的初始条件和状态与系统输入和输出特性之间的关系，就能辨识状态空间模型。当然，这么做带来的影响是状态和状态空间模型的状态变量和系数矩阵要经过相似变换才能完全确定。该方法主要应用于模态分析。

6）神经网络。该方法作为一个通用的稳态特性逼近器，可用于几乎没有过程物理知识的过程建模。工业中的许多过程都表现有稳态或动态的非线性特性，例如车辆、飞机、内燃引擎和热电厂等系统的辨识，非线性系统也受到了越来越多的关注。常见的网络模型结构有多层感知器（MLP）和径向基函数（RBF）网络是最常见的网络模型结构，其中 MLP 只能用于非线性迭代优化算法的训练，RBF 网络的权重可以直接利用最小二乘法来确定。诚然，这种方法的缺点也比较明显，对于多数神经网络，网络参数很难给出物理解释，使得对过程建模的结果难以理解其物理含义。该方法主要应用于非线性控制器设计、故障检测以及没有或只有很少过程物理知识情况下的建模。

系统辨识的部分模型分类及其代表方法归纳如图 5-7 所示。

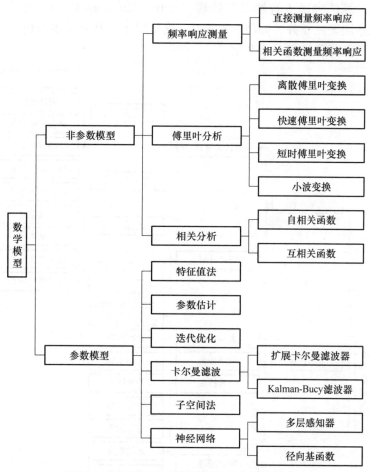

图 5-7 系统辨识的部分模型分类及其代表方法

5.3.2 典型工具

MATLAB 的 System Identification Toolbox 提供了很多线性和非线性方法，包括子空间法、神经网络模型、Hammerstein-Wiener 模型、灰度模型等算法，Frequency Domain System Identification Toolbox 提供了频域的非参数化线性模型，Continuous-Time System Identification Toolbox 提供传递函数的识别。R 的 sysid 包提供了线性系统的辨识，narmax 包提供非线性的黑箱模

型识别[8]。Python 的 SIPPY 包实现了线性系统和子空间识别。

5.4 特定数据类型的算法

5.4.1 文本数据

文本数据类的算法隶属于自然语言处理（Nature Language Processing，NLP）领域，该领域内分为众多不同研究任务，如图 5-8 所示，这里简单将其为文本分析、文本挖掘、文本生成、文本表示四类任务进行简要介绍。

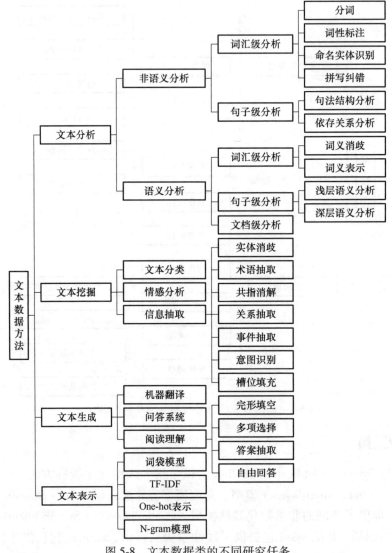

图 5-8 文本数据类的不同研究任务

1. 文本分析

从文本分析的角度来看,该类任务包含语义分析和非语义分析两部分。

(1) 非语义分析

1) 词汇级分析(lexical analysis)。

① 分词:分词就是将连续的字序列按照一定的规范重新组合成词序列的过程。在英文的行文中,单词之间是以空格作为自然分界符的,而中文只是字、句和段能通过明显的分界符来简单划界,唯独词没有一个形式上的分界符,虽然英文也同样存在短语的划分问题,不过在词这一层上,中文比英文更为复杂。常用的有 2 个分词系统,一个是 jieba 分词:常用轻量级的分词方法工具,可以实现分词、词性标注、关键词提取等;另一个是 hanlp 分词:hanlp 可以实现很多功能,例如分词、标注、实体识别等。

② 词性标注(Part of Speech Tagging,POS Tagging):词性标注是在给定句子中判定每个词的语法范畴,确定其词性并加以标注。但在中文中,一个词的词性很多时候都是不固定的。从整体上看大多数词语,尤其是实词,一般只有 1~2 个词性,且其中一个词性的使用频率远远大于另一个,即使每次都将高频词性作为词性选择进行标注,也只能实现 80% 以上的准确率。

③ 命名实体识别(Named Entity Recognition,NER):该任务是为了识别语料中人名、地名、组织机构名等命名实体。由于这些命名实体的构成方法具有各自的规律性,因此,通常把对这些词的识别在词汇形态处理任务中独立处理称为 NER。NER 研究的命名实体一般分为 3 大类(实体类、时间类、数字类)和 7 小类(人名、地名、组织机构名、时间、日期、货币、百分比)。NER 效果的评判主要看实体的边界是否划分正确以及实体的类型是否标注正确。

NER 的方法可以分为以下三种:

- 基于规则:采用语言学专家构造规则模板,选用特征包括统计信息、标点符号、关键字、指示词和方向词、位置词、中心词等方法,以模式和字符串相匹配为主要手段,这类系统大多依赖于知识库和词典的建立。这些规则往往依赖于具体语言、领域和文本风格,存在系统建设周期长、移植性差等问题。

- 基于统计:采用隐马尔可夫模型(HMM)、最大熵、支持向量机(SVM)、条件随机场(CRF)等机器学习算法。一般说来,最大熵和 SVM 在正确率上要比 HMM 高一些,但是 HMM 在训练和识别时的速度要快一些。主要做法是通过对训练语料所包含的语言信息进行统计和分析,从训练语料中挖掘出特征。

- 混合方法:NLP 并不完全是一个随机过程,单独使用基于统计的方法使状态搜索空间非常庞大,必须借助规则知识提前进行过滤修剪处理。目前几乎没有单纯使用统计模型而不使用规则知识的命名实体识别系统。

④ 拼写纠错(Spelling Correction):又称拼写检查(Spelling Checker),往往被用于字处理软件、输入法和搜索引擎中,拼写纠错一般可以拆分成拼写错误检测、拼写错误纠正两个子任务。

2)句子级分析(Syntaticc Parsing,又称句法分析)。

句法分析是 NLP 中的关键底层技术之一,其基本任务是确定句子的句法结构或者句子中词汇之间的依存关系。最常见的句法分析任务可以分为句法结构分析和依存关系分析两种。

① 句法结构分析(Syntactic Structure Parsing):又称短语结构分析(Phrase Structure Parsing)或成分句法分析(Constituent Syntactic Parsing)。作用是识别出句子中的短语结构以及短语之间的层次句法关系。基于概率上下文无关文法的短语结构分析方法,可以说是目前最成功的语法驱动的统计句法分析方法,可以认为是规则方法与统计方法的结合。满足以下三个条件:

- 位置不变性:子树的概率不依赖于该子树所管辖的单词在句子中的位置;
- 上下文无关性:子树的概率不依赖于子树控制范围以外的单词;
- 祖先无关性:子树的概率不依赖于推导出子树的祖先节点。

② 依存关系分析:又称依存句法分析(Dependency Syntactic Parsing),简称依存分析,作用是识别句子中词汇与词汇之间的相互依存关系。通过分析语言单位内成分之间的依存关系揭示其句法结构。直观来讲,依存句法分析识别句子中的"主谓宾定状补"这些语法成分,并分析各成分之间的关系。依存句法分析方法主要分为以下 3 种:

- 基于规则的方法:早期的基于依存语法的句法分析方法主要包括类似 CYK 的动态规划算法、基于约束满足的方法和确定性分析策略等。
- 基于统计的方法:统计 NLP 领域也涌现出了一大批优秀的研究成果,包括生成式依存分析方法、判别式依存分析方法和确定性依存分析方法,这几类方法是数据驱动的统计依存分析中最为代表性的方法。
- 基于深度学习的方法:传统方法的特征表示主要采用人工定义原子特征和特征组合,而深度学习则把原子特征(词、词性、类别标签)进行向量化,在利用多层神经元网络提取特征。

依存关系分析的工具主要有以下几种:哈工大 LTP——提供了一系列中文 NLP 工具,用户可以使用这些工具对于中文文本进行分词、词性标注、句法分析等等工作;Stanford-CoreNLP;Hanlp——一系列模型与算法组成的 NLP 工具包,提供了中文依存句法分析功能;SpaCy——工业级的 NLP 工具,但不支持中文;FudanNLP——复旦大学 NLP 实验室开发的中文 NLP 工具包,包含信息检索(文本分类、新闻聚类)、中文处理(中文分词、词性标注、实体名识别、关键词抽取、依存句法分析、时间短语识别)、结构化学习(在线学习、层次分类、聚类)。

(2)语义分析

1)词汇级分析。

词汇层面上的语义分析主要体现在如何理解某个词汇的含义,主要包含两个方面:词义消歧和词义表示。

① 词义消歧:词汇的歧义性是自然语言的固有特征。词义消歧根据一个多义词在文本中出现的上下文环境来确定其词义,作为各项 NLP 的基础步骤和必经阶段被提出来。根据

所使用的资源类型不同，可将词义消歧方法分为以下三类：
- 基于词典的词义消歧，该工作的思想是计算语义词典中各个词义的定义与上下文之间的覆盖度，选择覆盖度最大的作为待消解词在其上下文下的正确词义。
- 有监督词义消歧，有监督的消歧方法使用词义标注语料来建立消歧模型。
- 无监督和半监督词义消歧。

② 词义表示：对于词义表示，早期的做法将某个词义表示为从该词义在同义词网络中出现的位置到该网络根节点之间的路径信息。随着机器学习算法的发展，目前更流行的词义表示方式是词嵌入（Word Embedding，又称词向量）。其基本想法是通过训练将某种语言中的每一个词映射成一个固定维数的向量，将所有这些向量放在一起形成一个词向量空间，而每一向量则可视为该空间中的一个点，在这个空间上引入"距离"，则可以根据词之间的距离来判断它们之间的（词法、语义上的）相似性。

2）句子级分析。

句子级的语义分析试图根据句子的句法结构和句中词的词义等信息，推导出能够反映这个句子意义的某种形式化表示。根据句子级语义分析的深浅，又可以进一步划分为浅层语义分析和深层语义分析。

① 浅层语义分析：浅层的语义分析的一种代表性方法是语义角色标注（Semantic Role Labeling，SRL）。给定一个句子，SRL 的任务是找出句子中谓词的相应语义角色成分，包括核心语义角色（如施事者、受事者等）和附属语义角色（如地点、时间、方式、原因等）。目前 SRL 的实现通常都是基于句法分析结果，即对于某个给定的句子，首先得到其句法分析结果，然后基于该句法分析结果，再实现 SRL。

② 深层语义分析：深层的语义分析（Semantic Parsing）不再以谓词为中心，而是将整个句子转化为某种形式化表示，例如：谓词逻辑表达式（包括 lambda 演算表达式）、基于依存的组合式语义表达式（dependency based compositional semantic representation）等。虽然各种形式化表示方法采用的理论依据和表示方法不一样，但其组成通常包括关系谓词、实体等。语义分析通常需要知识库的支持，在该知识库中，预先定义了一个序列的实体、属性以及实体之间的关系。

3）文档级分析。

文档是指由一系列连续的子句、句子或语段构成的语言整体单位，在一个文档中，子句、句子或语段间具有一定的层次结构和语义关系，文档结构分析旨在分析出其中的层次结构和语义关系。具体来说，给定一段文本，其任务是自动识别出该文本中的所有篇章结构，其中每个篇章结构由连接词，两个相应的论元，以及篇章关系类别构成。篇章结构可进一步分为显式和隐式，显式篇章关系指连接词存在于文本中，而隐式篇章关系指连接词不存在于文本中，但可以根据上下文语境推导出合适的连接词。对于显式篇章关系类别，连接词为判断篇章关系类别提供了重要依据，关系识别准确率较高；但对于隐式篇章关系，由于连接词未知，关系类别判定较为困难，也是篇章分析中的一个重要研究内容和难点。

2. 文本挖掘

如果从初级和中级应用的角度来看，NLP 还需要加上文本挖掘类任务，其所包含的部分内容介绍如下：

（1）文本分类

任务的目标是给定输入序列，输出代表这整个序列的类别。它的应用范围很广，包括问题回答、垃圾邮件检测、情绪分析、新闻分类、用户意图分类、内容审核等等。甚至 QA（抽取式）和自然语言理解（即一段文字的信息是否是从另一段文字推理得出的，即"Yes"或"No"的二分类问题。）都是分类问题。

（2）情感分析

文本的情感分析（Sentiment Analysis）是指利用 NLP 和文本挖掘技术，对带有情感色彩的主观性文本进行分析、处理和抽取的过程，从而发现潜在的问题用于预测或改进。情感分析任务按其分析的粒度可以分为篇章级，句子级，词或短语级；按其处理文本的类别可分为基于产品评论的情感分析和基于新闻评论的情感分析；按其研究的任务类型，可分为情感分类，情感检索和情感抽取等子问题。

（3）信息抽取

信息抽取的目标是从无结构文本中抽取结构化的信息。其所包含的子任务较多，包括实体消歧（Entity Disambiguation）、术语抽取（Terminology/Giossary Extraction）、共指消解（Coreference Resolution）、关系抽取（Relationship Extraction）、事件抽取（Event Extraction）、意图识别（Intent Detection）、槽位填充（Slot Filling）等。

3. 文本生成

文本生成就是输入一些文本资料，能够输出一些希望得到的文本。

（1）机器翻译（Machine Translation，MT）

MT 是通过计算机自动化的把一种语言翻译成另外一种语言。神经网络机器翻译（Neural Machine Translation，NMT）是最近几年提出来的一种机器翻译方法，是一种 Encoder-Decoder 系统，NMT 能够训练一张能够从一个序列映射到另一个序列的神经网络。

（2）问答系统（Question-Answering Systerm）

问答系统主要是针对用户提出的问题，系统给出相应的答案。核心思想：收集现有的所有问答集，由计算机负责解析问题的语义并从问答集中检索出最相关的问题对应的答案返回给用户。

（3）阅读理解（Reading Comprehension）

阅读理解是机器通过阅读从文本中抽取信息并理解意义的过程。包括完形填空、多项选择、答案抽取、自由回答等任务。

4. 文本表示

原始的文本资料如何转换为 NLP 的输入资料，这就涉及文本表示，文本表示本质上是从海量的文本资料中生成数字化的文本特征。该类任务的部分子任务介绍如下。

(1) 词袋模型

它将字符串视为一个"装满字符（词）的袋子"，袋子里的词语是随便摆放的。而两个词袋子的相似程度就以它们重合的词及其相关分布进行判断。

(2) TF-IDF

该方法是对词袋模型的改进。主要包含两部分：不仅考虑词语是否出现，还考虑其出现的次数或者频率（TF）；统计逆文档频率（IDF），不仅考虑这个词在当下文本的出现的概率，还考虑出现该词语的文档占总文档出现的频率（DF）。其基本假设是如果一个词语在不同的文档中反复出现，那么它对于识别该文本并不重要。

(3) One-hot 表示

One-hot（独热）方法把每个词表示为一个很长的向量，这个向量的维度是词表大小，其中绝大多数元素为 0，只有一个维度的值为 1，这个维度就代表了当前的词。这种表示方法中任意两个词之间都是孤立的，导致仅从两个向量中看不出两个词是否有关系，即使这两个词是同义词的情况，例如"计算机"和"电脑"，"上海"和"上海市"。

(4) N-gram 模型

N-gram 模型是一种语言模型（Language Model，LM），语言模型是一个基于概率的判别模型，它的输入是一句话（单词的顺序序列），输出是这句话的概率，即这些单词的联合概率（joint probability）。N-gram 本身也指一个由 N 个单词组成的集合，各单词具有先后顺序，且不要求单词之间互不相同。常用的有 Bi-gram（$N=2$）和 Tri-gram（$N=3$），一般已经够用了。

5.4.2 图像数据

图像数据任务一般可分为三大类：目标分类、目标检测和语义分割，如图 5-9 所示。

1. 目标分类

目标分类任务需要对出现在某幅图像中的物体做标注。例如输入一个测试图片，输出图片中的物体类别。这一任务是简单、基础的图像理解任务，也是深度学习模型最先取得突破和实现大规模应用的任务。其中，ImageNet 是权威的评测集，每年的 ILSVRC 催生了大量的优秀深度网络结构，为其他任务提供了基础。在应用领域，人脸、场景的识别等都可以归为分类任务。

图像的目标分类网络从固定大小的输入开始。输入图像可以有任意数量的通道（channel），但是对于 RGB 图像通常是 3 个。随着网络变得更深，空间分辨率将会降低。为了确保网络始终有能力传送它提取的所有信息，根据深度成比例地增加特征图（Feature Map）的数量以增加语义信息。选择了一定量的下采样后，特征图将被矢量化并馈送到一个全连接网络中。最后一层的输出与数据集中的类别数量一样多。

2. 目标检测

目标检测任务需要根据输入图片，输出检测到的物体类别和位置。实现了两个功能：一是判断属于某个特定类的物体是否出现在图中；二是对该物体定位，定位常用表征就是物体

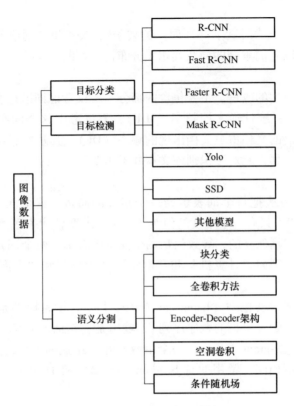

图 5-9 图像数据的任务分类

的边界框。

近几年来，目标检测算法取得了很大的突破。比较流行的算法可以分为两类，一类是基于 Region Proposal 的 R-CNN 系算法，如 R-CNN（如图 5-10 所示）、Fast R-CNN 和 Faster R-CNN 等，它们是双阶段的，需要先算法产生目标候选框，也就是目标位置，然后再对候选框做分类与回归；另一类是 Yolo、SSD 这类单阶段算法，其仅仅使用一个卷积神经网络（CNN）直接预测不同目标的类别与位置。第一类方法是准确度高一些，但是速度慢，但是第二类算法是速度快，但是准确性要低一些。

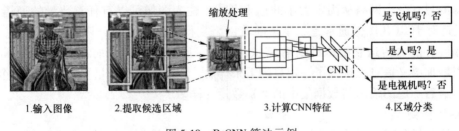

图 5-10 R-CNN 算法示例

(1) R-CNN[9]

R-CNN 借鉴了滑动窗口思想，采用对区域进行识别的方案，具体流程如下：先提取候选区域：首先获取约 2000 个目标候选区域，能够生成候选区域的方法很多，R-CNN 采用的是 Selective Search 算法（通过一些传统图像处理方法将图像分成很多小尺寸区域，然后根据小尺寸区域的特征合并小尺寸得到大尺寸区域）。接下来提取特征向量，对于上述获取的候选区域，需进一步使用 CNN 提取对应的特征向量。然后，对于每个类，R-CNN 使用该类训练的 SVM 对每个提取的特征向量进行评分。给定图像中所有得分区域，应用贪婪非最大抑制（对每个类独立），如果一个区域有一个与高值重叠的交叉并集（IoU），则拒绝该区域。使用边框回归（Bounding Box Regression）进行目标包围框的修正。

但是 R-CNN 也存在一些问题：对于每一个候选框，都需经过一个 AlexNet 提取特征，为所有的候选框提取特征费时较多；三个模块（CNN 特征提取、SVM 分类和边框修正）是分别训练的，在训练的时候对于存储空间的消耗很大

(2) Fast R-CNN[10]

Ross 在 2015 年提出的 Fast R-CNN 对 R-CNN 的缺陷进行了改进，如图 5-11 和图 5-12 所示。Fast R-CNN 通过 CNN 直接获取整张图像的特征图，再使用 RoI Pooling Layer 在特征图上获取对应每个候选框的特征，避免了 R-CNN 中的对每个候选框串行进行卷积（耗时较长）。对于每个 RoI 而言，需要从共享卷积层获取的特征图上提取对应的特征，并且送入全连接层进行分类。因此，RoI Pooling 主要做了两件事，第一件是为每个 RoI 选取对应的特征；第二件事是为了满足全连接层的输入需求，将每个 RoI 对应的特征的维度转化成某个定值。由于每一个 RoI 的尺度各不相同，所以提取出来的特征向量候选区域维度也不尽相同，因此需要某种特殊的技术来做保证输入后续全连接层的特征向量维度相同。ROI Pooling 的提出便是为了解决这一问题的。

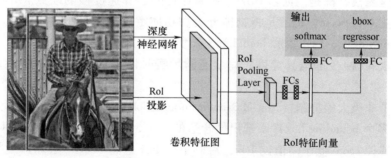

图 5-11　Fast R-CNN 算法示例

Fast R-CNN 的贡献可以主要分为两个方面，一是取代 R-CNN 的串行特征提取方式，直接采用一个 CNN 对全图提取特征；二是除了 selective search，其他部分都可以合在一起训练。

(3) Faster R-CNN[11]

Faster R-CNN 直接通过一个候选区域网络（Region Proposal Network，RPN）生成待检测

区域，这么做，在生成 RoI 区域的时候，时间大大缩短。Faster R-CNN 由共享卷积层、RPN、RoI Pooling-Layer 以及分类和回归四部分组成：首先使用共享卷积层为特征图（feature maps）提取特征；然后将得到的 feature maps 送入 RPN，RPN 生成待检测框（指定 RoI 的位置），并对 RoI 的包围框进行第一次修正；接下来 RoI Pooling Layer 根据 RPN 的输出在 feature map 上面选取每个 RoI 对应的特征，并将维度置为定值；最后使用全连接层（FC Layer）对框进行分类，并且进行目标包围框的第二次修正。

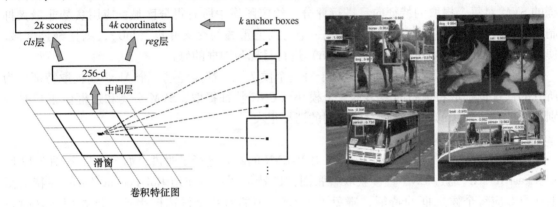

图 5-12　Faster R-CNN 算法示例

Faster R-CNN 真正实现了端到端的训练（End-to-End Training）。Faster R-CNN 最大特色是抛弃了传统的滑动窗口和选择搜索方法，直接使用 RPN 生成检测框，极大提升检测框的生成速度。

（4）Yolo[12]

以上目标检测模型都是两阶段算法，普遍存在的运算速度慢的缺点。Yolo 创造性地提出了单阶段算法 One-Stage，也就是将物体分类和物体定位在一个步骤中完成。Yolo 直接在输出层回归 bounding box 的位置和 bounding box 所属类别，从而实现 One-Stage。通过这种方式，Yolo 可实现 45 帧/s 的运算速度，完全能满足实时性要求（达到 24 帧/s，人眼就认为是连续的）。

网络包含了非极大值抑制（Non-Maximum Suppression，NMS）筛选层。筛选层是为了在多个结果中（多个 bounding box）筛选出最合适的几个，这个方法和 faster R-CNN 中基本相同。都是先过滤掉 score 低于阈值的 box，对剩下的 box 进行 NMS，去除掉重叠度比较高的 box。这样就得到了最终的最合适的几个 box 和它们的类别。

Yolo 的损失函数包含三部分：位置误差、confidence 误差和分类误差。Yolo 算法开创了 One-Stage 检测的先河，它将物体分类和物体检测网络合二为一，都在全连接层完成。故它大大降低了目标检测的耗时，提高了实时性，Yolo 算法示例如图 5-13 所示。

（5）SSD[13]

Faster R-CNN mAP 平均准确率（map Average Precision，mAP）较高，漏检率 recall 较

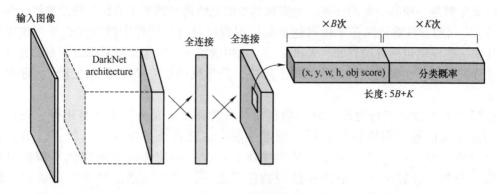

图 5-13 Yolo 算法示例

低，但速度较慢。而 Yolo 则相反，速度快，但 mAP 和漏检率不尽人意。SSD 综合了它们的优缺点，对输入 300×300 的图像，在 voc2007 数据集上运行 test，能够达到 58 帧/s（Titan X 的 GPU），72.1% 的 mAP。图 5-14 所示为 SSD 算法示例。

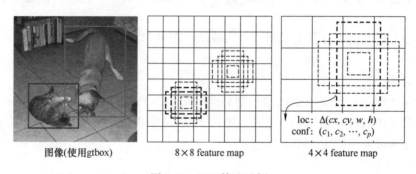

图 5-14 SSD 算法示例

SSD 和 Yolo 一样都是采用一个 CNN 网络来进行检测，但是却采用了多尺度的特征图每一个卷积层，都会输出不同大小感受野（Receptive Field）的 feature map。在这些不同尺度的 feature map 上，进行目标位置和类别的训练和预测，从而达到多尺度检测的目的，可以克服 Yolo 对于宽高比不常见的物体，识别准确率较低的问题。而 Yolo 中，只在最后一个卷积层上做目标位置和类别的训练和预测。这是 SSD 相对于 Yolo 能提高准确率的一个关键所在。

（6）其他模型

针对 Yolo 准确率不高、容易漏检、对长宽比不常见物体效果差等问题，结合 SSD 的特点，提出了 YoloV2 的方法。它主要还是采用了 Yolo 的网络结构，在其基础上做了一些优化和改进。

3. 语义分割

语义分割是当今计算机视觉领域（Computer Vision，CV）的关键问题之一。从宏观上看，语义分割是一项高层次的任务，为实现场景的完整理解铺平了道路。场景理解作为一个核心的 CV 问题，其重要性在于越来越多的应用程序通过从图像中推断知识来提供可靠信息。其中一些应用包括自动驾驶、人机交互、虚拟现实等，近年来随着深度学习的普及，许多语义分割问题正在采用深层次的结构来解决，最常见的是 CNN，在精度上大大超过了其他方法。

在深度学习方法流行之前，基于随机森林分类器等语义分割方法是用得比较多的方法。不过在深度卷积网络流行之后，深度学习方法比传统方法提升了很多。语义分割任务需要将图中每一点像素标注为某个物体类别，同一物体的不同实例不需要单独分割出来。分割是计算机视觉中比较独特的任务之一，因为网络需要学习低级和高级信息。按像素精确分割图像中每个区域和对象的低级信息，以及直接对这些像素进行分类的高级信息。

该任务的一般流程是首先通过标准分类网络处理我们的图像。然后从网络的每个阶段提取特征，从而使用从低到高的信息。每个信息级别在依次将它们组合在一起之前都是独立处理的。随着信息的组合，对 feature map 进行了上采样（Up-Sample），以最终获得完整的图像。

深度学习方法在语义分割上得到了巨大成功，深度学习方法解决语义分割问题可以概括为几种思路：

（1）块分类

最初的深度学习方法应用于图像分割就是块分类（Patch Classification），顾名思义，该方法是将图像是切成块"喂"给深度模型的，然后对像素进行分类。使用图像块的主要原因是因为全连接层需要固定大小的图像。

（2）全卷积方法

2014 年，全卷积网络（Full Convolutional Network，FCN）横空出世，FCN 将网络全连接层用卷积取代，因此使任意图像大小的输入都变成可能，而且速度比块分类方法快很多。

（3）Encoder-Decoder 架构

Encoder-Decoder 是基于 FCN 的架构的。Encoder 由于 Pooling 逐渐减少空间维度，而 Decoder 逐渐恢复空间维度和细节信息。通常从 Encoder 到 Decoder 之间还有 Shortcut Connetction（捷径连接，也就是跨层连接）。其中 U-net 就是这种架构很流行的一种，如图 5-15 所示。

U-Net 共有两条路径，左边是将图像数据进行压缩的路径，右边是解析扩展路径。该网络通过卷积和池化相结合，在解析部分通过卷积和上采样的方式将图像重建。这个结构擅长语义分割，可以通过对图像中每个像素进行密集预测，另外在目标检测和实例分割中，U-Net 也可以取得较好效果。

（4）空洞卷积

空洞卷积（Dilated/Atrous Convolution）架构，这种结构代替了池化（Pooling），如图 5-16

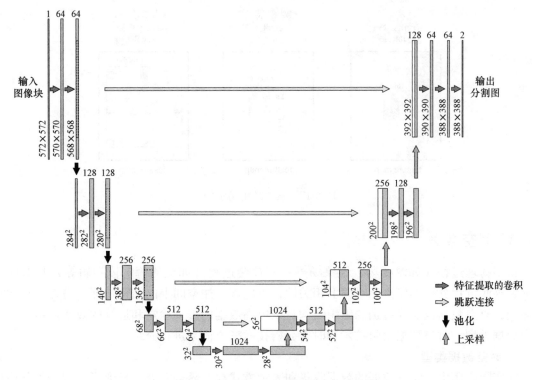

图 5-15 U-net 模型及其内部构造示意图

所示。一方面它可以保持空间分辨率；另外一方面，它由于可以扩大感受野，因而可以很好地整合上下文信息。

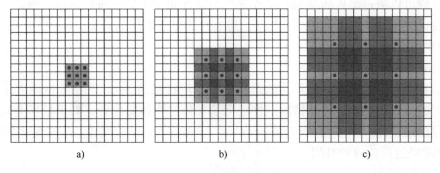

图 5-16 空洞卷积示例

（5）条件随机场

除了以上思路，还有一种对分割结果进行后处理的方法，那就是条件随机场（Conditional Random Fields，CRF）后处理用来改善分割效果。DeepLab 系列文章基本都采用这种后处理方法，可以较好地改善分割结果，如图 5-17 所示。

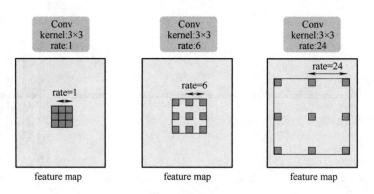

图 5-17　条件随机场示例

5.4.3　时空数据

很多物理过程（如温度场、气象场等）和社会过程（如交通流、传染病等）具有时空特征，这些过程分析不仅注意时间上相关性，也应该关注空间上的结构特征。另外，在数据存储上，时空数据也需要特别的组织结构，以提高数据的查询检索和运算的效率。本节将对时空数据类型、时空数据索引技术和时空分析技术三方面来进行介绍。

1. 时空数据类型

在实际应用中，时空数据的数据收集和表示方式存在显著差异，导致了不同场景下应用时空数据进行数据发掘任务进行和问题表述不尽相同。为了适当的表示，这里将时间数据分为进行如下不同类型的分类：

（1）事件数据

事件一般可以通过事件的类型、事件发生的位置和发生的时间来描述。例如，一个交通事故可以被描述为这样一个元组 (e,l,t)，其中 e 是交通事故的类型，l 是事故发生的地点，t 是事故发生的时间。

（2）轨迹数据

轨迹是物体在空间中随时间移动的路径（如车辆行驶轨迹）。轨迹数据通常来自部署在移动物体上的位置传感器，传感器周期性地记录和传送物体的位置，如出租车上的 GPS，每个轨迹可以描述这样一个序列 $\{(l_1,t_1),(l_2,t_2),\cdots,(l_n,t_n)\}$，其中 l_i 是位置（如经纬度），t_i 为移动物体经过该位置的时间。

（3）点参考数据

在特定的空间和时间间隔内由一组移动参考点产生的测量值称为点参考数据。例如，用漂浮在太空中的气象气球测量的气象数据可以视为点参考数据。

（4）光栅数据

在给定空间的固定位置和在规则或不规则时间点收集的测量数据称为光栅数据。光栅数据与点参考数据的主要区别在于，点参考数据的测量位置是不断变化的，而光栅数据的位置是固定的。测量的位置和时间可以有规律地或不规则地分布。给定 m 个固定位置 $S=\{s_1,s_2,\cdots,s_m\}$，和 n 个时间戳 $T=\{t_1,t_2,\cdots,t_n\}$，一个光栅可以表示为一个矩阵 $R^{m\times n}$。其中 r_{ij} 是时间戳 t_j 在位置 s_i 处的测量值。

（5）视频数据

由一系列图像组成的视频也可以看作是一种时间数据。在空间域，相邻像素通常具有相似的 RGB 值，因此具有较高的空间相关性。在时域上，连续帧图像通常变化平稳，具有较高的时间依赖性。视频数据也可以看作是一种特殊的光栅数据。

2. 时空数据索引技术

时空数据，尤其是移动对象位置点数据，结构简单，但关于吞吐量的要求却往往很高。而且，时空数据往往具有多维的属性，而分布式存储一般以键值对的形式组织数据，很难直接存储时空数据。因此，为了高效地支持时空数据的存储和查询，需要引入时空索引技术，下面将介绍 3 种常用的索引方法。

（1）HR 树

HR 树给每个时间戳都存储了一个独立的 R 树（R 树是建立在 B 树基础上的多层次数据结构，具有完全动态的空间索引数据结构，插入、删除和查询可以同时进行，并且不需要周期性的索引重组），之后对于连续的两个 R 树之间，如果使用了相同的节点，那么只保留一个节点提高利用率，对时间点的查询效率较高。

（2）3DR 树

3DR 树基于 R 树来创建时空索引，将时间信息当作一般空间的另外一个维度，二维空间对象使用二维空间外包矩形表示，三维时空对象则使用三维空间的最小外包矩形柱体。

（3）Q+R 树

Q+R 树由 R∗树和四叉树两棵树构成，其中 R∗树主要是改进了 R 树中的插入算法，确定了叶结点分裂优化的准则和强制重插技术，包括节点分裂时目录矩形面积最小化、重叠最小化、周长最小化和存储利用率的最大化。使用 R∗树索引静止的对象，四叉树索引移动对象，能将相对静止的对象和快速移动的对象索引出来。

3. 时空分析技术

时空分析技术的组成结构如图 5-18 所示。

（1）时空变化探测

时空变化一般解释为空间统计量随时间的变化，有几何中心、半变异系数和空间回归系数等方法。

（2）时空格局识别

时空格局指事物属性的时空规律性，主要方法有 SOM 时空聚类、EOF 时空分解以及多种热点探测方法。

（3）时空回归

时空回归的目的是寻找变量之间的关系，一般在经典的回归模型上进行延伸，包括时空面板模型、时空 BHM、贝叶斯网络模型、时空 T-GWR、时空 GAM 等。在非参数模型时候，

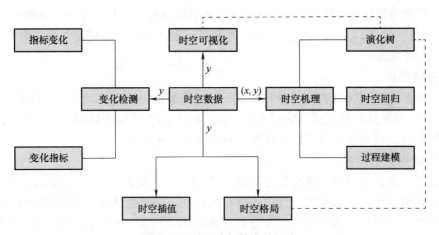

图 5-18 时空分析技术的组成

通常假定时间和空间维度的局部相似性，采用高斯过程等核函数进行回归。例如，在粮库的温度场建模中，在基础热力学模型基础上，可以用时空随机过程去拟合。

（4）时空过程建模

时空建模有点类似于传染病传染、社交关系分析等建模，有元胞自动机模型、智能体模型、反映扩散方程等。

（5）时空演化树

时空演化树针对事物发展规律，不做维度的约束。个体状态变化形成状态空间的演化路径，多个个体的演化路径产生状态空间的层次结构，总结不同类型群体演化规律、个体状态沿着演化路径，据此进行状态预测和分析。

4. 时空分析技术算法 R 语言包

（1）时空数据表示、数据预处理

导入数据可以用 rgda 包，在将数据导入后，要对数据进行预处理，如处理空值、删除或合并列等操作，对数据进行降维。对于数据的自动转换有两个包 tidyverse 和 STRbook。spacetime 包[14]可以将数据转换为 STIDF 和 STFDF 对象，这是转换为时空数据对象的过程。若空间数据是一个数值坐标的矩阵类，可以通过 R 的 sp 包的 getClass() 函数来返回时空数据的子类[15]，对于点数据需要对时空数据进行一个扩展；对于轨迹数据，常用的办法是利用 slot() 函数结合 lapply() 函数或者 sapply() 函数，将结果转化为数值向量。

（2）时空数据可视化

sp 包中的 plot()、spplot() 和 image() 函数可以绘制点、线、多边形。对于坐标轴和绘图边缘，如地图中的坐标位置，可以用 axis() 和 par() 函数来进行修正。如果需要绘制的是网格，如网格地图，可以用到 maps 包。在对可视化结果进行颜色处理时，可以用到 R 中提供的 rainbow()、grey. color、heat. color()、cm. color() 等方法。或者加载 RcolorBrewer 包使用。

（3）时空数据分析

对空间点过程分析的包可以用 splancs( ) 和 spatstat( ) 包；空间预测诊断和相关性估计，可以用 gstat 包，里面包含了变异函数云诊断、变异函数模型、多变量统计、克里金法等。R 中其他用于插值的包还有 RandomFields、spatial、geoR、geoRglm、filds 等。

参 考 文 献

［1］ Rossi F, VanBeek P, Walsh T. Handbook of constraint programming［M］. Elsevier, 2006.

［2］ Beale E M L. The evolution of mathematical programming systems［J］. Journal of the Operational Research Society, 1985, 36（5）：357-366.

［3］ Botten L C, Caden M J. AMPL-A Mathematical Programming Language［C］//Artificial Intelligence, Expert Systems and Symbolic Computing：Selected and Revised Papers from the IMACS 13th World Congress, Dublin, Eire. 1992：436-445.

［4］ Meindl B, Templ M. Analysis of commercial and free and open source solvers for linear optimization problems［R］. Eurostat and Statistics Netherlands within the project ESSnet on common tools and harmonised methodology for SDC in the ESS, 2012, 20.

［5］ Gearhart J L, Adair K L, Detry R J, et al. Comparison of open-source linear programming solvers［R］. Sandia National Laboratories, SAND2013-8847, 2013.

［6］ Mitchell S, OSullivan M, Dunning I. PuLP：a linear programming toolkit for python［R］. The University of Auckland, Auckland, New Zealand, 2011：65.

［7］ R. 伊泽曼, M. 明奇霍夫. 动态系统辨识：导论与应用［M］. 杨帆, 耿立辉, 倪博溢, 译. 北京：机械工业出版社, 2016.

［8］ Ayala H V H, Gritti M C, dos Santos Coelho L. An R library for nonlinear black-box system identification［J］. SoftwareX, 2020, 11：100495.

［9］ Girshick R, Donahue J, Darrell T, et al. Rich feature hierarchies for accurate object detection and semantic segmentation［C］//Proceedings of the IEEE conference on computer vision and pattern recognition. 2014：580-587.

［10］ Girshick R. Fast r-cnn［C］//Proceedings of the IEEE international conference on computer vision. 2015：1440-1448.

［11］ Ren S, He K, Girshick R, et al. Faster r-cnn：Towards real-time object detection with region proposal networks［J］. Advances in neural information processing systems, 2015, 28：91-99.

［12］ Redmon J, Divvala S, Girshick R, et al. You only look once：Unified, real-time object detection［C］//Proceedings of the IEEE conference on computer vision and pattern recognition. 2016：779-788.

［13］ Liu W, Anguelov D, Erhan D, et al. Ssd：Single shot multibox detector［C］//European conference on computer vision. Springer, Cham, 2016：21-37.

［14］ Pebesma E. spacetime：Spatio-temporal data in R［J］. Journal of statistical software, 2012, 51（7）：1-30.

［15］ Wikle C K, Zammit-Mangion A, Cressie N. Spatio-temporal Statistics with R［M］. Chapman and Hall/CRC, 2019.

第 6 章

工业分析中的典型处理方法

在讨论工业分析专题之前,本章将介绍工业大数据分析中的通用处理方法,包括数据预处理、特征/征兆变量提取,以及工业时序数据的处理方法。

6.1 工业分析中的数据预处理

6.1.1 工况划分

工况是设备和系统运行的基本面,不同工况下系统运行规律、变量分布差异很大,因此,工况划分是很多工业分析课题的前置条件。

对于工业设备本体,工况类型通常有明确的机理与规则,例如发电机组的起停、升降负荷等,这时候可以根据设计机理与规则进行划分。但实际运行是动态变化的,对一个具体课题来说不够详细,因为数据分析需要一段时间上的工况(而不是一个时间点上的工况)。对这种没有明确机理或机理规则不够细的情形,可以采用数据驱动的方式去分割,通常有如下三类策略。

1) 一次性分割策略:例如在风电机组中,根据风速、有功功率、叶轮转速、桨距角等变量,采用 Autoplait 算法进行工况分割,结果示例如图 6-1 所示,顶部子图是多个原始的时序曲线,底部 10 个子框代表算法计算出的 10 类工况,横坐标表示该工况的起止时间。

2) 分组分割的策略:首先根据业务语义,形成若干变量组(一个组里可以包含 1 个或少数几个指标,一个指标也可以出现在多个组)。对于每个组,做时序分割,然后对这些分割段进行聚类,最后对多个组的类别进行组合。整体过程示意图如图 6-2 所示。在单变量时序分割中,可以采用 PELT 算法按照均值或方差变化分成若干段,也可以采用 SAX、PAA、PLA 等时序再表征算法,算法详情可参阅第 4 章。

3) 聚类合并策略:对每个时刻点的向量 $X(t)$ 进行聚类,标记 t 时刻对应的类别是 $c(t)$,根据类别时序进行自然分割。

需要注意,数据挖掘结果和业务语义可能不一致,数据驱动的工况分割算法通常用来做探索性建模,在部署版本的模型中,工况划分最好采用规则模型。时序分割算法通常基于统

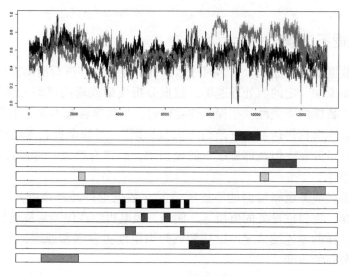

图 6-1 Autoplait 分割示例

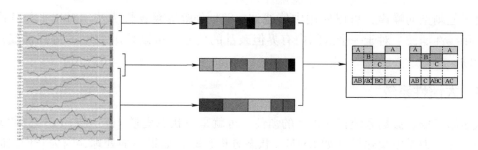

图 6-2 分组分割策略

计量（例如 PELT 算法根据均值、方差的变化进行切分）、局部结构（例如 PLA 用分段线性模型去逼近原序列）或局部动力学模型（例如 AR 模型）的稳定性进行显性分割，或者建立全局的生成式概率模型（例如 Autoplait 用两层 HMM 模型）进行隐形分割（体现在隐含的状态类别变量上），这些假设与领域问题的契合度需要数据分析师的评估研判，因此，在数据分析项目中，常采用通用算法做探索性分割，对于分割结果做业务语义上的探讨，并进行一定的修正。部署版本的模型采用规则模型，要么采用规则算法实现完全分割，要么采用规则算法做后修正。

6.1.2 数据缺失

在数据量相对充足情形下，对于存在缺失值的记录，可以采用过滤的方式。对于相对平稳的指标，可以采用线性插值、多项式插值，或建立自回归模型（如 ARIMA 模型）的方式填补。在中等规模数据量的情形下，可以采用回归建模的方法（用其他变量去预期存在缺失的变量)。

6.1.3　时间数据不连续

因为停机、数据缺失等原因,很多时序数据并不连续,在进行滑动窗口、前序状态加工时需要小心,需要添加一定的前处理逻辑,数据分析模型或规则模型也要处理好边界条件,但也不要过分追求数据的完美性。在探索性建模时,尽快掌握基本面是重点,不要为了数据预处理逻辑的完备性而拖慢速度,宜遵循"大数原则",尽快掌握技术的可实现度、核心技术要点和预期工作量分布。但在部署版本的模型中,应该有严谨、鲁棒且明确的处理方法,以保证模型的可用性。

另外,还有很多业务逻辑层面的不连续情况(数据也许是连续的),包括不同保养/生产周期、环境改变、物料或设备的更换等。例如,风电机组在保养后机舱振动加速度水平可能有显著下降。这样的不连续情况可以从领域知识角度去发现和处理,ANOVA 等统计方法也可以检测统计分布的改变。

6.1.4　强噪声

对于毛刺型的噪声,可以使用中值滤波、STL 分解等鲁棒性方法。对于平稳性高频噪声,采用线性滤波。对于一个区间内有界但杂乱的信号,可以采用 LOESS 等局部线性拟合方法消除噪声。

6.1.5　大惯性系统

很多温度场、流场系统存在很大的惯性,也就是说状态变量 $x(t)$ 与 $x(t-1)$ 的差异接近噪声,在动力学模型建模(如 LSTM、状态方程)时,如果不加处理,因为它们之间的高度共线性,即使采用 PCA,基于梯度算法的模型(如神经网络模型)常常也很难得到好的结果。适当放大时间尺度是一种通常的处理方法,也就是说看 $x(t)$ 与更远间隔 $x(t-\tau)$ 的差异(类似 ARIMA 或 SSA 建模的思路),这样 τ 个时间间隔上正常的累积变化可以压制噪声的累积数值,如果从机理上存在惯性时间常数 τ 的先验知识,可以选择 $2\tau \sim 5\tau$ 的采样间隔。

惯性也常常体现为多个变量间的"延迟相关性"。对于两个平稳信号,互相关函数(Cross-Correlation Function,CCF)分析可以获得两个变量间的延迟周期。对于非线性模态,可以采用子序列模式匹配的方法,将连续时序转化为符号型序列(点序列或区间序列),然后采用时序频繁模式挖掘算法(可参考 4.6 节)获得子序列模式间的稳定组合关系,最后结合业务语义,加工对应的特征。

6.1.6　趋势项的消除

趋势项常常反映了外部调整或环境变化,不是工业对象本身的规律,需要滤除。另外很多分析算法(例如,频谱分析)也要求信号是平稳的,至少不存在趋势项。

趋势项的消除可以采用 STL 分解、小波分析等算法。在如图 6-3a 所示的原始时序中，除了周期的毛刺，在开始的 300 个点和第 3000 个点之后存在明显的趋势项。通过 STL 分解去除趋势项后，如图 6-3b 所示，时序变成平稳，这样频域分析可集中到周期性冲击上来。

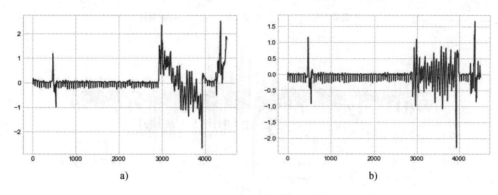

图 6-3　STL 消除趋势项示例
a）原始时序　b）消除趋势相后的时序

6.2　通用时序特征

时序特征是时序分类等算法的基础，时序分类的基本前提是不同类别的时序在某种特征（例如原始数值、趋势、方差、均值）上存在显著差异。特征量的显著性评估和选择可以通过统计学习算法的手段，但特征量的提取更多还需要依靠数据类型、业务知识和当前问题的特点。

不同时段的差异可能体现在不同的特征上，如图 6-4a 所示。两个时间序列的差别可以直接在原始数据上进行对比，也等价为特征空间上的对比，如图 6-4b 所示。可见，一个相对全面的通用时序特征函数库将对数据分析效率很有帮助。

时序特征提取算法包 FATS、CESIUM、TSFRESH、HCTSA、TSFEL 等[11]。TSFRESH 包基于 Python 语言，提供了 64 个时序特征函数，HCTSA（Highly Comparative Time-Series Analysis）工具箱[10]基于 Matlab，提供了超过 7500 个特征，是目前提供特征量最多的函数库。在一个实际项目中，需要的特征量通常是有限的。TSFEL[11]基于前面的函数包，将特征量缩减到 60 个（时域、统计、频域）指标。参考文献 [12] 在 HCTSA 的基础上，通过多个典型数据集的实验，将代表性特征减少到 22 个。

HCTSA 包中的特征包括了基本统计量（例如，位置、高斯性、离群值属性）、线性相关性（例如，自相关、功率谱特征）、平稳性（例如，滑动窗口度量、单位根检验）、熵（例如，自动互信息、近似熵）、物理非线性时间序列指标（例如，相关维、Lyapunov 指数）、线性/非线性模型拟合（例如，拟合优度、自回归模型参数）和其他（例如，小波方法）等类别。基于 HCTSA 包，针对输入的时间序列，自动提取特征，形成特征向量矩阵，作为机器学习算法的输入,图 6-5 所示为一个 50×2829 的特征矩阵的例子,行是 50 个的时序样本,列是 2829 个特征变量,不同的颜色表示数值大小上的区别。

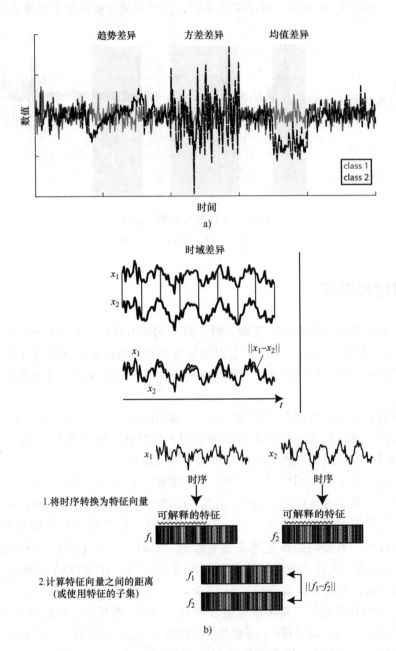

图 6-4 两个时序在原始数据和特征空间上的差别

a) 不同时段上的差异体现在不同的特征 b) 时序的差别可以通过多个特征变量来计算

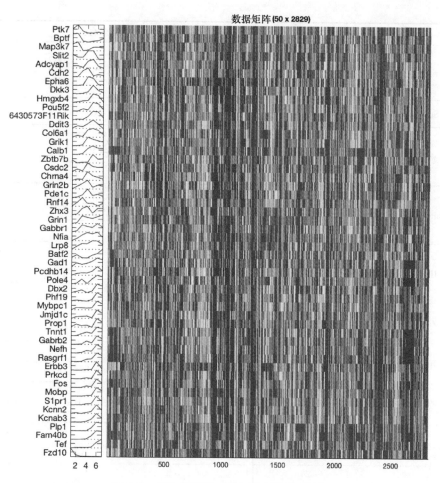

图 6-5 多个时序构成特征向量矩阵例子

常见的时域统计指标见表 6-1 所示。

表 6-1 常见的时域统计指标

时序统计指标	数学含义
峰值（Peak Amplitude）	$x_p = \dfrac{x_{\max} - x_{\min}}{2}$
峰-峰值（Peak-to-Peak Amplitude）	$x_{p\text{-}p} = x_{\max} - x_{\min}$
均值（Mean Amplitude）	$\lvert \bar{x} \rvert = \dfrac{1}{N} \sum\limits_{i=1}^{N} \lvert x_i \rvert$
均方根（Root Mean Square，RMS）	$x_{\text{RMS}} = \sqrt{\dfrac{1}{N} \sum\limits_{i=1}^{N} x_i^2}$

（续）

时序统计指标	数学含义
方差（Variance）	$\mathrm{var}(x) = \dfrac{\sum_{i=1}^{N}(x_i - \bar{x})^2}{N-1}$
标准差（Standard Deviation, SD）	$\sigma_x = \sqrt{\mathrm{var}(x)}$
偏度（Skewness）	$x_{\mathrm{SK}} = \dfrac{\sum_{i=1}^{N}(x_i - \bar{x})^3}{N\sigma_x^3}$
峰度（Kurtosis）	$x_{\mathrm{KURT}} = \dfrac{\sum_{i=1}^{N}(x_i - \bar{x})^4}{N\sigma_x^4}$
高阶矩（Higher Order Moments, HOM）	$\mathrm{HOM}_k = \dfrac{\sum_{i=1}^{N}(x_i - \bar{x})^k}{N\sigma_x^k} \quad (k=5,\cdots,9)$
过零率（Zero Crossing Rate, ZCR）	$r_{\mathrm{ZC}} = \dfrac{1}{N}\sum_{i=1}^{N-1}\mathrm{sign}((\mid x_i - x_{i+1}\mid > \tau) \wedge (x_i \cdot x_{i+1} < 0))$
Willison 幅值（Willison Amplitude, WAMP）	$x_{\mathrm{WA}} = \sum_{i=1}^{N-1}\mathrm{sign}(\mid x_i - x_{i+1}\mid > \tau)$
正负斜率改变率（Slope Sign Change）	$x_{\mathrm{SSC}} = \sum_{i=2}^{N-1}\mathrm{sign}((x_i - x_{i-1})(x_i - x_{i+1}) > \tau)$
波峰因数（Crest Factor, CF）	$x_{\mathrm{CF}} = \dfrac{x_{\mathrm{p}}}{x_{\mathrm{RMS}}}$
脉冲因数（Impulse Factor, IF）	$x_{\mathrm{IF}} = \dfrac{x_{\mathrm{peak}}}{\dfrac{1}{N}\sum_{i}^{N}\mid x_i\mid}$
裕度因数（Margin Factor, MF）	$x_{\mathrm{MF}} = \dfrac{x_{\mathrm{peak}}}{\left(\dfrac{1}{N}\sum_{i}^{N}\sqrt{\mid x_i\mid}\right)^2}$
波形因数（Shape Factor, SF）	$x_{\mathrm{SF}} = \dfrac{x_{\mathrm{RMS}}}{\dfrac{1}{N}\sum_{i}^{N}\mid x_i\mid}$
间隙因数（Clearance Factor, CF）	$x_{\mathrm{CLF}} = \dfrac{x_{\mathrm{max}}}{\left(\dfrac{1}{N}\sum_{i}^{N}\sqrt{\mid x_i\mid}\right)^2}$
熵（Entropy）	$x_{\mathrm{ENT}} = \sum_{i=1}^{N} p_x \log p_x$

在时序的频谱上，也可以加工算术平均值、集合平均值、匹配滤波的 RMS、频谱差异的 RMS、频谱差的 RMS、高阶谱等特征量等[15]。在应用时候，需要注意特征指标都是有适用前提的。以正弦电流时序中是否存在"平头波"（也就是正弦的正向峰值附近变成一个平台）为例（请参阅如下代码），在只有正常正弦（图 6-6 中的 x 序列）和平头波（图 6-6 中的 x2 序列）两种情形下，用 CF 指标判断没有问题（存在平头波的 CF 值应该偏大一些），但如果存在其他情形，例如，仅在某个周期的正弦波的最大值附近有个很小的毛刺，仅仅是正弦幅度的 2%（图 6-6 中的 x3 序列），这时候的 CF 值比平头波还要大，这时候再用 CF 特征值判断就是不合适的，而应该用启发式逻辑去判断正峰值附近的变化率，而不是全局的 CF 值。

```r
library(moments)

t<-(1:240)/60*2*pi
x<-sin(t)
index<-rep(12:18,4)+rep((0:3)*60,each=7)
x2<-x
x2[index]<-x[12]
x3<-x
x3[75]<-x[75]+0.02

df<-data.frame(x,x2,x3)
plot(as.ts(df),xlab="Index",cex.main=1,
     main=paste0("CF(x)=",format(crest(x,1)$C,digits=3),
           ",CF(x2)=",format(crest(x2,1)$C,digits=3),
           ",CF(x3)=",format(crest(x3,1)$C,digits=3)))
```

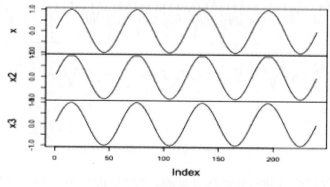

图 6-6　CF 指标的判断示例

6.3 典型征兆特征

6.3.1 毛刺检测特征

传感器在工作中常常会受到外部环境的干扰,在时序数据上呈现毛刺形状。例如电涡流传感器会因为表面机械缺陷(机械安装、磨损等原因)存在毛刺现象。不同于单点噪声,毛刺具有一定宽度(含有几个异常点),如图6-7所示。

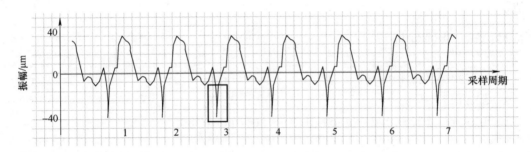

图 6-7　电涡流传感器振动波形中的毛刺

如果时序存在趋势特征,可以采用 STL 方法进行时序分解,将时序数据分解为趋势分量、周期分量和残差项,如图6-8所示,在消除趋势分量后(如果毛刺是非周期性发生的,周期分量也可以去掉),进行下一步分析。

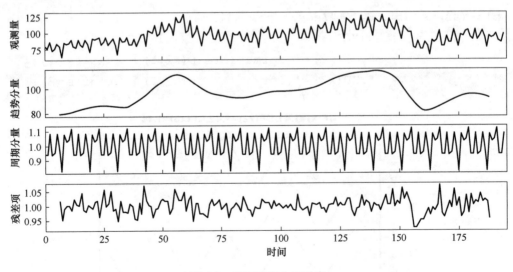

图 6-8　STL 时序分解示意

然后,采用四分位距(Interquartile Ranges,IQR)准则方法找出异常点,如图6-9所示,即计算一组数据的中位数(M)、25分位(Q_1)、75分位(Q_3),IQR=Q_3-Q_1,以($M±1.5$IQR)为上下限,上下限之外的就认为是异常点。

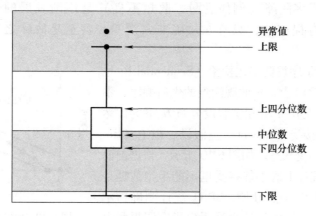

图6-9 IQR准则异常值检测

根据时间连续性对异常数据划分成各个区间段。按照毛刺时间宽度上下限阈值,剔除连续性宽度未达给定标准的异常数据段,剩余的区间段认为是毛刺。

6.3.2 单调趋势模式

工业时序存在的上升或下降趋势通常代表着工况发生了变化或者存在异常状态等,有下述两种常用的方法。

1)拟合判断法:通过线性拟合(一次或多项式)的显著度来判断是否存在趋势,根据斜率判断趋势的方向和大小。该方法计算简单,能准确判断数据的单调趋势,但是对于动荡的数据判断可能不准确,且需要用户定义斜率的阈值。

2)Cox-Stuart趋势检验法[3]:Cox-Stuart是一种不依赖趋势结构的判断趋势是否存在的方法,其理论基础是符号检验。为保证数对同分布,前后两个数的间隔应固定,Cox-Stuart提出最优的拆分点是数列中位于中间位置的数。把每一个数据点和相隔大约$n/2$的另一个数据点配对比较(因此大约有$n/2$个前后数对),然后计算增长的数对和降低的数对的数量,据此来判断总的趋势,并给出趋势的置信度。该方法的判断准确性高(但存在反例,例如可以构造周期性时序,让Cox-Stuart研判失效),且不需要额外配置参数,但是速度上略微逊于拟合方法。

6.3.3 平稳过程的漂移检测

很多工业过程在正常情形下是平稳过程,例如发电设备的电压信号、生产设备的工艺参数等。另外,很多物理量预测模型的残差(模型的预测值与实测值的差)过程也通常假设为平稳过程。当设备异常或系统存在异常时,这些过程不再平稳,过程统计参数会发生变化。

对于平稳过程的研判，简单处理办法包括基于阈值报警（类似 SCADA 或 DCS 系统的多级报警）或 SPC 模型，但这些模型容易受到毛刺等干扰信号的影响，存在大量的虚假预警，另外，很多故障（例如泄漏、散热不良）是逐渐发展的过程，基于这些简单报警规则通常没有提前性，只有在故障非常严重，甚至是故障之后，这些简单规则才能报警。

另外一种方法就是序贯概率比检验（Sequential Probability Ratio Test，SPRT）[4]，按照观测点的先后顺序，不断计算数据在备选假设分布 H_1 和空假设分布 H_0 下的似然度的比值，以判断是接受（Accept）空假设、拒绝（Reject）空假设、还是待决状态。如图 6-10 所示，根据前面的 11 个样本点，从统计上既不能接受也不能拒绝数据是否存在漂移，但从第 12 个点开始，SPRT 统计明确指示统计分布发生了变化。SPRT 算法允许用户指定漏报和误报风险值（统计检验上的 Type I/II error），但前提是：

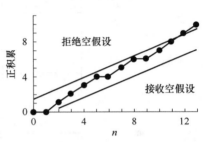

图 6-10　SPRT 检测过程示意图

① 对平稳序列的分布函数类型（例如，正态分布、泊松分布等）和参数有相对准确的了解；② 对异常引起的分布参数变化有一定了解。

6.3.4　多点位不一致

在工业系统监测中，存在很多类似的点位测量，包括：

1）多个监测点位工况类似，测量指标类似，例如，发电机定子铁心不同槽位和不同层的温度监测，正常情形下，不同槽位的同层温度应该接近且保持相同趋势，上下层温差也应该是稳定的；

2）多个类似设备或部件，例如，类似风场的同类型风力发电机组的功率曲线应该接近；

3）前后轴的振动、进出口压力在相位、趋势上应该基本一致；

4）多个点位（甚至是多个类型变量）在正常情形下保持稳定的函数关系。

因此，多点位不一致包括原始数值差超界、特征量（例如，频域的相位）数值差超界、时序形态不一致、函数关系不一致等情况。

数值（原始数据、特征量）的一致性可以采用 ANOVA 分析（组间差异与组内方差的对比）。时序形态不一致采用时序距离函数（参阅 4.8 节）分析，函数关系的不一致通常先建立回归模型（将一些量作为目标量，另外量作为因变量，采用参数化或非参数化模型拟合），然后在预测残差序列上进行不一致性研判。

不一致性研判，除了统计算法，最好能从机理层面分析一下不一致性的来源，例如，多台磨煤机共用一个一次风母管道，磨煤机间存在耦合关系，单台磨煤机进出口流量、压力的不一致可能是耦合效应引起的，不能仅根据不一致这一个因素就判断磨煤机存在异常。

6.3.5 超界

1. 静态超界

在时序数据中,要实现根据全局统计分布检测出超过正常波动范围的异常数据点,常用方法包括规定阈值、IQR 准则或方差标准倍数。这种方式是在全局上做研发,无法根据局部动态变化做出相应的调整。

2. 动态超界

动态检测的方式根据不同区域的数据自适应调整不同的边界。例如图 6-11 所示为某主泵密封泄漏数据,灰底区域为正常波动范围,方框为数据中存在的超过正常波动范围的异常数据点。

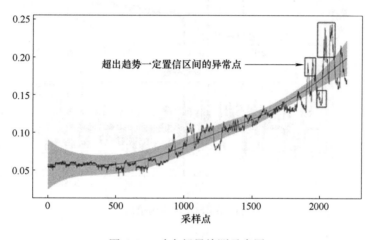

图 6-11 动态超界检测示意图

通过局部加权回归拟合数据来估计局部分布区间时,一般来说,两个变量之间的关系复杂且存在大量噪声时,采用参数化模型描述是不够的,这时候就需要非参数化方法。Loess 是一种用于局部回归分析的非参数方法,根据核加权进行拟合,估计每个点拟合平均值和置信区间。

6.3.6 变点检测

在一个序列或过程中,在某时间点受系统性因素(而非偶然因素)影响引起,当某个统计特性(分布类型、分布参数)变化,就称该时间点为变点(Changepoint),如图 6-12 所示。

1. 基于 SDAR[5] 的变点检测方法

SDAR 模型根据概率密度的变化进行研判,可以看做 AR(Autoregressive)模型的扩展,与 AR 模型不同的是,SDAR 考虑了数据的权重,SDAR 模型中,时间越近的数据权重越大,较早的数据重要性较小,侧重于检测时序数据中最近的变化,如图 6-13 所示。

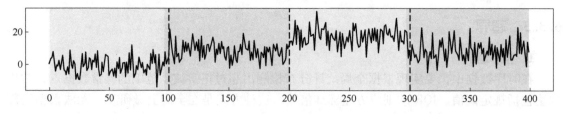

图 6-12 变点检测示意

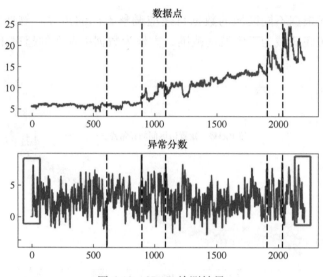

图 6-13 SDAR 检测结果

由于时序的开始以及结尾的跳跃点有时会影响本方法的检测（见图 6-13 中左右两侧的方框），因此本方法先剔除时序数据中前 2% 以及后 2% 的数据点。之后采用 IQR 准则找出异常点。

2. 基于 PELT[6] 的变点检测方法

PELT 算法在 4.4.1 节讨论过，常用采用线性核（如图 6-14 所示）和高斯核（见图 6-12）来检测变点。线性核通常用于检测时序数据的均值变化。高斯核用于检测独立同分布过程的分布变化，对于数据的均值变化、方差变化、均值与方差同时变化的检测均有效。

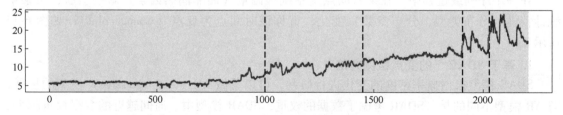

图 6-14 基于线性核的变点检测

6.3.7 一维曲线平滑与分区

以风电机组的风功率曲线为例,因为测量误差、动态性、故障、管控等原因,根据实测数据绘制的风速-功率曲线与理论功率曲线不完全一致,如图 6-15 所示,存在停机(类别1)、降功率运行(类别2)、离散离群点(类别3 与类别4)等情况,如何通过各种技术手段进行过滤,获得真实的风功率曲线。

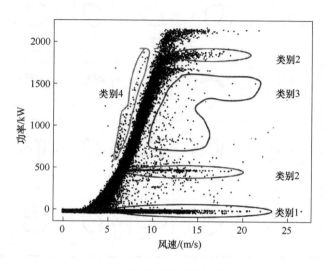

图 6-15 风功率曲线的不同区域

除了在原始时序进行平滑滤波外,对于特别显著的差异,可通过与参考曲线的差异(绝对或相对),根据统计分布过滤掉大的偏离点。

对于离群点,可以利用 DBSCAN 等基于密度的算法消除离群点,也可以根据分仓后的概率分布区过滤,通常选择分布相对集中的变量作为目标变量,例如在图 6-15 的风功率曲线中,选择功率分仓,根据风速的分布进行过滤。

基于分区与的 LOESS 等非参数化拟合获取相对鲁棒曲线,也可以采用分段多项式拟合等参数化模型[7][8]获取曲线。

6.3.8 二维形状分析

多边形类型的研判,不同形状通常对应着不同的失效模式。典型分析场景包括轴心轨迹类型(如图 6-16 所示)、示功图[13]的形状研判,通常由 $x(t)$、$y(t)$ 构成,先滤波,再采用不变性度量指标,例如 Hu 矩(具有平移、旋转和比例不变性),这个指标用来计算其与参考形状的不相似度,综合研判其形状类型。例如,在轴心轨迹类型识别中,计算一个待识别的形状与每个参考形状(一个类型下有多张参考图片)的 Hu 矩,综合研判待识别形状的类型。

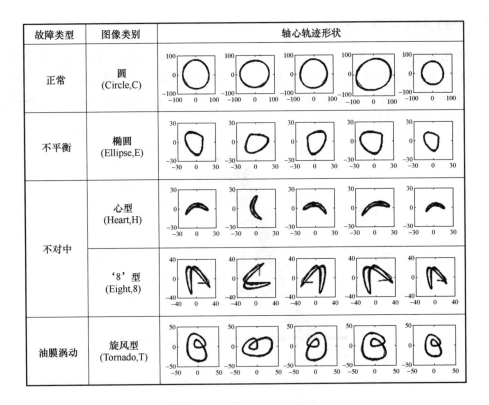

图 6-16 典型的轴心轨迹类型

形状的特定参数的提取,例如水轮机上/下导轴承摆度有明确的标准(如 GB/T 32584—2016、ISO/CD 20816-5:2018 等)规定了外包络等效圆直径、均值轴心轨迹、摆度系数等指标的计算方法,以轴承摆度分析为例,如图 6-17 所示。

再比如,阀门的黏滞分析(如图 6-18 所示)也是通过 OP(Controller Output)与 MV(Measurement Value)、PV(Process Value)的相位图进行分析,领域中存在很多标准的特征指标[14],通过这些特征量在时间上的变化,了解阀门的劣化趋势。

6.3.9 持续某种状态

在很多专家规则中,常常有"振动持续上升""温度缓慢持续下降"等征兆,这样的逻辑有如下 3 种处理办法。

1)理想的研判逻辑:即对时序数据做差分,根据正负符号(或数值范围)及持续时间做研判。例如,"持续上升"要求差分必须为正,并且时间长度大于一定的阈值。这种研判逻辑要求太严格,不允许中间有小的波动。

2)近似的趋势研判:即转化为前面讨论"单调趋势模式"问题,允许在整体趋势下有部分波动。这种研判通常能满足要求,实现也比较简单。但如果业务场景不允许中间有短暂

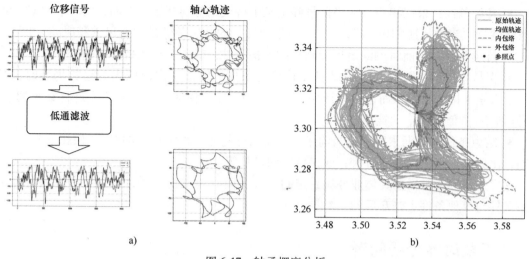

图 6-17 轴承摆度分析
a)低频滤波 b)均值轨迹及内外包络

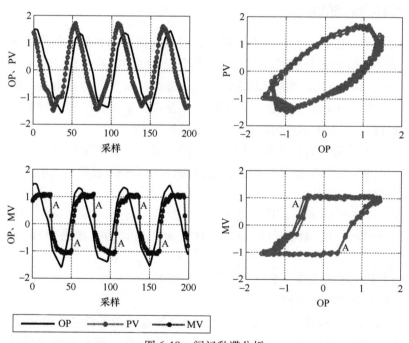

图 6-18 阀门黏滞分析

的反向大波动,这类算法就不适用。

3)严格的研判逻辑:指很多时候允许中间有一些小的波动,例如,"持续上升"只要求大部分时间是"上升",允许中间偶尔小的下降,但不允许快速下降。这样的场景,可以分解为4个条件的研判:

- 开始条件：根据累积量或当前量确定某个持续趋势的开始，例如，"持续大风"的开始条件就是"当前风速>10m/s"；"持续静稳天气"的开始条件是"微风累积时间>3h"；
- 持续条件：当前时刻满足目标趋势的严格条件，时间会记入持续时间；
- 保持条件：当前时刻不满足目标趋势的条件，但在一定范围内，趋势仍暂时保持，但不记入累计持续时间，而记入累计保持时间。例如，"快速上升"趋势允许存在小的下降（下降斜率<阈值）；
- 结束条件：根据累积量或当前量，决定目标趋势不再满足，例如，"快速上升"趋势研判，比如当前点下降斜率过大，或保持时间过长等。

这样的研判通常需要具体业务场景定制开发，同时要求持续条件与保持条件是互斥的，结束条件与其他条件也是互斥的。

6.4 工业时序分析问题

6.4.1 工业时序数据的特点

时序数据挖掘和一般数据挖掘的本质相同，寻找表面数据背后种的不变量（Invariant），这种不变量可能为变量的分布范围，也可能是多个变量间的关系函数。时序数据与独立同分布数据集的重要区别：相邻点间的时间依赖性，其复杂性来自于两方面，一是多尺度，不同尺度上的依赖性不同，不同尺度上的机制不同；二是多变量交互作用。时序算法的本质：如何刻画这种依赖性，如何利用这些依赖性（动态性或周期性）。

在工业应用，时序分析有如下额外的特点，使得其和一般时序分析有所不同。

1）变量间关系存在着部分先验知识，可由定性的因果图或静态/动态方程刻画，为分析建模提供了部分输入；

2）存在外生变量的影响（工况）或未知影响因素，例如设备的本身一些状态、一些临时性未被记录的操作动作，数据和模型都需要从业务场景的角度去审视，提高思考的全面性；

3）标记数据缺乏或不完备，数据类别严重不均衡；

4）时序数据经常存在着中断。

常见的时序监督学习问题见表6-2。时间序列分类常常用于设备异常类型、工况状态识别等场景，用以判断每个给定时序段的类型。根据分类对象，可分为两种情况：

1）连续序列中的点分类问题，即判断每个时间点的类型，例如基于设备的连续状态监测数据，判断设备是否处于正常状态，或出现了某种故障状态；

2）短时序的分类问题，即判断一个时序的类别，例如根据检测数据（如手持仪器的检测数据）进行设备状态类别研判，又如，根据批次生产过程数据（例如每支钢轨的轧制过程、生物发酵过程），研判产品质量。

表 6-2　常见的时序监督学习问题

	对象	描述	处理方式
分类	点分类	在某个时间点上发生了异常事件，每个时间点的结果是一个类别变量（例如水质水平）	转化为预测问题（距离事件点的远近的风险值） 滑动窗口转为短 TS 分类
分类	短序列分类	一个短时序是一个类别，例如每支钢的轧制过程、每个发酵批次	每条时序提取特征；时序间可以做聚类
预测	点预测	例如钢铁价格预测、备件销售量	通过滑动窗口，提取特征，将其转化为经典回归问题 构建动力学模型

基础的时序结构处理方法包括：

1）隐含状态及其转移规律的提取，采用 ARIMA、HMM、状态方程、LSTM 等算法；
2）获取典型形态，例如 Subsequence Pattern Template（Shapelet）、SAX 等方法；
3）频域特征或时频域特征，通常采用 FFT、Wavelet 等算法；
4）结构简化，典型算法包括 Sparse FFT、Sparse PCA、PCA、SOM、RBM 等。

在多尺度、多变量、时序依赖度等维度上，也有不少常用的算法组合策略，例如，用 Wavelet 提取多尺度的时空特征，然后采用 PCA/CNN 做特征降维或提取；利用 SOM/RBM 进行子空间（Subspace）提取，然后利用 CNN 等分类算法进行建模。

6.4.2　短时序分类问题

在短序列时序分类中，一个特殊情况就是每个批次的时序长度可能不同（例如化工过程不同生产周期长度略微不同）。通常预处理策略包括（如图 6-19 所示）：

1）在原始数据强行截取，通常采用掐头去尾的启发式策略。
2）通过特征提取，将其转化为等长的特征向量。
3）在聚类中，采用允许不同长度的时序相似度评价方法（例如 DTW）进行聚类，后面利用聚类信息进行分析。

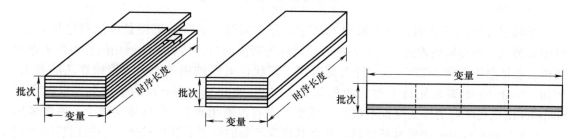

图 6-19　单个时序变量聚类后形成分类特征量

短时序分析的另外一个问题就是降维，有变量间、记录间降维两种方式。

1）变量间可以做 PCA（主成分分析）（如图 6-20 所示）

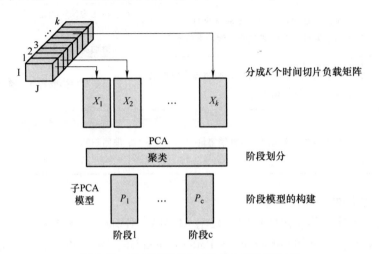

图 6-20　变量间的 PCA 形成分类特征向量

2）记录间可以做聚类（提取典型变化）（如图 6-21 所示）

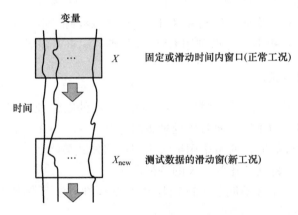

图 6-21　记录间聚类形成分类特征量

短时序（例如示功图、一次机加工过程）分类问题，通常的思路是采用时序再表征、时序聚类或特征提取的方式，将原始的时序转化为特征向量，然后采用通用的分类算法进行建模，整体路线如图 6-22 所示。针对短时序，形状也可以被用来作为决策树算法的判据。例如，Shapelet 能够表征某个类别的相位无关（Phase-Independent）的子序列，也就是说 Shapelet 出现在序列的什么位置不重要（重要的是有没有出现）。在具体实现中，通常采用 Shapelet Transformation 生成特征向量，并将其作为经典的分类算法的输入。根据信息增益对给定的备选 Shapelet 进行排序。对于给定的 k 个 Shapelet，将它们与每个样本的距离作为特征向量。

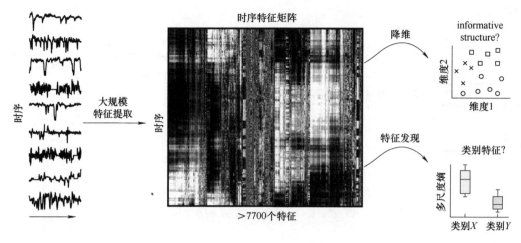

图 6-22 时序特征提取过程[10]

这样就可以用经典分析算法对特征向量进行后续处理，如图 6-23 所示。

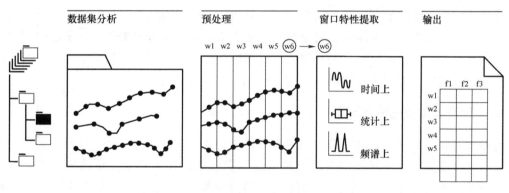

图 6-23 短序列聚类的过程示意图[11]

6.4.3 长时序分类问题

在连续生产的工业场景（例如连续化工、风力/火力发电等）中，长时序是常见的时序数据形式，有如下 3 种处理方法。

1）将一个长序列通过滑动窗口，经过特征提取后，变成独立同分布数据集，转化为经典分类问题，如图 6-24a 所示，这样规避长时间累积的特征加工，降低了对数据样本的连续性和数据质量的要求；

2）将一个长序列通过滑动窗口切成若干个短时序记录，转化为短时序分类问题；

3）建立刻画时序结构的模型（如 HMM、状态空间、LSTM 等），在时序模型的参数空间或预测结果空间上，进行分类，如图 6-24b 所示。如果将结构模型参数或结构模型的输出（模型等同于一种滤波器）认为是特征提取的话，第 2、3 种方法可以认为是第 1 种方法的特例。

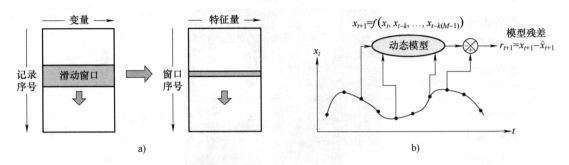

图 6-24 连续序列点分类问题的处理方法
a）基于滑动窗口的特征加工　b）时序结构建模

第 3 种方法中的结构模型通常也会把过去几个点的状态作为输入，这和机理模型中的差分方程在形式上很类似。但二者在定位和建立方法上是有细微区别的，机理模型强调的是外推能力和因果关系，即只要给定初始状态，未来的系统状态都可以通过计算得到结果；而机器学习的结构方程强调的是短期的关联关系，即根据近期的状态，可以"预测"短期的未来状态，不追求长期的外推能力，模型结构是从大量数据中学习出来的，除了定位和建立方法的差别外，二者在工程应用上是相似的，机理模型由于模型误差、初始状态估算误差和外部干扰，同样需要与近期实测数据的修正（采用卡尔曼滤波等方法）。

6.4.4 不同类型问题的转换

机器学习模型和业务规则模型在很多方面是类似的。例如，在 PHM 领域中，很多业务规则是对时序变量特征或征兆模式的研判的逻辑表示式，技术的重点是这些量的提取与加工。如图 6-25 所示，信号存在"突然降低后的持续振荡"的异常征兆模式，可以分解为"突然降低""持续振荡"两种原始时序征兆的研判，以及这两类征兆时序关系的研判。在业务规则清晰的情况下，研判模型的开发就是典型特征量、征兆量和研判逻辑的实现，这和机器学习模型中数据预处理及特征提取过程没有太大差别。

不同类型的机器学习问题也是可以灵活转换的。异常研判看起来天然是个分类模型，但很多时候也可以通过回归模型去求解：

1）利用回归模型，去建立一个正常情形下的预测模型，通过预测结果与实际测量的偏差及趋势，去研判是否存在异常；

2）根据训练数据集的失效时间点，构建每个时间点上失效风险函数，训练一个失效风险概率的回归模型，预测每个时间点的失效概率，根据失效风险概率的数值或趋势做是否异常的研判。

很多回归问题，也可以转化为分类问题。例如操作参数优化问题，当目标量（连续数值，可以是多维）明显存在簇集分布时，可以通过典型模式聚类，将多变量向量、单变量

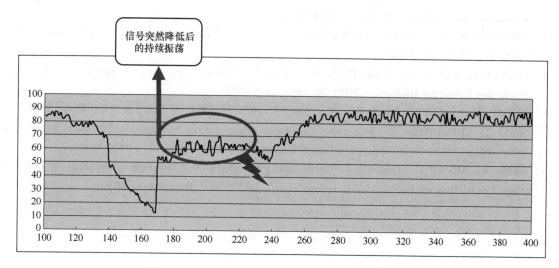

图 6-25 "突然降低后的持续振荡"的异常征兆模式

时序、多变量时序降低为若干个类别变量（其物理含义为目标量的优劣类别或典型事件类型），这样分析问题就转为一个分类问题，甚至，可以将分类问题转化为关联规则（时序频繁模式）问题，发现目标变量模式或异常模式出现之前的常见事件组合模式（例如模式 A 与模式 B 同时出现；或者模式 A 出现，然后模式 B 出现），但这样的频繁挖掘通常需要建立行业经验之上，否则成功率很低。

参 考 文 献

［1］周林，赵杰，冯广飞. 装备故障预测与监控管理技术［M］. 北京：国防工业出版社，2015.

［2］Y. Lei, B. Yang, X. Jiang, et al. Applications of machine learning to machine fault diagnosis: A review and roadmap［J］. Mech. Syst. Signal Process, 2020, 138: 106587.

［3］COX D R, STUART A. Some quick sign test for trend in location and dispersion［J］. Biometrika, 1955, 42: 80-95.

［4］PATTERSON P, SHIFFLETT B. A comparison of reliability estimation using trials-to-criterion and sequential probability ratio testing［J］. Res Q Exerc Sport, 1989, 60 (4): 336-341.

［5］J. TAKEUCHI, K. YAMANISHI, A Unifying Framework for Detecting Outliers and Change Points from Time Series［J］. IEEE Transactions on Knowledge and Data Engineering, 2006, 18 (4): 482-492.

［6］GRETTON A, BORGWARDT K M, RASCH M J, et al. A kernel two-sample test［J］. The Journal of Machine Learning Research, 2012, 13, 723-773.

［7］LYDIA M, KUMAR S S, SELVAKUMAR A I et al. A comprehensive review on wind turbine power curve modeling techniques［J］. Renewable and Sustainable Energy Reviews, 2014, 30: 452-460.

［8］黄秋娟. 基于数据驱动的风电机组功率曲线异常识别方法研究［D］. 沈阳：沈阳工业大学，2019.

［9］杨国安. 机械设备故障诊断实用技术［M］. 北京：中国石化出版社，2007.

［10］FULCHER B D. Feature-based time-series analysis［M］//G DONG, H LIU. Feature engineering for machine learning and data analytics. CRC Press, 2018: 87-116.

[11] BARANDAS M, FOLGADO D, FERNANDES L, et al. Tsfel: Time series feature extraction library [J]. SoftwareX, 2020, 11: 100456.

[12] LUBBA C H, SETHI S S, KNAUTE P, et al. Catch22: Canonical time-series characteristics [J]. Data Mining and Knowledge Discovery, 2019, 33 (6): 1821-1852.

[13] 胡广杰, 易斌, 田宝库. 抽油机井实测示功图泵况诊断分析 [M]. 北京: 石油工业出版社, 2008.

[14] SCALI C, GHELARDONI C. An improved qualitative shape analysis technique for automatic detection of valve stiction in flow control loops [J]. Control Engineering Practice, 16 (12): 1501-1508, 2008.

[15] NANDI A, AHMED H. Condition Monitoring with Vibration Signals: Compressive Sampling and Learning Algorithms for Rotating Machine [M]. Hoboken, NJ, USA: Wiley-IEEE Press. 2019.

第 7 章

生产质量数据分析算法

生产质量管理（Production Quality Management，PQM）的数据分析问题涉及产品、经营、生产、数据、分析技术等多个层面的要素。在产品上，产品的集成度和复杂度越来越高，很多质量问题是热电磁等多场耦合作用的结果，质量分析需要建立在多个技术领域知识融合的基础上。在经营上，质量和产能是重要的市场竞争力，质量是生存的基线，但同时专业化分工越来越强，需要从产业链的范围去提升质量。在生产上，数据分析需要与管理流程、组织能力匹配，设计（或工艺）、生产、检测（或质量管理）、调试和后服务等不同环节对质量的需求不同，小批量、个性化强的高复杂度产品（如微波组件），对细微操控行为分析和调试经验知识要求很高，而对于大批量自动化生产产品（如半导体器件），数据分析集中在机台和工艺参数上。在数据上，人、机、料、法、环等不同要素数据采集与整合是分析的基础，但由于管理粒度、采集覆盖度、采集频度不同，很难建立起完美的全要素模型，质量分析的深度依赖于数据的全面性和有效性。质量分析一直走在认知边缘，需要数据分析技术与领域知识的有机融合。

7.1 概述

生产质量数据分析可以从如图 7-1 所示的两个视角来看。

1）从质量要素的视角，研究人、机、料、法、环 5 个维度的共性分析需求和关键技术，研究物料不确定性、人工操控行为、设备运维、工艺参数和环境变化对质量的影响的分析模型。

2）从生产活动的视角，探究工业大数据分析在设计、生产、检测、调试和后服务等环节中，如何实现质量管理的实时化、精细化、智能化、系统化和闭环化。

此外，从价值创造的途径来看，质量分析可以分为自动化、洞察类、预知类、决策优化等类别的课题，见表 7-1。自动化课题的业务规则通常很清楚但比较烦琐，依靠大数据的运算能力和数据整合能力，提高工作效率；洞察类课题目前主要是提供更全面、更深入的信息，辅助决策，以统计报表、非监督学习技术为主。预知类课题主要是预期未来的质量水平，将事后修正变成事前预防。决策优化课题主要是中长期的工艺参数、运维周期优化设计，综合优化质量与产能水平。

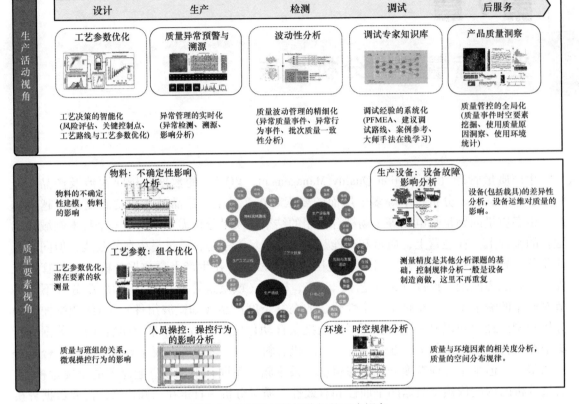

图 7-1 生产质量数据分析的两个视角

表 7-1 生产质量分析课题的价值创造途径

类别	典型数据分析课题	业务价值点
自动化	表面质量检测 物料追溯 异常排查	提高效率
洞察类	时空规律 软测量 微观操作行为识别	辅助决策支持
预知类	异常预警	提高时效性
决策优化	工艺参数优化 设备/载具保养优化	提高质量与产能

按照上面的讨论,将质量分析问题分为如图 7-2 所示的四类。基础分析算法和时空模式挖掘为质量异常预警和工艺参数优化提供了基本规律和特征变量,在质量管控中,异常预警

属于预测性响应的策略,而工艺参数优化则是预设性消除的策略。

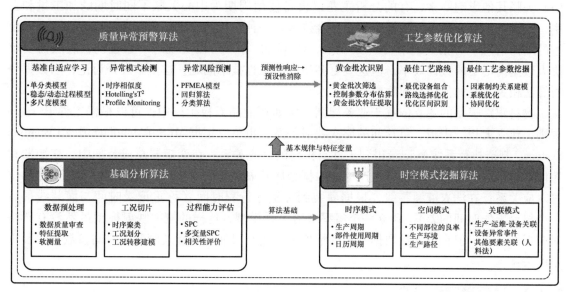

图 7-2　生产质量的四类分析问题

在分析算法层面,质量分析和工业系统故障诊断有很多重叠的地方,都会涉及多变量降维和正常系统动力学建模,因此,本章仅仅讨论质量分析中不一样的地方。在基础分析算法、时空模式分析上,仅仅讨论质量分析特定的算法;在质量异常预警和控制参数算法讨论上,按照连续流程、批次流程、离散生产三种生产类型分别讨论。

7.2　基础算法

7.2.1　物料跟踪模型

物料跟踪是质量数据分析的基础,目的是建立质量检测结果与机台状态/工艺参数的对应关系。不同行业领域对跟踪颗粒度(工件位置、工件、批次等)的需求不同。跟踪的颗粒度与生产模式相关。例如在半导体制造中,一般可以跟踪到工件;在轨梁轧制质量分析中,则需要跟踪到时间或位置,也就是成品钢轨检测出的缺陷需要反演到每个道次的时间或该道次的位置;对于批次生产的流程生产(如多晶硅的还原炉过程),质量指标只能跟踪到一个生产批次;而对于连续加料连续出料的化工过程(如煤化工的气化炉),产品的品质与工艺参数是模糊的概率关系。另外,跟踪的颗粒度与生产系统设计(跟踪带来的收益与成本的均衡)也有关系。例如在袋装洗衣液灌装线,液灌重量的精准度是一个重要的质量指标,但两个并行罐装线后面跟着一个称重台,中间没有条码扫描等机制(会影响产能),称重结果与罐装线工艺参数无法一一对应。

质量数据分析的特点是涉及的要素多但分析主题灵活多变，有的分析课题以产品质量为中心关联其他影响要素，有的分析主题以设备使用周期为中心关联不同时期的加工量和良率，这样就需要一种灵活数据查询和整合技术。一种常用的技术路线是领域模型，基于元模型的结构信息，对象查询语言（如 OQL、GraphQL 等）可以实现跨对象查询，底层需要解决大数据情形下的查询效率，但这些更多是数据工程技术问题，这里不展开讨论，与数据分析算法相关的是如何建立起物料间的关系。

物料跟踪模型的建立依赖于业务规则。例如在液晶面板生产中，可以根据工件 ID 编码规则，建立大板、中板、单片间的层次映射关系，也可以根据 MES（Manufacturing Execution System，制造执行系统）记录得到工件与机台的对应关系；在变矩器总成装配中，变矩器和箱体之间是组合关系；在轨梁生产中，根据金属延展经验公式，可以近似获得不同道次的位置对应关系；在洗衣液灌装线，根据灌装到称重的行程时间（称重记录时间与灌装线最后一个机台工作时间的差），建立一个概率映射关系模型，这样的概率映射模型虽然没有严格对应那么完美，但在有大量数据支撑的情形下，仍有可能分析灌装阀开关时间参数与灌装重量的关系。

7.2.2 过程稳定性监控

在生产过程中，因为外部干扰、设备异常等因素，工艺参数或质量指标会存在波动，生产过程稳定性监控是一个基本的分析问题。常用的方法包括单变量 SPC（Statistical Process Control，统计过程控制）、多变量 Hotelling-T^2 或 Q 分析、以及 Run-to-Run 控制分析方法。在质量分析方面，R 语言有 qcc[6]、SixSigma[8]、spc 等工具包。在 QMS（Quality Management System，质量管理系统）、MES 等生产系统也有过程稳定性监控功能。

1. SPC 图

SPC 假设不同观测点之间是独立关系，但整体上符合一个稳定的分布。基本思想来源于 Shewhart 在 1926 年提出的 Shewhart 图（休哈特图，又称休哈特控制图），计算中线和标准差，根据假设的分布和置信度计算上控制线和下控制线，根据上下控制线进行异常研判。另外一个常用的异常判据是 Western Electric Company（WECO）规则[2]（最近一个点超 3 倍标准差，或最近 2 个点超 2 倍标准差，或最近 5 个点超 1 倍标准差，或最近 8 个点全部在中线的同一侧）。

根据变量类型、组内样本数目（Group Size），有不同的统计检验方法，如图 7-3 所示[7][8]。首先检查变量类型，如果是一个连续变量（Continuous Variable），则根据每个样本组的大小分为 I-MR（Individual and Moving-Range）、$\overline{X}$-R、$\overline{X}$-S 三类图。如果是一个类别变量（Attribute Variable），则根据监测量是缺陷比例还是缺陷数目分为 p 图和 u 图。如图 7-4 所示。

2. Hotelling-T^2 和 Q 分析

Hotelling-T^2 和 Q 分析是一种多变量分析手法。这些统计量分析方法也经常用在 PCA

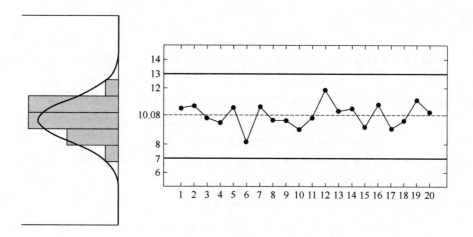

图 7-3　SPC 图示例

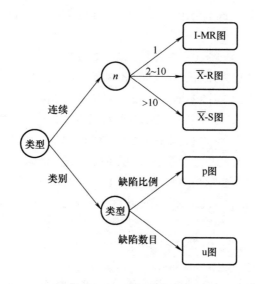

图 7-4　SPC 图的选择准则

（主成分分析法）、PLS（偏最小二乘法）、PCR（主成分回归）等模型诊断中。

将 n 个变量的 m 个样本组成一个矩阵 $X \in \mathbf{R}^{m \times n}$，采用 PCA 将 X 分解为负荷组分 P 与分数 T 的乘积和一个残差矩阵 E。

$$X = TP^{\mathrm{T}} + E$$

Q 分析计算的是矩阵 E 每行的平方根，表示了一个样本的偏离度，Hotelling-T^2 计算矩阵 T 每行的平方和，表示每个样本偏离模型中心的程度。

下面以 R 语言 qcc 包的代码来理解 Hotelling-T^2 的含义，如下述代码和图 7-5 所示。

```r
library(qcc)

# Create matrix corresponding to variable x1 with 20 groups of 4 observations each
    x1<-matrix(c (72,56,55,44,97,83,47,88,57,26,
             46,49,71,71,67,55,49,72,61,35,
             84,87,73,80,26,89,66,50,47,39,
             27,62,63,58,69,63,51,80,74,38,
             79,33,22,54,48,91,53,84,41,52,
             63,78,82,69,70,72,55,61,62,41,
             49,42,60,74,58,62,58,69,46,48,
             34,87,55,70,94,49,76,59,57,46),byrow=FALSE,ncol=4)

    # Create matrix corresponding to variable x2 with 20 groups of 4 observations each
    x2<-matrix(c (23,14,13,09,36,30,12,31,14,07,
             10,11,22,21,18,15,13,22,19,10,
             30,31,22,28,10,35,18,11,10,11,
             08,20,16,19,19,16,14,28,20,11,
             28,08,06,15,14,36,14,30,08,35,
             19,27,31,17,18,20,16,18,16,13,
             10,09,16,25,15,18,16,19,10,30,
             09,31,15,20,35,12,26,17,14,16),byrow=FALSE,ncol=4)

    # Create list with both matrices
    X<-list(x1=x1,x2=x2)

    # Create T2 chart
    t2<-mqcc(X,type="T2")

    # Get the summary for the chart
    summary(t2)

    # Create Ellipse chart with group id
    ellipseChart(t2,show.id=TRUE)
```

从图中可以看出，第 10 个、20 个样本是异常的，图 7-5b 可以看出第 10 个样本分布在正常范围左上方，Hotelling-T^2 相当于计算了 PCA 坐标变换后距离中心的距离的平方。

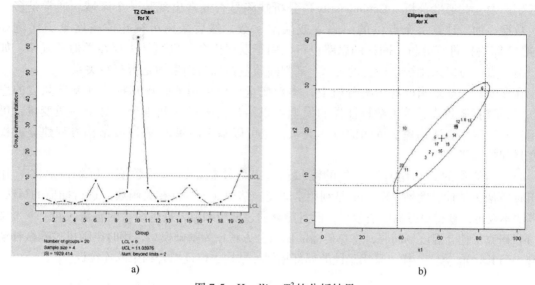

图 7-5 Hotelling-T^2 的分析结果
a) Hotelling-T^2 的控制曲线　b) 多变量的样本分布

3. 其他方法

SPC 假定变量的概率分布不变，异常来源于外部干扰或物料差异。但在工业实际中，工艺设备是在变化的，例如蒸镀过程的沉积会引起蒸镀结果的缓慢漂移。为了支持平均值跃变或漂移，业界提出了 CUMSUM 图、EWMA 图等方法。

另外，SPC 通常假定调整过程是费时费力的，需要充分证据证明异常时再去提醒，并且调整是个开环的决策过程。随着生产设备的自动化水平提升（可以根据指令在线调整），和线检测技术（On-line Metrology）的发展，这时候可以根据统计指标趋势变化，实现在线闭环控制。例如，在半导体生产中的 Run-to-Run Control 可以实现每个生产批次间的调整，目前成为 APC（Advanced Process Control，先进控制）的核心技术[1][2]。

扩展阅读：在 SPC 方法上，中文版图书有贾新章、李京苑编著的《统计过程控制与评价：Cpk、SPC、PPM 技术》（电子工业出版社，2004）；外文版图书可以阅读 Qiu Peihua 编写的 *Introduction to statistical process control*（CRC press，2013）；对于多变量统计控制（不限于质量分析），可以阅读 Ge Zhiqiang 和 Zhihuan Song 编写的 *Multivariate statistical process control: Process monitoring methods and applications*（Springer Science & Business Media，2012）。

7.3 时空模式分析

时空模式分析的目的是探索和理解质量问题的时空规律和基本面，为数据分析、生产管理提供辅助，因此这里更需要白箱模型。从算法的角度，可以分为单变量的时空分布规律分析、多变量间影响关系和时空插值3类。

单变量的时空分布规律包括质量指标、要素指标的分布规律与相关性检验。在半导体和面板生产中，共通性分析（Commonality）分析缺陷是否经常出现某一个区域。通常是多个批次数据叠加，计算每个点位的缺陷率或缺陷次数，然后采用可视化或密度聚类（例如DBSCAN算法）进行分析。同样的思路也可以用于发现机台、班组是否存在类似的规律。如果严格一点，可以采用统计检验的方式⊖来判断质量指标与因素间是否存在关系。

在多变量与质量指标的影响分析上，类别变量可以采用关联规则挖掘（基于频度的思路），决策树/随机森林等可解释性强的模型可以给出清晰的区间划分。对于一般变量，可以用贝叶斯网络算法构建变量间的概率关系，也可以基于因果推理[12]或结构方程建立或检验变量间的因果关系。

时空插值指的是利用有限点位的测量值，去估计整个区域的数值。例如，论文[13]用Kriging算法去估计温度场，Kriging是利用空间变异结构（或局部相关函数）进行插值的算法，该算法不仅可以获得更好的插值效果，而且能够通过期望和方差提供结果的置信区间。参考文献[14]研究了粮仓温度场问题，将热传播的偏微分方程作为基础模型，用时空随机过程做补偿模型，和Kriging算法一样，采用隐性的局部相似性结构，保证拟合结果的连续性。

7.4 连续流程生产

连续流程生产系统通常存在较大惯性（短期内是平稳的），从控制动作到质量结果均有很大滞后，并且很多测量（如流量）本身存在较大偏差，因此质量评价、操作参数优化都应该从较长的时段上去看，在技术上需要时间序列切分、聚类等算法。为了更容易理解，本节和后面两节都从一些应用示例开始，把典型算法和具体应用示例结合起来。

7.4.1 应用示例

这里以煤气化分析优化为例，仅仅为了使讨论更具象，详细信息可以参阅参考文献[15]。煤气化是在一定条件下，将原煤与氧化剂混合，通过复杂的物理、化学反应，生成以 CO、H_2 为有效成分的合成气的过程。有效气体产率直接决定了生产效益，是煤气化生产的核心技术指标。煤气化分为以干粉煤为原料和以水煤浆为原料的两大流床煤气化主流技术，德士古（Texaco）气化炉是常用的水煤浆气化装置，这里以德士古气化炉为例，其工作原理如图7-6所示，在正常生产过程中，煤浆品质一定时，气化系统的有效气产率由进料流量（包括煤浆流量、氧气流量、中心氧气流量）、进料压力（包括煤浆压力、氧气压力）和反应条件（包括气化炉的炉膛温度、炉膛压力和煤浆燃烧状况）共同决定。炉膛温度由氧煤比控制，氧煤比增加则气化温度升高，合成气中 CO 和 H_2 的含量增加，CO_2 和 CH_4 的含量减少，碳转化率升高，但水煤浆气化操作指标中的比氧耗增加，冷煤气效率下降。炉膛压力由后续工段调节，并通常保持恒

⊖ 可参阅《工业大数据分析实践》（田春华等，电子工业出版社，2021）中的表8-1。

定。煤浆燃烧状况主要受中心氧气流量影响。因此，优化气化炉运行工况主要通过调节主管氧气流量、中心氧气流量、煤浆流量实现。

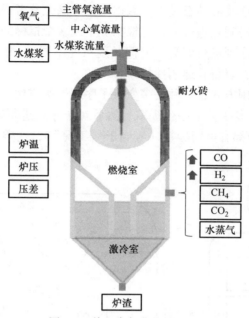

图 7-6　德士古气化炉原理图

煤气化和很多连续流程生产系统类似，具有大延迟、时变性、非线性、多变量交互等特点，只有经验丰富的操作人员，才能应对各种生产条件，进行合适的操作参数调节。但现实中，不同的操作人员的经验水平往往不同，即使同一操作人员，也难以维持稳定的操控水平。幸运的是，数据可以对复杂工况和各种各样的操作进行记录。因此，我们可以通过机器学习方法对数据进行刻画和学习。

数据主要包括 DCS（Distributed Control System，分散控制系统）数据和煤质分析数据。DCS 有 4000 多个测点，采样周期是 1min。煤质分析数据包括灰熔点、灰分、水煤浆浓度等 15 项指标，每日 2 次。根据领域知识分析相关如图 7-7 所示的 13 个变量。

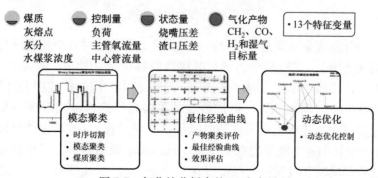

图 7-7　气化炉分析中的 13 个变量

7.4.2 工况划分

连续流程生产是一个连续的动态过程,数据挖掘应该充分考虑过程中的时序关系和时序模式,而不是对各孤立的时间点进行分析。根据单个或多个指标的形状模态自动切分,然后根据相似度对切分后的子序列进行聚类(时间长度可能不同),并分为若干典型工况,将类似工况放在一起进行分析,以得到通用性规律。

对工况划分有两种常用方式,一种是多变量子序列聚类方法,如图 7-8 所示,采用滑动窗口(可以有重叠)进行多变量子序列提取,然后对子序列进行时序聚类(详细算法参阅4.8 节),这样每个子序列都有类别标签(等同于"工况"),这类方法的好处在于离线训练和在线预测的策略是一致的。

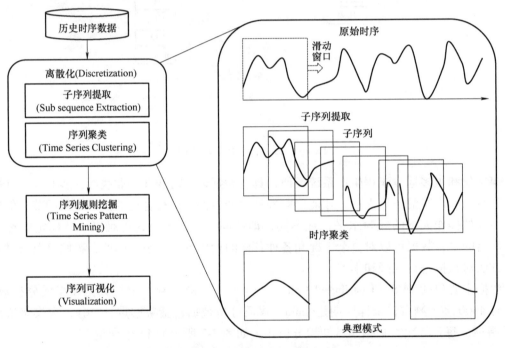

图 7-8 子序列聚类方法

另一种工况划分方式是单变量序列分割,如图 7-9 所示,对每个变量时序,进行时序分割(算法可参阅 4.3 节),提取每个切分后时序段的特征量(均值、方差、趋势等),根据特征量进行聚类,这样每个单变量时序就转为一个带起止时间的标签序列(Interval)。多个变量的标签序列在统一时间轴展开,形成组合标签序列,这样也就形成典型的综合工况序列。对于平稳过程(很多连续流程大部分时间都是平稳过程),这种方法可以将长时序切分得比较"整"(一个长期稳定的工况在一个时序段,而不像第一种方式那样分布在多个时段中,并且平稳过程间的转移过程也会保留得比较全面)。但在线预测时候,这种方法仍然需要切换到滑动窗口的方式,根据每个变量子时序的特征值,判断单变量的标签,然后多变量组合,形成工况标签。

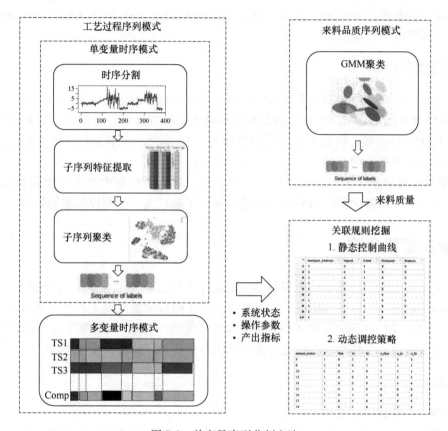

图 7-9　单变量序列分割方法

7.4.3　操作参数优化

操作参数优化有两种:

1)静态控制曲线优化,即在给定的物料类型和工况下,质量(或输出状态)优良的时段,通常采用什么样的控制曲线;

2)动态控制策略优化,即在给定的物料情况和给定工况下,采用什么样控制策略,可以让当前不好的质量状态,调整为优良质量状态。

在工况、控制策略、结果序列都已经离散化的情形下,这两种优化可以采用关联规则算法(例如 Apriori 算法)求解,见图 7-9,需要注意的是动态调整策略的效果评估需要考虑在控制效果的滞后性。气化炉的具体分析过程可以参阅参考文献 [15]。

当变量都为连续变量,对于静态控制曲线优化,可以在给定的物料类型和工况下,选择质量优良的若干个子序列(等长),采用 LOESS 回归的方式拟合每个控制量的曲线。对于动态控制策略优化,可以建立回归模型,构建一个合适的质量评价目标量,提取控制、状态和物料序列的特征量,通过回归算法建立模型。连续流程生产的数据量一般来说比较充足,可以考虑强化学习贯序决策模型,也可以建立目标量与决策量的 RNN(Recurrent Neural Network,循环神经网络)模型。

7.4.4 其他分析

有了充足的数据,很多简单非监督学习对现场运行也有一定的价值。例如:

1)调整效果的后评估,采用了新的控制策略或控制方法后,可以从历史数据上选择前提条件类似(物料类似、状态类似、设备健康等)的场景,采用方差分析等算法,对比改变前后在质量和产率上的差异;

2)类似过程检索,采用时序相似度匹配算法,从历史数据中查询与当前类似的过程,供操作人员参考,以便他们研判后续的可能走势,了解过去不同调控策略的效果。

7.5 批次流程生产

在批次流程生产中,每个批次都有明确的起止时间,且不同批次的时长通常比较接近,有类似的初始状态,但质量检测通常只有在批次结束时或少量时刻上才可以进行,不像连续流程生产可以实时获得质量反馈(虽然可能存在一定的滞后)。对于基于监督学习的批次流程分析,批次数目就是样本量,数据量通常不大,分析手段的自由度也不高。

7.5.1 应用示例

1. 示例 1:多晶硅还原炉

还原炉生产是多晶硅生产的末段环节,通过氢还原反应生产出多晶硅棒,是一个典型的批次生产过程(一个生产周期为 120h 左右)。多晶硅的产品质量包括单晶比例和致密度,另外,能耗和物耗也是重要的生产指标(能耗约占多晶硅生产成本的 20%)。多晶硅还原炉先按照预先设定进料量-时间参数通入物料,随后按照设定的电流-时间参数在硅芯上施加电流,还原反应后的硅在硅芯上不断沉积,形成硅棒,其工作示意图如图 7-10 所示。

还原炉生产为化学气相沉积过程,是原料、装置、操作参数等多种因素共同作用的动态过程,电流、TCS(Trichlorosilane,三氯氢硅)通料量、氢气配比、冷却水流量以及进料温度等主要变量间的影响关系如图 7-11 所示。

当然,实际的生产过程中,会存在一些外生变量(有影响但没有办法控制的变量),例如炉子的清洁度、二氯氢硅的含量、喷嘴分布以及氮气含量等,这些都会对生产过程中的热反射率产生影响,从而影响最终的产出效果。这些外生变量当前缺乏有效的度量或监测,外生变量在不同炉子、不同生产批次的影响表象也不同。在这样的客观条件下,数据分析中:

1)通过选择一个工程能力稳定(或少量相近)还原炉,尽量降低外生变量的影响;

2)同时,在分析结果解读和推广应用时,要谨慎评估外生变量的影响。

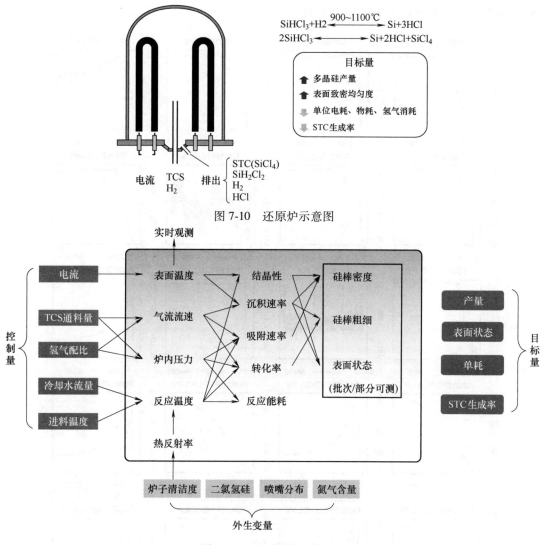

图 7-10 还原炉示意图

图 7-11 还原炉的反应原理

支持数据包括批次结果、工艺过程参数时序等类别。

1)批次结果数据,包括批次号、起止时间、单晶比例、料耗(单耗)、电耗(单耗)5 列;

2)工艺过程参数时序,选择了与还原炉相关的 24 个 DCS 工艺参数,其中 9 个参数是秒级数据,其余 15 个参数是分钟级数据。秒级数据包括还原炉硅棒温度、钟罩冷却水上水温度、钟罩冷却水回水温度、尾气温度、氢气温度、氢气压力、TCS 压力、TCS 温度,分钟级数据包括汽化器塔中温度、氢气流量(小)、TCS 流量、每相电流(6 个)、每相电压(6 个)。为了统一,采用算术平均将秒级指标降频到分钟级。一个批次中,24 个参数时序曲线如图 7-12 所示,横轴为时间(单位为 min),纵轴为参数数值。根据工艺机理,氢气流量(小)、氢气流量(大)、TCS 流量每相电流(选择其中的 A1 项代表)、每相电压(选择 A1

代表）等 5 个工艺参数作为关键控制参数。

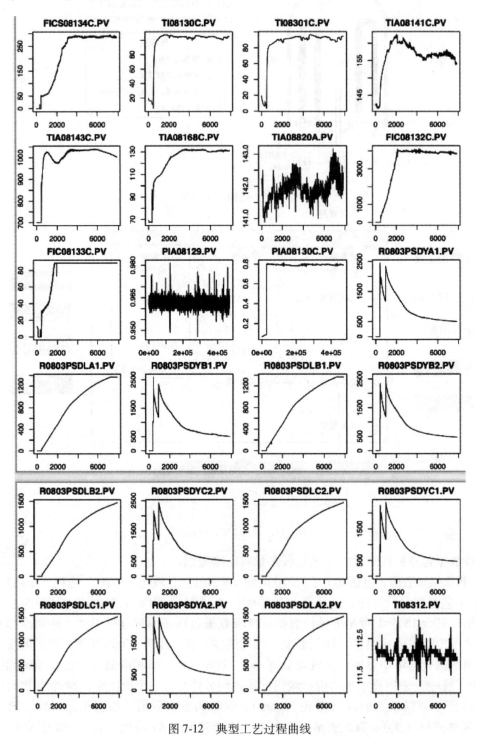

图 7-12 典型工艺过程曲线

2. 示例 2：生物发酵

发酵是一个复杂的动态生物化学反应过程，发酵质量度量指标为化学效价（或经济效价），发酵批次约为 140~170h，化学效价与 DO（Dissolved Oxygen，溶氧）、温度、pH 值等工艺参数和补料速率、搅拌速度等控制参数密切相关，涉及 31 项指标，见表 7-2。

表 7-2 生物发酵分析的数据类型

类别	指标	采集周期
在线监测指标	温度、罐压、称重、溶解氧、空气、搅拌电流、搅拌转速、补水速率、补水总量、补料速率、补料总量、补糖速率、补糖总量、补油速率、补油总量、补醇速率、补醇总量、pH 在线	10min
离线检测指标	pH 离线、菌浓、黏度、滤速、菌丝阶段、无菌情况、还原糖、总糖、氨基氮、化学效价	每 8h 检测一次，化学效价第一次检测发生在第 34~40 个小时

与多晶硅还原炉的化学气相沉积过程相比，生物发酵过程更为"微妙"，各个量之间只有经验上定性关系，如图 7-13 所示。传统上发酵效果常依赖于工艺和现场人员的丰厚经验、密切观察和及时调整，试图维持一个受控的和良好的微生物生长环境。随着发酵装置的自动化和物联化技术的发展，发酵过程的状态参数、控制参数被越来越密集的收集。基于这些实时监测数据和大量批次的离线检测数据，有机会对生物发酵动态过程进行深入的分析与挖掘，总结黄金批次的 pH 值/溶解氧/补糖速率理论曲线，探索定量的精益控制规律，以提升发酵装置的智能化水平。

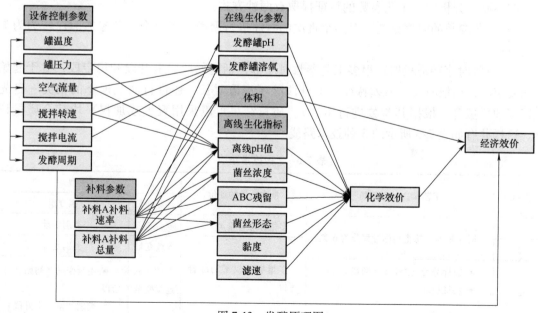

图 7-13 发酵原理图

7.5.2 理想工艺过程拟合

理想工艺过程拟合也可称为最佳工艺过程拟合，就是将较好批次（工业中也称为"黄金批次"）的控制曲线（不同时间点上的数值）总结出来，形成定量的操作指导。

黄金批次的挑选是业务驱动的，当质量结果是多变量时，有两种方式形成一个综合目标：

1) 指标聚合，综合选择性能较好的类别；
2) 根据业务语义，多个指标加权获得一个综合得分，综合得分高低表征了批次的优劣。

理想工艺过程拟合也有两种方式：

1) 半参数化或参数化建模，获取工艺参数的平均曲线及其置信度区间，通常采用 LOESS 等算法，这种方法不会过多关注工艺参数间的交叉影响关系（例如存在多种组合可以取得类似的效果）建模简单，适用于机理简单、机理了解有限或监测数据相对缺乏的场景。

2) 监督学习的方式，对历史工艺曲线进行聚类或提取特征，基于监督学习模型，获得较好批次的关键控制参数及其对应的曲线类型。上节所述的还原炉优化采用第二种方式，生物发酵过程采用第一种方式。

生物发酵过程的微观机理（温度、溶液组分对菌生长变异的影响）清楚，但中观操作层面没有明确的机理，基于 Loess 回归，获得曲线如图 7-14 所示。

在还原炉分析中，工艺参数的特征提取有两种方式：

1) 工艺参数的时序聚类：对多个批次的时序进行聚类，将每个工艺参数时序转为为类别变量；
2) 分段时序特征提取：很多工艺参数时序都包括起始段、上升段和稳定段，对于起始段和稳定段，提取时长、方差特征，上升段除了提取时长，还进行曲线模态的聚类（首先进行多项式拟合，根据其参数进行聚合）。质量结果可以采用聚类或加权平均综合质量评价。这样共有如表 7-3 所示的 3 种技术路线。

表 7-3　3 种技术路线

路线	工艺参数过程刻画	批次结果的评价	研判模型 目标变量	研判模型 因变量
1	时序聚类（每个指标过程分为 6 类）	多指标综合聚类	类别变量	类别变量
2	时序聚类（每个指标过程分为 6 类）	多指标加权平均综合评价	连续变量	类别变量
3	• 时序分段（3 个生产阶段） • 特征提取	多指标加权平均综合评价	连续变量	• 连续变量（初始、稳定段） • 类别变量（上升段）

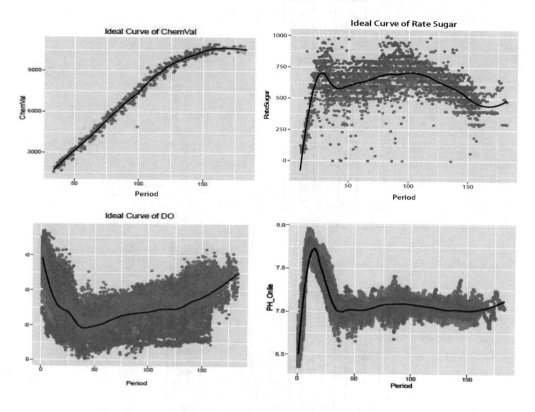

图 7-14　发酵过程的理想控制曲线

整体的数据处理如图 7-15 所示，首先对数据进行预处理，包括数据缺失填补、超短批次删去、非生产时间过滤、噪声消除等操作；然后对工艺过程参数进行特征提取，每个批次提取若干个特征变量；最后与批次结果数据进行合并，进行最优参数挖掘。

理想工艺过程拟合如图 7-16 所示，采用决策树算法可以获得黄金批次分支的控制变量及其相应的曲线模态。

7.5.3　动态控制优化

当质量存在间隔性测量时（例如，生物发酵中化学效价每 8h 有一次离线测量），也可以根据当前质量结果与工艺状态，进行适当的控制，使其向较好的方向发展，采用的技术路线与 9.4.3 小节讲到的动态控制策略优化类似，只不过，批次生产的样本量通常不多，无法应用强化学习等深度学习算法。

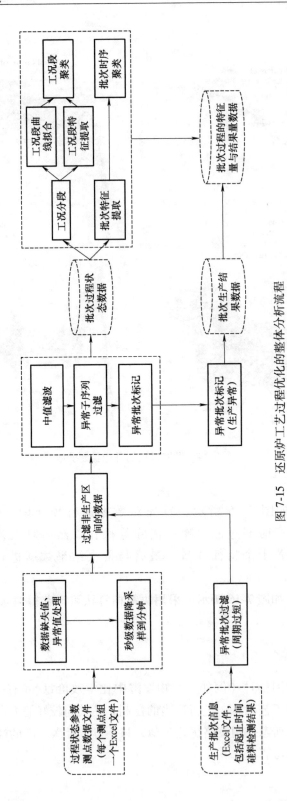

图 7-15 还原炉工艺过程优化的整体分析流程

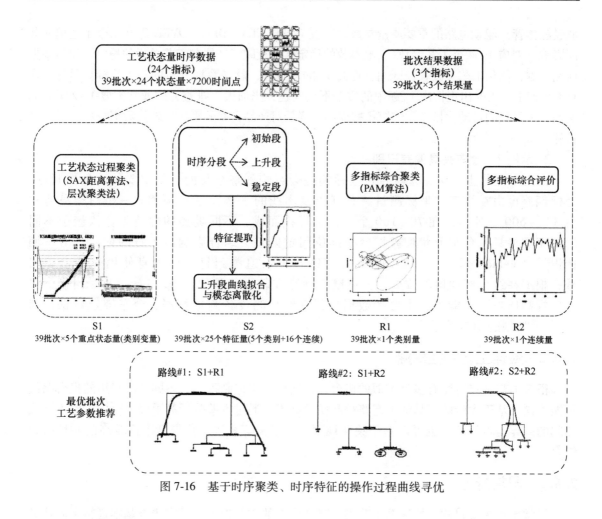

图 7-16 基于时序聚类、时序特征的操作过程曲线寻优

7.6 离散生产

在理论上,离散生产方式有能力将质量结果与每个工件实现关联(实际生产中需要根据成本和需求综合决定跟踪颗粒度),也可以根据产品参数和失效机制预估工艺良率,例如,在半导体生产中,对于微颗粒引起短路失效,根据设计间隔(折算为临界面积)和微颗粒尺寸分布,有泊松模型、B-E 模型等良率模型。工业大数据的汇集分析,可以将这些理论模型更贴近现实,让很多缺陷排查和异常识别逻辑自动化,实现对机台工程能力和现实环境等要素的建模。

7.6.1 应用示例

1. 示例 1:TFT 电特性稳定化改善

在 OLED 等液晶面板生产中,电参数 V_{th} 的片间/片内一致性是 TFT(Thin Film Transistor,

薄膜晶体管）驱动电路的重要质量参数，V_{th} 受 CVD、ELA、DKC、OVEN 等几十个工艺单元共同影响（对应 1454 个工艺参数），电参数的稳定性也反映了产线各工艺单元的稳定。如何根据检测数据，优化工艺参数管控区间，提高 V_{th} 的一致性，就是数据分析的一个目标。另外，在 TFT 生产中，不时出现批次 V_{th} 超限的质量不良问题，当前人工排查方式通常需要 1~2 天。如何通过工具化的自动化排查，缩短排查周期，降低对产品良率的影响，就是数据分析的另一个目标。

2. 示例 2：台车夹具偏差识别

在汽车焊装生产中，重点点位坐标偏差会影响到整车装配，是重要的质量控制点。坐标偏差可由在线三维坐标测量装置（以及离线的三坐标室）检测。一个白车身通常由 300~600 个冲压件在 70~100 个工位上焊接而成，不同类型的焊装工作依赖于不同的台车与夹具，台车形状偏差、台车推位固定偏差会综合影响白车身的偏差。由车辆标识号（Vehicle Identification Number，VIN）可以追溯到每个白车身使用过的台车编号，根据在线生产和检测数据，就可以发现存在较大偏差的台车/夹具，及时纠正，将可以提高质量管控能力。主要的数据包括在线检测设备测量数据、台车绑定数据、测点-台车类型的影响关系表。

7.6.2 最佳工艺路径挖掘

很多工艺站点可能有多个类似的机台，在同样的工艺制程下，不同产品经历的机台路线可能不同。基于大量的产品的工艺路径和质量结果，通过方差分析等手段，可以检验不同线路间的差异是否显著。也可以基于关联规则、决策树等算法，获得良率比较高的共性机台组合。

7.6.3 异常排查

异常排查主要目的是快速缩小范围，降低潜在的质量损失。异常排查基本逻辑来源业务领域（数据分析仅仅在局部实现定量化），但人工排查通常工作量大，从而期望数据分析能够提供一种自动化的异常排查手段。有两种典型的场景：

1）跨越多工艺站点的异常排查，排查逻辑本身很简单，但需要遍历或组合的检查项太多

2）多要素复杂作用结果的异常排查，排查逻辑超越了人工的计算复杂度，需要计算机来求解。

TFT 异常排查是第一种场景，TFT 异常排查跨越几十个工艺单元，但逻辑简单。TFT 质量异常的可能原因有如所图 7-17 所示的 3 类：

1）工艺路径问题，该批器件经过了工程能力弱的机台，或组合了不佳线路；

2）个别机台的异常停机或工艺异常，异常停机可以通过机台的空闲时间（Idle Time）去研判，工艺参数异常可以采用 IQR 或方差的方式进行研判；

3）加工或等待时间异常，工艺制程有标准的加工时长，一个大板（Sheet）在某个制程站点的加工时间（Working Time）的长短常可以用来表征工艺过程是否顺利，在工艺站点间

（特别是在 Array 阶段）的排队时间（Q-Time）过长，制件可能受空气或其他环境影响，从而影响后续制程的工艺质量。

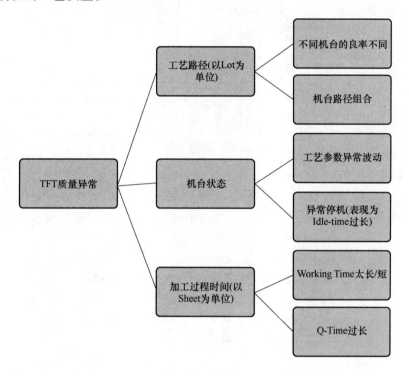

图 7-17 TFT 异常排查逻辑

台车夹具偏差识别是第二种场景，点位坐标偏差涉及多个台车，而不同工序的台车（如地板台车、主线台车等）组合是随机的。根据工艺知识，领域专家可以给出可能的台车类别-点位的映射关系（即一个点位坐标，可能受哪些类型的台车的影响），如图 7-18 所示。如果假定不同类型台车对偏差的影响是线性可加的，则对于每个点位，可以建立线性方程组，每辆车是构成一个等式，左边是参与的台车偏差变量的和，右边是该辆车的偏差。但这样的方程组是非适定的（很容易理解：如果存在解，一定存在无数组解，因为两个类型台车其中一个添加正向影响，另外一个添加同样幅度的负向影响，结果是不变的），可以计算出模最小的近似解，作为夹具偏差的估计。对于每个点位，也可以采用决策树模型（或随机森林），建立偏差与台车的关系，决策树模型可以表达非线性关系（不是所有台车都影响偏差，两种类型台车间的关系可以非线性组合关系）。

7.6.4 操作参数优化

因为有比较好的映射关系，离散生产模式下的操作参数优化是个典型的回归建模问题，如图 7-19 所示。在此之前，一般需要消除变量间的多重共线性，这样进入模型的变量比较精简。

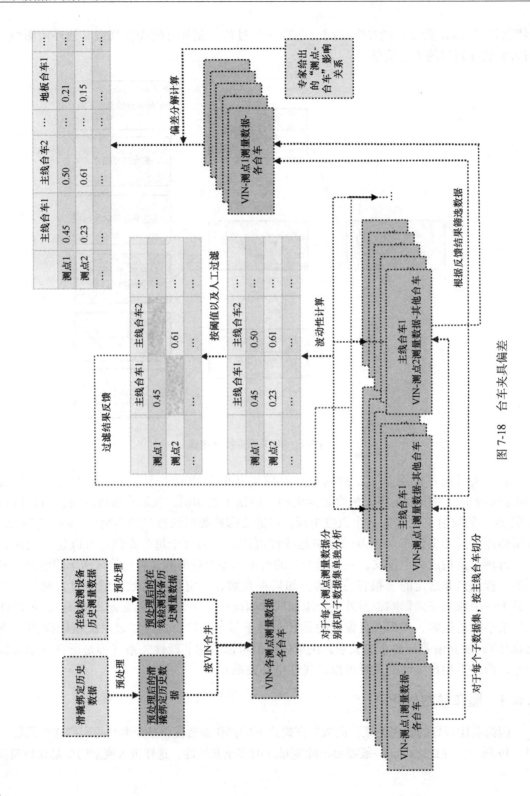

图 7-18 合车夹具偏差

第 7 章 生产质量数据分析算法

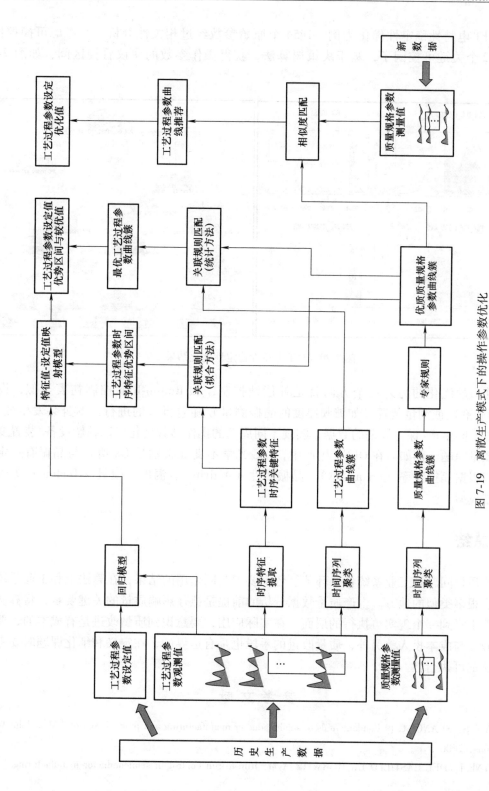

图 7-19 离散生产模式下的操作参数优化

以 TFT 电特性稳定性优化为例，1454 个原始参数经过相关性分析，并考虑可操控性，缩减为 22 个关键可控因子，基于决策树算法，获得操作参数的建议管控区间，如图 7-20 所示。

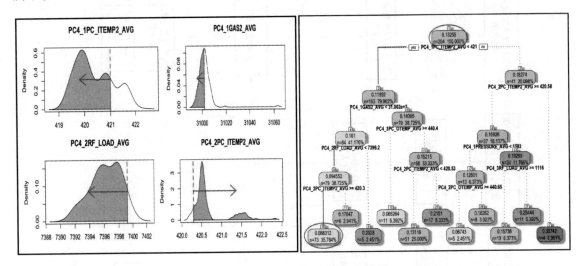

图 7-20　TFT 电特性稳定性优化结果

操作参数优化的另外一个方向就是补偿性控制，和 Run-to-Run 控制初衷类似，设备（如蒸镀腔室）或测量装置（如镀膜厚度的晶振测量）随着批次的进行，本身会发生变化，基于历史不同生产/保养周期的数据，实现不同周期的操作参数优化，以补偿设备/装置变化带来的质量问题。例如，在 OLED 生产中，CIE 光学不良（特别是 Gx 值）与晶振有一定关系，可以根据晶振频率（Frequency）、晶振活性（Activity）、温度、模具（Tooling）等因素建立补偿模型。

7.7　总结

生产质量问题是工业系统各个环节、各个要素共同作用的结果，在算法上和工业系统故障诊断有很多类似的地方。生产质量数据分析的前提是抓住影响质量的关键要素，将算法对数据的要求降到一个现实可执行的层面。在实际应用，要意识到质量改进是有成本的，要平衡改进收益与成本投入，另外，质量改进的手段也是有边界的，在定义和细化课题时要考虑改进措施的可执行性。

参考文献

[1] MAY G S, SPANOS C J. Fundamentals of semiconductor manufacturing and process control [M]. John Wiley & Sons, 2006.

[2] MOYNE J, DEL CASTILLO E, HURWITZ A M. Run-to-run control in semiconductor manufacturing [M].

CRC press, 2018.

[3] 贾新章, 李京苑. 统计过程控制与评价: Cpk、SPC、PPM 技术 [M]. 北京: 电子工业出版社, 2004.

[4] QIU PEIHUA. Introduction to statistical process control [M]. CRC press, 2013.

[5] GE Z, SONG Z. Multivariate statistical process control: Process monitoring methods and applications [M]. Springer Science & Business Media, 2012.

[6] SCRUCCA L. QCC: an R package for quality control charting and statistical process control [J]. dim (pistonrings), 2004, 1 (200): 3.

[7] CANO E L, MOGUERZA J M, CORCOBA M P. Quality Control with R: An ISO Standards Approach [M]. Springer, 2015.

[8] CANO E L, MOGUERZA J M, REDCHUK A. Six sigma with R: statistical engineering for process improvement [M]. Springer Science & Business Media, 2012.

[9] MASON R L, YOUNG J C. Multivariate statistical process control with industrial applications [M]. SIAM, 2002.

[10] SCUTARI M, DENIS J-B. Bayesian networks: with examples in R [M]. CRC press, 2021.

[11] UGER Dr U K, XIE L. Advances in statistical monitoring of complex multivariate processes: with applications in industrial process control [M]. Wiley, 2012.

[12] BRUMBACK B A. Fundamentals of Causal Inference with R [M]. CRC press, 2021.

[13] 杜宇健, 萧德云. Kriging 算法在温度场计算中的应用分析 [J]. 计算机辅助设计与图形学学报, 2004 (8): 126-131.

[14] WANG D, ZHANG X. Modeling of a 3D Temperature Field by Integrating a Physics-Specific Model and Spatiotemporal Stochastic Processes [J]. Applied Sciences, 2019, 9 (10): 2108.

[15] 田春华, 崔鹏飞, 刘家扬, 等. 基于时序聚类和关联规则挖掘的气化炉操作参数优化方法 [J]. 陕西师范大学学报 (自然科学版), 2021, 49 (1): 69-81.

第 8 章

生产效率优化

决策优化课题在运筹学（Operation Research）、约束规划（Constraint Programming）、回归分析与预测、系统仿真方面都有丰富的算法，在航空、物流等行业也取得了成功。例如，民用航空已经形成一套相对完备的优化问题体系，包括运行计划［可细分为飞行计划（Flight Planning）、机队指派（Fleet Assignment）、维修路线（Maintenance Routing）、机组排班（Crew Rostering & Scheduling）等子问题］、收益管理（包括 Go-show/No-show Forecasting、Overbooking Optimization、Fare Class Mix、Origin-Destination based Revenue Optimization 等子问题）、基础设施优化（如服务能力仿真与优化、地服仿真优化、流量控制优化等子问题）等，而且有对应的商用解决方案。在工业行业中，以半导体制造、汽车制造等为代表的流水线式离散制造业中也有不少好的应用。这使业界对依托生产效率管理（Production Efficiency Management，PEM）的生产效率优化保持高度乐观。但在行业实践（包括工业与服务业）中，也可以看到很多失败案例，其中一个原因就是应用算法时，没有把现实中的各种常见场景梳理全面、没有充分论证算法与业务流程的结合方式，使得算法只解决了理想情形下的核心技术难题，忽略了日常世界中的"不完美"，导致优化结果没有可执行性（Actionable）。

8.1 决策优化问题的建模思路

从分析类型的角度看，决策优化可分为信息情报整合（采用商业智能等技术为决策提供及时全面的信息）、What-if 分析（模拟仿真不同决策下的结果）、业务规则自动化（采用业务引擎或个性化应用，将手工决策逻辑自动化）、运筹优化（建立变量间的动因关系，根据目标函数进行综合优化）、经营预测（预测未来的走势，以便经营决策）这 5 种类型。本章集中讨论后面两种类型算法，特别是利用线性规划和整数规划的建模技巧。

在运筹优化建模上，容易出现的问题通常表现为以下 6 种类型。

1)"全局优化"的陷阱，应用范畴太大：一味追求"全局优化"，而没有意识到"全局优化"是建立在"全局信息"质量和及时性的基础上的，也没有意识到优化算法的计算复杂度通常是多项式甚至指数级的（即计算耗时与变量数目呈多项式关系或指数关系）。通常的做法是放弃全局优化，将问题分解为若干层次进行分别优化。例如，在航空运作领域，航线优化、航班计划、尾号分配（Tail Number Assignment）、大规模延误恢复等问题都是单独处理的。

2）业务应用场景考虑不完备：一是仅考虑了"完美"情形，没有考虑例外情形，使得解决方案不能落地。例如，航班可能存在延误、取消、备降、跳过、紧急调用等情形；二是缺乏业务场景对分析算法"非功能性"需求的理解（如每次优化计算任务必须在5min之内完成）。

3）业务目标不清楚：实际中的业务问题通常是多目标的，应该合理平衡这些目标，还有些"隐藏"的业务目标，没有被访谈出来，或者在细枝末节上花费了太多时间，没有抓住主要矛盾。还有不少问题的目标本身就很难度量，这样的优化模型只有逻辑练习或推演的价值，无法指导实际应用。

4）没有考虑业务逻辑（约束）的变动性：利用优化算法求解问题时我们通常期望约束条件是明确固定的（这样才能有效求解）。但在实际业务运作中，有很多"软"约束，可以在可能的情形下尽量满足，如果不能完全满足，则逐步放松。例如，在现实任务调度中，如果任务没有在时间窗内完成，那么短时的加班通常也是允许的。在订单排产中，如果产能过剩，则以节能降耗为优化目标，如果订单饱和，则以最大产能为优化目标，甚至可以采用外部方式解决。

5）没有考虑数据不完备或不完美的特性：很多数据和信息的获取是有成本的（甚至没有数据源），即使已经获取的数据也可能存在时延和数据质量问题。例如，在小批量定制化研制效率提升课题中，如果关键工序生产有很大不确定性，关键物料供应存在不确定性，这就和经典的APS（Advanced Planning & Scheduling，高级计划与排产技术）建模的前提假设有很大差别，这时候计划排产本身的优化变得没有那么重要，重要的是找出瓶颈环节和瓶颈资源（特别是目前没有看到的），基于随机仿真的技术也许是更合适的。

6）缺乏业务价值的客观估算：与当前的手段相比，能带来多大提高。一般来说，运筹优化带来的提升通常在10%之内（10%之上的提升通常靠业务模式创新、基础设施更新、管理流程优化或信息系统集成）。因此，应当对优化项目带来的业务价值保持谨慎的乐观。一个有经验的数据分析师，通常会先抓大面，如成本结构的主要成分、运作中的主要耗时、耗材、耗能环节、改进方法，然后再思考如何用技术帮助业务。

结合上面的现象，与半导体制造、汽车制造等应用较好的行业相比，可以看出PEM应用通常需要具备以下3个条件：

1）基础操作标准化，包括生产活动标准化、物料转化关系标准化、业务流程标准化，如果缺乏标准化或定量化，则很难用一套变量和模型刻画物理过程；

2）信息基础好，包括ERP、MES、EAP（Equipment Automation Program）等信息系统，决策优化需要数据源，且结果需要落回业务或生产过程中；

3）效率和产能是制造企业核心的业务指标，因此，PEM可能是重要的业务提升点，不少行业仍处于发展初期，在商业模式、市场资源、组织结构等方面存在巨大的提升潜能，更需要业务咨询层面的"优化"，而不在于数据技术层面。因此，很多PEM课题的成败在课题定义阶段就已经确定了。

在技术上，对于一些刚从事实际业务的数据分析师来说，这些误区集中体现在过分"套"或"靠近"成熟的优化问题方面。运筹优化理论中有很多成熟的"范式"问题，但现实问题的主要矛盾可能与这些问题不同。是否采用运筹优化模型取决于模型质量（数学模型是否可以刻画业务关注点和要素）、数据质量（可以采集数据的精度，以及数据的实时性）、求解压力（决策的复杂度和频度高时才需要算法辅助）等多个方面。这就要求我们在运作优化课题定义时，以业务问题分析为首要目标，探究技术可以在哪些方面发挥作用，而不是拿算法和技术去"框"业务问题。

8.2 线性规划的建模技巧

线性规划、整数规划、混合整数规划等线性模型有很多很好的性质，也存在普适性的求解引擎，这样数据分析师可将精力集中在问题建模上。但在对实际问题建模时，通常会遇到一些非线性关系或约束条件，此时通过一些技巧，如过增加指示变量、变换变量或松弛参数等技巧[1][2][3]，很多时候可以将核心数学规划模型变成线性模型。同时，注意避免数值计算精度可能带来的一些困扰。

8.2.1 绝对值

对于目标变量中有绝对值函数，可以将绝对值变成2个非负变量的差。以下面的绝对值规划模型为例，

$$\min_{\{x_j\}} \sum_{j \in J} |x_j|$$

$$\text{满足} \quad \sum_{j \in J} a_{ij} x_j \geq b_i \quad i \in I$$

$$x_j \in \mathbf{R} \quad j \in J$$

可以试图将x_j表达为2个非负变量x_j^+、x_j^-的差，当$x_j \geq 0$时，$x_j = x_j^+$，$x_j^- = 0$；当$x_j \leq 0$时，$x_j = -x_j^-$，$x_j^+ = 0$，即如下关系：

$$x_j = x_j^+ - x_j^-$$
$$|x_j| = x_j^+ + x_j^-$$
$$x_j^+, x_j^- \geq 0$$

利用新的变量对，原规划模型可以转化为如下等价模型：

$$\min_{\{x_j^+, x_j^-\}} \sum_{j \in J} (x_j^+ + x_j^-)$$

$$\text{满足} \quad \sum_{j \in J} a_{ij}(x_j^+ - x_j^-) \geq b_i \quad i \in I$$

$$x_j^+, x_j^- \geq 0 \quad j \in J$$

根据求解的最佳解 $\{x_j^{+*},\ x_j^{-*}\}$，最佳解 $x_j^* = x_j^{+*} - x_j^{-*}$。

8.2.2 Min-Max 问题

Min-Max 问题，也可以通过引入中间变量（表示 Max 计算的取值），然后将 Max 计算变成一个额外约束条件。

以下面的 Min-Max 问题为例，

$$\min_{\{x_j\}} \max_{k \in K} \sum_{j \in J} c_{kj} x_j$$

满足
$$\sum_{j \in J} a_{ij} x_j \geq b_i \quad i \in I$$
$$x_j \in \mathbf{R} \quad j \in J$$

引入中间变量 z，代表 max 计算结果：

$$z = \max_{k \in K} \sum_{j \in J} c_{kj} x_j$$

上面的表达式可以转化为一个不等式约束条件，

$$\min_{\{x_j, z\}} z$$

满足
$$\sum_{j \in J} a_{ij} x_j \geq b_i \quad i \in I$$
$$\sum_{j \in J} c_{kj} x_j \leq z \quad k \in K$$
$$x_j \in \mathbf{R} \quad j \in J$$

8.2.3 分式目标函数

对于目标函数是决策变量线性组合的分式（即其分母、分子是决策变量的线性组合）的情形，可以采用类似中间变量的策略，将非线性"隐藏"起来，保证中间变量作为决策变量可以组合出"形式上"的线性模型。

假如原始的模型为

$$\min_{\{x_j\}} \frac{\sum_{j \in J} c_j x_j + \alpha}{\sum_{j \in J} d_j x_j + \beta}$$

满足
$$\sum_{j \in J} a_{ij} x_j \geq b_i \quad i \in I$$
$$x_j \geq 0 \quad j \in J$$

通过引入两类额外变量 t 和 y_j：

$$t = \frac{1}{\sum_{j \in J} d_j x_j + \beta}$$

$$y_j = x_j t$$

这样，问题就转为一个线性规划模型（相对于新决策变量 $\{t, y_j\}$）：

$$\min_{\{t, y_j\}} \left(\sum_{j \in J} c_j y_j + \alpha t \right)$$

满足
$$\sum_{j \in J} a_{ij} y_j \geq b_i t \quad i \in I$$

$$\sum_{j \in J} d_j y_j + \beta t = 1$$

$$t > 0$$

$$y_j \geq 0 \quad j \in J$$

注意，其实我们并没有真正"消除"非线性关系，而是把"非线性关系"外置了，在线性规划模型求解了 $\{t, y_j\}$ 后，再通过非线性方程组去解耦求解 $\{x_j\}$。

8.2.4 范围约束

范围约束（Range Constraint）的表达式如下：

$$\min_{\{x_j\}} \sum_{j \in J} c_j x_j$$

满足
$$d_i \leq \sum_{j \in J} a_{ij} x_j \leq e_i \quad i \in I$$

$$x_j \geq 0 \quad j \in J$$

当然可以把它变成 2 个独立约束条件。唯一的缺点就是 $\{a_{ij}\}$ 需要 2 处维护。

8.3 整数规划的建模技巧

对于整数规划，通常有两种技巧：
1）增加整数型指示变量，表示是否符合或存在某种情形；
2）引入松弛参数（大 M 法），把一条非线性约束转为两条（或多条）线性约束，针对一定变量取值范围，其中的 1 个（或一部分）会自动满足（松弛约束），起作用的是另外 1 个（或一部分）约束。无论是增加指示变量还是松弛参数，都要特别注意自由度的保持，通过增加合适约束条件避免变量空间自由度的增加。

8.3.1 决策变量值域不连续

假设变量 x 的值域是不连续的，可以引入二进制决策变量，通过二进制变量与上下界参数的相乘，将不连续的区域转变为统一的线性约束表达形式。例如：

$$x = 0 \text{ 或 } l \leq x \leq u$$

引入一个二进制指示变量 y，来标识 x 处于哪个连续值域区间：

$$y = \begin{cases} 0 & \text{当 } x = 0 \\ 1 & \text{当 } l \leq x \leq u \end{cases}$$

这样就可以用统一的约束条件来标识 x 的值域限制了：
$$x \leq uy$$
$$x \geq ly$$
$$y \in \{0,1\}$$

对于多个值域 $x \in \cup_i [a_i, b_i]$ 的情形，可以用类似手法处理，留给读者思考。

8.3.2 目标函数不连续

在很多机器分配调度问题中，机器有固定成本（不使用成本为 0，一旦使用就有一个固定成本）和变动成本。固定成本的存在使得成本函数在 0 处不连续，如下模型所示。

$$\min_{\{x, w_j\}} C(x)$$
$$\text{满足} \quad a_i x + \sum_{j \in J} a_{ij} w_j \geq b_i \quad i \in I$$
$$x \geq 0$$
$$w_j \geq 0 \quad j \in J$$

且

$$C(x) = \begin{cases} 0 & \text{当 } x = 0 \\ k + cx & \text{当 } x > 0 \end{cases}$$

与上一小节类似，引入一个二进制指示变量 y，将目标函数变成一个线性表达式 $ky+cx$。但这样 y 增加了一个自由度，必须限定其取值，否则无论 x 为多少，$y=0$ 都是最佳的。为了保证 $x>0$ 时，$y=1$ 必须成立，需要额外引入一个约束条件，这可以通过松弛约束条件 $y \geq x/u$ 去限定，u 是足够大的上界参数：

$$C^*(x) = ky + cx$$
$$x \leq uy$$

有了这样的处理，则

$$\min_{\{x, y, w_j\}} cx + ky$$
$$\text{满足} \quad a_i x + \sum_{j \in J} a_{ij} w_j \geq b_i \quad i \in I$$
$$x \geq 0$$
$$w_j \geq 0 \quad j \in J$$
$$x \leq uy$$
$$y \in \{0,1\}$$

对于分段线性化的目标函数的处理方法，包括在分割点连续和不连续的情形，留给读者思考。

8.3.3 或关系约束

整数规划模型中，不同约束条件之间是"与（And）"的关系，对于"或（Or）"的关系，比如：

$$\sum_{j \in J} a_{1j} x_j \leq b_1 \text{ 或 } \sum_{j \in J} a_{2j} x_j \leq b_2$$

增加一个 0/1 型变量 y，足够大的上界参数 M_1 和 M_2。

$$\sum_{j \in J} a_{1j} x_j \leq b_1 + M_1 y$$

$$\sum_{j \in J} a_{2j} x_j \leq b_2 + M_2(1-y)$$

对于多个或条件，可以采用类似的手法去处理，例如：

$$(a_1^T x \leq b_1) \vee (a_2^T x \leq b_2) \vee \cdots \vee (a_I^T x \leq b_I)$$

可以引入二进制变量 $y_1, y_2, \cdots, y_I$ 和松弛参数 M，将多个并行的或条件约束转为如下线性约束：

$$y_1 + y_2 + \cdots + y_I \geq 1$$

$$a_i^T x \leq b_i + M(1-y_i) \quad i=1,2,\cdots,I$$

$$y_i \in \{0,1\} \quad i=1,2,\cdots,I$$

但这里 M 值要尽量大一些，否则可能会出现冲突关系，一个极端的例子：$(-x \leq -12) \vee (x \leq 5)$，如果 $M=6$，当 $y_2=1, y_1=0$ 时，约束条件会变成一个无解的条件 $(x \geq 6) \wedge (x \leq 5)$。

8.3.4 条件型约束

整数规划模型中，不同约束条件之间是"与（And）"的关系，对于"条件型"的关系，比如：

$$\text{If} \quad (1) \quad \left(\sum_{j \in J} a_{1j} x_j \leq b_1\right) \quad \text{是满足的}$$

$$\text{Then} \quad (2) \quad \left(\sum_{j \in J} a_{2j} x_j \leq b_2\right) \quad \text{必须也被满足}$$

可以转化为 $\left(\sum_{j \in J} a_{1j} x_j > b_1\right)$ 或 $\left(\sum_{j \in J} a_{2j} x_j \leq b_2\right)$ 。

如果引入一个小的容忍参数 ϵ，这样就转化得更严格：

$$\left(\sum_{j \in J} a_{1j} x_j \geq b_1 + \varepsilon\right) \text{ 或 } \left(\sum_{j \in J} a_{2j} x_j \leq b_2\right)$$

8.3.5 逻辑表达式

很多逻辑表达式，也可以转化为线性等式或不等式形式。例如，x, y, z 均为逻辑变量，下面是常见的逻辑关系转化，见表 8-1。

表 8-1　逻辑表达式转化为线性表达式

逻辑表达式	线性表达式
$z = x \text{ OR } y$	$x \leq z,\ y \leq z,\ z \leq x+y$
$z = x \text{ AND } y$	$z \leq x,\ z \leq y,\ x+y \leq z+1$
$z = \text{NOT } x$	$z = 1-x$
If $(x = \text{TRUE})$, Then $y = \text{TRUE}$	$x \leq y$
At most one of $z_1, \cdots, z_n$ holds	$\sum_i z_i \leq 1$
Exactly one of $z_1, \cdots, z_n$ holds	$\sum_i z_i = 1$
At least one of $z_1, \cdots, z_n$ holds	$\sum_i z_i \geq 1$
At most k of $z_1, \cdots, z_n$ holds	$\sum_i z_i \leq k$

8.3.6　消除变量相乘

处理两个二进制变量 x_1 与 x_2 的乘积 $x_1 x_2$,可以通过引入一个额外二进制变量 $y = x_1 x_2$,并添加下面的约束:

$$y \leq x_1$$
$$y \leq x_2$$
$$y \geq x_1 + x_2 - 1$$
$$y \in \{0, 1\}$$

对于二进制变量 x_1 和连续变量 $x_2 \in [0, u]$ 的乘积 $x_1 x_2$ 的处理,可以通过引入一个额外连续变量 $y = x_1 x_2$,并添加下面的约束

$$y \leq u x_1$$
$$y \leq x_2$$
$$y \geq x_2 - u(1 - x_1)$$
$$y \geq 0$$

8.3.7　大 M 法

大 M 法是指将有 If-Then 的非线性约束结构线性化。转换的过程中需要引入 0-1 变量,转换后的问题是混合整数优化问题。

比如有如下约束:

$$\text{If } Ax - b \leq 0$$
$$\text{Then } C_1 x - d_1 \leq 0$$
$$\text{Otherwise } C_2 x - d_2 \leq 0$$

可以引入变量 $\delta=0$,1,一个大数 M 和一个极小数 $\epsilon>0$,用大 M 法构建如下约束:

1) $Ax-b \leq (1-\delta)M$
2) $Ax-b \geq -\delta M+\epsilon$
3) $C_1x-d_1 \geq (1-\delta)M$
4) $C_2x-d_2 \leq \delta M$

约束 1) 和 2) 用来判断 if 条件是否成立。由于 δ 只能取 0 和 1,所以只有两种情况:

1) 当于 $\delta=1$ 时,约束 1) 即为 $Ax-b \leq 0$,约束 2) 被松弛;此时约束 3) 为 $C_1x-d_1 \leq 0$,而约束 4) 被松弛;

2) 当 $\delta=0$ 时,约束 1) 被松弛,而约束 2) 为 $Ax-b \geq \epsilon$,且约束 3) 被松弛,约束 4) 为 $C_2x-d_2 \leq 0$。

在使用大 M 法的时候,务必注意 M 的取值:不能取太小,也不能取太大。

1) M 值取太小可能导致出现不可行解,很多约束没有被真正松弛掉。例如,当 $\delta=1$ 时,约束 2) $Ax-b \geq -M+\epsilon$ 可能为 $Ax-b \geq -M+\epsilon > 0$,与约束 1) 冲突;

2) M 值取太大可能会因为数值计算精度问题导致约束失效。比如当 $\delta=1$ 时,很大可能 $(1-\delta)$ 因为计算精度不是 0,是一个非常小的数字(例如 10^{-19}),如果 M 非常大(例如 10^{20}),约束 1) 右边的 $(1-\delta)M$ 可能是一个较大的数(例如 $10^{-18} \times 10^{20}=100$),而不是期望的 $Ax-b \leq 0$。这是由于数值计算精度导致的问题。

8.4 应用示例:电梯养护服务优化

为了方便理解,这里选取一个不涉及很深行业背景的案例——电梯养护服务优化。另外,这个问题也有一定的代表性,与装备后运维需求类似,与很多资源调度(如冲压车间调度)也有一定类似之处。

8.4.1 业务问题描述

某电梯制造企业的养护服务体系为"分公司—服务站—维修班组"三级结构,每个分公司负责一个地区(省/市),每个分公司下有若干个(比如 100 个)服务站,每个服务站服务一个片区,每个服务站拥有 6~7 个维修班组,每个维修班组负责一条维修路线,一条维修路线上有多个客户(如商场、住宅区、写字楼、地铁),一个客户有若干部电梯(类型可能不同,例如商场既有直梯又有扶梯)。不同类型客户对保养服务时间窗口要求不同(例如商场通常要求晚上,住宅区则要求工作时间),相同类型客户所签订的服务合约可能也有所不同。每个类型电梯都有保养计划项,包括服务条约中规定和国家/行业规定的专项保养计划。不同保养项有不同的维修人员资质要求和标准维修工作量。为更合理地利用资源,保证服务质量,期望每个季度(至少年度)能对每个服务站的维修线路进行优化,同时每天能够给出当天及后续 2 周的排班计划,具体如下:

1)路线优化是中长期规划问题(通常在季度或年的频次做调整)。针对每个服务站,考虑服务站的人员构成和拥有的客户,在满足服务响应水平(在线路的任何地点,收到紧急任务后,30min 以内能到达现场)、履行商业合同的条件下,对客户进行路线分配,并对路线班组人数进行分配,均衡不同路线的工作负荷。垂直式电梯和桁架式电梯作为两种不同的技术业务,有单独的维修人员,分开进行优化。

2)排班计划是一个日常工作,每日早上 3∶00—5∶00,给出当天及其后续两周的每个维修班组的保养工作排班。在保证完成保养计划的同时,优化保养排班(每天的保养任务列表及其顺序),提高工作效率。遇到节假日,可以人工触发节日调整优化,尽量减少节假日的工作安排。

8.4.2 问题一:路线优化

根据上面的业务问题,给定一个服务站,优化问题逻辑如下:
决策变量:对客户进行路线分配,并给出每条路线的维修人员数。
目标函数:工作量均衡(晚班均衡适当考虑)。
约束条件:

1)接到招修后,能够在 30min 时间内赶到;
2)每部电梯归且仅归一个维修班组负责;
3)商务合约条款,比如有些客户(地铁线/购物中心)可能会指定的专职维修班组。
具体的路线优化逻辑流程图如图 8-1 所示。

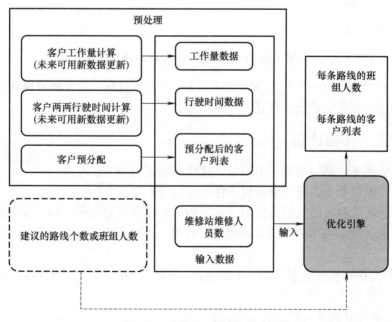

图 8-1 路线优化逻辑流程图

1. 变量说明

为简单起见,将客户间的行驶时间、班组工作时间等时间变量都规整到分钟,这样下面所有的变量都是整数。当然,按照其他时间颗粒度(如5min、15min)也是可以的。

(1) 下标变量

1) i:维修班组下标($i=1,2,\cdots,I$);

2) m:客户下标($m=1,2,\cdots,M$)。

(2) 参数变量

1) P_i:维修班组 i 的维修人员数;

2) t_m:客户 m 处的工作量;

3) L_{mn}:客户 m 和客 n 户之间的行驶时间(min)。

(3) 决策变量

1) S_{im}:维修班组 i 负责客户 m(0-1变量);

2) A_i,B_i:维修班组 i 的辅助变量,分别表示与平均工作负荷的正、负偏差。

2. 目标函数

$$\min_{\{S_{im}\}}\left\{\sum_{i=1}^{I}(A_i+B_i)\right\}$$

3. 约束条件

1) $\sum_{m=1}^{M} S_{im} t_m - \dfrac{P_i}{\sum_{i=1}^{I} P_i}\sum_{m=1}^{M} t_m - A_i + B_i = 0$,$\forall i$——平衡每个维修班组的工作量;

2) A_i,$B_i \geq 0$,$\forall i$;

3) $\sum_{i=1}^{I} S_{im} = 1$,$\forall m$——每个客户只能被一个维修班组负责;

4) $S_{im} L_{mn} \leq 30[\Phi-(\Phi-1)S_{in}]$,$\forall i,\forall m,\forall n$——巧妙限制单个维修班组负责客户之间的行驶时间;$\Phi$ 是一个很大的数,保证不等式严密性。

8.4.3 问题二:排班计划

根据上面的业务问题,给定一个班组,优化问题逻辑如下:

决策变量:班组每天需要完成的保养任务,以及顺序。

目标函数:让总路途时间尽可能短,每天的工作量尽可能均衡,同一保养地点进行保养的时间相对固定(比如某客户点上次保养安排在周二,本次保养尽量也安排在周二)。

约束条件:

1) 每日的工作时长(包括在路上的时间)在 6h(8h 正常工时中预留 2h 的临时工作量)以内;

2) 每个任务在其截止日期前必须完成;

3) 每个任务都必须在规定时间窗口内进行。

具体的排班计划逻辑流程图如图 8-2 所示。

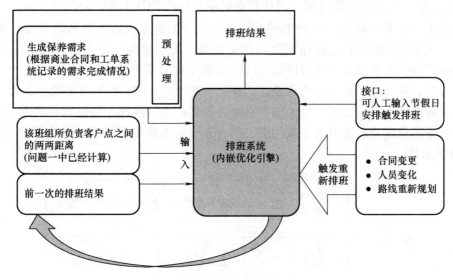

图 8-2 排班计划逻辑流程图

1. 变量说明

为简单起见，将时间变量都规整到分钟，这样下面所有的变量都是整数。

（1）下标变量

1）d：天数下标（$d=1,2,\cdots,14$）；

2）i：某天的第 i 个保养的电梯（$i=1,2,\cdots,I$，I 是一个较大的数）；

3）m：电梯下标（$m=0,1,2,\cdots,M,M+1$，0 和 $M+1$ 是两个虚拟电梯，用来占用每天的第一个和最后一个保养）。

（2）参数变量

1）t_m：电梯 m 所需保养时长（$t_0=t_{M+1}=0$）；

2）O_m：电梯 m 根据上次保养日期预推出来的本次保养日期（新合同电梯预推到第 14 天保养，相当于排班前一天刚刚保养过）；

3）e_m：电梯 m 在一天内的最早开始时间（$0 \leq e_m < 1440$，表示为第一天的时间，按照分钟规整，一天内的时刻就是从 0~1440min）；

4）l_m：电梯 m 在一天内的最晚结束时间（$0 \leq l_m < 1440$，表示为第一天的时间）；

5）L_{mn}：电梯 m 和电梯 n 之间的行驶时间（$L_{om}=L_{mm}=L_{m(M+1)}=0 \quad \forall m=0,1,\cdots,M+1$，$L_{mn}=L_{nm} \quad \forall m=0,1,\cdots,M+1 \quad \forall n=0,1,\cdots,M+1$）。

（3）决策变量

1）S_{dimn}：第 d 天的第 i 个电梯是 m，第 $i+1$ 个电梯是 n（0-1 变量）；

2）T_{di}：第 d 天第 i 个电梯本次开始保养时间（$0 \leq T_{di} < 1440$；$\forall d, \forall i$——表示为第一天的时间）；

3) A_d：第 d 天的总工作时间（包括路途时间）比平均日工作时间多的量；

4) B_d：第 d 天的总工作时间（包括路途时间）比平均日工作时间少的量。

从直觉上，决策变量就是 M 台电梯的维修时间，但这里决策变量的数量级是 M^3，明显存在很多"冗余"。结合下面目标函数和约束条件，大家思考一下如果不引入这些决策变量，目标函数和约束关系是否还可以保持线性关系（答案是否定的）。为了消除"冗余"带来的新自由度，只有增加额外的约束条件。在下文将列出的 21 类约束条件中，大部分约束是用来限定这些额外自由度的。增加额外自由度保持模型的线性，是整数规划建模的基础技巧。从业务逻辑角度看起来只有 3 条约束，但在表达为整数规划模型时候需要 21 条。

2. 目标函数

$$\min_{\{S_{dimn}, T_{di}, A_d, B_d\}} \left\{ c_1 \overbrace{\sum_{d=1}^{14} \sum_{i=1}^{I} \sum_{m=0}^{M+1} \sum_{n=0}^{M+1} S_{dimn} L_{mn}}^{①} + c_2 \overbrace{\sum_{d=1}^{14} (A_d + B_d)}^{②} + \right.$$
$$\left. c_3 \underbrace{\sum_{m=1}^{M} \left[O_m - \sum_{d=1}^{14} \left(d \sum_{i=1}^{I} \sum_{n=0}^{M+1} S_{dimn} \right) \right]}_{③} + c_4 \underbrace{\sum_{d=1}^{14} \sum_{i=1}^{I} T_{di}}_{④} \right\}$$

其中，①表示路径时间；②是对工作负荷不均等的惩罚；③是对保养时间不一致的惩罚，这里 $\sum_{d=1}^{14} (d \sum_{i=1}^{I} \sum_{n=0}^{M+1} S_{dimn})$ 表示电梯 m 在本次计划安排在第几天，之所可以可以这样写是因为在后面的约束条件下，$\sum_{i=1}^{I} \sum_{n=0}^{M+1} S_{dimn}$ 只在其中一个 d 上为 1，其余都是 0；④主要是"督查"每日尽早完成任务，这样当工作负荷不满的时候，此项会"奖励"提前完成任务的解，保证解的唯一性，否则会有很多节在前三项上数值一致。

3. 约束条件

约束条件可以总结为如下 21 条，其中，第 1~8 条是变量 S_{dimn} 取值的逻辑限制，以及对 0、$M+1$ 两个虚拟节点的处理，第 9~12 条是对相邻任务的结构限制，第 13~18 条是对保养任务开始时间的约束，第 19~21 条是工作负荷的限定。

1) $\sum_{m=0}^{M+1} S_{d10m} = 1$；$\forall d$ ——每天的第一个电梯只能是 0 号电梯；

2) $\sum_{i=1}^{I} \sum_{m=0}^{M+1} S_{di0m} = 1$；$\forall d$ ——每天有且仅有一次 0 号电梯；

3) $\sum_{i=1}^{I} \sum_{m=0}^{M+1} S_{dim(M+1)} = 1$；$\forall d$ ——每天有且仅有一次 $M+1$ 号电梯；

4) $S_{dim0} = 0$；$\forall d$，$\forall i$，$\forall m$ ——0 号电梯只能是每天的第一个电梯；

5) $S_{di(M+1)m} = 0$；$\forall d$，$\forall i$，$\forall m$ ——$M+1$ 号电梯只能是每天的最后一个电梯；

6) $S_{di0(M+1)} = 0$；$\forall d$，$\forall i$ ——每天一定会有电梯要保养；

7) $\sum_{m=0}^{M+1} \sum_{n=0}^{M+1} S_{dimn} \leq 1$；$\forall d$，$\forall i$ ——第 d 天第 i 个电梯最多有一个；

8) $S_{dimn} \in \{0, 1\}$；

9) $S_{dimm} = 0$；$\forall d$，$\forall i$，$\forall m$——相同的电梯不可能作为同一天内相邻两电梯；

10) $\sum_{d=1}^{14}\sum_{i=1}^{I}\sum_{n=0}^{M+1} S_{dimn} = 1$；$\forall m = 1, 2, \cdots, M$——每台电梯有且仅有一个后继；

11) $\sum_{d=1}^{14}\sum_{i=1}^{I}\sum_{m=0}^{M+1} S_{dimn} = 1$；$\forall n = 1, 2, \cdots, M$——每台电梯有且仅有一个前驱；

12) $\sum_{m=0}^{M+1} S_{dimn} = \sum_{q=0}^{M+1} S_{d(i+1)nq}$；$\forall d$，$\forall i = 1, 2, \cdots, I-1$，$\forall n = 1, 2, \cdots, M$——每天第 i 个电梯和第 $i+1$ 个电梯的连接逻辑；

13) $T_{d1} = 0$；$\forall d$——把每天的第一个电梯（0号电梯）保养开始时间设为0；

14) $0 \leqslant T_{di} < 1440$；$\forall d$，$\forall i$；

15) $\sum_{d=1}^{14}(d\sum_{i=1}^{I}\sum_{n=0}^{M+1} S_{dimn}) \leqslant O_m$，$\forall m = 1, 2, \cdots, M$——每台电梯都要在截止日期前完成；

16) $T_{di} \geqslant \sum_{m=1}^{M}\sum_{n=0}^{M+1} S_{dimn} e_m$；$\forall d$，$\forall i = 2, \cdots, I$——第 d 天的第 i 个电梯必须在其最早开始时间之后开始保养；

17) $T_{di} + \sum_{m=1}^{M}\sum_{n=0}^{M+1} S_{dimn} t_m \leqslant \sum_{m=1}^{M}\sum_{n=0}^{M+1} S_{dimn} l_m$；$\forall d$，$\forall i = 2, \cdots, I$——第 d 天的第 i 个电梯必须在其最晚结束时间之前结束保养；

18) $T_{di} \geqslant T_{d(i-1)} + \sum_{m=0}^{M+1}\sum_{n=0}^{M+1} S_{d(i-1)mn} t_m + \sum_{m=0}^{M+1}\sum_{n=0}^{M+1} S_{d(i-1)mn} L_{mn} - P \sum_{m=0}^{M+1} S_{d(i-1)m(M+1)}$；$\forall d$，$\forall i = 2, \cdots, I$——第 d 天的第 i 个电梯必须在当天的第 $i-1$ 个电梯保养完成并到达第 i 个电梯处之后开始保养，P 是一个很大的数，用来进行边界处理（最后一个）；

19) $\sum_{i=1}^{I}\sum_{m=0}^{M+1}\sum_{n=0}^{M+1} S_{dimn} L_{mn} + \sum_{i=1}^{I}\sum_{m=0}^{M+1}\sum_{n=0}^{M+1} S_{dimn} t_m \leqslant 360$；$\forall d$——每天的工作量不超过6h；

20) $\sum_{i=1}^{I}\sum_{m=0}^{M+1}\sum_{n=0}^{M+1} S_{dimn} L_{mn} + \sum_{i=1}^{I}\sum_{m=0}^{M+1}\sum_{n=0}^{M+1} S_{dimn} t_m - \dfrac{t + \sum_{f=1}^{14}\sum_{i=1}^{I}\sum_{m=0}^{M+1}\sum_{n=0}^{M+1} S_{fimn} L_{mn}}{14} - A_d + B_d = 0$；$\forall d$——增加变量等式约束每天的工作量（包括在路上的时间）；

21) $A_d \geqslant 0$，$B_d \geqslant 0$。

现在可以反过来，再思考一下决策变量的选定。将 M 个电梯在 14 天上的安排时间 T_i 作为决策变量在信息上是完备的，只需限定前后任务间的开始时间间隔、电梯维修的最晚时间、电梯的维修窗口要求等约束，从 $\{T_i : i = 1, \cdots, M\}$ 完全可以计算出任务的先后顺序，计算出在途时间，计算出每天的总工作时间，从而可以得到所有目标函数所需的指标。但这些计算都是非线性的，无法用线性模型来表达。

为了规避前后任务、每个任务在哪天这些非线性计算，在决策变量中 S_{dimn} 显性定义了任务先后、任务在哪天。为了避免任务所在天数与任务时间的非线性关系，引入了决策变量 T_{di}，这样一来就多引入了很多自由度，后面靠约束条件来限定。这也是很多整数规划建模的典型做法，通过多引入额外变量，表面上"绕过"非线性，本质上是把非线性外置了。上面的 21 条约束中，只有第 15、16、17、19 条与业务逻辑上的约束直接对应，其他都是为了限制取值空间。

实际中每天的维修任务数量并不相同，但为了表达方便，引入一个固定的 I（若引入"每天的任务数"作为决策变量，模型就是非线性），另外，为了起止时间表达方便，引入两个虚拟电梯维修任务，这样比较容易表达从维修站出发到第一个任务的路途时间和最后一个任务返回的时间，这些都是整数规划建模常用的小技巧。

8.4.4 思考与小结

本节展示了在整数规划建模中，如何通过决策变量的冗余保持线性模型的方法。暂时假定建模工作是完善的，接下来的问题就是模型的应用，这里请思考 3 个问题。

1. 问题 1：模型如何维护？

在上面的模型结构下，有新的需求，如何以最小的修改量去满足？例如节假日排班问题，在满足保养法规条例的前提下，如何避免或减少节假日的工作量，可以通过在应用界面上增加假期模式的手段解决。

1）节假日的开始和结束时间，可以将约束 $0 \leq T_{di} < 1440$ 分为两段，假期期间的工作时段可以缩短；

2）在模型中，增加假期加班成本系数（包括在节假日加班的成本系数，以及日常工作中加班的成本系数）；

3）通过前处理，将假期保养任务提前分拆：在满足国家保养间隔规定的前提下，通过 AB 保的分拆，把保养工作尽量分配到非假期期间，减少节假日加班。

上面展示了如何用整数规划模型进行问题建模，具体展示了为了保证变量间的线性关系，只好通过引入了很多冗余决策变量，但这样增加了整个模型表达式的复杂度。这样的模型如何有效维护呢？例如，如何将模型从一个人转移到另外一个人？如果增加新的约束或需求，如何快速修改呢？一种可能的方式就是放弃线性模型，用更简洁的描述语言，例如用 ILOG CP（Constraint Programming）语言去表达，这样模型看起来更简洁，当然代价就是求解效率或结果的最优性。

2. 问题 2：模型依赖的信息从哪里来？

从上面的建模过程，可以大概总结出模型依赖数据包括：

1）电梯基本信息：每台电梯的 {地址坐标，型号，安装年份，客户类型，商务合约}，其中客户类型是指该项目客户是商场，住宅区，地铁等，商务合约是指该项目合约规定的特殊服务归属（比如：该项目归某一班组），该项目合约规定的维修人员数目（全职），该项目合约规定的特殊时间（比如只能在 23：00—1：00 进行保养维修）；

2）不同型号电梯不同保养类型的的标准工时、不同年限电梯的平均故障率；

3）服务站：每个服务站的地址坐标，以及所拥有维修人员及其资质（直梯组、横梯组分别有多少维修人员）；

4）节假日信息：人工输入；

5）工单信息：未按计划完成的保养需求，由工单系统给出。

3. 问题3：距离一个业务应用还差多少？

除了上面的模型，想形成一个业务应用，还需要什么？以排班计划为例，合同信息、客户位置信息、人工干预信息（如节假日）等原始数据都需要数据来源，另外，模型的直接输入（保养需求、客户距离等）信息需要预处理模块根据原始数据计算（虽然逻辑很简单）。另外，还需要考虑优化模型的结果如何被消费，以什么样的界面呈现更直观，用户如何比较容易地修改计划，计划本身是否需要版本管理等。这些看起来很简单的功能，但只有精心设计，才能形成一个业务实际可用的系统，图8-3所示为这样一个系统的功能架构图。

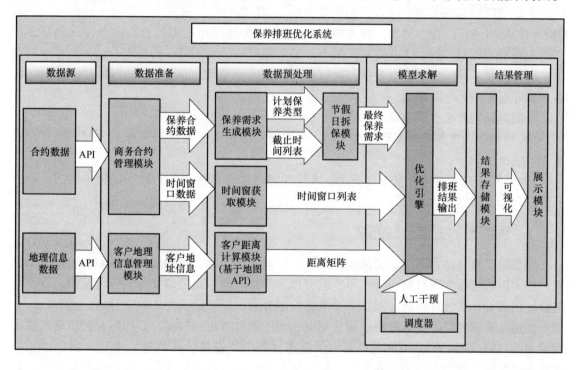

图8-3 排班计划的功能架构图

最后，再反思一下上节建立的优化模型可能面临的挑战，例如：

1）一个好的计划系统应该是稳定的，避免给人朝令夕改的坏印象，之前分配过的维修时间点，最好能够保持不变，这样业主可以提前准备，维修队也可以提前备件。实际执行中，存在紧急订单或有些任务没有办法执行（客户原因或备件原因），这时候如何以最小的改动量调整。

2)目标函数权重参数c_1、c_2、c_3、c_4保证了模型的灵活度,留给了用户或应用扩展(应用可以根据不同场景下的权重向量,也可以用几组不同的权重获得多组解,最后选择一个),但现实中这些权重如何确定?需要统计历史数据上的分布范围,结合业务给出一个合理的范围。

8.5 经营预测类问题

预测是很多经营决策的基础。例如,在化工生产计划优化中,化工品价格预测是重要的参考信息;在设备后服务度优化中,备件需求预测是备件库存管理的重要技术。从算法上,预测属于典型的回归分析,在算法上有一般的回归分析类似。与一般回归问题的区别在于经营预测一般涉及时序数据。在技术路线上,一般先采用时序分解为趋势项、周期性(可以是多个周期项)和残差项,可以采用小波分析、STL 等时序分解算法。针对不同的组分,采用不同的模型进行拟合,例如,残差项可以用 ARIMA 等简单模型拟合。如果待预测量是很多更细粒度的总和,例如用电需求预测中,需要预测的是一个园区的总用电量,但在数据集中有不同企业不同用途的用电数据,这时候可以用时序聚类,不同簇采用对应的预测算法,最后合并起来作为总的预测。

预测类问题的难点通常在于:

1)现实中的场景类型多且是交叉的,预测背后的驱动因素很多,有不少因素没有在数据中反映;

2)表征宏观环境的数据通常不足,宏观环境变化对待预测量的影响是根本性的,但表征宏观环境的数据通常是滞后或缺乏的。本节简要讨论这两类挑战的应对方法。

8.5.1 预测量的要素分解方法

场景的完整性是在问题定义阶段保证的。针对一个问题,在构建数学模型前,把驱动因素、相关因素根据业务理解梳理一下,就可以发现当前数据集可以支撑的应用范围,以及需要验证的假设。在分解时候,可以去预测量的组分量、驱动量或相关量去分解。例如,一个城市的用电需求可能有工业用电、商业用电、居民用电等组分构成,不同组分的驱动要素和规律不同,居民用电的驱动量主要是生活需求(照明、制冷、事物等)驱动,可以由居民区域人口构成、时段、季节等相关量表征。要素分解的过程也是让我们厘清哪些量可测、数据可靠性如何等问题。

基于要素分解模型,结合一些领域知识与业务访谈,可以相对容易总结出可能的场景。例如,在工程机械备件需求预测中,各个地区公司备件补货量(对总部来说就是销售量)与组织结构、营销活动、备货量等因素有关,备货量与地区的需求有关,地区需求的影响因素除了正常开工外,还有宏观市场、突发事件等因素。基于这样的分解,就可以总结地区公司结构调整(合并、分拆等)、地区公司的营销活动与突发事件、节假日、备件更新换代等典型场景。备件需求的驱动关系可以参见图 2-14,这里再次列出于图 8-4,其中,带框的变量表示有数据支撑的，不带框的变量表示系统的状态变量，实线表示驱动关系，虚线表示相关性关系。

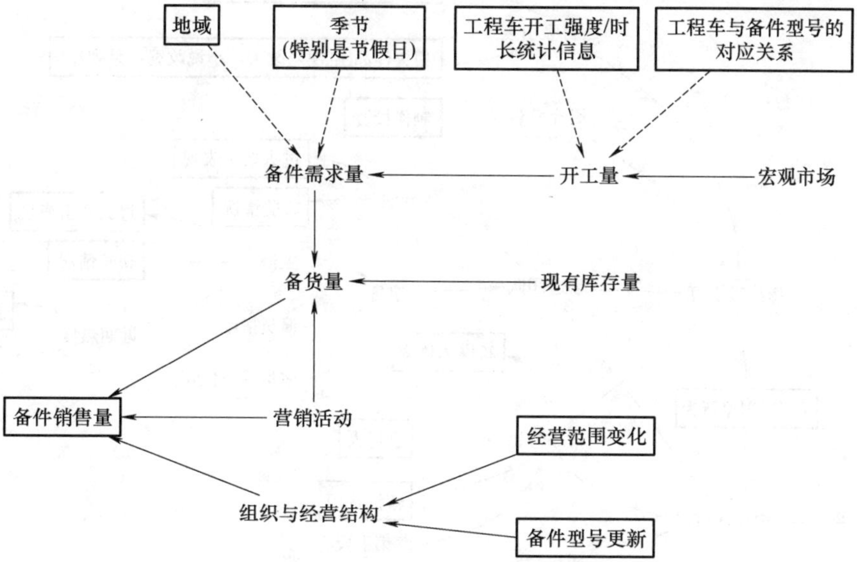

图 8-4 备件销售量的驱动要素图

"数据驱动"的机器学习问题不应该是"盲目被现有数据驱动"，而是从当前业务出发，利用"现实中所有可被利用的数据"。即使在商业分析或互联网应用中，这样的要素分解对预测也是很重要。例如，从图 8-5 所示电影票房收入的要素图，可以想象出：

1）动画片预测与有演员影片预测方法差别很大；

2）社会热点、影城周边环境、影城营销、硬广营销等要素对销售也有一定影响，但很难有数据支撑；

3）系列片、改编片的预测方式可能有更多的数据支持；

4）当网络流量从网站（可以由网站浏览量、搜索引擎统计反映）转到手机端（微信、手机 APP 等）时，对数据源的收集重点可能不同。

8.5.2　例外场景的处理

场景的处理方法与场景的发生频度有关。

1）对于频度低、没有重复性的场景，在预处理和预测时将这些点作为异常点忽略。例如，某省公司 2012 年 12 月 28 至 12 月 30 日 3 天的销售量占当月的 68%，是过去 2~3 个月销量的和。这样的活动在其他年份没有重现过。不幸的是，促销活动信息在现实中无法获取。对于这样的"突变点"，在模型训练时应该当作离群点处理，在模型评估时也应该有合适的处理方法。

2）对于频度中，可以采用启发式策略去处理。例如春节期间的销售预测，严格意义上每年春节的公历日期不同，模式也应该有所区别，但通常采用春节假期总量预测，每天的销

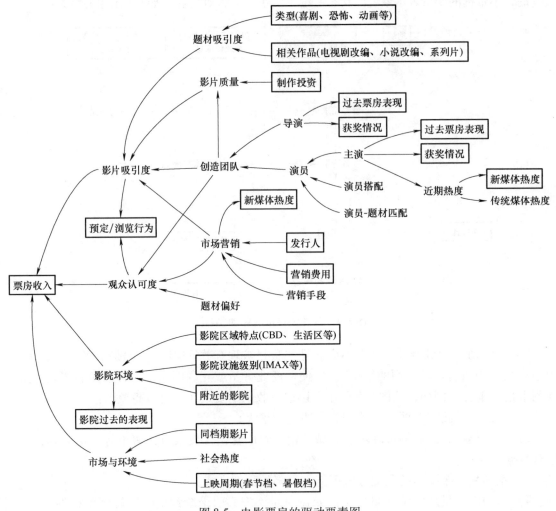

图 8-5 电影票房的驱动要素图

量按照过去的比例简单分配。

3) 对于高频的场景,可以采用模式匹配或回归的方式,例如典型天气对天然气消耗的影响。

8.5.3 宏观环境变化的处理方法

对于宏观环境,如果不存在直接刻画未来趋势的量,就可以尝试找宏观趋势背后的驱动量,或驱动量的相关量。例如,在备件需求预测中,地区基础建设是备件需求的驱动量,固定 GDP 可以反映该要素,但 GDP 统计是滞后的,对于预测来说是没有办法用的。只好尝试探索驱动量的相关量,例如用工程车联网的开工时长、开工强度的数据统计特征,大概刻画一个地区基建的活跃度,通过时序互相关分析发现,发现其相对备件需求有 1~2 个月的提前量,这对预测是很有用的信息。

  如果不存在任何有数据基础的提前预示的变量,则采用适合自适应的策略。例如,地区公司的合并,或地区竞争格局的变化,对于预测模型来说是很难提前预知的,这时候做的更多是能够在较短的周期内完成调整。

参 考 文 献

[1] BISSCHOP J. AIMMS. Optimization modeling [M]. Lulu. com,2006.

[2] APS M. MOSEK. Modeling cookbook [Z/OL]. (2021-11-05) [2022-01-15]. https://docs.mosek.com/MOSEKModelingCookbook.pdf.

[3] VIELMA J P. Mixed integer linear programming formulation techniques [J]. Siam Review,2015,57 (1): 3-57.

第 9 章

行业知识沉淀方法

业界经常提"专家经验沉淀"或"行业知识",但现实中专家经验并不会自动沉淀。如同石油开采,原始形态的"专家经验"附着在日常操作与体会中,需要诱导(Elicitation)萃取为结构化、高密度的半结构化表达,并经过进一步形式化,才可能实现沉淀。更深层次的问题:什么是知识?哪些知识有可能沉淀?沉淀过程有什么可用的方法吗?本章首先对行业知识的范畴进行探讨,将讨论限制在研判类的知识沉淀上,将业务范围侧重在 PHM(Prognostics & Health Management,故障预测与健康管理)问题上,然后从沉淀方法、模型要素、设备对象、典型问题建模方法、软件系统技术这五个维度进行讨论,并用三个案例进行展示。最后,对其他业务领域的知识沉淀方法进行粗浅讨论,并对行业知识沉淀方法应用注意事项进行简要总结。

9.1 讨论范畴

本章标题中的"行业""知识""沉淀""方法"4 个名词,每个词在概念外延上都很大,在深入讨论之前,有必要明确讨论范畴。

9.1.1 知识类型

对于"知识"这个名词,很难给出一个严格的概念定义。但可以从不同角度和以不同方式进行描述,例如:

1) 知识是信息的高度结构化浓缩成果(Knowledge is a highly-structured form of information);

2) 知识是专业思考的基础(Knowledge is what is needed to think like an expert);

3) 知识是专家与非专家的分水岭(Knowledge is what separates experts from non-experts)。

业内专家对此从不同方面有很好的阐述。马国钧教授[1]在讨论数据、信息、知识、智能、智慧的关系时,有物化知识、显性知识、隐性知识、增量知识等提法。国际经合组织将知识分为 Know-What、Know-Why、Know-How、Know-Who 的四种类型。朱焕亮与徐保文[2]认为工业知识包括方法、过程和装置三个要素。不同要素的软件化产生不同类型的工业软件。方法层面的工业知识软件化后,产生了基于物理原理与专业学科发展的各类专业工具;过程层面的工业知识软件化后,产生了以流程管理为核心的各类业务系统;装置层面的工业知识软件化后,产生了各类嵌入式软件。杨春晖和谢克强[3]认为工业知识包括标准规范、行业流程、知识技能、管理思想等知识。

这里,将知识从知识用途、表达明确度两个角度分为如图9-1所示的六类。从知识用途的角度,可分为概念型(Conceptual)知识和过程型(Procedural)知识。概念型知识集中在概念、属性、关系的描述,主要回答"是什么"或"什么是"的问题。过程型知识集中在过程方法或过程约束方面的描述,主要回答"如何做"的问题。从知识表达的明确度,可以分为显性(Explicit)知识、隐性(Implicit)知识、缄默(Tacit)知识三个层面。显性知识指的是采用书面、图表、数字、公式等有形的符号系统进行表达的知识,如物理定律,隐性知识是目前没有但潜在可以用有形形式表达的知识,如研判经验,缄默知识指的是那些实际有效、但难以表达的偏个人感觉的知识,例如直觉洞察等。

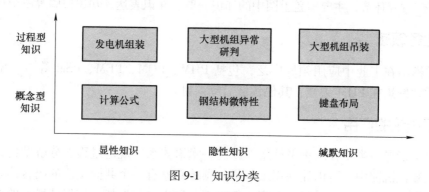

图 9-1 知识分类

本章侧重于隐性的过程型知识,是工业专家对一些工业过程研判、操作管理的经验。显性知识管理在IT界有很多成熟的做法,统称为企业知识管理、知识库、文档管理等,对文档、操作规范、实验数据通过统一或友好的方式进行管理。缄默知识管理目前还在探索阶段,尝试通过新的感知技术进行量化,通过管理或组织手段进行传承。

9.1.2 技术方法

广义上的知识工程技术指的是提高知识的有用性(Useful)、可用性(Usability)、实用性(Used)和重用度(Re-use)的各种技术。主要包括知识获取(Knowledge Acquisition)、知识表达(Knowledge Representation)、知识存储(Knowledge Base)、知识检验(Knowledge Validation)、知识推理(Knowledge Inference)、知识解读(Knowledge Explanation & Justification)等环节,如图9-2所示。

知识的表达模型包括树状结构、矩阵结构、图、时序、业务规则等不同模型形式。本章主要集中在规则模型、分类模型等数据驱动的研判类模型,是对各种工业过程的刻画与研判。并

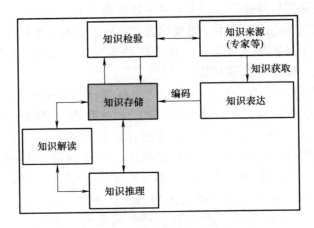

图 9-2　知识工程的构成要素

且侧重在沉淀过程环节，主要覆盖上图中的知识获取、知识表达、知识检验等三个环节。

9.1.3　业务领域

研判类模型在工业中应用领域广泛，包括 PHM、PQM、PEM、PSM 等[4]。鉴于篇幅限制，本章暂时聚焦在 PHM 领域，其他领域后续探讨。

9.1.4　方法论的作用

方法论是指导一类工作的参考框架，以统一术语体系、规范过程、分解结构，方便分层与分工。在知识沉淀中，可以让知识工程师和领域专家有一个共同交流的语言体系，避免跳跃或缺项，提高知识沉淀的质量与效率。但对于各种方法与框架应该保持科学的态度。脱离行业内容的方法论是空谈，方法论下更有价值的是行业内容（针对特定行业或专业领域的积累）和案例。方法论可以指出关键步骤与关键要素，在技术层面提供了一些解决方法，但很多组织层面（例如没有人维护知识）、激励层面（例如专家不愿意提供知识）的问题还要靠相应的管理手段去解决。

9.1.5　现有的知识沉淀方法论

在专家系统研究繁盛的 20 世纪 60—80 年代，行业知识沉淀方法论也有很多研究。本节介绍三个相关的工作。Milton 的 47 步法（4 阶段）是一个相对完备的总结[5]，在实践方法上，卡梅-波音方法更具象[6]，在概念体系上，西欧学派更完备[7][8]。

Milton 方法将知识获取方法分为访谈（Interview）、靠形式化模型去获取知识（Modeling）、人为构造的心理学实验过程（Specialized）三类。对于明确的知识，访谈就可以了，对于隐性知识，需要借助形式化建模手段；对于缄默知识，需要心理学实验过程方法。对于流程性的知识，常采用 Timeline，Process Mapping，Scenario 等建模方法。Milton 提出的知识获取的第一阶段主要工作是启动、定义范围和执行计划；第二阶段是初步捕获与建模；第三阶段是详细捕获与建模；第四阶段是知识的分享与存储。

卡梅-波音方法是卡内基·梅隆大学和波音公司成立联合实验室提出的方法，主要针对工业中常见的知识和问题，总结了 MORE、MOLE、SALT、KNACK、SIZZLE、RIME 这 6 大范式及其他几个改进方法，和工业问题契合度很高。其中 MORE 方法论中提到的 Differentiation、Conditioning、Path Division 等推导方法很适合设备诊断的专家知识获取。

西欧学派指的是欧盟项目中提出的 KADS（Knowledge Acquisition and Documentation Structuring）[7] 及其增强版 CommonKADAS 方法[8]，知识包括行为/信念描述、词汇定义、对象及关系、启发式规则、问题处理步骤、典型场景、非确定性事实、过程、约束、领域事实、通用知识，也包括原知识、理论与假设等要素，将整个过程分为三个阶段，从四个层面进行任务的识别，并特别提出 Techback Interview（反向访谈）等访谈方法。

这些方法为工业知识的专家访谈提供很好的指导。本章集中在 PHM 领域和基于数据的 IT 系统实现，从数据模型、建模方法、软件实现等角度进行更深入的探讨。

9.2 知识沉淀方法的维度模型

本节关注隐性的过程型知识沉淀过程，主要模型形式是规则模型、分类模型等研判类模型。在 PHM 领域这一范畴下，知识沉淀可以从表 9-1 列出的 4 个维度来描述。

表 9-1 知识沉淀方法的 4 个维度

维度	类别
模型要素	8 类问题的模型要素、一些共性要素
设备对象	共性的设备工业单元
建模方法	专家规则、典型样本、纯数据驱动等方法
软件功能	领域建模、模型研发、模型部署运行等技术

9.3 模型要素维度

PHM 领域可以分解为如图 9-3 所示的 6 大问题，相对于 ISO 13374 和 OSA-CBM 这两个规范中的描述，有两点区别，一是没有将"数据采集/传输"作为主题，因为在这里聚焦的是决策问题；二是将"故障诊断"从"健康评估"中独立了出来，因为它本身的内容就很丰富。

下面将对这 6 类问题的模型要素分析进行探讨，故障诊断分解为故障类型研判、故障处置效果监控两个问题，并扩展讨论一下设备运行性能优化问题。在此之前，先讨论这些问题

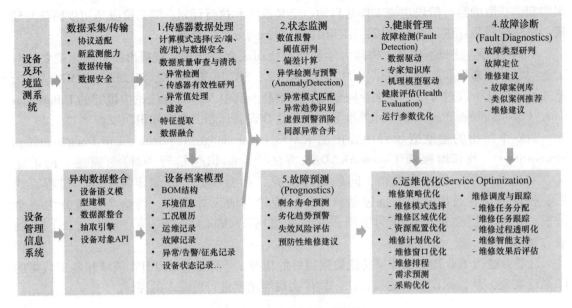

图 9-3 PHM 的分析问题框架

的共性要素。

9.3.1 共性要素

PHM 问题分析的前提是工况、工质和环境等共性要素，有两种建模技术路线，一是系统的设计和运行机理明确约定不同的工况状态和工质情形，并且有明确的状态转移研判条件，示例如图 9-4a 所示；二是基于历史数据的聚类分片，形成稳定的分类，示例如图 9-4b 所示。

9.3.2 传感器异常报警

工业传感器可能工作于高温、高压、高湿度、高腐蚀环境下，随着运行时间的增加，传感器可能出现不同程度的老化或故障，导致传感器数据漂移、精度下降甚至完全失效等故障。传感器的可靠性一般来说比工业设备要低，传感器异常研判是其他分析的基础。以原西屋电气 PDS（包括 ChemAID、GenAID、TurbineAID 等组件）智能诊断系统[9]为例，1.6万条规则中，60%的规则是做传感数据异常研判。

传感器异常研判有两条技术路线，一是建立多模态无监督监测模型，多是数据驱动；二是建立传感器特定故障的研判模型，多是专家规则驱动。本节重点是第二条技术路线。在此之前，简要说明一下第一条路线的典型做法。多模态无监督监测模型首先要研究待检测传感器相关系统设备的运行机理和基本运行工况，然后综合考虑传感器之间的物理冗余、解析冗余相关性和统计相关性，选择合适的一组传感器建立数据驱动模型计算监测统计量对异常进行监测。监测模型能捕捉到传感器之间的时间关联性、空间关联性和工况关联性，主要方法

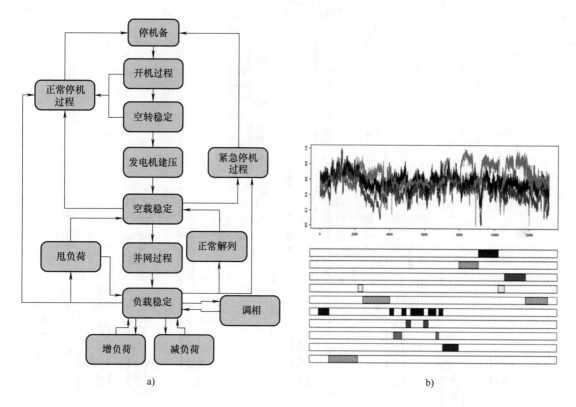

图 9-4 工况的获取方法

a) 水力发电机组工况及转移图 b) 化工过程的时序切片与聚类

包括多变量状态估计法（Multivariat State Estimation Technique，MSET）、时间序列分解方法、ARMA、非线性 PCA、独立森林、One-Class SVM、Auto-Encoder 等，以及多模型的融合研判方法。

基于专家规则的传感器有效性研判过程如图 9-5 所示。主要包括传感器的产品特性、安装特性、被测设备的结构特性、信号传递路径、内外影响因素、故障发展的一般规律等，这些特征是传感器有效性研判的依据。

造成传感器数据失效的原因有许多，包括传感器安装松动、传感器故障、环境干扰等。从机理上，环境干扰可分为电磁干扰、机械干扰、热干扰、化学干扰等；从干扰的时序特点上，可分为冲击性干扰、周期性干扰、间断性干扰、持续性干扰、缓慢积累性干扰等。例如，大功率电磁感应设备的启停往往会产生较大的脉冲干扰，现场的温度、湿度等环境条件的变化也会造成传感器测量行为的缓慢改变。在原因研判上，需要结合传感器测量原理、安装结构、被测对象工况机理、工作环境等信息进行综合研判。以振动传感器为例，失效原因、表征及研判逻辑见表 9-2。

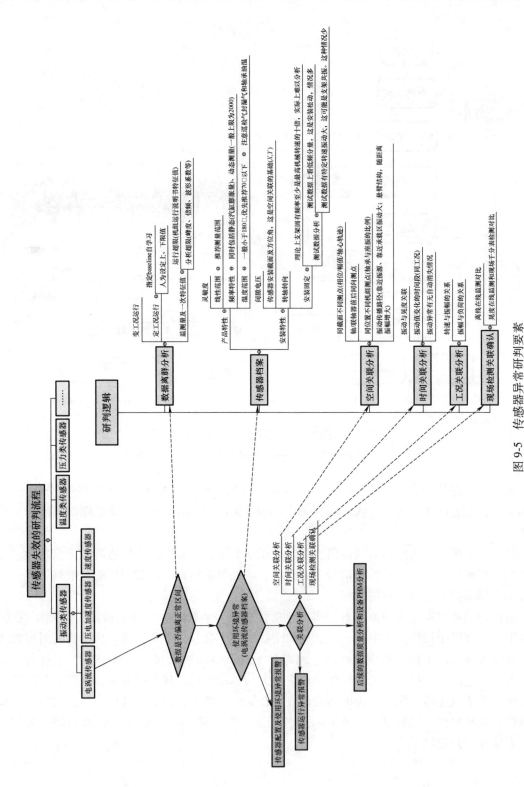

图 9-5 传感器异常研判要素

表 9-2 振动传感器失效原因、表征与研判逻辑

原因	表征	研判逻辑
传感器故障	有效值非常小 不随转速变化 在很长时段内,都不存在冲击信号	与正常信号零转速时的有效幅值进行对比 零转速在外部冲击下的振动有效值、幅值
安装松动	有效值远小于正常水平(同工况) 信号的高频部分出现被滤波的现象 随着转速升高振幅增大过快(主轴承)	特征值测点位置、转速、有效值、频带能量、历史趋势、同机相邻测点数据、同工况(转速)下不同风机相同测点的分布区间。信号时域波形、频域波形形态无明显异常,这是与传感器故障相区分的重要依据
电气干扰	有效幅值明显超出上限 有效幅值与其他测点没有相关性 新的谐波成分	外部带入的干扰不是振动信号本身,而是电信号的叠加。可能是信号链路松动或接口没有保护好,也可能是采集通道本身的抗干扰性差。除了手动排查,也可以在数据上采用邻近测点的相关性分析
机械冲击	峰值远超正常区间 冲击往往是单边的 峰值上升和下降的速度非常快(没有阻尼)	峰值、峰-峰值、脉冲指标、峰值因子、歪度指标、峰-峰值与单峰值的对比 峰值衰减振荡指标、峰值上升和下降速度与正常情形(阻尼)的对比

9.3.3 异常预警:"特征量-征兆量-研判规则"的范式

从传感器取得的原始数据往往杂乱无章,其特征不明显、不直观,很难直接判断。数据处理的目的就是把采集的数据按照一定方法进行变换和处理,如图 9-6 所示,获得与异常类型最相关的特征信息(如振动分析中的倍频幅值),称之为特征变量(Descriptor),特征变量在一段时间内的变化模式被称为征兆(Symptom,或称为现象),如二倍频幅值随着转速上升而变大。

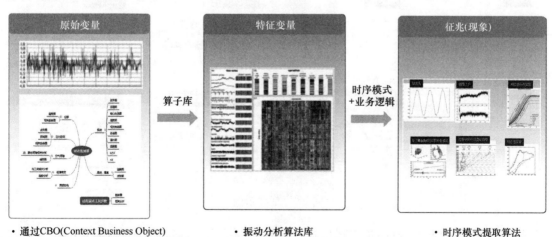

图 9-6 异常预警模型的三类变量

表9-3是透平风机的3个异常类型的研判规则,其中,一定转速下的通频值、工频值、工频相位是特征量,"当前数值与相对历史平均水平的差异度""突然变大""<变量1>随着<变量2>上升而变大/小"是征兆算子,通过这些共性特征算子、征兆算子的抽象,业务规则表达有可能变得简单。

表9-3 透平风机的故障研判规则示例

	转子热弯曲	轴颈有机械或电气偏差	动平衡不良
征兆	• 振动通频值大 • 起停机时同转速下通频值差值较大 • 起停机时同转速下工频值差值较大	• 振动通频值大 • 低转速下通频值较大 • 低转速下工频值较大 • 高、低速下的通频值之比较小 • 高、低速下的工频值之比较小	• 转速稳定时工频相位稳定 • 通频值为报警值的135%~155% • 工频值为通频值的175%~185% • 工频值随转速上升而变大 • 工频值随转速下降而变小 • 通频值突然变大

一些常见的征兆算子如图9-7所示。包括短序列的形状(如缺波头、尖峰、毛刺等)、时序趋势(如缓慢上升)或周期模态(例如,低频振荡)、多个时序相关性(如不同步)、相位图形状(如形状异常)等。

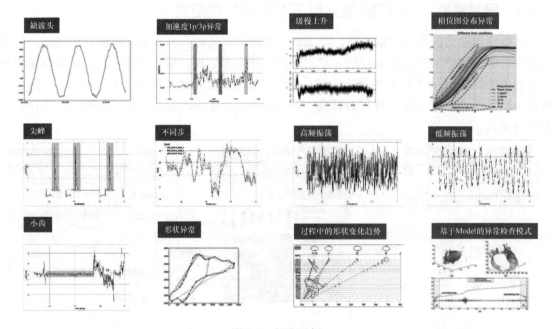

图9-7 征兆示例

故障模式的研判规则有四种表现形式,一是加权平均,即征兆—故障模式的系数矩阵,输出的是某种故障类型的概率,见表9-4,日本故障诊断专家白木万博的打分法也属于此类;

二是 If-Then 规则构成的规则集（Rule Set），条件部分是多个征兆变量的逻辑或简单数学运算，输出是故障类型的研判结果（TRUE 或 FALSE）；三是规则流（Rule Flow），用于表达复杂的逻辑关系；四是函数：符合接口规范，内部可以嵌入机器学习模型，输出是故障类型及其概率。

表 9-4 加权平均研判规则示例

征兆变量	征兆描述	权重值
S_1	转速稳定时工频相位稳定	0.15
S_2	通频值大于报警值的 135%~155%	0.15
S_3	工频值大于通频值的 175%~185%	0.25
S_4	工频值随转速上升而变大	0.25
S_5	工频值随转速下降而变小	0.1
S_6	通频值突然变大	0.1
该规则的置信度为 0.9，根据该规则，"动不平衡"故障概率 = $0.9 \times (0.15S_1 + 0.15S_2 + 0.25S_3 + 0.25S_4 + 0.1S_5 + 0.1S_6)$		

专家知识表达的要素及其关系如图 9-8 所示。一条规则研判一种类型的异常或故障，一种异常可以由多条规则来独立研判，每条规则有置信度，可以由多个征兆综合计算（加权平均或更复杂的算子），保证了灵活性和可扩展性规则中存在大量共性的变量。诊断规则中用到的变量分为 3 类：原始变量（Measure）、特征变量（Descriptor）、征兆变量（Symptom）。变量之间的原子性转换算法被称为算子（Operator）。

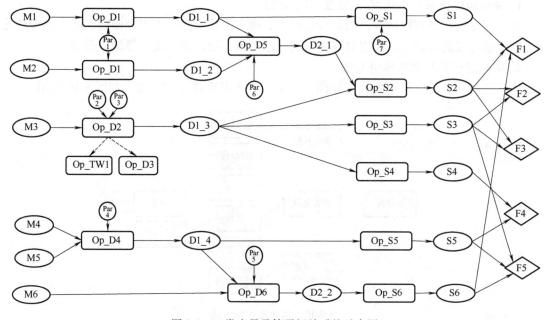

图 9-8 三类变量及算子间关系的示意图

考虑到设备的结构、工作环境差异，不同设备的研判逻辑可能存在差异，规则的运行周期也可能不同。因此，需要支持设备预警规则的定制化。不同设备的监测系统不同，为保证规则的通用性，可以定义领域模型，通过变量映射进行配置，实现规则内容与数据实例的解耦。

9.3.4 健康评估："劣化度-健康度-综合评价"的范式

通常情况下，部件级别的健康评估相对容易定量化（靠标准或模型），但系统级的一般靠专家经验进行综合研判。健康评估模型包括评价指标体系、劣化度评价基准和评价方法、综合评价方法，其过程如图 9-9 所示。

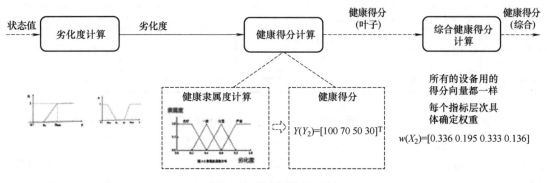

图 9-9 健康评估的过程

1. 评价指标体系：劣化度-健康度-综合评价

基于部件的状态监控指标，根据行业标准，确定劣化度；采用模糊函数，将劣化度转化为不同健康等级的隶属度；根据健康等级的健康分值，通过隶属度计算健康得分。

2. 劣化度评价基准和评价方法

劣化度的评价可以基于失效（故障）风险、参考基准或专家规则，如图 9-10 所示。

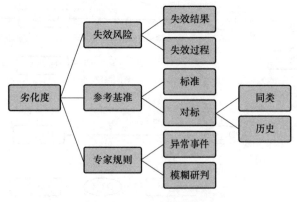

图 9-10 劣化度评价方法

3. 综合评价方法

在基础部件上，进行劣化度和健康得分计算，部套的健康度是其下属部件健康度的加权平均，逐层进行健康度计算。

9.3.5 故障类型研判："特征量-证据/现象-推理逻辑"的范式

工业设备工作环境复杂，前后工序存在强耦合，一个故障通常有非常多的潜在原因。故障定位就是结合多种证据/现象，参考机理，对比排查，缩小原因的范围。故障类型是个比较宽泛的感念，有的时候指的是故障模式，即没有完成预期设定的功能或性能指标；有的时候指的是故障原因，例如定子铁心温度过高故障模式背后的原因，是冷却水管道堵塞、供水泵压力不足、铁心片间绝缘、线棒短路等。

故障定位模型一般可以分为特征量、证据/现象、推理逻辑三个部分，图9-11所示为故障定位的推断逻辑。

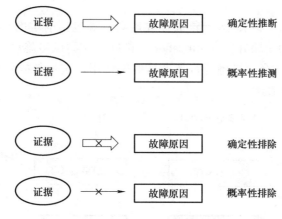

图 9-11 故障定位的推断逻辑

在梳理时，可以用"故障模式-征兆-故障原因"的关联关系进行分解，从正向分解的角度，针对一个设备，根据 FTA（Failure Tree Analysis，故障树分析）可以梳理其典型的故障模式，根据故障模式，可以通过访谈或推演，得到故障模式对应的典型征兆或症状，反过来，根据 FMEA（Failure Mode and Effect Analysis，故障模式和效果分析），可以分析原因可能引起的征兆。为了不同故障类型的可区分性，可能需要加入一些具有排他性的征兆或证据。根据故障模式的分析思路如图9-12所示。

在证据与故障原因的对应关系时候，可以用确定性的关系，或采用概率性的模型关系（后面利用贝叶斯网络结构去推断）。

9.3.6 故障处置效果监控："症状-异常类型/严重等级-处置措施-状态"的范式

对于运行人员来说，其首要目标是在保证安全的情形下，完成生产任务。发现了异常，首先确定类型和严重等级，通过调节或启停辅助装置等手段，尽量恢复到正常状态，或者将

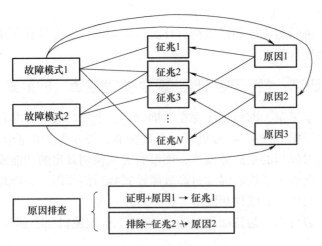

图 9-12 基于故障模式的分析思路

异常控制在可控范围内。因此,运行异常处置规则,既包括前端的异常预警(通常逻辑比较简单),也包括异常的消缺处置(Mitigation)措施,在尝试措施后,需要继续观察相关状态是否改善,也需要关注当前措施是否带来其他副作用,这就是故障处置效果监控的目的,其组成要素如图 9-13 所示。

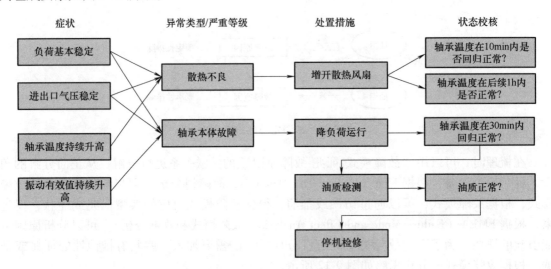

图 9-13 故障处置效果监控的组成要素

9.3.7 故障预测:4 种思路

故障预测(或剩余寿命)一般用来评估缓慢劣化导致的设备性能下降或功能性故障。劣化原因有工作部位的磨损/老化、环境腐蚀、材料疲劳、冲击累积效果等。对于设备寿命预测，总的来说有几种思路：

1) 根据性能指标：如果是领域公认的健康性能指标，且指标可以相对密集地获得，则可以通过插值，相对直接地估算剩余寿命；

2) 根据故障结果数据和诱因数据（如环境、累积冲击）：通过生存分析，预测剩余寿命或故障概率，以初步评价剩余寿命；

3) 故障结果数据与设备状态监测数据：通过设备状态的相似度或状态轨迹变化的相似度，相对精准地估计设备的故障概率；

4) 根据故障过程数据：在设备的故障过程（可能是加速故障实验）中，有相对完整、密集的环境、工况、设备状态的演化过程数据，通过插值等方式，获取相对精确的剩余寿命估算。

9.3.8 性能优化：无固定范式

性能优化问题的范畴不固定（系统、单体或部件），度量标准和改进手段也不同，数据基础和运行机制差异度大，因此没有固定的范式。

广义上工业系统"优"的度量指标是安稳长满优（狭义上至少包括长、满、优），所以可能的题目包括：异常在线报警/预警（支持运行科）、操作参数优化（支持工艺科）、开机方案与调度优化（支持生产计划调度科）等课题。性能优化的途径包括改变工作点或控制参数（参数优化）、改变工作节奏（调度优化）、提前或及时发现异常。

不同问题的瓶颈不同，采用的技术方法（运筹优化、数值方程求解、仿真、数据挖掘等）也不同，主要从以下几个方面来入手：

1) 模型估计：通过数据，估计系统的动力学模型，也就是输入、操作参数与输出的关系，这是优化的基础。

2) 横向/纵向：建立起度量标准。

3) 动态或多因素交叉影响下的运作机制：如何寻找更合适的策略。

在大面的差异性情况下，也存在一些共同的话题，例如工况聚类、状态模式、主导因素模型等，保证不同设备不同场景的可比性。

9.4 设备对象维度

专家知识沉淀的另外一个维度就是从设备对象着手，这样沉淀出来的知识模型在同一类设备对象上具有普适性，可以提高模型重用度。主要基于两点原因，一是大量的工业设备中存在很多共性的工业单元，例如泵、阀、轴承、电动机、换热器等，工业单元层面的模型具有一定的通用性，例如泵和阀的密封部件的故障是很类似的；二是不同类型的工业单元的故障原因或故障现象是类似的，例如，轴承、线棒、换热器等不同设备在温度异常上升的异常研判逻辑是相似的，虽然故障原因各不相同。因此，有两种模型重用方式，一是设备单元层面，总结典型工业单元的故障模式及其研判模型；二是典型的故障模式或故障原因的研判，例如流体泄漏/堵塞、阀门黏滞、热性能退化等，见表 9-5 和图 9-14。

表 9-5 典型工业单元的研判问题

类别	故障模式	典型研判方法
流体	泄漏/堵塞	流量平衡 压力-流量关系 流量的趋势 堵塞/泄漏带来的其他变量变化
热	换热效率	熵、焓等热平衡方程
热	温度异常	温度趋势（结合工况、工质）
转动	黏滞	OP-MMV 曲线形状
动力	振动	振动异常
动力	效率	性能曲线

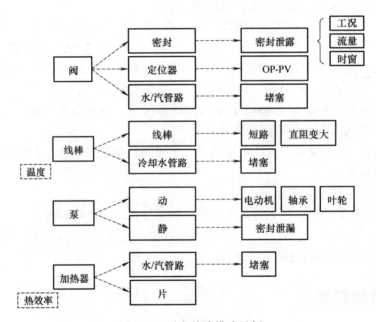

图 9-14 设备故障模式示例

针对一个设备，可以围绕故障模式，从 FTA、FMECA（Failure Mode Effect & Cause Analysis，故障模式、影响及危害性分析）、RCA（Root Cause Analysis，根因分析）等不同角度去分析。FTA 可以从设备结构的角度去分解故障模式；FMECA 等定量给出了故障频度、故障影响，帮助筛选去重要的故障模式；RCA 可以进行深层次故障原因分析。如图 9-15 所示。

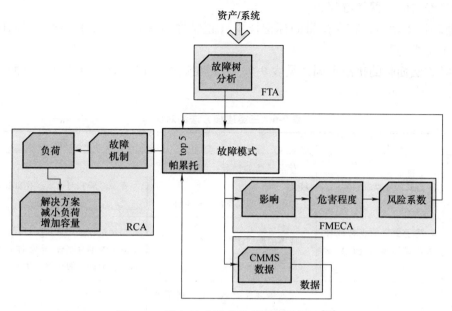

图 9-15 设备故障模式的各种分析方法[10]

9.5 建模方法维度

从建模方法的维度，工业中的研判逻辑可以分为三类：

1）专家规则，存在相对明确的研判逻辑，也包括机理模型的情形，存在相对可靠的机理模型，根据实测值与机理模型输出的残差趋势进行研判；

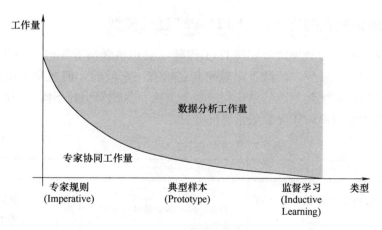

图 9-16 三种建模方法

2）数据驱动的监督学习，存在大量的标记样本，通过监督学习等算法，构建研判模

型,这就是经典的机器学习问题;

3)典型样本学习,存在少量的标记样本(正常样本或异常样本),通过相似度来评价一个新样本正常与否。

这三类方法面临的挑战不同,见表9-6,因此在建模过程上侧重点不同。下面三节将详细论述。

表9-6 三类建模方法的对比

	描述	挑战	适合场景
专家规则	显式的专家规则	专家经验的诱导:可表达、无歧义 专家规则的完备性、精准性	专家经验相对清晰(例如振动分析)
典型样本	基于少量的正常或异常典型样本,进行异常研判	样本的典型性与代表性 虚假预警率会偏高一些	稳定过程(例如化工过程) 高可靠性系统,异常样本很少(同时,也允许虚假预警,防患于未然)
数据驱动的监督学习	基于大量标记样本的机器学习模型	工业中缺乏有标记的、高质量的大量样本 样本的不均衡性	数据丰富的场景

这三种方法是可以相互转化的。例如,通过少量样本的探索,去辅助专家规则的访谈,最后形成专家规则模型。以少量样本为起点,去主动发现异常样本,并通过领域专家确认,形成一定量的标记数据集,然后再通过机器学习算法,形成数据驱动的模型。但抛开这些转化过程,不同方法在执行过程还是存在典型的特点,下面先分别讨论,最后讨论三类模型间的转化。

9.5.1 专家规则驱动的方法:AI-FIT-PM 过程模型

知识获取挑战的本质是领域专家与 IT 工程师(负责将领域专家经验转化为规则)在业务背景和思维模式上的差异。领域专家对研判逻辑有一定经验,但通常用不会用 IT 语言严格无歧义表达。这就要求用一定的结构化流程与方法,保证知识在不同领域的转换。领域专家经验在转化为专家规则时候面临的常见问题见表9-7。

表9-7 专家规则转化中面临的问题

问题	描述	可能后果	复制方法
可表达性	专家经验不能很好表达或理解	专家经验的诱导:可表达、无歧义 专家经验不够完备性(存在很多隐形假设前提)	结构化的逻辑驱动法 实际案例驱动访谈方法
无歧义	不同领域的理解不同	描述错误	FTA 系统动力学模型

（续）

问题	描述	可能后果	复制方法
完备性	场景不完备，包括工况、外部干扰、环境、操控、物料/工质	误报率高	结构化方法 案例驱动
完备性	研判条件不严谨	误报率高	数据检验方法
完备性	多个规则间存在冲突或重叠		实际案例检验法
精准度	算子参数	研判逻辑不稳定，特别是时间窗口参数，如果过短，虚假预警率高；过长，存在漏报，并且滞后太多	基于数据的学习方法
精准度	研判阈值不精准	误判	基于数据的学习方法
精准度	数据本身的不精准	误判，很多异常其实是数据造成的	对数据可靠性的把握

基于过去项目实践，提出了图 9-17 所示的 5 类角色、7 个阶段的快速迭代开发模式。根据 7 个阶段的首字母（Analysis，Inception，Formalization，Implementation，Test，Production，Maintenance），将其简称为 AI-FIT-PM 方法。在需求分析阶段，引入工业参考框架保证问题分解的全面性；在知识获取和形式化表达阶段，归纳业务元语；在业务规则开发阶段，将业务元语转化为 IT 系统的算子或函数；规则测试与评价，利用数据或测试实例，保证逻辑表达的正确性与完备性。在不同阶段发现的新问题，有可能触发前序阶段的迭代。

1. 阶段 1：需求分析

需求分析是为了明确业务需求和专家知识系统的定位，并初步评估业务价值和数据基础支持度。

主要的分析方法包括结构分解和价值评估，其中结构分解是基于典型工况、故障模式、组织架构等典型树状结构，总结典型场景、业务流程，分析差距的原因和改进措施；价值评估是根据故障发生的频度、单次消除带来的收益，估算其价值。同时，明确规则模型的定位，专家规则模型如何融入到当前的业务流程，当前业务流程对规则模型的要求。另外，初步了解数据基础和相关业务系统，对数据支撑度有个初步判断。

在业务价值和数据理解的基础上，选择优先范围，识别合适的领域专家或案例文档，开始知识获取阶段的工作。

2. 阶段 2：知识获取

知识获取的核心，通常需要与领域专家协同完成。根据系统结构与工作原理梳理出定性的领域知识。这一步骤很多时候由领域专家提前完成，也可以由知识工程师的业务访谈、文献调研完成。

鉴于知识工程师与领域专家的技术背景差异，需要一定的形式化方法与结构化模型去辅助二者的交流。主要包括系统动力学模型、监测/检测机制模型。

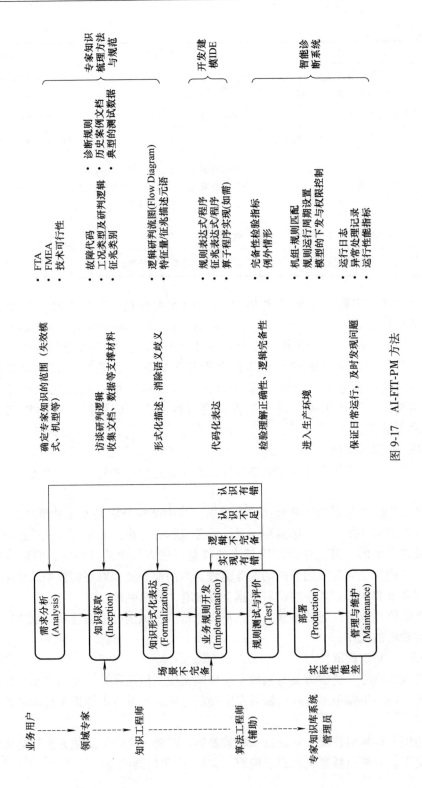

图 9-17 AI-FIT-PM 方法

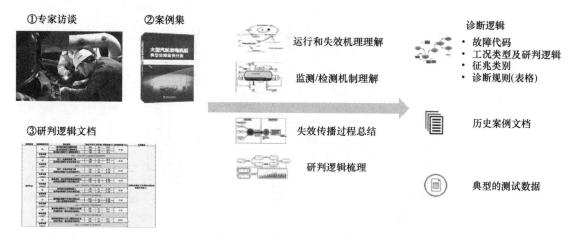

图 9-18　知识获取的输入-输出关系

1）系统动力学模型：知识工程师应该对运行机制或故障过程有形式化的理解，并对关键过程量间的关系构建起定性的系统动力学（System Dynamics）模型参见图 2-12，这里再次列出于图 9-19。注意：为避免陷入细节，这里不需要常微分方程、偏微分方程等数学公式表达的动力学方程，而是需要一个经过抽象的（忽略次要因素）能够清晰反映变量间影响关系的概念模型（Conceptual Model）。基于系统动力学图，标记出哪些因素是可观测的（图 9-19 中标记方框的），同时理解不同要素观测结果的可信度和精度。

在一些复杂系统中，还要理解设备的上下游连接关系及相互影响，例如，在火电厂，通常多台磨煤机共用一个给风管道，一台磨煤机的一次风量受所有磨煤机冷/热封门开度的共同影响，单台磨煤机不同时期，冷/热风门开度与一次风量和风温的关系存在不确定性。只有这样，才能对专家经验的适用范畴和侧重点有个整体把握，而不是一味迷信"专家经验"。

基于系统动力学模型，可以深入讨论需求阶段已经明确的模型。对于典型工况列表，可以进一步明确工况对应的状态变量、工况间的转化关系；对于故障模式，进一步了解故障模式直接引起的状态变化、异常变化的传播过程。

2）监测/检测机制：很多数据异常是由传感器引起的，在研判系统行为之前先明确数据的可靠性。可以结合测点图、P&ID 图，了解监测点位、测量原理等信息。例如，电流测量可以认为非常可靠，只需要关注少量的噪声和数据缺失。但一次风量和风温测量可能存在偏差，一次风量采用热扩散技术或压差测量技术进行测量，测量精度与测量装置安装位置、风道结构（例如风道直管太短可能造成风道温度场、风速流场的动态变化）有很大关系。

在这些信息的基础之上，有三类典型的专家知识的获取方法，一是逻辑分解与推理方法，采用合适的结构化模型，通过因果推演和逻辑分解的方法，推动专家经验的沉淀，避免访谈过程的发散；二是案例归纳法，从现有的案例文档，归纳总结并抽象形式化，形成具有一定通用性的规则；三是现有研判逻辑文档的精化方法，通常适用已经有了初步的研判规则，但不精准的情形。

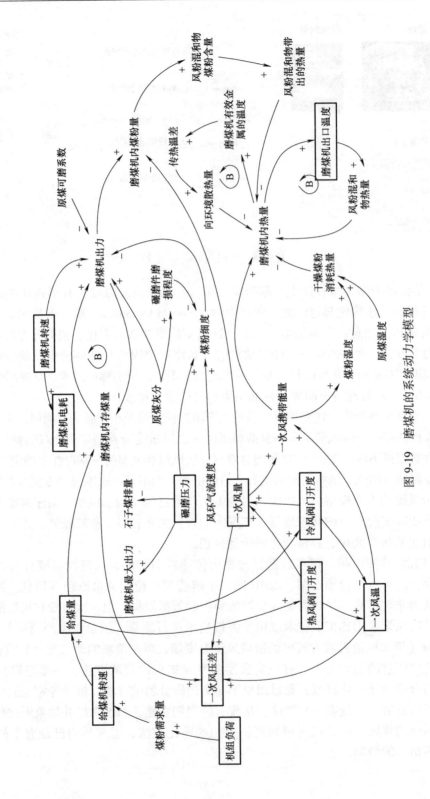

图 9-19 磨煤机的系统动力学模型

(1) 结构分解推理方法

系统动力学模型可以很好地帮助知识工程师快速了解运行机理,构建与领域专家的共同语言,消除歧义。但系统动力学图通常不会包括部件故障、外部影响等因素,因此还需要依靠专家"结构化的访谈"(Structured Interview),特别是因果推演和逻辑分解结构模式,见表 9-8。

表 9-8 结构分解推理的方法

手段	内容	模型
因果推演(正向推理、反向推断)	系统的控制与测量原理 故障的传播过程(设备间或部件间) 设备故障→征兆→测试	PID 图或设备功能结构图 FTA/FMEA、鱼骨图 系统动力学模型(不推荐数值方程),要素全面,最好能与当前数据挂钩
逻辑分解	设备指标间的驱动关系及计算逻辑 业务影响或价值估算逻辑 设备劣化类型及业务响应逻辑	树状结构模型 形式化公式

在异常诊断或故障诊断的逻辑访谈中,根据问题可以参考 9.3 节的模型要素维度进行访谈。并根据可区分、有前提条件、适度分解这三个原则。

1) 可区分:如果两个故障对应的征兆相同,则说明没有分解到合适的详细程度,两个可以识别的故障对应的征兆肯定有所不同。

2) 有前提条件:一方面,测量、征兆都有适用前提,专家知识的应用范围尽量能够明确,避免绝对化;数据都存在测量误差与波动,专家逻辑不要太理想,在研判条件上需要考虑常见的各种工况和数据情形;另外,根据业务应用需求的前提分析,研判条件做到适度严谨,避免为了严谨而过度复杂。例如,如果专家规则的目的是辅助或提醒行业专家,一些偶发异常的规则条件可放宽松一些,让更多的异常暴露给领域专家,一定量的虚假预警不会对领域专家造成干扰。但如果专家规则的目的是指导运行人员,这时候专家规则就要严格一些,首要目标是消除大量虚假报警。

3) 适度分解:在传播过程中,找到可以唯一标志当前故障(或假设)的点就可以停止了,因果分解不是刨根问底,只需要分解到"当前数据项可以体现的层面",或"可以操作的层面"(业务用户可以干预的地步)就够了。很多故障分为一次故障和二次故障,根据研究问题,选择合适的问题颗粒度,不要过度分解。例如,推力轴承润滑油外循环系统的断水/断泵异常,可以根据外循环系统整体的流量、压力和温度层面进行研判,没有必要深入到二级原因(例如,输油泵断泵、冷却水/冷却油通路泄漏/堵塞、计量失真等)。

在专家访谈后,专家知识的进一步提升(Refine)可以用采用两种手段。

- 实际案例数据推演:在初步专家访谈的基础上,挑选几个典型历史案例,进行快速检验，找出"反例"或"不确定"的案例，通过实际例子，去消除专家表达中的"灰色地带"，这样来细化专家知识，有效促进迭代提升。

- "反向教学"（Techback）：知识工程师把归纳后的"研判逻辑"讲给领域专家听，特别没有参与的领域专家，请他们来评判和补充，去佐证我们的理解是否正确。

（2）案例归纳方法

针对典型设备的故障诊断和运维，企业和业界通常存在着大量运维工单、经验总结报告、社区讨论等。基于工业知识图谱分析和行业专家的梳理，形成针对特定领域的案例库，形成半结构化的维度标签，方便检索和语义推理，支撑类似案例推荐、新故障模式识别等业务场景。

从少量案例抽象为一般性的研判逻辑，首先需要确定其适用范围，包括设备型号、时间、点位等，例如，针对"16号定子铁心下层温度过高"一个具体案例，归纳出支持任何槽任何层的温度过高的研判逻辑，同时思考该研判逻辑是否支持多个点位同时温度过高，支持哪些工况。接下来，确定哪些可以自动研判，在从将案例文档转化为规则流的过程中，并结合数据状况，确定哪些可以自动研判。以风力发电机组有功功率超限的故障诊断为例，如图9-20所示，有些数据是现有IT系统可以提供的，有的需要人工获取（现场检测或读表），从而，有些研判逻辑适合自动计算，有的仍然依赖于人工研判。

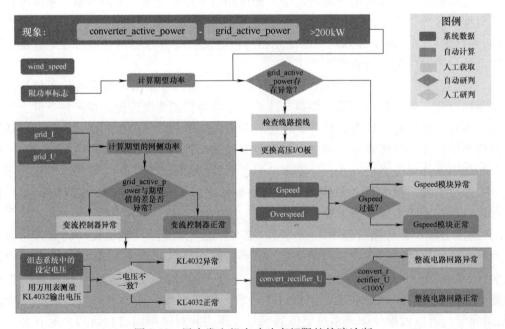

图9-20 风力发电机有功功率超限的故障诊断

以某化工厂油膜失稳的故障诊断案例为例，一个具体的案例非常详细。包括了测点的点位号、具体数值和具体设备型号。

某化工公司 AV40-14油膜失稳典型案例分析

一、问题描述

2011年9月25日9:0时，某化工公司硝酸四合一机组（成套图号90011926）中的轴流压缩机AV40-14进气侧振动突然出现波动，波动幅度在5~10μm之间，9:14,进气侧两测点振动突然达到跳机值，导致跳机。

二、原因分析

针对问题描述，写出分析问题的思路，给出产生问题的原因或因素。

取2011年9月25日机组跳机前，振动开始出现波动轴流各测点图谱进行分析如下：

由图3可明显看出，空压机进气侧204A测点的0.31X能量在2秒内迅速从10μm左右上升至130μm,远远超过了工频能量，进气侧另一侧点204B低频部分的0.3X能量也从5μm左右猛涨至50μm，跳机原因主要因为204A测点低频能量引起强烈振动造成。排气侧两测点该低频成分也成为主要振动激励成分，分别达到40μm与20μm,观察进气侧原始轴心轨迹，主要能量已变为分频能量，能量水平已成为波动时刻的20多倍，轨迹形态趋于扩展椭圆状。观察进气侧204A测点短时时频图，低频成分能量幅值相对稳定，无周期性波动现象。

结合以上特征分析，空压机进气侧可能存在因外界扰动结合轴承松动、轴瓦间隙不当造成的油膜突然失稳，引起机组跳机。

三、处理方案及效果

1、根据原因分析中的结论，给出处理方案。

建议对空压机进口过滤装置进行检查，清理，并在再次停机时更换备瓦。

2、描述方案实施的过程及效果。

用户对轴瓦进行检查，调整。调整后轴承安装状态：上瓦间隙23道，侧间隙10道，过盈7道，下瓦无间隙(2道塞尺塞不进)。轴瓦表面无

图9-21 某化工厂油膜失稳故障诊断案例

基于异常、故障等案例库（事实知识库），把事件发生前后的工况、状态数据、征兆信息、故障的处置记录、故障修复后的状态识别出来，整理出当前案例中专家的研判逻辑，如图9-22所示。通过多个案例的交叉对比，有可能形成专家规则的初步版本，这样大大降低对领域专家的依赖。

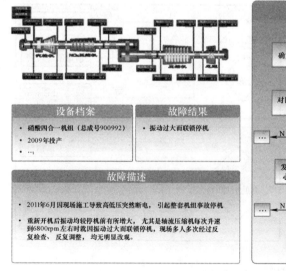
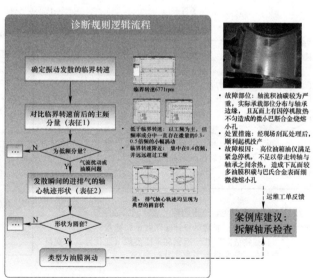

图9-22 异常预警模型的三类变量

（3）现有研判逻辑的精化法

在一些领域，专家经验可以相对容易给出来。一种故障模式通常基于多项征兆进行综合研判，一个征兆也常常被多条规则引用。但这些研判逻辑仍有不少待细化的点，包括逻辑的

完备性、对不同工况的覆盖度、对数据依赖程度（如果部分数据存在缺失/异常，研判逻辑是否仍然可以工作）等。

在动力学根因的基础上，确定研判逻辑的完备性。"专家经验"的逻辑完备性检验有机理推演、逻辑自洽性检验、反例辨析等多种方法。这里以磨煤机的机理推演为例：

1）磨煤机物理本体（如设备健康状态、内部工况）是长期缓慢变化的，且不可完全观测，如果"专家规则"是基于长期平均信息，如何考虑这些缓慢变化？

2）磨煤机的动态工况过程是本身动态和上游管道（和其他磨煤机）动态的耦合作用的结果，如果专家规则没有排除暂态过程，如何分辨暂态的来源？

3）对于测不准的问题，专家经验是如何处理的？

除了机理推演，基于大量历史数据，可以找出当前专家经验解释不了的反例，这些反例可以帮助领域专家不断细化自己的经验。

3. 阶段3：知识形式化表达

将领域知识转化为形式化业务规则，进一步消除歧义。这个阶段又包括两个小步骤。

1）规则逻辑流图描述：用相对严格的业务规则流图，对上面总结的定性运行经验进行刻画，并补充一些隐性的前提条件，如图9-23所示。这个步骤通常由知识工程师主导完成，可能需要有2~3轮与领域专家的确认与更新。

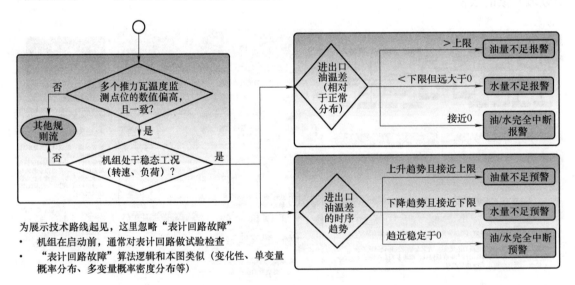

图9-23 异常预警模型的三类变量

2）总结归纳故障描述元语：知识工程师用既有的故障描述元语和业务对象模型进行进一步形式化。如果有特定的开发环境，尽量利用开发环境的算子去描述，见表9-9，没有得到支持的算子也可以及时反馈给算法工程师。

表 9-9 算子示例

	算子	描述
特征量	{时间窗} 内的工况类型	工况研判算法 存入设备履历信息表
	{温差、转速、负荷……} 正常值的统计分布量（包括均值、方差、25 分位、75 分位等）	定期计算，存入设备的特征变量事实表
	{温差、转速、负荷……} 在 {时间窗} 的趋势速率	临时计算，不持久
征兆	变量偏离正常分布的情形	统计分布的 IQR 判断算法
	变量接近 {给定值}	统计分布，超参数控制方差的倍数
	{变量} 差异性小	ANOVA 分析算法
	{时间窗} 内工况稳定	根据趋势速率计算，或采用 STL 等鲁棒性强算法判断

4. 阶段 4：业务规则开发

业务规则开发是将形式化逻辑规则转为可执行计算模型的过程，通常依赖于一个开发环境（如图形化建模分析环境）或语言环境（如 Python、R 语言等）。需要做的事情包括：

1）基于算子或分析语言的规则模型开发；

2）模型结构的确定，也就是一个研判逻辑模型是否需要分解为多个计算模型；

3）模型中参数的确定与优化，例如，"缓慢上升"征兆算子需要确定时间窗口和上升率阈值两个参数。这里先讨论前两个问题。

知识形式化表达阶段，不同领域存在很多共性的算子，例如"缓慢上升""持续振动""存在毛刺""残差存在正向漂移"等，可以通过算子库的形式提前提供，这样避免重复工作。

业务逻辑转化为计算模型时，需要决定哪些计算可以合并到一个模型。有两条启发式指导原则。

1）运行频度一样，依赖的数据基本相同，这样放在一起可以避免反复访问数据；

2）普适程度类似（适用于同类设备），重用度类似。算子避免切分太细，只有多次重用的算子，才有从大逻辑模型中独立出来的必要。

"特征-征兆-研判"在计算逻辑时候有些自然的分工，"特征量"计算通常是为了降低数据频度，通常在边缘端完成，特别是高频数据；"征兆量"计算（如"缓慢上升"）通常需要一定时长的数据。从统计或算法原理的角度，每个算子都可给出数据量的最低要求，在使用时，结合特征量的计算周期，可以对征兆量的计算周期有合理估算。需要注意，"研判"计算周期只要不低于所有"征兆"的最小周期即可，不一定要大于等于所有"征兆"的最大周期。

从重用度的角度，"特征"算子的重用范围通常与数据类型（如时序数据、数据集）、物理领域（如振动时序数据、热力学的时序数据）和设备类型有关，"征兆"算子的重用通常与征兆模态（上升、毛刺、香蕉形）有关，而"研判"一定与具体问题类型相关。

以表 9-3 中的"转子热弯曲"研判规则为例，它由 3 类征兆构成，即振动通频值大、起停机时同转速下通频值差值较大和起停机时同转速下工频值差值较大。

从振动量原始数值，加工出如下 3 类一次特征量：

1) 通频值、工频值等频域特征，通常以若干秒的间隔提供；
2) 工况特征，根据设备的设计逻辑，基于设备转速等重要状态数据，进行工况切片（如起动、停机、稳态运行、调负荷、故障停机等）；
3) 转速分仓特征，为了方便频率特征的比对。

基于一次特征，可以加工出 3 个二次特征量：

1) 每次起停机工况，各个转速分仓的通频值的均值；
2) 每次起停机工况，各个转速分仓的工频值的均值；
3) 正常运行下，通频值的基准值（可以以黑箱模型的形式体现）。

基于这些特征量，可以构建表 9-3 中的 3 类征兆，这些征兆表达需要用下以下几个通用算子：

1) 两个向量差别过大：输入为最近一次起动转速分仓的通频值均值的向量、最近一次停机转速分仓的通频值均值的向量；
2) 残差存在显著的征象偏移：输入为实测的通频值（或工频值）与基准值。

整个计算逻辑如图 9-24 所示（转子热弯曲研判规则中的第 2 类征兆与 3 类征兆类似，为了页面整洁，这里只显示了第 1 类征兆与第 2 类征兆）。

很明显，不同算子的执行周期不同，如图 9-25 所示，因此，算子将分布在不同的分析模型中，算子之间的依赖体现为数据依赖。举例来说，一次起停机后，"起停机时同转速下通频值大"征兆计算结果可以存在一个扩展变量上，"转子热弯曲"计算时候直接取最近一次（当然需要判断"最近一次"的有效性，例如，如果最新的征兆结果是 3 年前的，研判时候可以认为是无效数据）征兆变量的结果，而不是临时触发并等待征兆算子的计算，因此，虽然启停机的频度可能比较低，"转子热弯曲"的运行频度可以较高。

5. 阶段 5：规则测试与评价

在工业中存在很多存在启发式研判规则的分析场景，看起来通常比较容易，但直接的专家经验通常不完备，忽略了很多特殊情形，做一个具有普适性且鲁棒的算法其实很难。当专家规则数量大的时候，规则间的相互影响让规则测试变得更为复杂。另外，专家规则常常应用于无类别标签的情形，由于缺乏直接的基准标签，像分类问题那样自动化评估是不可能的。

通常有三种测试方式。

1) 专家规则模型开发人员的逻辑检验能力，通过列举反例，不断明确研判规则的内涵。例如，"振动通频值过大"的比较基准如果是近期平均值，这样可能会漏判一些缓慢但持续增大的情形。这种方式的效果严重依赖于开发人员的经验，并且只适合专家规则数量比较小的情形。

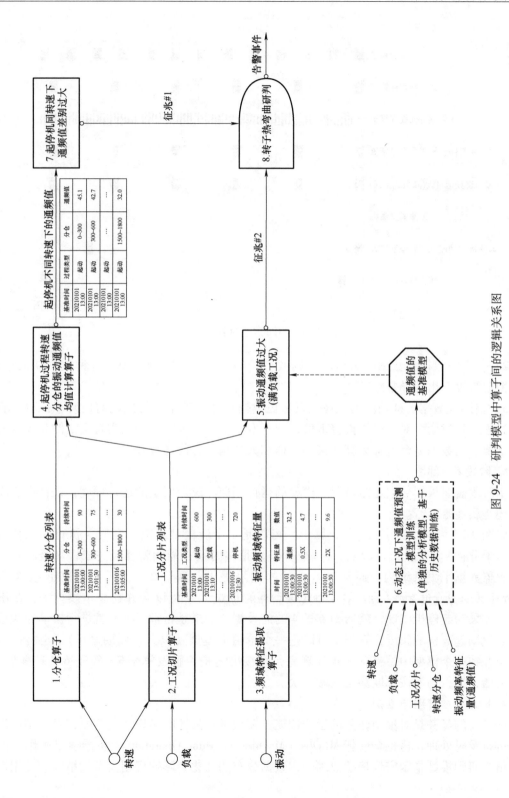

图 9-24 研判模型中算子间的逻辑关系图

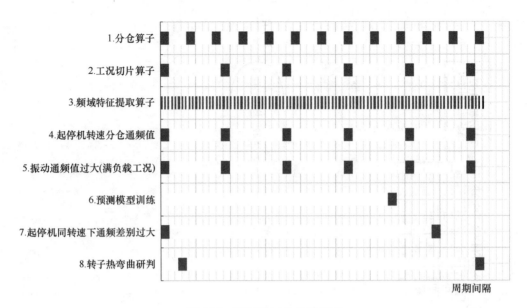

图 9-25　不同算子的运行周期

2）借助海量模拟数据，去检验规则或算子的强壮性，特别是模拟各种数据缺失情形，看模型运行没有出现异常。

3）借助大数据的证伪能力，在大量历史数据计算报警率，与预期的报警率比对，看规则是过松还是过紧。对于少量报警事件，业务专家应一一审阅，去核实真实案例与规则的出入。这要求大数据平台能够无缝连接小数据和大数据，方便迭代开发。

6. 阶段 6：部署

本阶段需要根据数据通路情况、模型的运行周期，决定模型的运行环境，是在中心端运行，还是属地端运行。

以图 9-25 为例，算子 1（分仓算子）可以是一个流模型或微批模型（执行周期从若干秒到若干分钟）。算子 3（频域特征提取算子）很多时候在端侧就已经完成，甚至内置在振动传感器数据采集系统内，通常以若干秒的间隔提供。算子 2（工况切片算子）、算子 4（起停机转速分仓通频数值）、算子 5（振动通频值过大）可以合并在一个模型中，工况切片后，如果为起停机工况，就启动算子 4 的的计算；如果是正常工况，就进行振动通频值的研判。根据起停机的频度，算子 7 可以是一个单独批模型（以天为周期运行），也可以与算子 4 合并到一个模型中，当算子 4 计算完，直接决定是否触发算子 7。算子 6（基准模型）非常灵活，执行周期按季度甚至只做一次。

7. 阶段 7：管理与维护

该阶段的任务是对模型任务的运行性能、模型本身的性能实现在线监测，对模型性能的下降进行及时处理，这也是最新 MLOps（Machine Learning Operations，机器学习操作）的思想。很多研判模型是紧密依赖于数据的，数据分布的变化会影响规则模型的精度和可用性。

一旦规则逻辑复杂（数量、耦合性），无论是规则的整理还是维护都变得异常困难。笔者曾参与过一个飞机配载优化的规则引擎项目，为应对快速增长的货运业务，某国际领先航空公司拟将优秀配载员的经验总结归纳，实现自动配载。两名公司最优秀的配载员花了近1年时间，将他们经验总结为200多页规则流图，这在航空业是非常了不起的工作。但即使行业优秀专家精心总结出的规则，仍不可避免存在着大量不完备、模糊甚至冲突的逻辑，基于行业知识理解、咨询工作和分析技术，很好地解决了规则的精化和自动化的问题。但这么复杂的业务规则，对于后期修改升级维护是很大的挑战，远非专家评审机制可以解决的。为此，专门研发了一些基于历史数据和仿真数据的自动化检查工具，进行规则合法性、逻辑完备性检验，从技术手段上保证规则维护的可行性。

9.5.2　少量样本驱动的方法

在工业场景中，很多历史数据都没有被标记。大规模的标记工作通常也不现实，因为工业问题的标记依赖于领域专家（无法通过大规模众包）。很多工业过程非常平稳，在一个给定工况下，多变量时序有稳定的模态，基于少量正常样本的学习，可以获得一个可靠的预测模型。另外，很多高可靠工业（例如核电厂），采用过度防护的模式，和历史上发生过的异常事件过程相似的时序可以认为高风险样本。这就是本节要介绍的两类少量样本驱动的方法：基于正常样本的核函数拟合方法和基于异常样本的相似度匹配方法。

1. 基于正常样本的核函数拟合方法

在同一工况下，很多工业系统（如化工系统、能源系统、压缩机装备等）通常有若干种典型运行模式。业务专家选择若干正常样本（多变量）作为参考向量矩阵，对于实际的时序，系统基于核函数非参数拟合，估计每个变量的正常预计值。根据预测值与实测值的残差序列进行异常研判。

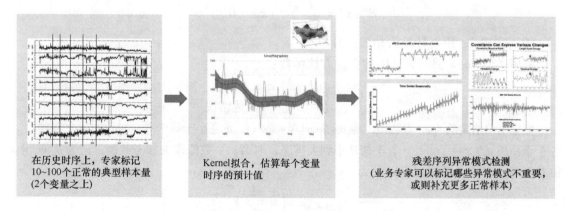

图 9-26　核函数拟合方法的步骤

基于相似度的预测是一种基于核函数的非参数模式重构技术，用户给定的 N 组典型状态向量 $x_k^{Ref} \in R^M$（即每个向量包含 M 个指标）构成了参考状态的原型（prototype）矩阵 $D =$

$[\boldsymbol{x}_1^{Ref}, \boldsymbol{x}_2^{Ref}, \cdots, \boldsymbol{x}_N^{Ref}]$,待评估状态向量 $\boldsymbol{x}$ 与 $\boldsymbol{D}$ 中的各参考向量采用核函数拟合,计算其期望值 $\hat{\boldsymbol{x}}$。

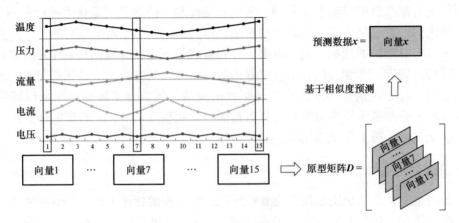

图 9-27 核函数拟合的输入与输出

对于一个实际向量 $\boldsymbol{x} \in R^M$,在期望值(向量)$\hat{\boldsymbol{x}}$ 计算中,每个分量 x_i,用其他分量(即 $x_1, x_2, \cdots, x_{i-1}, x_{i+1}, \cdots, x_M$)的相似度去计算其期望值 $\hat{x}_i$,经过如下三个步骤,循环对每个分量进行计算。

(1) 步骤 1:距离计算

对于一个向量 $\boldsymbol{x} \in R^M$,令 $\boldsymbol{x}^{-i} = [x_1, x_2, \cdots, x_{i-1}, x_{i+1}, \cdots, x_M]$ 表示去掉第 i 个分量的向量($M-1$ 维)。

对于一个实际向量 $\boldsymbol{x}$ 和 $\boldsymbol{D}$ 的第 j 列的向量,定义去掉第 i 个分量的距离函数为

$$d_j^{-i}(\boldsymbol{x}) = \sqrt{\sum_{k=1, k \neq i}^{M} (\boldsymbol{x}_k - D_{kj})^2}$$

(2) 步骤 2:距离转换为相似性分数

采用类似 Loess 回归算法中的 3 次方核函数:

$$w(u) = \begin{cases} (1-u^3)^3 & u \in [0,1] \\ 0 & 其他情况 \end{cases}$$

根据用户给定的 span 参数值,令 $p = floor(N*span)$,p 是小于等于 $N*span$ 的最大整数。将 N 个距离 $d_j^{-i}(\boldsymbol{x})$:$j=1, \cdots, N$ 按从小到大排序,取第 p 个数值作为参考数据,记为 δ_p^{-i} 向量 $\boldsymbol{x}$ 和 $\boldsymbol{D}$ 的第 j 列的向量相似度定义为

$$s_j^{-i}(\boldsymbol{x}) = w\left(\frac{d_j^{-i}(\boldsymbol{x})}{\delta_p^{-i}}\right)$$

原型矩阵 $\boldsymbol{d}$ 中距离最小的相似度最高,第 p 个之后相似度为 0。

(3) 步骤 3:计算预测值

第 i 个变量的估计值 $\hat{x}_i$ 是 D_{ij} 根据 $s_j^{-i}(\boldsymbol{x})$ 加权平均得到。

$$\hat{x}_i = \frac{\sum_{j=1}^{N} D_{ij} \cdot s_j^{-i}}{\sum_{j=1}^{N} s_j^{-i}}$$

2. 基于异常样本的相似度匹配方法

业务专家提供若干异常样本，系统根据利用时序相似度，在历史数据集上进行自动匹配，业务专家进行确认，机器学习自适应学习，通过多轮迭代，形成稳定的异常模式库和研判准则，其步骤如图 9-28 所示。

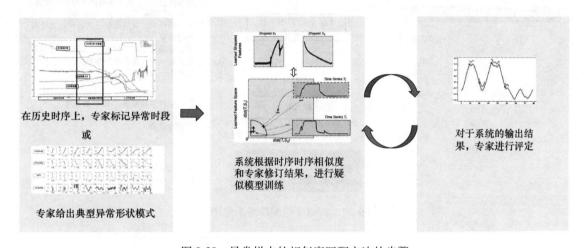

图 9-28 异常样本的相似度匹配方法的步骤

通过少量案例，在历史数据自动查找"似是而非"的案例，让专家更与针对性去区分哪些是有效征兆，哪些是虚假征兆，其算法示意图如图 9-29 所示。

不同评价指标下，序列相似度不同，因为不同评价指标侧重的性质不同，以如图 9-30 所示 9 条序列为例，P1、P2、P3 各有 3 条序列，P1 与 P2 的共同点是幅度都很小，P1 与 P3 的变化趋势更同步。在欧氏距离下，P1 的 3 个序列与 P2 的三个序列更相似，与 P3 差异大，但在 CORT 距离下，P1 的 3 个序列与 P3 的 3 个序列更相似（变化趋势相同）。

R 语言的 TsClust 包中提供了 30 多个时序距离函数，不同类型的时序推荐采用的距离指标见表 9-10。

表 9-10 知识沉淀方法的 4 个维度

征兆类别	主要因素	建议的距离指标
趋势	斜率、升降	"COR" "CORT"
振荡	周期、相关性、幅度	"ACF" "AR. LPC. CEPS" "AR. MAH" "AR. PIC" "PACF" "SPEC. LLR" "SPEC. GLK" "PER"
形状	均值、幅度、相位、形态相识度	"DTWARP" "EUCL" "MINDIST. SAX"

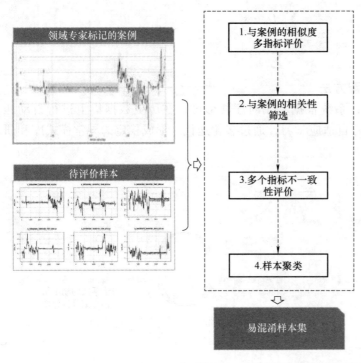

图 9-29 相似度匹配算法示意图

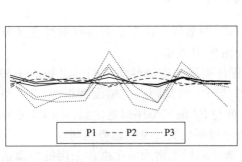

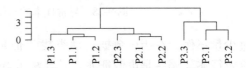

图 9-30 时序在不同距离指标下的聚类结果

易混淆样本指的是在一些距离度量指标下与案例相似，另外一些指标下，与案例不相似的样本，易混淆样本对优化研判规则更有指导意义。可以采用相似度排序方差、协同滤波等方法评价一个样本在多种指标下的一致性，选择不一致度高的样本。通过业务用户的标记，采用机器学习算法，可以获得一个新样本与参考样本相似度的综合评价。

9.5.3 数据驱动的方法

数据驱动的方法也就是通常说的机器学习的方法，其基本原理如图 9-31 所示。在机器学习模型构建中，要注意场景覆盖度，对异常数值的处理策略，对模型的可靠性及自动化保持谨慎的态度。参考文献［11］中有详细讨论，这是不再赘述。

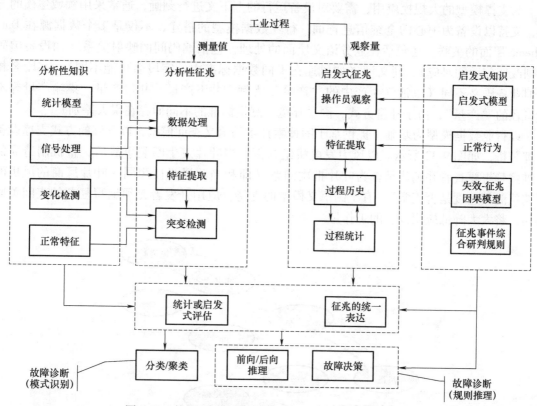

图 9-31　数据驱动方法与专家规则方法的逻辑等价关系

9.5.4 不同方法间的转化

前三小节所述的三种方式也不是截然不同的方法，它们之间可以相互转化。很多数据驱动的方法也会利用专家知识经验去缩小探索空间。为了提高可操作性，基于大量数据训练的机器学习模型有时也会转化为白箱模型（如决策树模型），然后经过领域专家论证，转化为专家规则模型。少量样本模型或专家规则在大量历史数据上发现异常样本，经过专家确认标记后，形成一定量的标记数据集，也常会用机器学习模型去进一步提高精度。多个专家规则的融合，也可以借助机器学习模型。

9.6 软件维度

从软件的角度,要去看不同用户在不同阶段有哪些共性的需求,以提高专家规则的开发和部署效率。

9.6.1 领域建模

为支撑模型的大规模应用,需要对设备运行的上下文进行刻画,通常采用领域建模的方式,支持以设备为中心的全维信息查询。行业数据模型的搭建,不仅是多个数据源在 Data Schema 层面的关联,还包括在业务语义层面的处理,包括编码间的映射关系(如设备编码规则改变前后的对应)、同义词(如风速在不同数据标准中的字段名可能不同)、字段名相同但业务语义不同(以油气生产中的"产量"为例,井下产量、井口产量、集输产量等不同口径的"产量",由于计量方式、测量环境、测量标准的不同而存在很大差别)。

以行业数据模型为基础,提供基于图搜索技术的语义查询模型,以友好的方式支撑设备管理分析,如图 9-32 所示。以风力发电机组为例,当叶片发生断裂事故后,整机制造商的运维主管想要查看并确认是否为叶片批次问题(即和当前风机使用同一叶片厂商的风机的近期机舱加速度是否正常)。有了图语义模型的支持,应用开发者无须编写复杂的表间关联语句,将大大降低应用开发的工作量。

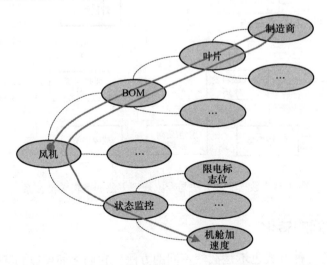

图 9-32 领域模型的语义查询模型(以风力发电机组为例)

9.6.2 模型研发环境

工业数据分析建模的敏捷性体现在开发效率、迭代速度和部署速度三个方面。图形化建模是低门槛建模降低没有编程经验领域专家的门槛，但同时不妨碍高级用户的灵活性（可以直接用编程模式进行建模）。提供了基于算子，但同时保持了开放性，以及与分析算法的技术社区保持连接。

图 9-33 所示的图形化建模环境不仅仅为了降低建模门槛，另外也是提高模型逻辑透明性的一种手段。另外，模型试运行时，运行按照并行化颗粒度对中间数据以数据文件形式输出，方便算法本地调试，形成"大数据与小数据"的迭代研发模式。

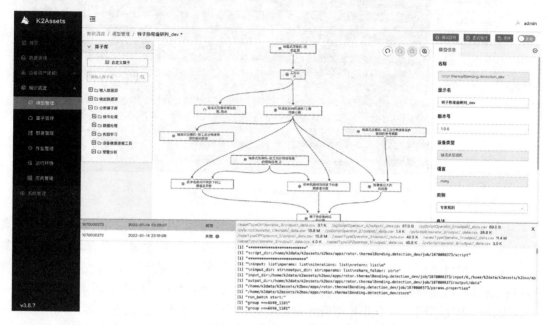

图 9-33　拖拽式建模环境示例

图形化模型背后是以转化为代码语言的形式呈现的，方便高级用户调试，如图 9-34 所示。按照一定的规范编写，代码模型文件也能以图形化模式展示。有些异常在源代码开发环境中更容易调试。

算子库对于提高建模效率和降低建模门槛很多有帮助。知识形式化表达时，不同领域存在很多共性的算子，例如"缓慢上升""持续振动""存在毛刺""残差存在正向漂移"，可以通过算子库的形式提前提供，这样避免重复工作。算子可分为通用算子、领域算子和行业算子三类。通用算子主要包括数据源、数据预处理（包括多个数据框合并、数据框聚合等）、机器学习、数据输出、时序征兆特征等，领域算子主要针对特定的工业分析领域，例如振动分析、热效率分析，行业算子是特定行业的算子。

9.6.3　模型部署运行环境

分析模型除了静态的模型逻辑，还包括运行方式（流计算、批计算）和运行环境。业务逻辑转化为计算模型时，需要决定哪些计算可以合并到一个模型。有两条启发式指导原

图 9-34 图形化模型背后的代码结构

则。一是运行频度一样，依赖的数据基本相同时，放在一起可以避免反复访问数据；二是普适程度类似（适用于同类设备），重用度类似。算子应避免切分太细，只有多次重用的算子，才有从大逻辑模型中独立出来的必要。模型部署管理，支持在线、离线安装与更新，并且可以根据数据模型检查设备的适用性，保证模型运行环境间（如 Python 版本）的隔离。

因为执行周期不同，一个业务逻辑可能需要用多个模型来表达，这些模型之间的数据依赖关系需要一个全局可视化图，如图 9-35 所示，这样也方便模型运维时候的异常排查与追溯。从数据血缘分析的角度，这样图也可以方便了解每个数据资源的来源。

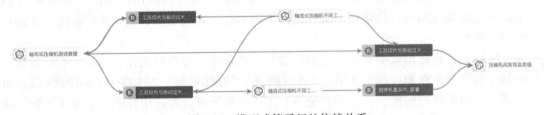

图 9-35 模型或算子间的依赖关系

模型部署管理，支持在线、离线安装与更新，并且可以根据数据模型检查设备的适用性，保证模型运行环境间（如 Python 版本）的隔离。另外对模型进行加密与权限保护，对上传的模型算子进行加密（有开发权限的可以看到明文），模型任务的查看、创建、运行和模型的查看、创建、下载都有明确的权限设置，在提高组织协同的同时，合理保护知识产权。

9.7　应用示例1：磨煤机堵磨预警

磨煤机是燃煤电厂的重要辅机设备，它将原煤研磨成煤粉（锅炉燃烧的原料）。本节以中速碗式磨煤机进行分析。其工作原理为：给煤机通过传送带将原煤运送至落煤管入口处，原煤通过落煤管进入磨煤机的磨辊与磨盘之间，原煤受到磨辊与磨盘之间压紧力的作用，被碾磨成煤粉；分别调节冷一次风和热一次风的阀门，混合成一定温度的一次风，一次风对磨煤机中的原煤和煤粉进行干燥，并将干燥的煤粉带到粗粉分离器中进行分离，合格的煤粉被一次风带入锅炉炉膛中进行燃烧，不合格的煤粉在重力的作用下进入碾磨区再次碾磨。一个锅炉通常有多台磨煤机提供煤粉，这些磨煤机通常共用一条一次风管道。

堵磨是制粉系统常见的异常工况之一，轻则导致电耗增加、石子煤排量增大，重则导致设备非计划停机、零部件损坏。堵磨时通常表现为磨煤机电流增大、一次风量降低、进出口差压升高、出口温度降低。然而，中速磨制粉系统具有强耦合、大惯性、非线性等特点，再加上堵磨是一个非常缓慢的过程（3~6h发展过程），这样的异常工况很难靠简单的阈值报警准则及时发现。

磨煤机监测数据主要包括：给煤量、出口粉温、电流、入口风温、入口风量（计算）、入口风压、进出口压差、热风门位置、冷风门位置、密封机与一次风压差、液压油站加载压力等，DCS采集/存储频率为1s。

磨煤机的基本工况由期望发电功率（这里可用给煤量近似代表）驱动，给煤量水平确定了其他状态量的基本分布范围。在业务上，将磨煤机工况简化为给煤量稳定、给煤量上升和给煤量下降三类。外生变量是煤质（不同煤质下磨煤机的电流不同）、其他磨煤机的工作状态（如其他磨煤机缩小冷风门位置）。因为堵磨研判是短时研判（分钟级别），可以按以下两个角度设计：

1）假定煤质在一定时间内（若干小时）是稳定的，这也决定了在研判时候尽量利用短期变化性特性（例如上升或下降趋势）而不是原始的幅值量（如平均电流）；

2）其他磨煤机的耦合效应很难处理，只好忽略，但在研判规则/模型中需要适当强化堵磨的研判条件，降低误报。

一个基本研判条件是：在工况情定（给煤量稳定）的情形下，如果存在堵磨，电流会上升（到一个偏高的稳定值），入口风量下降然后快速下降（到一个偏低值），出口粉温会滞后一段时间然后下降（到一个偏低值），入口风压会先上升，然后适当下降，然后稳定到一个偏高值。但现实情形因为外生变量的耦合，存在大量的"不合常理"的案例。例如，一个堵磨案例发生在高位给煤量期间，趋势项都对，但电流反而比正常期间的电流偏低。

业务专家访谈的重点是不同稳定工况、典型动态工况、数据缺失情形下的研判逻辑，如图9-36所示。用相对更加严格的业务规则流图，对上面总结的定性运行经验进行刻画，并补充一些隐性的前提条件。这个步骤通常由知识工程师主导完成，需要有2~3轮与领域专家的确认与更新。

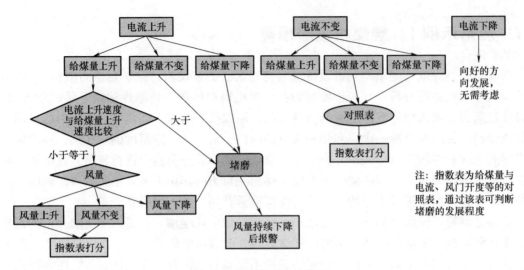

图 9-36 研判逻辑（部分）

基于研判逻辑，可以抽取研判逻辑的典型算子，见表 9-11。

表 9-11 主要算子

	算子	描述
特征量	{时间窗} 内的负荷类型	工况研判算法 存入设备履历信息表
	{给煤量、电流、负荷，…} 正常值的统计分布量（包括均值、方差、25 分位、75 分位等）	定期计算，存入设备的特征变量事实表
	给煤量与电流的正常关系曲线	定期计算，存入设备的特征变量事实表
	{给煤量、电流、负荷…} 在 {时间窗} 的趋势速率	临时计算，可以不保存
征兆	变量值偏离正常分布的情形	统计分布的 IQR 判断算法
	变量值的趋势为 {上升/下降/平稳}	统计分布，超参数控制方差的倍数
	给煤量与电流的关系偏离正常曲线	ANOVA 分析算法
	{时间窗} 内工况稳定	根据趋势速率计算，或采用 STL 等鲁棒性强算法判断

基于这样的分解，在软件开发环境的实现如图 9-37 所示，用图形化的方式将专家规则结构表达出来。试运行阶段的一个重点就是选择合适的时间窗口参数。

图 9-38 所示为应用在某磨煤机历史数据上的运行结果，可见磨煤机在 8:00 左右因为严重堵磨停机排查，规则模型在 6:56 发出堵磨异常警告。

第 9 章 行业知识沉淀方法

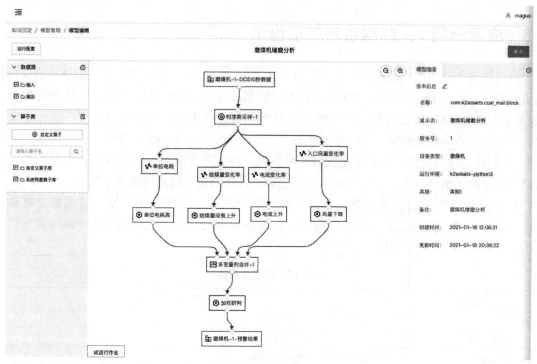

图 9-37 堵磨模型

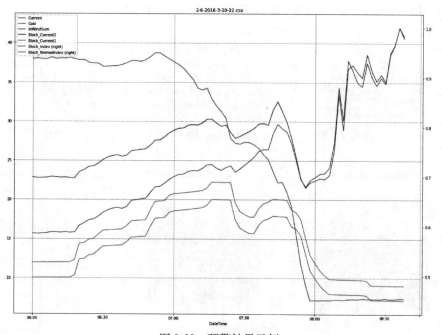

图 9-38 预警结果示例

9.8 应用示例2：磨煤机暗断煤检测

当煤粒进入磨煤机的过程被堵死（比如进入了大煤块）时，DCS/SIS系统中显示给煤量没有明显变化（传送和称重过程持续进行，测量数据显示正常），但磨机实际上处于欠煤状态（煤只出不进），DCS体现为差压持续减小。但磨煤系统的压差在不同正常工况下也是动态变化的，仅靠压差降低来判断是不可靠的，专家无法给出相对可靠的研判逻辑，这可以称为"暗断煤"。因此，这种情形下只好采用机器学习方法，建立正常情形下压差与其他工况参数（总风量、进煤量、出口温度）的定量关系模型，以更可靠的进行暗断煤故障检测。

基于表9-12所示的3类数据，包括风量、入口压力、差压、出口压力、煤量、电动机电流、出口温度、混风温度、机组负荷、一次风母管压力、冷一次风温、热一次风温、热风开度、冷风开度等14个指标。

表 9-12 数据集描述

数据集	描述
2s 正常工况	采样周期2s，4天的数据
5min 正常工况	采样周期5min，3个月数据
2s 异常数据	采样周期2s，15min 的数据

4天2s正常工况下，主要变量的图如图9-39所示。可以看出：

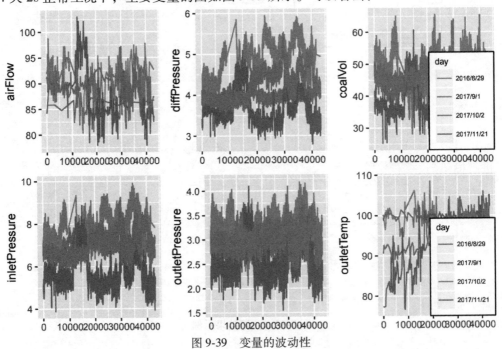

图 9-39 变量的波动性

1) 压差的数值分布范围在 3~6 比较大的区间内,并且在同一天内,也有明显的动态波动。

2) 压差与进口压力趋势相关度很高(可以考虑压差/进口压力作为目标量进行探索)。

3) 进煤量测量值有个别异常值,根据业务逻辑,进煤量<25 均为异常情况,可以过滤掉。

在这样的波动下,业务专家很难给出高质量的研判规则。因此,数据驱动的模型是一个比较理想的选择。这里,采用总风量、进煤量、出口温度、进口压力 4 个工况参数预测正常情形下的压差,通过预计压差和实测压差的差异进行暗断煤的研判。4 个工况变量进行 PCA 分析后,仅需要采用 3 个主分量。采用神经网络模型,隐含层采用 12 个节点进行训练,预测 MAPE (平均相对误差)为 2.8%。在一次暗断煤的过程中(总长 15min),模型预测值与实际值的对比曲线如图 9-40 所示,模型预测的方法可以比当前人工研判提前 4~6min。

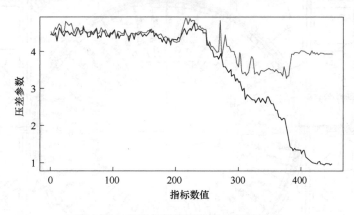

图 9-40 基于机器学习模型的预测结果

9.9 应用示例 3:发电机线棒高温预警

本例展示的是基于历史故障排查总结文档的业务规则模型的建模过程。根据几个具体案例,进行抽象与总结。

9.9.1 案例背景

1. 事件描述

某发电厂的某台发电机组,在满功率工况下,因发电机下层线棒温度过高而手动打闸停机。故障现象是第 16 号槽下层线棒温度较同层线棒平均温度高出 5℃,并不断上升;该槽冷却水流量值偏小。通过停机排查,本次故障是因为异物进入了 16 号槽下层线棒绝缘水管卡在局部,影响水管的通流面积,导致其冷却水流量值偏小。

本次事件发现及时,通过手工停机,避免了更严重后果的发生,仅仅影响了生产的连续性。但这样的异常有很大的潜在风险,发电机定子线棒温度过高,若干预不及时可能导致定子绝缘破坏、发电机定子接地故障,造成重大设备的损坏造成设备损坏。

2. 设备概况

该发电机组是大型火力发电机组。冷却系统是发电机的重要保证系统之一,发电机采用氢制冷,励磁机冷却系统采用空冷,发电机定子有冷却水系统(GST),用于为发电机线棒内冷却提供冷却水。

发电机定子铁心为48槽,每槽分上下两层线棒,共计96根,每根线棒进出水都装有测温探头共计96个,线棒层间装有层间温度探头共计48个。如图9-41所示。此次故障发现1GRH116MT探头测量温度偏高。1GRH116MT为第16号槽线棒汽侧出水温度探头,安装于发电机汽测绝缘引水管与汽侧汇水环接口位置,用于监视第16号槽下层线棒出水温度。

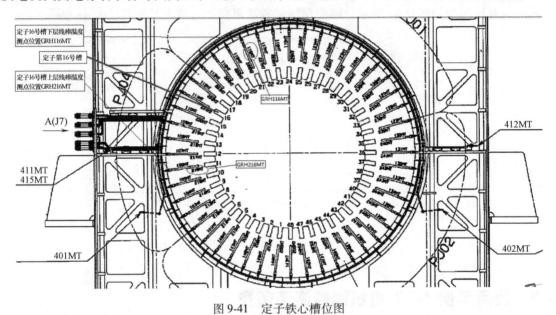

图9-41 定子铁心槽位图

DCS系统实现了对工况、冷却水温度/流量、48个槽上层/下层/层间温度的监测,见表9-13。

表 9-13 测点列表

类别	DCS 点位名	描述
工况数据	F5.PW3.1GEX402MW	发电机有功功率
冷却水整体	F5.PW3.1GST002MT	冷却水出口温度
	F5.PW3.1GST002MD	冷却水入口流量
下层线棒温度	F5.PW3.1GRH101MT	01号槽下层棒温度
	…	其他46个槽位的下层棒温度
	F5.PW3.1GRH148MT	48号槽下层棒温度

(续)

类别	DCS 点位名	描述
上层线棒温度	F5. PW3.1GRH201MT	01 号槽气隙温度
	…	其他 46 个槽位的气隙温度
	F5. PW3.1GRH248MT	48 号槽气隙温度
层间温度	F5. PW3.1GRH301MT	01 号槽层间温度
	…	其他 46 个槽位的层间温度
	F5. PW3.1GRH348MT	48 号槽层间温度

DCS 系统中也内置了温度异常报警逻辑：

1) 当发电机同层线棒某一槽探头温度与同层线棒平均温度差值超 5℃，会触发温度异常报警；

2) 当发电机单根线棒温度达到 85℃时，会触发温度异常报警。但如果能够提前发现发电机定子线棒温度异常升高趋势，可以避免非计划停机，保证生产安全。

3. 事件过程

自 2015 年投产两年来，16 号槽下层线棒温度在 66℃左右，较同层线棒平均温度高出 2.5℃，但非常稳定。2017 年，冷却水总流量增加后，温差减小。2017 年中大修后满功率运行，温差变为 3℃，但也一直稳定，1 个月后再次满功率运行，温差有缓慢扩大趋势，5 个月后临停前温差变为 4℃。2017 年 12 月中再次起机，温差为 4.5℃。

2018 年 1 月 4 日，温度偏差首次超过 5℃触发异常报警，但很快恢复到 3℃之内。1 月 22 日，温度偏差持续维持在 5℃左右，频繁触发报警，但 16 号槽下层线棒温度在比较低的水平，采取了紧密监视的措施。但在 2 月 6 日，16 号槽下层线棒温度首次上涨到了 74℃，通过降低冷却水温度，将 16 号槽下层线棒温度维持在 71℃左右。在 2 月 16 日 10 时左右，16 号槽下层线棒温度超过了 75℃，采用逐步降功率运行的手段，温度上升速度放慢，但仍在持续上升，1h 后，16 号槽下层线棒温度上涨在 89℃，后面采用快速降功率的措施，温度仍然持续直线上升，直到上升到 96℃，果断采取汽轮机打闸操作。

停机后，进行机组抢修。在排除了温度传感器、热源、冷源的原因后，潜在原因集中在管道的通水性能上。对发电机线棒管道线棒管道进行定子冷却水流量分配实验，实验结果表明，16 号槽下层线棒流量值为 16.7L/min，小于其他线棒值冷却水流量值，与平均值相比偏差为-23%，超过±20%的厂家标准，证明管道冷却水流量不足。使用内窥镜分别对线棒出水口管道、线棒内不锈钢矩形冷却管与水电接头进行异物检查，发现 16 号槽下层线棒汽测水电接头及绝缘水管有大小不一、形状不规则的异物。通过红外光谱试验分析，确定了为环氧树脂异物堵塞引起的问题。根据厂家单根线棒中不同数量空心导线堵塞情况下的流量和出水温度数据的对应表，初步估算其前期和后期堵塞比例，也部分解释了初始阶段 2.5℃温差的原因。

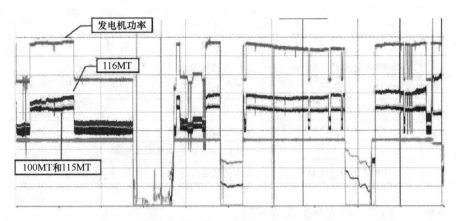

图 9-42 故障过程

9.9.2 系统动力学模型

可以将冷却系统的工作原理表达为图 9-43 所示的系统动力学模型。

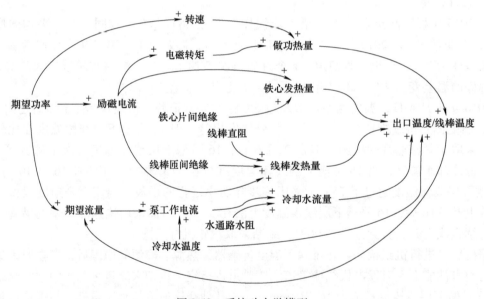

图 9-43 系统动力学模型

1. 典型工况

发电机组的工况包括满发、额定功率运行、起机、停机、降功率、升功率、紧急停机等，可参阅 9.3.1 小节。

2. 故障树

定子铁心温度异常的原因可以从传感器、冷源、热源和水管路四个方面去分解，如图 9-44 所示。

第 9 章 行业知识沉淀方法

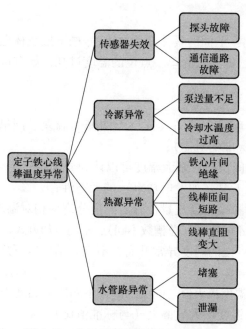

图 9-44 定子铁心温度控制的故障树

3. 潜在业务提升机会

针对这样一个三年多缓慢演化的故障，应用软件可以在异常预警、故障排查和维修后监盘三个层面提供帮助，见表 9-14。本节集中在前两个层面（第三个层面与第一个层面在技术路线上类似）。

表 9-14 业务用例

	描述	业务价值
异常预警	自动发现个别槽位温度异常（同层不同槽、同槽不同层、时序趋势、厂家/企业/行业标准）	预测性：在出现严重问题之前发现，提高系统可靠性和运行效率 防范性：一个机组出现过的异常事件，在别的机组上也可能发生，通过自动化识别，及时提醒，防患于未然
故障排查	根据多监测量综合研判，排除不可能的原因（温度传感器、热源、冷源、管道通路），或聚焦可疑原因	提高排查效率，提高维修响应时间
维修后监盘	采取措施后，密切监视异常现象是否消失，是否引起了其他指标的异常（负面效果）	安全性：更全面自动化的辅助监盘，保证问题的及时发现

9.9.3 异常预警规则模型

在知识获取阶段，为了将上述案例抽象为通用的异常研判规则模型，还需要做如下工作：

1) 研判逻辑的参数化：上面的具体案例是 16 号槽下层线棒温度高。一个通用的规则需要既适用于处理任何槽位、任何层的单一点位的温度过高，如有可能，又要可以处理多个点位的温度过高。

2) 研判规则的定量化：

① 要考虑如何度量温度异常偏高（同层不同槽的温差、同槽上下层温差或温差变化、当前测点的历史比对、与标准的对比）；

② 要考虑设定多长时间窗口、多大幅度可以认为异常；

③ 研判规则需要考虑工况（如发电功率）的动态性；

④ 传感器的测量精度和噪声（流量传感器测量分辨率相对温度传感器低）。

3) 规则的适用范围：不同机型（总槽数不同）、不同冷却方式、不同测点（或测量精度）。

从业务角度，对于单点位的温度异常升高，不难总结出以下规则：在同工况下，做了一定数据异常值处理后：

1) 征兆 1：某层线棒温度最大值与同层线棒（不同槽）温度均值相差太大（统计分布）；

2) 征兆 2：某层线棒温度最大值偏大（与标准值比）；

3) 征兆 3：某层线棒温度最大值与同层线棒（不同槽）之差随时间逐渐变大（趋势）；

4) 征兆 4：某层线棒温度随时间逐渐变大（趋势）；

5) 征兆 5：冷却水入口流量偏小（本次建模不使用）。

在异常预警建模时，靠的是"特征-征兆-研判"三要素的分解框架，如图 9-45 所示。

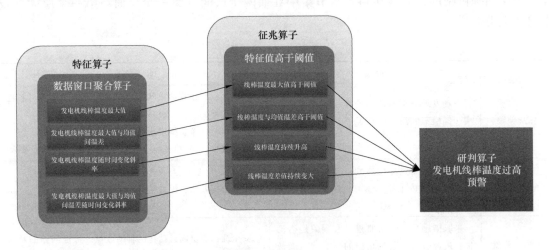

图 9-45 "特征-征兆-研判"三要素的分解框架

9.9.4 故障排查逻辑

在出现了异常后，一个自然的需求就是确定可能的原因。在业务梳理中，可以采用故障树分析（FTA）的方法，将一个故障模式与可能原因关联起来，并且进一步思考可能的数据辅助研判的方法。

针对排查逻辑，采用"现象-推理-原因"方法，整理不同故障原因的典型研判或排除逻辑，见表9-15。

表 9-15 故障原因分解

原因	子原因	常规排查方法	数据辅助方法
探头及其通道故障	传感器电路	恒温槽测定法	只能作为辅助：①值域（0或其他）；②数值不随工况变化；③毛刺或信噪比增大
冷源异常	冷却水供应系统	功率运行期间，冷却水供应有无异常报警 查看运行记录日志	正常工况下，流量是否存在较大波动
热源异常	铁心片间绝缘	测量发电机定子绝缘值 查看电气量相关的故障记录	如果故障由铁心过热导致，说明绝缘层已被破坏；同一段铁心的其他槽线棒温度、同槽的上下两层线棒温度，以及发电机定子电流均应受到影响
热源异常	线棒匝间短路	发生可能性极低	发生此类故障模式不会在瞬间产生大量热量
热源异常	线棒直阻变大	定子直流电阻试验	应该有全局影响，类似绝缘问题
管道异常	堵塞	内窥镜	局部温升 压力差（如果有进出口压力）
管道异常	泄漏	表面检查 压力试验	压力、流量的关系

根据这样的逻辑，整理研判规则流：
1）首先研判是否为传感器数据问题；
2）然后研判是否为泵的异常、母管泄漏的问题；
3）然后根据温度上升速度，研判是否为匝间短路问题；
4）最后根据温度上升测点的个数、分布，判断是全局温升、槽位温升、点位温升，来判断是绝缘问题、直阻变大还是堵塞的原因。

最后做一点扩展讨论。从技术本质上来说，本节做的是多个同类型测点中个别测点异常趋势的检测问题，异常预警模型可以应用到类似的问题。"线棒温度过高"的背后原因是"冷却水管道堵塞"，用"堵塞检测"的逻辑是不是可以直接把异常预警和排查一并解决了呢？"堵塞检测"在当前设备中是不可行的，所有冷却管道共用一个母管，只有母管上有流量和压力测点数据，很难精准到某个槽位。

9.10 讨论与总结

本章针对 PHM 领域中的专家知识沉淀方法进行了讨论，从模型要素、设备对象、建模方法、支撑软件等维度进行了讨论。特别是针对专家知识沉淀，本章提出了 AI-FIT-PM 7 步的过程框架。对于其他领域，这些过程和方法也是成立，只不过问题和专家知识内容不同。例如，在 PQM 中，质量问题追溯排查的专家知识和 9.3.5 小节的故障类型研判类似，在 PEM 中，很多专家规则排程问题，大多采用规则流的方式表达，访谈的重点是各种例外情形的处理方法，保证专家知识的完备性。

知识工程师对领域知识的了解是有效访谈的前提。对领域知识的了解最好在初步访谈前完成（以"小白"的心态，但不能以"小白"的实力去访谈专家），但最晚也要在初步访谈后就完成（学习归纳能力是基础）。否则，无法进行深入访谈。很多工艺机理可以通过事前学习、PID 等方式获得。如果问题范畴清楚，访谈尽量结构化。对方法论、领域背景、工业机理的基础素养、逻辑思维能力"有一个正确的认知：

1）Domain（业务、机理）背景知识是前提，"方法论"是加速器，不要幻想"方法论"单独可以解决问题，只有把握了物理规律和基本矛盾，知识获取过程才可能收放自如；

2）专家知识的框架有一定共性，类似领域的案例会加速知识沉淀的过程，"空对空"去沉淀知识成本高；

3）尊重知识沉淀结果，沉淀过程很苦，但结果可能非常简单。对专家的知识获取的困难性要有准备。除了技术的壁垒，还有很多人的因素（例如，专家分享不一定到位；外行人不一定能够理解专家知识），找对人，用合适的方式去交流，英文中的"Eliciting Knowledge from Experts"用词很贴切，"Knowledge Acquisition"是一个总体的概念，包括了 Knowledge Eliciting, Analysis, and Interpretation。

在大数据情形下，自然语言的形式化与定量化是知识沉淀后期的重点工作。如何利用数据用来检验、优化专家知识是需要进一步讨论。通过反例识别（找矛盾）进行迭代式讨论。专家知识的沉淀很难一步到位，但"形式化"本身就是一个很大进步。因为，只有形式化后，专家知识才变得"可检验"，才有进一步提升的可能，也才有"可传承"的价值。

知识获取就是把专家经验从隐性的非结构化的自然语言形式转化为一个显性的半结构化的模式。专家研判经验的表达方式不一，有一个统一的参考框架，知识工程师和领域专家才能有一个共同交流语言体系，避免跳跃或缺项。但在执行时不要机械照搬参考框架，有时候"特征量"的确可以跳过"征兆"直接用于"研判"（例如 5min 内的平均温度超限的例子）。另外，方法论是一个很好的指导，但更有价值的是方法论背后行业内容，或者说是包含丰富行业的基于方法论实现的软件系统。所谓"形而上者谓之道，形而下者谓之器"，如是而已。

参 考 文 献

[1] 马国钧. 工业中的知识和智慧 [EB/OL]. (2017-08-04) [2021-11-17]. https://www.sohu.com/a/162248694_658106.

[2] 朱焕亮, 徐保文. 工业软件浅析 [J]. 航空制造技术, 2014, 000 (018): 22-27.

[3] 杨春晖, 谢克强. 工业 APP 溯源: 知识软件化返璞归真 [J]. 中国工业和信息化, 2008, 10.

[4] MITAL A, ANAND S. Handbook of expert systems applications in manufacturing structures and rules [M]. Springer, 1994.

[5] MILTON N R. Knowledge Acquisition in Practice: A Step-by-step Guide [M]. Springer, 2007.

[6] MARCUS S. Automating Knowledge Acquisition For Expert Systems The Kluwer International Series In Engineering And Computer Science Knowledge Representation [M]. Kluwer Academic Publishers, 1988.

[7] KIDD A L. Knowledge Acquisition for Expert Systems: A Practical Handbook [M]. Plenum Press, 1987.

[8] SCHREIBER G, AKKERMANS H ANJEWIERDEN A, et. al. Knowledge Engineering and Management: The CommonKADS Methodology [M]. MIT Press, 2000.

[9] THOMPSON E D, FROLICH E, BELLOWS J C, et al. Process Diagnosis System (PDS)—A 30 Year History, Proceedings of the 27th Conference on Innovative Applications of Artificial Intelligence [C]. Austin: AAAI Press, 2015: 3928-3933.

[10] TINGA T. Principles of Loads and Failure Mechanisms: Applications in Maintenance, Reliability and Design [M]. Springer, 2013.

[11] 田春华, 李闯, 刘家扬, 等. 工业大数据分析实践 [M]. 北京: 电子工业出版社, 2021.

第 10 章

数据分析软件工程

除了少量以提高认知水平为目标的数据分析项目（例如质量异常的根因分析）外，大部分数据分析模型需要投入生产，即在一段相对长的时期内持续运行，由此带来了性能监控、异常跟踪、模型更新等模型运作（包括部署、运行和运维）的需求。这就需要系统地剖析数据分析模型不同阶段（从模型研发、投产、运维到废弃）的应用模式、需求和提升点，以加速数据分析项目的价值落地。本章探讨支持数据分析模型全生命周期效率的方法和软件工具，特别是 MLOps（Machine Learning Operations，机器学习运作）概念。相对于 MLOps，一个含义更广的提法是 ModelOps，ModelOps 除了机器学习模型（MLOps 的狭义范围）、还包括规则模型、知识图谱、最优化、智能体模型，但二者思想类似，本章暂集中在 MLOps。

本章首先剖析了数据分析课题失败的原因，讨论了传统的数据分析课题执行模式存在的潜在问题，以及机器学习模型投产后的典型应用范式，归纳出影响效率的关键要素。基于这些观察，讨论 MLOps 的改进之道及典型的软件系统，最后，讨论了研发期的效率工具软件。

10.1 数据分析项目失败的原因

与软件工程一样，数据分析项目也存在失败，并且失败率远高于预期。2019 年 Gartner 预测 80% 的数据分析项目在未来 3 年内（到 2022 年）都不会产生任何业务价值，87% 的项目不会进入生产部署。机器学习模型投入后的工作量也远超预期，谷歌调查发现在将机器学习模型投入生产过程中，模型本身花费的时间不到 5%，而大量的数据工程和部署工作量要占 95% 的时间，不同工作项的时间占比如图 10-1 所示。

对于失败的原因，不同组织给出过不同的总结。SeattleDataGuy 总结出 32 个原因，Doug Gray 列举了 10 大原因，Andy Patrizio、James Roberts 归纳为 4 种原因，另外也有 8 种原因、5 种原因的提法。综合这些提法，结合笔者的实践经验，分析项目失败的原因可以总结为如下 5 个方面。

1) 分析课题的定义不到位，包括提出了一个错误的问题、一个没有价值问题，或者设置了不合理期望。这些问题的深层次原因，往往出现在谁来定义问题、谁能定义好问题、如

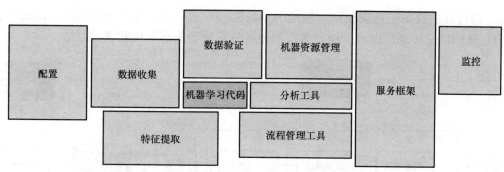

图 10-1　数据分析项目中不同工作的时间占比

何定义好问题。《工业大数据分析实践》[⊖]一书中针对典型工业领域问题（设备故障诊断与健康管理、生产质量分析、生产效率优化等）的定义方法做了一些讨论。

2）组织能力不足和分工失配，例如业务分析师没能抓住真实业务需求并分解到合适的颗粒度、与业务部门的沟通不到位、真正的专家缺乏话语权、对现实的组织阻力认识不足等。这方面问题更多从组织能力和项目管理的角度解决，本章不展开讨论。

3）数据分析项目计划不合理。很多人用应用软件开发的思路去做数据分析项目的计划，对数据分析工作的不确定性和迭代性认识不足，造成很多环节的工作量和时长估计严重不足。应用软件开发是逻辑驱动，有相对明确的需求，而机器学习的探索味道更强，需要大量尝试性试验去探索，再加上机器学习算法的超参数较多，模型、数据和代码强耦合，分析模型版本管理（调试、回滚）比应用软件要复杂得多。这方面问题通过经验积累可以解决，但更重要的是项目负责人或项目经理能建立起风险项的全貌图，具备基本面判断力。

4）数据分析工作的质量不高，例如对数据质量、有偏性处理不到位（甚至基于虚假数据）造成模型不可信，对业务场景考虑不周（如仅考虑了理想情形或模型测试不充分）造成模型太敏感，这样的模型不具备进入生产的基本要求。

5）项目效率太低，包括开发效率、协作效率、更新迭代效率、异常修正效率，业务知识和模型逻辑的传承性低，结果的可重现性太差。

对于上面的第 4 条和第 5 条原因，可以通过一些工程化方法去解决。在此之前，先回顾一下传统的数据分析过程模式，看哪些环节存在提升点；对于投产后的工作项，也先分析一下机器学习模型的应用范式，以便更好地理解模型运作的需求。

10.2　传统的数据分析模式

在流程上，机器学习模型的建立（本章以下简称 ML）和运作（本章以下简称 Ops）是两个独立的阶段，如图 10-2 所示，ML 阶段的成果是训练好的模型，Ops 阶段负责投入生产、投产后的监控、运维和升级工作。在 CRISP-DM（Cross Industry Standard Process for Data

---

⊖　田春华，李闯，刘家扬等著，电子工业出版社，2021。

Mining，跨行业的数据挖掘流程）方法论中，数据分析的最后一步"模型部署"，虽然也包括监测和维护措施计划的内容，但更多指的还是分析模型的标准化和项目总结。

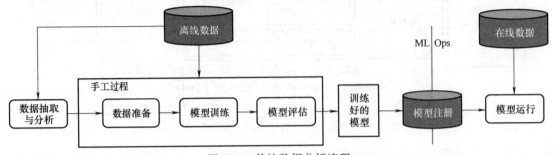

图 10-2　传统数据分析流程

在项目团队组织上，除了数据科学家（负责问题探索与建模），通常还包括业务负责人（应用方式设计、业务价值研判）、领域专家（负责业务问题描述与经验分享、分析结果的业务解读与研判）、数据工程师（负责数据抽取、数据集成）、软件工程师（应用开发、系统集成）、运维监控人员（系统监控与维护）等几类角色，如图 10-3 所示。当然，在一些特定场景

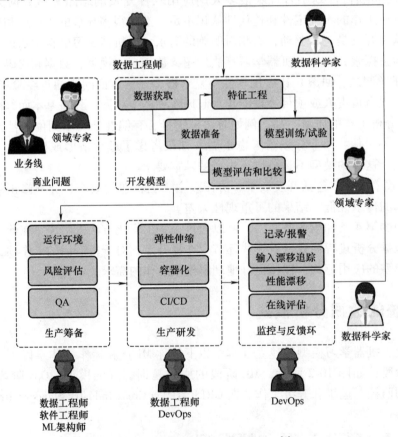

图 10-3　数据分析项目的角色分工[8]

下，这些角色还可以进一步细分，例如，数据科学家细分为建模专家（问题的探索性建模）、机器学习算法工程师（算法的落地实现，以及特定平台上的性能调优）。不同角色人员在领域背景、技能上存在较大差异，组织内部的协同效率需要一定的形式化模型做沟通载体。

ML 与 Ops 分割会影响模型从研发到投产的衔接效率。机器学习的探索味道更强，模型研发时，很多探讨性的代码与最后采纳的代码混淆在一起（甚至分布在多个不同的脚本文件中），投产前需要清理一遍，很多数据预处理逻辑甚至需要软件工程师重新实现一遍（考虑运行环境的编程语言或运行性能）。保证模型在新数据上也能工作，不仅仅是算法计算本身的正常工作，也包括基础设施的正常工作。

另外，在模型更新或调试上，通常也会存在一定的效率损失。因为模型训练的数据集背后隐含大量数据采集、转化与处理逻辑，一个数据集加工程序可能存在很多版本（甚至是多个脚本的组合），这些隐含知识的传递很困难。且不说去熟悉他人的机器学习模型，一个数据分析师熟悉自己半年前开发的模型，都比纯程序代码要吃力的多。生产中出现异常或性能下降后，需要手工收集数据去重现、理解、更新与测试，更新迭代速度偏低。如图 10-4 所示，在手工模式下，每次迭代都是一个历史版本温习基础上的再开发过程，存在大量重复工作，若能够实现部分自动化（例如数据、代码版本的管理、模型的训练与评估自动化、一键式部署），可使研发效率有一定程度的提高。

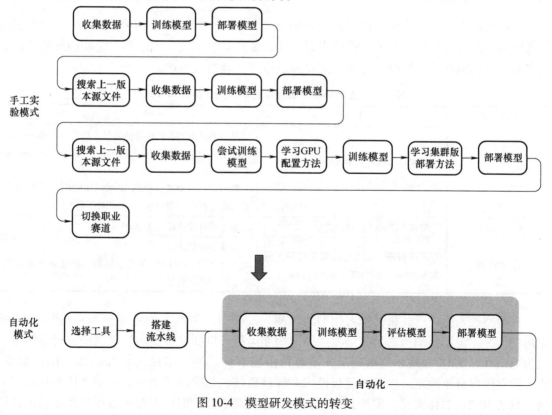

图 10-4　模型研发模式的转变

随着团队规模和解决方案的增长，重复步骤的数量也随之增加。分析任务相互依赖的复杂程度也在增加，这些任务执行的可靠性也变得更加重要。刚开始的时候，少量任务通常贯序运行，运行频度也比较固定（每周或每月运行一次）。随着项目的发展，任务不断增加，变成具有动态分支的网络（一个任务可能会依赖于其他几个先决任务，一个任务的执行也可能会触发若干个后续任务的执行）。在这种任务间的复杂依赖关系下，任务执行监控和追踪变得更为重要。通常将这些依赖关系建模为 DAG（Directed Acyclic Graph，有向无环图）、自动启动和监控任务、出现异常时及时报警、自动分析一个任务失败的影响，并根据策略实现失败任务重试。另外，法规、异常损失判责等业务需求通常也需要模型具有可回溯、可重现性，能够重现历史研判结果（基于老版本的模型），并分析原因。这在手工模式或分割管理模式下，通常是比较困难的。这样就需要一些自动化的软件和管理手段，去提高模型创建、测试、部署、运行、运维、更新过程的自动化、规范化和系统化，业界为此提出了 MLOps 的思想。

10.3 生产环境下的机器学习模型

10.3.1 应用范式

在投入生产后，机器学习模型的重新训练有如表 10-1 所示的 3 种模式。在工业数据分析课题中，因为可靠性的要求，模型实时在线训练的需求不大，不定期、定期训练的模式占大多数，定期训练后的模型，通常也需要经过审核才能投入生产。

表 10-1　生产环境下机器学习模型的 3 类训练模式

训练模式	描述	关键技术或工具
不定期（One-Off）	数据分析师控制模型训练过程，人工决定更新的时间	从开发环境到生产环境的部署工具，例如 Rstudio 提供了很多分析应用 Publish 的工具，Jupyter notebook 也有 repl 插件 模型的存储格式，包括 ONNX、PMML 等开源标准或分析软件的专用标准（例如 H2O 的 MOJO）
定期（Batch）	定期重新训练并自动更新	数据处理流水线（如 Airflow）
实时/在线训练	在线训练，模型通常简单可控，例如 K-means、线性或 Logistic 回归	增量学习算法 运维支持，包括数据质量监控、模型训练过程监控、模型性能监控

在模型投入生产后，机器学习模型的预测（Scoring）可以分为定期预测和实时/在线预测两种情况。定期预测指的是模型按照固定周期运行，例如设备健康管理模型的运行频度一般为周或月，实时/在线预测指的是模型运行由流事件或外部事件（例如应用调用）触发，执行周期频繁且不确定。这两种运行模式在计算负载、基础设施运维、模型评估上有较大差别，见表 10-2。总体来说，定期预测模式更具有可规划性，但这不意味着周期性运行的计算

负载小、资源要求低、模型评估简单，这些还依赖于模型的复杂度、依赖的数据量、代码和算法执行效率等因素。

表 10-2 生产环境下机器学习模型的两类预测模式的差异

	定期预测	实时/在线预测
负载（Load）	负载一般来说可以预先设计规划	需要考虑峰值负载
基础设施（Infrastructure）运维	运维工作重要，但压力没有实时场景时候大	运维工作量大，需要实时监控、报警和根因分析工具的支持，需要明确的应急处理规范
模型评估（Evaluation）	模型性能的在线评估，相对完善的运行日志	评估与调试更复杂，更加依赖于日志机制

在软件架构上，定期预测的模型常采用类似数据仓库的模式，通过标准的 ETL 或 ELT 抽取数据，模型的定期运行，模型结果的入库存储，数据抽取与模型计算可以是流水线，也可以是独立任务。而实时/在线预测的触发（Trigger）机制则要求数据与模型存在某种程度的耦合，模型靠近数据（内嵌到数据库/平台）、模型靠近触发源、数据独立于模型（订阅模式）、还是模型运行作为一个独立的服务（Webservice）。不同实现模式对技术的要求不同，见表 10-3。

表 10-3 实时/在线预测的 4 类实现模式

	描述	技术
内嵌到数据库/平台（in-Database Integration）	很多数据库集成了 Python、R，有些也支持 PMML 等公开标准模型的运行	Postgres 提供了 Python 原生集成，SQLServer 提供了 Machine Learning Service 接口，很多其他数据库提供了 R/Python 脚本的外部运行环境，另外，Oracle、DB2 等支持 PMML 模型
内嵌到应用	集成到桌面、Web 应用或移动 APP，作为应用的一个软件模块	Rserve 或 R CMD Python：grpc 等 Android：ML Kits
订阅模式（Pub/Sub）	输入/结果数据/事件都是通过消息队列传递	消息队列（如 Kafka）或流计算引擎（如 Beam、Flink、Spark Stream 等），或各种云服务引擎（如 Azure Event Hubs）
Webservice	分析模型包装成 API 服务，模型输入数据有 2 种实现方式： 1）分析模型服务自己获取； 2）分析模型服务从 Payload 解析输入数据。在第 2 种方式下，需要考虑会话和局地缓存的机制	云服务的函数（例如 AWS Lambda） R 语言的 Shiny Python：flask、Django（结合 docker 技术） 开发环境支持的模型的一键部署（到公有云服务环境）

10.3.2 模型格式

为了支持跨平台协作（如 SAS 训练的模型部署在 SPSS Modeler 上运行），在各个平台自己的模型存储格式之外，业界也提出了很多开放的机器学习模型标准。常见的 3 种标准见表 10-4，目前 PMML 和 ONNX 是使用最广泛的的两种格式。

表 10-4 机器学习模型的公开标准

开放协议	组织	支持的语言与平台	内容是否可读	是否压缩	开发环境支持包
PMML	DMG	R, Python, Spark	是（XML 格式）	否	R: pmml、r2pmml 包 Python: sklearn2pmml SPSS Modeler 等软件也支持
PFA (Portable Format for Analytics)	DMG	PFA-enabled runtime	是（JSON）	否	R: aurelius 包 Python: Titus 包
ONNX	SIG LFAI	TF, CNTK, Core ML, MXNet, ML.NET	否（二进制）	是	R 语言有 ONNX 包实现接口，Python 有 onnxruntime 包

PMML（Predictive Model Markup Language，预测模型标记语言）是一套与平台和环境无关的模型表示语言，由数据挖掘组织（Data Mining Group，DMG）开发和维护，经过十几年的发展，有超过 30 家厂商（包括 IBM SPSS、SAS、MATLAB 等）和开源项目（如 R、Python、RapidMiner 等）支持并应用，是目前机器学习模型的事实标准。PMML 是一套基于 XML 的标准，通过 XML Schema 定义了使用的元素和属性，主要由以下核心部分组成，见表 10-5。

表 10-5 XML Schema 的核心使用元素和属性

类别	描述
数据字典（Data Dictionary）	输入数据的信息，包括字段名、字段类型等
数据转换（Transformation Dictionary、Local Transformations）	在输入数据字段上生成新的派生字段
模型定义（Model）	每种模型类型有自己的定义
输出（Output）	指定模型输出结果

ONNX（Open Neural Network Exchange，开放神经网络交换）是一套表示深度神经网络模型的开放格式，由微软和 Facebook 于 2017 推出，得到了各大厂商和框架的支持，已经成为表示深度学习模型的实际标准。通过 ONNX-ML，也可以支持传统非神经网络的机器学习

模型。

目前，ONNX 规范有两个官方变体，主要区别在与支持的类型和默认的操作符集。ONNX 神经网络变体只使用张量作为输入和输出；而作为支持传统机器学习模型的 ONNX-ML，还可以识别序列和映射。ONNX 使用 Protobuf 序列化 AI 模型，顶层是一个模型（Model）结构，主要由关联的元数据和一个图（Graph）组成。图由元数据、模型参数、输入输出和计算节点（Node）序列组成，这些节点构成了一个计算无环图。计算节点由节点名称、操作符、输入列表、输出列表和属性列表组成，属性列表主要记录了一些运行时常量，比如模型训练时得到的模型系数[⊖]。

10.4 MLOps

MLOps 本身是与语言、框架、平台、基础设施无关的实践方法与准则，但其背后有很多软件和基础设施，从数据、代码、模型的要素角度，支撑机器学习模型的创建、部署与监控各个环节，如图 10-5 所示。

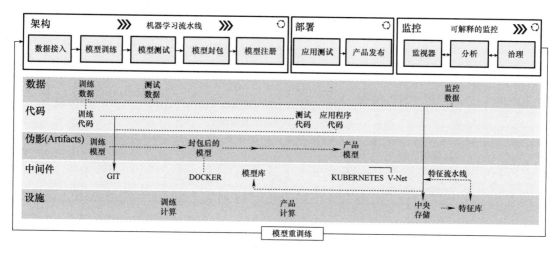

图 10-5　MLOps 在不同阶段的支撑[7]

10.4.1　MLOps 的内容

机器学习模型由数据（Data）、模型（Model 或称 Artifacts）、代码（Code）三部分构成，代码包含了预处理、特征提取、模型训练或评估等逻辑及其运算顺序、输入输出关系，模型是参数化的预测或研判逻辑，数据是模型训练的素材，数据 Schema 或数值分布改变会影响代码与模型。机器学习模型的重现需要三者的综合，因此 MLOps 从逻辑上也是从以下

⊖ 扩展阅读：潘风文、潘启儒合著的《PMML 建模标准语言基础》对 PMML 标准进行了详细解读。

这3个方面进行着手：

1）数据工程（Data Engineering）包括数据接入（Ingestion）、探索与质量检查、数据清洗、数据标记、数据集切分等操作；

2）机器学习模型工程（ML Model Engineering）包括特征工程、模型训练与调优、模型评估与测试、模型打包、模型运行（Model Serving）、性能监控、运行日志等；

3）代码工程（Code Engineering）包括将机器学习模型集成到系统的代码的开发、集成、测试与发布。

主要的技术手段包括版本管理、测试管理、自动化（持续集成/交付）、可重现性管理、部署管理、性能与运行监控等，见表10-6。

表10-6 MLOps主要技术手段对数据、模型、代码的作用

	数据	机器学习模型	代码
版本 （Versioning）	1）数据加工流水线 2）特征库 3）数据集 4）元数据	1）模型训练流水线 2）模型文件 3）超参数 4）实验跟踪（Experiment tracking）	1）应用代码 2）配置参数
测试 （Testing）	1）数据验证 2）特征抽取单元测试	1）模型配置的单元测试 2）模型训练流水线集成测试 3）进入生产系统前的模型验证 4）生产系统模型的验证 5）非功能需求测试	1）单元测试 2）集成测试或端到端测试流水线
自动化 （Automation）	1）数据转换 2）特征提取 3）数据工程流水线	1）模型训练流水线 2）调参	1）机器学习模型部署的CI/CD 2）应用打包
可重现性 （Reproducibility）	1）数据备份 2）数据版本化管理 3）抽取元数据 4）特征工程的版本化管理	1）开发和生产环境的超参数是相同的 2）特征变量顺序相同 3）模型集成方式相同 4）模型逻辑记录文档	1）开发与生产环境的依赖包相同 2）技术栈相同 3）通过虚拟容器进行重现
部署 （Deployment）	特征库应用于开发和生产环境	1）机器学习工具栈的容器化 2）REST API 3）云、现场与边缘	云、现场与边缘
监控 （Monitoring）	1）数据分布变化检测 2）训练与生产环境特征的对比	1）预测性能的退化 2）数值计算稳定 3）计算性能	在生产数据上的预测质量

综合上面的讨论，Henrik Skogström 提出了如图 10-6 所示的 9 大组件框架。包括了数据分析（Data Analysis）、实验跟踪管理（Experimentation）、机器学习流水线（ML Pipeline）、模型运行服务（Model Serving）、模型运行监控（Model Monitoring）等 5 个引擎，和特征库（Feature Store）、代码库（Code Repository）、模型库（Model Registry）、元数据库（Metadata Store）等 4 个版本管理组件。每个组件背后有若干可选的开源软件或商业软件，例如，机器学习流水线工具有 MLFlow、KubeFlow、Sacred、DVC 等，数据处理流水线工具有 AirFlow、Luigi、NiFi 等。MLOps 的实现通常遵循"约定优先"（Convention over Configuration）的原则，通过概念和使用习惯约定，避免定义复杂的配置参数。

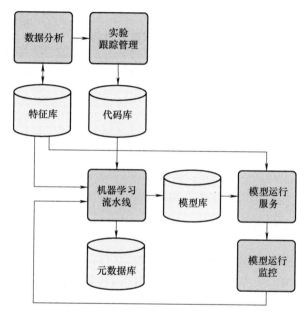

图 10-6　MLOps 的 9 大组件框架（来自 https://valohai.com/blog/the-mlops-stack/）

10.4.2　MLOps 与其他 Ops 的关系

MLOps 这个概念并不新，DevOps 在软件开发中已经被广泛应用，DataOps、AIOps 等是大家熟知的提法。不同 Ops 作用的功能环节不同，如图 10-7 所示，DevOps 是为了更快地交付软件，DataOps 侧重在快速交付数据（包括数据标记、数据处理及测试、数据处理管道编排、数据版本控制、数据处理任务监控），MLOps 集中在机器学习模型，而 AIOps 有点特殊，AIOps 指的是利用 AI 技术，降低 IT 运维工作量，提高系统性能和可靠性。需要特别注意不要混淆 AIOps 与 MLOps 的概念，但它们的基本思想是类似的，就是通过自动化、持续部署和迭代开发，缩短研发周期，保证结果可重现性和过程合规性。另外，对于所有的 Ops，技术软件只是基础，更强调迭代意识和团队协作文化。

MLOps 与 DevOps 区别的本质上来源于机器学习模型开发与软件开发的差异。软件开发

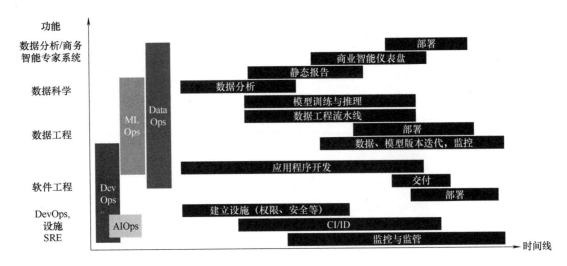

图 10-7　MLOps、DevOps、DataOps、AIOps 间的关系

以代码为中心（文档是为其服务的），同一套代码可以"重现"所有的假设与逻辑，不依赖数据。而机器学习模型由数据（Data）、模型（Model）、代码（Code）三部分构成，机器学习模型的重现需要三者的综合。这个细微区别决定了 MLOps 与 DevOps 在很多方面的差异，例如，机器学习模型的版本不仅包括算法模型本身的版本，也包括训练数据和代码版本。

10.4.3　MLOps 的支撑软件

MLOps 在很多云平台中是内置的功能，例如 Google Cloud 的 AI Platform、Azure 的 AzureML、AWS 的 SageMaker 等。开源工具有 MLflow、Kubeflow、Sacred、DVC 等。下面简要介绍用于机器学习流管理的 MLflow 和数据处理流管理的 Airflow。

1. MLflow

MLflow 是 Databricks 贡献的开源软件，覆盖从数据准备到模型训练到最终部署的全过程。基于 Python 开发了 DAG 数据工作流框架，支持 Spark 并行环境和 Kubernetes 容器集群。MLflow 从 0.7.0 版本开始也提供了 RStudio 的接口。

MLflow 的设计思路是通过一组 API 和工具来解决工作流挑战，可以与任何现有的机器学习库和代码仓库一起使用。MLflow 核心由以下 4 个模块组成，见表 10-7。

表 10-7　MLflow 的模块构成

模块	功能
MLflow Tracking	管理实验的参数、代码、结果，并且提供图形化的比对界面
MLflow Projects	可重现性运行的一种代码封装格式。通过将代码封装在 MLflow 项目中，可以指定其中的依赖关系，可靠地对结果进行重现

（续）

模块	功能
MLflow Models	一套模型部署的方案，一种简单的模型封装格式，以便模型部署到许多工具。例如，如果将模型封装为一个 Python 函数，MLflow 模型就可以将其部署到 Docker 或 Azure ML 进行线上服务，或部署到 Apache Spark 进行批量运行
MLflow Model Registry	一套管理模型和注册模型的方案

2. Airflow

数据平台建设过程中，会涉及大量的数据采集、处理、计算等数据处理工作，而且随着需求的增加要承担的任务越来越多。在 crontab 机制之上，迫切需要一个简单易用、支持可视化管理的调度系统，并且此系统应满足易部署、可扩展、高可用等要求。这样的调度系统目前有 Airflow、Azkaban、Gocron、DolphinScheduler 等系统。

Airflow 主要用来做数据处理任务的 DAG 编排与自动化，图 10-8 所示为一个简单的例子。Airflow 更适合定时调度的任务。像机器学习研发实验这种场景，运行频率很随意，更适合用 MLflow，上线以后用 Airflow。

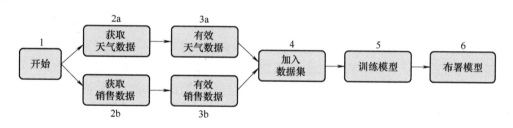

图 10-8　Airflow 任务依赖关系图

10.4.4　工业数据分析 MLOps 的特点

工业数据分析与互联网数据分析存在明显区别体现在以下方面。

1）研发环境和生产运行环境在工业中往往是两套不同的环境，研发环境以大数据平台为主，但因为生产安全隔离要求、数据传输限制等因素，生产运行环境可能是主控室的服务器、单机、甚至 PLC，并且生产环境可能是异构的（因不同生产现场而不同）。考虑到工业数据安全与网络隔离，完全自动化部署有时候不现实，便捷的半自动化部署是一种选项；另外，若工业数据分析模型的运行时环境不是 IT 环境，而是自动化环境（如 PLC），这时模型需要进行特定的格式转换（甚至由人工重新编写）。

2）一旦模型训练好，工业数据分析模型的更新频度较低，这对模型的自动化部署、自动化更新的要求降低了很多。

3）工业对模型可靠性的要求高，在模型研发时，需要大量历史数据进行测试运行，若存在异常，期望能以数据分片的颗粒度提供样本片段，方便本地调试重现，对迭代式研环境要求更高。

4）在模型部署上，工业数据分析依赖的包通常比较多，甚至依赖于一些专业软件，在模型运行环境、算法包一致性上要求高，将模型从开发环境迁移到生产环境更具挑战性。

10.4.5　MLOps 的适用范围

和其他自动化手段一样，MLOps 也有一定的适用范围，那就是自动化带来的效益与搭建/贯彻自动化的成本的对比关系。MLOps 节省了后期运维投入，但 MLOps 在先期有不少固定投入。构建自动化流水线需要花费一定的时间和资源投入，对于软件工具，团队所有人员有一个学习与熟悉的过程。自动化带来的效益与分析模型的更新/部署频度、故障恢复允许时间、分析模型复杂度、更新提前期等因素综合决定。在一些简单或更新频度低的情形下，手工模式可能更有效。

不同情形下，项目的瓶颈环节不同，MLOps 可以有侧重地进行，而不是机械式全盘照搬。例如，在一个风电大数据建设中，企业现状是有大量的分析模型资产，核心诉求是提高模型进入生产系统的速度。在有限数据集上验证过的分析模型，在场景覆盖度和鲁棒性上通常都不够。传统上，通常依赖大量的技术评审、现场验证等流程提升模型的鲁棒性，从初期研发到投入生产通常以年为周期。在这种情况下，模型版本相对较少，模型版本管理相对不重要，模型大规模验证、和部署自动化才是重点。考虑到既有资产和当前开发以 MATLAB、R、Python 为主，并用到了大量工程分析算法包（如控制系统分析、小波分析等，在 Hadoop、Spark 等分布式分析算法库中没有对应算法），为此开发了非侵入式并行化手段，保证 MATLAB、R、Python 经过少量适配修改，就可以在大数据平台进行运行，并提供了迭代开发的机制，保证大数据平台的运行异常可以很容易在本地开发环境中重现与调试（而不是依赖于日志记录去猜测异常的原因）。

10.5　分析应用组件

10.5.1　分析服务引擎

在很多应用或平台开发中，为保证扩展性，通常需要一个分析引擎做后台组件。当有新的数据分析需求时，只需要开发新的数据分析模型或脚本，而不需要更改应用代码，这种应用逻辑与分析模型独立的方式具有很好的扩展性。

很多分析软件都提供了开放接口，保证其可以被其他软件嵌入或调用，提高软件的适用范围。例如，基于 gRPC 等 RPC 机制，可以将 Python 程序封装为服务端。除了 Production Server、Web App Server 等产品外，MATLAB 的 MCC 可以将 m 文件编译为可执行文件（包括 JAR）及动态链接库，只要安装 MCR（MATLAT Compiler Runtime）环境就可以运行这些文件（不需要 MATLAB 本身）。本节重点讨论 R。

作为一个开放的数据分析工具软件，R 提供了以下几种对外接口或扩展机制。

1）针对算法扩展，提供了 R package 开发（采用 R/C/C++语言），也提供了动态链接库的载入（dyn. load、library. dynam 函数）。

2）针对批次执行或单次大计算量情形，提供了 Batch 命令行模式。

3）对于应用整合，提供了 C/Fortran API（参阅 Rcpp、RInside 等包），方便第三方应用嵌入利用 R 的分析功能。

第 3 种机制不仅限定了编程语言，还要求应用开发人员处理 R 动态库初始化、内存处理、错误机制等技术细节（很容易出 bug），针对这样的限制，一种 Client-Server 的框架还是很有必要的，消除了开发阶段的技术限制和门槛，在运行状态，规避了 R 动态库初始化、结束等时间开销。RServe 就是基于 TCP/IP 的 R 语言 Client-Server 框架（第一个版本发布于 2002 年）的一种实现。

在 RServe 中，每个连接（Connection）有一个独立的工作空间（Workspace）和工作目录，支持远程链接、安全认证、文件传输等功能。Rserve 工具包也实现了 Java、C++、PHP 等客户端，方便其他编程语言与 R 数据结构的友好转换，通过 SDK 接口函数（或通信协议）将需要的数据加载到 R，按照客户端指令进行相应的计算，并将结果返回到客户端，所有的数据和对象在连接期间一直是保持（Persistent）的（在连接期间是有状态的）。下面的 Java 代码演示了调用本地 Rserve 服务，生成一个长度为 10 的正态分布数组。

```
RConnection c=new RConnection();double d[]=c.eval("rnormal(10)").as-
Doubles();
```

在启动期间，进行环境初始化，客户端请求建立一个会话（Session），同一个会话共用一个变量空间，很适合有状态的交互式分析调用（降低了环境初始化的时间开销，以及变量传递的开销），其工作流程如图 10-9 所示。很多第三方软件（如 Tableau、SPSS Modeler、SAP HANA）均采用 Rserve 方式实现对 R 语言的支持⊖。

10.5.2 Web 应用引擎

在 Web 应用开发中，一种更直接的用法就是 Web 程序与分析程序在源代码层面融合，很多后台或前台逻辑可以直接用高级分析语言来编写，这样数据分析师就可以独立开发 Web 应用。目前比较成熟的引擎是 Shiny（基于 R 语言），Python 下面有 Dash、bokeh server，但

⊖ 阅读推荐：①《R 的极客理想：工具篇》（张丹，机械工业出版社，2014）：丰富的 R 语言使用技巧，兴趣是最好的老师。②《RServe 源代码解析（上）》（田春华，https://www.sohu.com/a/141272019_473476）：从源代码的角度，简单分析了 Rserve 背后的运行机制、类和核心函数。

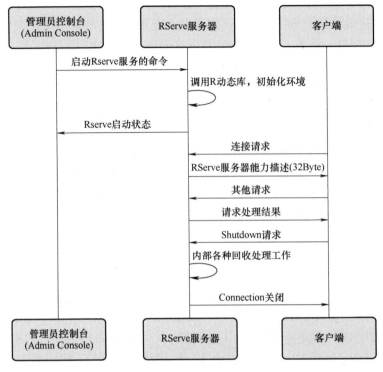

图 10-9 Rserve Session 工作过程

相对 Shiny 来说目前还比较初步。下面重点介绍 Shiny⊖。

Shiny 是通过 R 语言构建的 Web 交互式程序。使用 Shiny 可以快速构建数据应用原型（性能要求不高的情形下，也可以用于生产），进行数据分析结果的展示。Shiny 程序由 UI 和 Server 两部分构成，UI 定义了程序的布局（Web 开发中的前端），Server 包括了 APP 功能的代码实现（Web 开发中的后端）。二者通过约定的控件 ID 进行联系，Server 可以通过控件 ID 访问控件属性，也可以设定控件属性，通过各种 render 函数触发控件 UI 的更新（Reactive 机制）。

Shiny 可认为是 Web Server 的扩展，支持 R 语言作为后台逻辑开发语言，提供了一些简易控件。除了基础的 htmlwidgets 控件，Shiny 还可以嵌入了 leaflet、dydraphs、Metrics-Grpahics、networkD3、DataTables、threejs、rCharts、d3heatmap、diagrammeR 等控件。

与 Shiny 相关的一个包是 Flexdashboard，它支持用 Rmarkdown 语言轻松创建交互式仪表

⊖ 阅读推荐：①*Mastering Shiny*：*Build Interactive Apps, Reports & Dashboards Powered by R*（Hadley Wickham, O'REIL-LY, 2020）：Hadley 作为核心开发者，这本书内容从入门到高级，从基本 UI 组件、reactive 原理和 Shiny 工作机制开始，全面介绍了各种组件的使用方法，然后介绍了 reactivity 的高级用法，最后总结了一些最佳实践。
②Shiny 官方案例库（https://shiny.rstudio.com/gallery/）：案例丰富精美（不同行业不同场景的），可以直接查看源代码。是入门、进阶的学习天地，是快速开发的资源库。

盘，也支持 Shiny 组件，其程序代码更简洁，更适合数据分析结果的展示。下面以图 10-10 为例，简要介绍一下 Flexdashboard 应用的代码结构（Shiny 的代码结构类似，只不过前后端分开，不支持 Rmarkdown）。这个程序的目的是根据用户设定的聚类数目，对数据集 BitCat-Yeast 进行双聚类，并提供对应的图形显示。

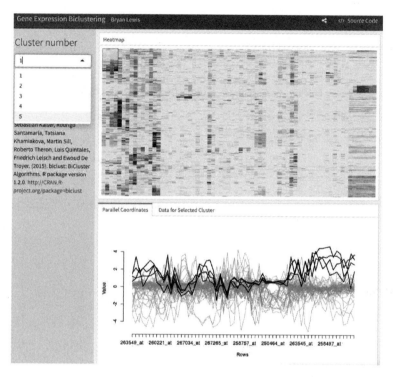

图 10-10　Flexdashboard 的 BitCatYeast 双聚类示例

首先，全局除了包的引进和数据载入，就是声明了双聚类函数 res，见下述代码。

```
```{r global,include=FALSE}
# load data in 'global' chunk so it can be shared by all users of the dashboard
library(biclust)
data(BicatYeast)
set.seed(1)
res<-biclust(BicatYeast,method=BCPlaid(),verbose=FALSE)
```
```

左侧的下拉选择控件的 ID 被命名为"clusterNum"，按照约定，后台可以通过 input $ CusterNum 访问，见下述代码。

```{r}
selectInput("clusterNum",label=h3("Cluster number"),
    choices=list("1"=1,"2"=2,"3"=3,"4"=4,"5"=5),
    selected=1)
```

右侧是被动响应左侧选择，这里先用 reactive 函数定义控件 clusterNum 的响应依赖关系函数 Num()，在图画的 renderPlot 或表格 renderTable 函数中引用 Num()，这样当左侧控件 clusterNum 一旦有更新，右侧图表更新函数随之响应，见下述代码。

```{r}
num<-reactive(as.integer(input$clusterNum))

col=colorRampPalette(c("red","white","darkblue"),space="Lab")(10)
renderPlot({
    p=par(mai=c(0,0,0,0))
    heatmapBC(BicatYeast,res,number=num(),xlab="",ylab="",
        order=TRUE,useRaster=TRUE,col=col)
    par(p)
})
```

10.6 分析报告工具

在分析项目中，有大量的交流沟通文档。传统做法是文档与分析代码割裂，编写运行代码，把一些主要结果以图或表格形式存储下来，用 Word/PowerPoint 等文档工具撰写报告。这些做法在数据分析中有两个显著问题：

1) 文档更新工作繁杂，数据分析通常迭代开发，一旦结果更新，就要手工更新文档；

2) 结果很难重现，很多时候需要回头剖析历史文档中的分析结果，这就要求分析模型/代码、数据、文档三者的有效关联，传统方式需要靠文字或描述去记录三者间的关系，一旦这些信息不全，文档上的结果就成了一个"死"结果，很难重现或更新。

在数据分析中（特别探索分析中），文档、代码、数据一体化的工具对于数据分析协同效率很重要。

典型的工具有 3 类：

1）Jupyter Notebook（包括扩展的 Jupyter Lab）、RNotebook 等交互式报告工具，所见即所得；

2）Rmarkdown 等批次生成报告，保持了 Markdown 语言的简洁性与 R 语言的强大，同样的一套代码可以输出为 HTML、PDF、Word 等各种格式；

3）分析程序直接操作文档，例如，R 语言里面的 officeR 包还提供了根据 OpenOfffice 协议直接生成 Office 文档的工具，适合有严格格式要求的场景（如官方的诊断分析报告），也适合有大量循环工作的场景（如循环生成很多图片，需要按照一定格式粘贴到 Powerpoint 中）。

10.6.1 交互式报告工具

RNotebook 与 Jupyter Notebook 类似，下面以 Jupyter Notebook 为例。如图 10-11 所示，Jupyter Notebook 以网页的形式打开，可在网页页面中直接编写代码和运行代码，代码的运行结果也会直接在代码块下显示。文字说明可在同一个页面中直接编写，便于及时的说明和解释。Jupyter Notebook 从 Python 语言起步，目前也支持 R、Julia 等多种语言。

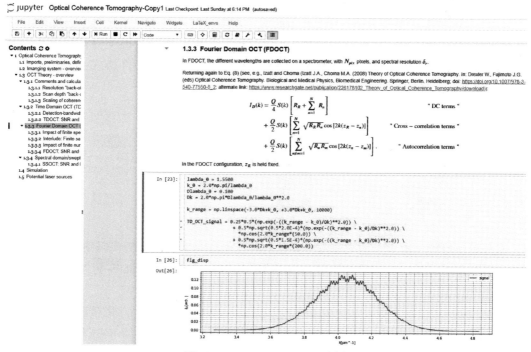

图 10-11　Jupyter Notebook 示例

从算法开发者的角度，Notebook 是一个很好的分享工具，消除了代码与文档做两套的麻烦，特别适合初期数据探索，或者算法固定且不复杂的场景。但在算法开发、调试中，Notebook 的效率的确不如 Rstudio、Spyder、PyCharm 等 IDE 环境，虽然新版本的 Jupyter

Notebook 已经支持设置断点等调试功能。在实践中，笔者建议：

1）把一些函数逻辑调试好后转移一个 Py 或 R 脚本文件中，Notebook 只做协同和交流；

2）对于探索中的废弃代码，但对将来有一定参考意义（例如，没有探索通的路径，早期的数据质量探索和数据可视化），建议把它们转移到一个函数中，或者把它们放在另外一个 Notebook 文件中，不带太多的"历史包袱"。

10.6.2 基于 Markdown 的报告工具

Markdown 是一种（相对于 LaTeX、HTML 等语言）轻量级的文本标记语言，只需要简单的标记语言就可使文本格式内容具备一定的格式。Rmarkdown 语法与 Markdown 基本一致，主要区别在于：

1）代码区域（code chunk）的代码（R 语言为主，也支持 Python 等其他语言），在文档编译的时候同时生成相应的图、表和运算结果，省去了保存和插入的过程；

2）YAML 文件头，可以定义输出文件的格式（HTML、WORD 或 PDF）和外观控制信息等；

3）Rmarkdown 背后的各种模板，将 Markdown 转化为指定模板的文档。RStudio 官方提供了很多不同期刊、用途的 Rmarkdown 文档模板。

Rmarkdown 的编译过程为图 10-12 所示的两个步骤。首先，knitr 工具将 Rmarkdown 转为普通 Markdown 文件，代码区域的图片输出存为 PNG 或 PDF 作为资源文件；接下来，调用 pandoc 工具，根据 Rmarkdown 中文件格式的描述，转化为对应的文件格式，pandoc 在转化时候会参考 YAML 描述中对应的模板或 HTML 风格文件。

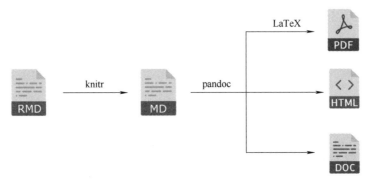

图 10-12　Rmarkdown 的编译过程

另外，knitr 包里还提供了 purl 函数，可以将 Rmarkdown 文档中的 R 代码提取出来，方便脚本代码的开发，反过来，knitr 里面的 spin 函数，可以将带注释的 R 脚本（注释需要按照约定格式书写）转化为 Rmarkdown 文档⊖。

⊖ 阅读推荐：*R Markdown Cookbook*（Yihui Xie，CRC Press，2020）：谢益辉作为核心开发者，这本书把各个要素都介绍清楚了。也可以阅读他的其他几本书，包括 *R Markdown: the Definitive Guide*、*Blogdown: Creating Websites with R Markdown*、*Bookdown: Authoring Books and Technical Documents with R Markdown*。

10.6.3 基于 Office API 的报告工具

Markdown 对格式的描述能力有限，因此，在格式要求高的情形下，还需要直接操控 Office API 进行文档输出。R 里面有 officer、officedown 两个包。officer 直接使用 OpenXML 开放文档标准生成 Word、PowerPoint 或 Excel（Office2007 之后采用）文件。officedown 借用了 officer 的部分功能，去丰富 Rmarkdown 的能力，例如分页符、页面分栏、表格、段落格式、字体方向、格式定义等。此外，flextable 包提供了灵活表格定义，rvg 包可以生成矢量图（PowerPoint、Excel），mschart 包可生成带数据可编辑的图（PowerPoint、Word）。

下面一段 officer 官方样例代码，生成了如图 10-13 所示的 Word 文档。body_add_table 函数将 mtcars 数据集进行表格展示，采用 body_add_plot 函数生成混合正态分布的概率密度图，body_add_par 添加了 2 个二级标题（格式为"heading 2"的段落）。

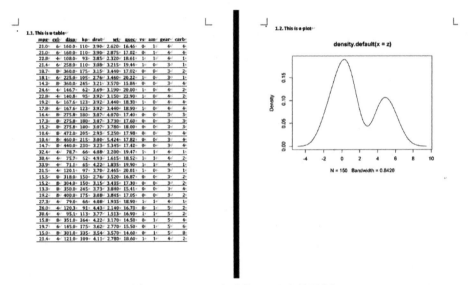

图 10-13　officer 生成的 Word 文档示例

```
library(officer)

pinst<-plot_instr({
  z<-c(rnorm(100),rnorm(50,mean=5))
  plot(density(z))
})

doc_1<-read_docx()
doc_1<-body_add_par(doc_1,"This is a table",style="heading 2")
```

```
doc_1<-body_add_table(doc_1,value=mtcars,style="table_template")
doc_1<-body_add_par(doc_1,"This is a plot",style="heading 2")
doc_1<-body_add_plot(doc_1,pinst)
docx_file_1<-print(doc_1,target=tempfile(fileext=".docx"))
```

更详细的阐述,可参阅 David Gohel 的文章 *officeverse*(https://ardata-fr.github.io/officeverse/)。

10.7 计算任务管理

10.7.1 任务管理

很多分析任务(如天气预报)需要定期执行,除了操作系统(Linux 的 crontab、Windows 的任务计划)、大数据分析平台提供的定时任务管理外,Python 与 R 语言也提供了定时任务的包。APScheduler 是一个 Python 定时任务框架,提供了基于日期、固定时间间隔以及 crontab 类型的任务,并以守护进程(Daemon)方式运行应用。R 语言脚本的定时任务,在 Unix/Linux 上有 cronR 包,在 Windows 下有 taskscheduleR 包。

10.7.2 计算并行化

数据分析领域有很多算法需要强大的计算能力(瓶颈是 CPU),例如,蒙特卡洛模拟、交叉验证、集成机器学习算法和 K-means 聚类等算法,单个 CPU 核的运算能力是难以支撑的。目前个人计算机的 CPU 已经具备有多个核,如果将任务分解到多个核上,并行运行就可能减少计算时间。进一步,还可以将多台计算机组合成计算集群(Cluster)。

Python 的多进程库 Multiprocessing 可以在本地电脑上进行多核并行计算。R 语言有 parallel、SNOW(Simple Network of Workstations)等计算并行化工具包。其中 SNOW 是 R 语言中常用的并行编程包,于 2003 年推出。使用方法如下述代码所示,首先构建集群(makeCluster),用 clusterExport 函数将要分析数据分发各个节点,然后利用 clusterApply 等函数进行并行计算。

```
library(snow)
library(MASS)
data(Boston)
system.time({
  cl<-makeCluster(2,type='SOCK');
  clusterExport(cl,'Boston');
  results<-clusterApply(cl,rep(50000,2),function(nstart) kmeans(Boston,4,nstart=nstart));
```

```
     .i<-sapply(results,function(result)result$tot.withinss);
     result<-results[[which.min(i)]];
     stopCluster(cl)
})
```

最后需要补充说明，对于 GPU 的数据并行化计算，Python 对比支撑更为全面（NVIDIA 等厂商提供的 Numba 库），R 里面也提供了 rpud、rpudplus、rpusvm 包。

10.8 总结

本章重点讨论了 MLOps，在不同阶段用不同工具对代码、模型、数据三个要素进行支撑，同时也讨论了工业大数据场景下，MLOps 应侧重在非侵入式迭代研发环境和灵活的部署机制。本章还讨论了 R 或 Python 如何作为业务应用的分析引擎和 Web 引擎组件，以提高业务应用在分析功能上的扩展性，由此讨论了三种不同类型分析报告工具，将代码、文档和数据无缝衔接在一起，最后，讨论了 R 和 Python 中的任务管理和计算并行化。

参 考 文 献

[1] EMMANUEL RAJ. Engineering MLOps [M]. Birmingham：Packt Publishing，2021.
[2] MARK TREVEIL，NICOLAS OMONT，et al. Introducing MLOps [M]. O'Reilly，2020.
[3] SANDEEP UTTAMCHANDANI. The Self-Service Data Roadmap：Democratize Data and Reduce Time to Insight [M]. O'Reilly，2020.
[4] 张丹. R 的极客理想：工具篇 [M]. 北京：机械工业出版社，2014.
[5] HADLEY WICKHAM. 高级 R 语言编程指南（原书第 2 版）[M]. 潘文捷，许金炜，李洪成，译. 北京：机械工业出版社，2020.
[6] 田春华. RServe 源代码解析（上）[EB/OL]. （2017-05-17）[2021-11-05]. https://www.sohu.com/a/141272019_473476.
[7] HADLEY WICKHAM. Mastering Shiny：Build Interactive Apps，Reports & Dash boards Powered by R [M]. O'Reilly Media，2020.
[8] XIE Y，et. al. R Markdown Cookbook [M]. CRC Press，2020.
[9] 潘风文，潘启儒. PMML 建模标准语言基础 [M]. 北京：化学工业出版社，2019.
[10] GUAZZELLI A，LIN W，JENA T. PMML in action：unleashing the power of open standards for data mining and predictive analytics [M]. CreateSpace，2012.